汉语佛学评论

第五辑

上海古籍出版社

目　录

1

CONTENTS

1

Studies on Buddhist Texts

Book Reviews

佛 教 与 政 治

舍利与王权

——武后对佛舍利的政治利用*

陈金华

（加拿大英属哥伦比亚大学）

引　言

武曌（623 或 625—705），其武则天之名更为人所知，在中国历史上独一无二。作为中国帝制历史上唯一的女帝，在唐朝国祚近三百年的时间里（618—907），她以非凡的成功统治了其中的六分之一：首先作为唐朝第三任皇帝高宗（649—683 年在位）的皇后（655—683），然后作为她的太子睿宗（684—690）首次登基后的摄政王，最后作为名实俱在的一国之君（690—705）。[1] 这位令人魅惑的女性因诸多原因被人记住（有时是被憎恨），包括她强烈的个性、独特的政治品格以及她色

*　原文发表作"Śarīra and Scepter：Empress Wu's Political Use of Buddhist Relics"，*Journal of the International Association of Buddhist Studies* 25.1－2［2002］：33－150，由陆辰叶女士汉译。笔者感谢巴瑞特（T.H. Barrett）、贝剑鸣（James A. Benn）、富安敦（Antonino Forte）及一位匿名评审给予的详细而又富有启迪的评论。JIABS 的编辑谢萧（Christina A. Scherrer-Schaub）也就如何完善本文提供了非常有用的建议。笔者同样感谢汪悦进（Eugene Wang）慨允使用他拍摄的一祯仁寿寺石碑的照片。

〔1〕　睿宗之前，其兄中宗（684 年和 705—710 年在位）继高宗崩后承继大统，但在位仅55 天（684 年 1 月 26 日—2 月 26 日），即遭母后武曌废黜。中宗直到 21 年之后，于 705 年 2 月 23 日（即其母被迫逊位的翌日），再次登基。这次他在位时间较长，直到 710 年 7 月 3 日，据说被韦后（？—710）毒死。随后的二十天（710 年 7 月 5—25 日）内，其幼子李重茂（698—714；后谥"殇帝"）被立为新帝。之后，睿宗再次即位，直到 712 年 9 月 7 日禅位予其子李隆基（685—761），即玄宗（712—756 年在位）。

彩斑斓的私生活(这其中不乏被她恶毒的批评者所歪曲和夸大的成分)。

持续激发中国佛教学者兴趣的,是她对佛教这一宗教明显的偏爱。这源自她的家庭、她个人的虔诚以及政治需要。全世界学者们艰辛的工作已经揭示了武后宗教生活的一些重要方面。[1] 然而,似乎学界鲜少关注她与佛教错综复杂的关系中一个有意义的面相,即她的佛舍利崇拜。[2] 本文试图对这一缺失做些早该做的补充。

历史上,在任何被创立的宗教中,对"圣物"的热情都是由信徒的欲望所唤起。他们渴望拉近——如果不是完全抹去——与其已故创始人间的距离。创始人去世得越久远,距离感越强烈,寻求舍利也就越发热情。佛教中,几乎在佛刚刚般涅槃之后,佛祖的肉身、物品甚至他曾造访之地,就都成为信徒们崇拜的对象。从此,兴起了佛教中的舍利崇拜。[3]

在大乘佛教中,"神圣舍利"根据两种范畴来理解:一种是物质上的,另一种则是精神上的;后者表示佛法或者佛的教义。这种理解很明

〔1〕 关于武后的佛教关系最重要的研究:矢吹庆辉,《三阶教の研究》(东京:岩波书店,1927 年),第 685—763 页;陈寅恪,《武曌与佛教》,见《陈寅恪先生论文集》(两册本,台北:九思出版社,1977 年),第 421—436 页;饶宗颐,《从石刻论武后之宗教信仰》,《中研院历史语言研究所集刊》45.3(1974):397—418;Antonino Forte, *Political Propaganda and Ideology in China at the End of the Seventh Century: Inquiry into the Nature, Author, and Function of the Tunhuang Document S.6502. Followed by an Annotated Translation* (Napoli: Istituo Universitario Oriental, Seminario di Studi Asiatici, 1976);以及 *Mingtang and Buddhist Utopias in the History of the Astronomical Clock: The Tower, Statue and Armillary Sphere Constructed by Empress Wu* (Rome and Paris: Istituo Italiano per il Medip ed Estremo Oriente and École Français d'Extrême-Orient, 1988);桂雨时(R［ichard］W. L. Guisso), *Wu Tse-T'ien and the Politics of Legitimation in T'ang China* (Program in East Asian Studies, Western Washington University, Occasional Papers, Volume 11, 1978)。
〔2〕 一个重要的例外是巴瑞特的新近研究:T. H. Barret, "Stūpa, Sūtra and Śarīra in China, c.656-706 CE," *Buddhist Studies Review* 18.1 (2001):1-64。巴氏将武后对佛舍利的兴趣与雕版印刷术在七世纪中国与东亚的兴起(或传播)联系起来。这篇有趣的研究的主要观点也被归纳在他的 *The Rise and Spread of Printing: A New Account of Religious Factors* (SOAS Working Papers in the Study of Religions, London, 2001), pp.15ff。非常感谢巴瑞特教授提供这些著述的复本。
〔3〕 David L. Snellgrove, "Śākyamuni's Final Nirvāna," *Bulletin of the School of Oriental and African Studies* 36 (1973):399-411。

显是基于三身(trikāya)理论:物质上和精神上的舍利分别对应佛的化身(nirmāṇakāya)和法身(dharmakāya)。与这种"见法即见佛"的信仰紧密相关的是,一方面法身理论孕育了经本的神圣化,另一方面是舍利的经本化。因此,在大乘佛教中,佛塔供奉的不仅有佛的肉身舍利,还有佛经(sūtra)或它的节录。佛经被理解为佛的教义的书写记录,因而是法身的一种证明或遗迹。这就解释了这种所谓"法舍利"(dharma-śarīra)崇拜,一如伟大的佛教译师兼朝圣者玄奘(602—664)所描写的。他著名的游记在他的弟子辩机(约618—约648)的协助下于646年完成。[1] 在游记中,玄奘告诉我们印度一个制造微型佛塔(六到七英寸高)的传统,佛塔中包含一些佛经节录。当这些微型佛塔变多时,就建一个大佛塔放置它们。玄奘告诉我们,他的印度老师之一胜军(Jayasena)花了三十年建造七俱胝(koṭi = 70 000 000)座法舍利塔;每一俱胝,他都建一大塔。[2]

虽然玄奘似乎将这种大乘实践介绍给了他的同胞,但没有证据表明他曾在本国积极推行过该实践。这个任务似乎是由武后和她的佛教译师们初次完成的。相应地,本文将会讨论女帝对物质/肉身舍利崇拜

---

〔1〕 关于这个极富争议性的人物,见陈垣,《大唐西域记撰人辩机》,收入《陈垣史学论著选》(陈乐素、陈智超编,上海:上海人民出版社,1980年),第266—287页。

〔2〕 见《大唐西域记》(646年编成),见《大正新修大藏经》(高楠顺次郎、渡边海旭等编,东京:大正一切经刊行会,1924—1932年)(下文简称《大正藏》),第五十一册,第2087号,第920页上第21—29行。最细致的《大唐西域记》注释本,是季羡林等注《大唐西域记校注》(北京:中华书局,1985年)。该段落的日语、英语和现代汉语翻译,见水谷真成(注译)《大唐西域记》(东京:平凡社,1981年),第280页;毕尔(Samuel Beal),*Si-yu ki: Buddhist Records of the Western World* (Delhi: Motilal Banarsidass, 1888), Vol.2, pp.146–147;季羡林等译《大唐西域记今译》(西安:陕西人民出版社,1985年),第288页。

关于这种实践的一个稍有不同的变形,记录在义净(635—713)写于691年的游记《南海寄归内法传》中,《大正藏》第五十四册,第2125号,第226页下第15—27行;见王邦维《南海寄归内法传校注》(北京:中华书局,1995年),第173—175页;J[unjirō] Takakusu (tr.), *A Record of the Buddhist Religion as Practiced in India and the Malay Archipelago* (A.D. 671–696), *by I-tsing* (London: Clarendon Press, 1896), pp.150–151。同样的段落包达理也翻译过,见Daniel Boucher, "Sūtra on the Merit of Bathing the Buddha," in *Buddhism in Practice* (ed. Donald S. Lopez, Jr.; Princeton, New Jersey: Princeton University Press, 1995), p.61。

三友量顺最近提供了一个关于法舍利的总体研究。见Mitomo Ryojun, "An Aspect of Dharma-śarīra," *Indologaku Bukkyōgaku kenkyū* 32.2 (1984): 4–9。

的介入，同样还有精神舍利。前四部分将致力于讨论一些女帝对物质舍利崇拜的显著例子；我们会在第五部分讨论女帝对法舍利崇拜的促进，该讨论集中于受她赞助的印度与中亚佛教经师翻译的三部陀罗尼文本。之后，我们的讨论将有一个不无意外的转向——我们会比较武后与隋朝的开国皇帝文帝（即杨坚［541—604］，581—604 年在位）。他们都因对护法的热忱和"篡位"而著名（或声名狼藉）。然而，以下的两个事实使得这种比较显得尤为必要：不仅文帝这位同是虔诚的佛教舍利崇拜者被证明是武后对佛教（特别是她的舍利崇拜）态度和政策的一个重要灵感来源，而且他们恰巧也有血亲关系。

第一节 659—662 年间法门寺舍利崇拜

武后对舍利的痴迷，早在她仍是高宗的皇后时就已闻名于世。她在推动法门寺舍利崇拜过程中的重要作用，明诸史册。法门寺是中国少数几座不仅拥有辉煌历史，并且至今仍持续广受欢迎的寺庙之一。法门寺坐落于扶风，陕西西安往西 75 英里；因 1987 年戏剧性地于寺中佛塔的地下石室中发掘出许多文物而吸引了全世界的关注。这些文物中包括一枚舍利，被认为是一枚佛指骨。

在讨论武后在 659 至 662 年的法门寺舍利崇拜的作用之前，先概述一下少量已知的法门寺早期历史的信息。这一方面将会阐明法门寺与隋朝三次主要的舍利颁布运动之间的关联，另一方面将会阐明其与陇西李氏（唐朝统治者宣称是这一大姓的成员）的总体关系以及与唐高祖（618—626 年在位）和太宗（626—649 年在位）的具体关系（他们是武后及其夫君高宗皇帝的前任者）。这部分讨论，主要材料之一是道宣（596—667）提供的，大唐皇朝这位伟大的佛教律师及佛教史家，正是659—662 年间那场以佛舍利为中心的"政治—宗教"剧的关键角色。[1]

---

〔1〕 关于该寺最早的记录可能是在道宣 664 年的《集神州三宝感通录》（《大正藏》第五十二册，第 2106 号，第 406 页中第 4 行—第 407 页中第 21 行）中，这段记录道世（约 596—683）在 668 年成书的《法苑珠林》中引用了。见《大正藏》第五十三册，第 2122 号，第 586 页上第 24 行—第 587 页上第 9 行。

北魏(386—534)、西魏(535—556)和北周(557—581)统治下的法门寺的早期历史仍然笼罩在迷雾之中。关于这些时期该寺院的处境,道宣能告诉我们的无非是:它时称阿育王寺,拥有五百僧人;整个寺庙除了两个殿堂之外,在北周灭佛期间(574—578)被夷为平地。幸亏法门寺佛塔的纪念碑文,我们才得以一窥其晦涩的早期历史。[1]

这篇八世纪的碑文,将该寺的源头追溯到了太白山(靠近长安的一处山脉)中的两三个神秘僧人。这些僧人被岐山的声名所吸引:据称阿育王曾颁布八万四千佛舍利,而中土境内有五处,岐山是其一。传说这些僧人在那里虔诚祈祷数日,直到一颗舍利出现在他们其中一人的掌上。检视舍利上的铭文,他们发现了一些文字,表明其为阿育王分舍利的结果。于是,他们以阿育王命名该寺(以及为舍利所建的佛塔)。

在这个传说之后,碑文提供了一些更具历史价值的信息。元魏二年(532或555年),岐州牧拓跋育(又名元育,卒于554年后)曾扩建该寺,并分配给为数不详的僧人。值得注意的是,拓跋育应该是陇西李氏的一员(拓跋氏属于西魏统治者,拓跋育被赐姓以表彰他的卓越功绩)。[2]唐朝统治者宣称其与陇西李氏之间有关联。尽管学者们质疑该关联的历史真实性,但这种联系无论虚实,都构成了唐朝国家意识

---

〔1〕《大唐圣朝无忧王寺大圣真身宝塔碑铭并序》,《全唐文》,第516卷,第8页上—第13页上/《石刻史料新编》(初编),第3册,第1668—1670页。日期记载为778年5月16日(大历十三年四月十五),由张彧(卒于797年后)撰文,杨播(卒于778年后)书文。该碑文更为人熟知的名字是《无忧王寺宝塔铭》。作为德宗干将李晟(727—793)的女婿和助手(《旧唐书》[北京:中华书局,1975年],卷133,第3665页;《资治通鉴》[北京:中华书局,1976年],卷232,第7477页),张彧于787年任工部侍郎(《资治通鉴》,卷158,第4163页)。杨播为杨炎(727—781)之父,后者为德宗(779—805年在位)名臣。值得注意的是,他也是武后母系先祖的一个族人,与隋朝皇室有关;见《新唐书》(北京:中华书局,1975年),卷71,第2360页,以及第(6)部分武后家庭背景的相关讨论。
〔2〕气贺泽保规,《法门寺的起源与拓跋育:从法门寺北周碑文来分析》,《文博》1997年第2期,第43—46、95页。

形态的核心部分。[1]

　　同一碑文继续告诉我们，该寺在开皇年间（581—604）被更名为成实道场；仁寿（601—604）末年，文帝的一个孙婿、时任右内使的李敏（576—614）再次翻修佛塔。[2] 李敏是李崇（536—583）之子，后者死于抵抗突厥的战役，其父是著名的李穆（510—586）的兄长。李穆于隋文帝有救命之恩，因此深受隋文帝宠信，他号称出身陇西李氏。因其父与叔公对隋朝特殊的贡献，李敏从孩提时起便被文帝鞠养于内宫。后来李敏与文帝的外孙女（即文帝女儿杨丽华[561—609][3]之女）宇文娥英（？—614）成婚。多少由于文帝对他的特殊好感，李敏后来成为文帝和他的继任者炀帝（604—617）[4]治下一位炙手可热的人物。然而，在614年，随着炀帝变得越来越执迷于李氏将会篡去隋朝政权的预言，李敏便成为他怀疑的目标，导致其于615年6月7日（大业十一年

---

　　〔1〕　陈寅恪的观点是，唐朝统治者实际上出身于另一李姓氏族，与陇西李氏相比则相当无名。他们试图将自己与陇西李联系起来，是为了获得这一名门望族的支持（尤其是在关中地区，时为他们首要的权力基地）。见陈寅恪《唐代政治史述论稿》，上海：上海古籍出版社，1982年重印；以及陈氏关于该课题的一系列论文：《李唐氏族之推测》、《李唐氏族之推测后记》、《三论李唐氏族问题》和《李唐武周先世事迹杂考》，见于《陈寅恪先生全集》，第341—354、355—364、475—480、481—486页。

　　〔2〕　至于该寺的翻修，碑文上只是模糊地说，由拓跋育承担，其为岐州牧、小冢宰，时为大魏二年；见《全唐文》，卷516，第8页中第8行/《石刻史料新编》（初编），第3册，第1668页中第4—5行。拓跋育即元育，其为拓跋王室的"领养"成员，后来却转而拥护宇文泰（507—556）——随着宇文泰越来越强势地攫取西魏（535—556）政治的控制权，当时一些拓跋氏皇族成员纷纷起而反对他。学者们对于"大魏二年"的时间考订，各执一词。陈景富确定为532年，气贺泽保规则认为应是555年。见气贺泽保规，《法门寺的起源》，第43页；陈景富，《法门寺》（西安：三秦出版社，1988年），第10—14页。陈景富的书已再版，名为《法门寺史略》（西安：陕西人民教育出版社，1990年）。

　　张彧的碑文注明李敏造访法门寺实在仁寿末年。然而，道宣记载，贞观五年（631年2月7日—632年1月26日），法门寺舍利被认为从其最近一次入埋（这自然是指李敏对舍利塔的翻修）算起，已经存于佛塔之下三十年；见《集神州三宝感通录》，《大正藏》第五十二册，第2106号，第46页下第59行。这意味着李敏是在仁寿二年（602年）到达的法门寺。很可能是基于这种考虑，武亿（1745—1799）才将仁寿二年定为李敏造访的日期。见《授堂金石跋》，《石刻史料新编》（初编），第25册，第19081页。

　　〔3〕　关于此女，见64页注〔4〕。

　　〔4〕　关于李穆、李崇和李敏的基本资料，可参看他们及其族人的合传：《隋书》（北京：中华书局，1973年），卷37，第1115—1125页。

五月初六[丁酉])被以反叛罪而处死。[1] 引人注目的是,李敏在618年9月9日(武德元年八月十五[丁亥])得到唐高祖的平反,时距高祖于6月18日宣布他的新王朝建立不到三个月。[2] 我认为这次平反不仅仅是撤销前朝的错判,更应至少在一定程度理解为李渊对其族人不幸的同情。于是,李敏,这位法门寺舍利崇拜形成过程中的重要人物,可以说是隋唐政治当中一位非常特殊的人物。他与连续三代皇族皆有紧密联系:他是陇西李氏的一员,而与他结婚的女子乃是北周皇帝宣帝与隋朝开国皇帝杨坚之女所亲生。

尽管这篇碑文将舍利的出世归功于太白山僧人的虔诚祈祷,但更有可能的情况是,舍利实际上是由李敏于602年带入寺庙的。李敏造访阿育王寺,正值隋朝统治者醉心舍利崇拜、整个王朝积极投入舍利颁布运动之时。该运动分别在601、602和604年进行,这三年都处于仁寿年间(601—604)。在这三次运动中,107枚佛舍利被分派到同样数目的州县,各地造塔供奉。据说杨坚年幼时受庇于一传奇比丘尼之庵中,尽管仁寿舍利运动藉助于纪念此神尼的托辞[3],但这一努力明显是受到印度传说的启发:阿育王在神力的帮助下,同时在世界各地建造84 000座佛塔,来供奉同样数目的佛陀舍利。当时的佛教领袖昙迁

---

〔1〕《北史》(北京:中华书局,1974年),卷59,第2118—2119页;《隋书》,卷37,第1120—1121页;卷4,第89页。这里所引的处死日期来自《隋书》,而《北史》提供了一个不同的日期:615年4月8日(大业十一年三月初五[丁酉])。

〔2〕《旧唐书》,卷1,第7—8页;参见《新唐书》,卷1,第7页(其中此事的日期被定作武德元年八月廿八[庚子],即618年9月22日)。

〔3〕 这个关于杨坚出生的传说记录在道宣的《集古今佛道论衡》(661年完成),《大正藏》第五十二册,第2104号,第379页上第18行及以下。据此传说,杨坚甫出生,一名神尼飘然而至其父母的寓所,要求将婴儿交托予她,理由是他出身非凡,不宜长育于俗世。在杨坚年幼时,"神尼"就曾预言杨坚必将成为大有为之君而重振佛法。581年登基后,杨坚反复告诉其大臣们:"我兴由佛。"为报佛恩,尤其是"神尼"的鞠养之恩,杨坚颁布舍利,立塔供养,且将"神尼"的画像刻于每个佛塔之中。

关于这个传说的严谨考证,见塚本善隆《隋佛教史序说:隋文帝诞生说话の佛教话と宣布》,收入《塚本善隆著作集》(东京:大东出版社,1974—1976年),第3册,第131—143页。我对它的意识形态内涵的讨论,见拙著 *Monks and Monarchs, Kinship and Kingship: Tanqian in Sui Buddhism and Politics* (Kyoto:Italian School of East Asian Studies, 2002), Chapter Two.

（542—607），[1] 当朝官修史书编纂者王劭（又名王邵，卒于约 610 年）与王爷杨雄（542—612）组成隋朝"舍利三人组"。在他们的领导下，107 个团队协力运作（每个团队由一位朝官、一位高僧及其两位侍从组成）。在从都城到州县目的地的途中，舍利颁布者们忙于收集祥瑞，并向一路上所遇之人授菩萨戒。抵达州县之后，在供奉舍利函盒之前及当天，举行了一系列繁复的宗教仪式。

尽管重要，仁寿舍利颁布运动在学界尚未受到应有的注意。学者们通常将它们解释为一种重要的意识形态策略：一方面隋文帝藉此来合法化他的统治，另一方面是为了打破存在于他重新统一的帝国内的民族和文化上的藩篱。[2] 在有关隋朝佛教的研究中，我试图将仁寿舍利运动理解为文帝所采取的一项重要措施：他利用佛教，将之作为国家意识形态的独特基石，代表了一个大一统国家的统治者建立佛教王国的第一次尝试。此外，我也强调这些运动在宗教和政治上的意义。除了服务于隋朝政治意识形态和宣传（其中包括扩张主义的议程）之外，仁寿舍利颁布者们也向大多数隋朝人民传播佛教信仰。[3]

于是，考虑到李敏造访法门寺的时机以及他与文帝特殊的关系，不能排除这种可能性：他去法门寺不仅是为了翻修那里的佛塔，而且还为了某些更为重要的使命，比如护送舍利到那里进行供奉。

这座寺庙不仅与隋朝统治者关系密切，而且它与唐朝统治者也有特殊关联。我们已经注意到拓跋育（又名李育）和李敏，两位法门寺舍利崇拜形成和发展中的关键人物，都是来自陇西李氏，并因此被唐朝统

---

〔1〕 昙迁是隋朝佛教与政治的突出人物，主要源于他在传播舍利到百多个州县及在构建禅定寺成为全国性禅修中心过程中所发挥的重要作用。两个项目都在七世纪之初即隋文帝执政后期执行。尽管很重要，昙迁并没有受到学界足够的注意。拙著（Chen Jinhua, *Monks and Monarchs*）专门研究了昙迁及其团队。

〔2〕 在关于这一重要议题的先行研究中，山崎宏 1942 年重刊的书中研究得最周详，见山崎宏《支那中世佛教の展开》（东京：清水书店，1942 年），第 331—346 页。西语中，关于该课题仅有的有价值的研究，来自芮沃寿：Arthur Wright, "The Formation of Sui Ideology," in *Chinese Thought and Institutions* (ed. J. K. Fairbank, Chicago：Chicago University Press, 1957), pp.71‑104。芮氏的研究主要建基于山崎的研究。

〔3〕 见 Chen Jinhua, *Monks and Monarchs*。

治者视为族人。这使得唐统治者和法门寺的渊源远不止如此。在李渊的诏令之下，阿育王寺于义宁二年（618年2月1日—6月17日）更名为法门寺。[1] 一年后，武德二年（619年1月21日—620年2月8日），李世民（599—649）敕令约八十僧人剃度，以求积德，为其在镇压薛举（？—618）势力的过程中造成的身心创伤赎罪。在宝昌寺僧人惠业（卒于619年后，其余不详）的推荐下，这些僧人被派驻法门寺。[2]

贞观五年（631年2月7日—632年1月26日），在李敏埋藏或重埋舍利于法门寺舍利塔之下的三十年后，岐州牧张亮（？—646），一位资深的佛教徒，从佛塔中掘出舍利，将其公示于众，供人礼拜一段时间后，再置入佛塔，并密封完好。[3] 他这么做，与一个古老的信仰一致：

---

〔1〕 道宣将该寺的更名归功于一名隐晦不明的大丞相。见《集神州三宝感通录》，《大正藏》第五十二册，第2106号，第406页中第23—26行。陈景富（《法门寺》，第27—28页）确定该大丞相为裴寂（约568—约628）。但我以为他当为李渊（566—635）。617年12月20日（义宁元年十一月十七[甲子]），隋恭帝（617—618年在位）任命李渊为大丞相；他身居该职直到618年6月18日（义宁二年五月二十[甲子]）他接受隋恭帝禅让而建立自家王朝（唐），并启用新年号武德（618年6月17日—627年1月22日）。见《旧唐书》卷1，第4页；《新唐书》卷1，第5页；《资治通鉴》卷184，第5765页。考虑到道宣这里明确地将寺庙更名日期记为义宁二年，而非武德元年，我相信它很可能是在隋朝发生的，因此"大丞相"当指李渊，而非裴寂。另外，武德元年，裴寂只是丞相[府]长史，而非大丞相；见《旧唐书》卷1，第6页。

〔2〕 《集神州三宝感通录》，《大正藏》第五十二册，第2106号，第406页中第23—26行。薛举是隋朝倒台后社会动乱中涌现出来的群雄之一，与李渊逐鹿天下的劲敌。其正传见《旧唐书》卷55，第2245—2247页；《新唐书》卷86，第3705—3707页。在扶风（今陕西扶风；法门寺的所在地）于618年1月18日（义宁元年十二月十七[癸巳]）被李世民打败之后，薛举卒于618年9月4日。见《旧唐书》卷1，第5页。其子薛仁杲（？—619）嗣位，于619年12月31日（武德二年八月初十[壬午]）被李世民击败并身获。见《旧唐书》卷1，第8页。考虑到这次击败薛仁杲的胜利直到619年的最后一天才取得，而80僧度是在此次胜利之后，后者肯定发生在620年。道宣664年成书的《广弘明集》收录的一份档案——《唐太宗于行阵所立七寺诏》（《大正藏》第五十二册，第2103号，第328页下第12行—第329页上第6行）——提到，修建于豳州（今陕西彬县）的昭仁寺是为了纪念对抗薛举一役中被杀之人。这明显与道宣告诉我们的法门寺80僧人一事乃是两码事。这意味着即使在登基之前，李世民已经采取了一些措施，来疗治因对抗薛举及其继任的军事活动所导致的社会与政治创伤。

〔3〕 《无忧王寺宝塔铭》说是有一个名叫"张德亮"——而非"张亮"——的人精心策划了这场舍利崇拜。见《全唐文》卷516，第9页上第9行/《石刻史料新编》（初编），第3册，第1668页中第15行。考虑到当时没有如此之人担任过岐州牧，此或误。反之，张亮的两个官方传记证实了他在贞观五年担任过豳州（即岐州）官员。见《旧唐书》卷69，第2515页；《新唐书》卷94，第3828页。张亮于646年以反叛罪被处死。道宣记录了他与两位高僧的关联，他们是智徽（560—638，净影慧远[523—592]的弟子）与静琳（565—640）；两位僧人传记见《续高僧传》，《大正藏》第五十册，第2060号，第541页下第17行，第590页下第12行。

每三十年打开一座佛塔能带来丰饶利益。[1]

显庆四年九月(659 年 9 月 22 日—10 月 22 日),正值重启法门寺佛塔之时(它于 660 年倒塌),两名寺院归属不明的"山僧",智琮(卒于 662 年后)与弘静(卒于 662 年后),凭"咒术"而效命于皇宫中(咒术很可能涉及一些与陀罗尼相关的密教技艺)。他们试图说服高宗根据传统重启法门寺佛塔。起初,高宗不完全相信与佛塔相关的所谓奇迹。他勉为其难地让二僧聊一试之,并坚持除非祥瑞从中显现,否则他不会轻易打开佛塔。二僧于是在塔前开始了为期七日的祈祷仪式。第四天,即 659 年 10 月 30 日(显庆四年十月初十),期待已久的奇迹发生了:一颗舍利,伴随着七颗小舍利,出现了。大舍利在一个托盘上独自旋转,七颗小舍利放射出光芒。在听闻这个激动的消息后,高宗立即应允了这两名僧人打开佛塔的要求。

怀着对祥瑞的高度期许,高宗命令一名使者带着三千匹丝绸去往现场,用以支付制作一个同皇帝等身的阿育王像,以及对佛塔的翻修。在舍利从佛塔下发掘出来之后,民众们对此反应激烈。据说,在通往该寺与都城的两百里长的路上,信众列队相候,络绎不绝。他们高度赞扬佛陀功德,并且据说有一道光芒从舍利中射出,前所未见。

显庆五年三月(660 年 4 月 16 日—5 月 14 日)某时,一道圣旨颁布:将舍利移至洛阳皇宫礼拜。同时,赴印度的唐使王玄策(活跃于 646—661 年),向朝廷进献了一颗在迦毕试(Kāpiśī)攫取的舍利,它被认为是佛顶骨的一部分。[2] 当时,七名西京(长安)的僧人被召入洛

---

〔1〕 道宣证实了这场舍利展示确实引发了祥瑞与当地百姓极高的宗教热情。见《集神州三宝感通录》,《大正藏》第五十二册,第 2106 号,第 406 页下第 11—23 行。

〔2〕 关于这颗佛骨的晋献,《大正藏》版的《集神州三宝感通录》告诉我们:"时周又献佛顶骨至京师"(《大正藏》第五十二册,第 2106 号,第 407 页中第 11—12 行)。在此基础上,黄启江确认舍利的贡献者名"周又"。见 Huang Chi-chiang, "Consecrating the Buddha: Legend, Lore, and History of the Imperial Relic-Veneration Ritual in the T'ang Dynasty," in *Chung-hwa Buddhist Journal* 11(1988):506(黄启江给出的 Chou Yu [Zhou You]中文是"周愚")。然而,《法苑珠林》有如下记载:"时西域又献佛束顶骨至京师"(《大正藏》第五十三册,第 2122 号,第 586 页下第 29 行—586 页上第 1 行)。于是,似乎"周又"在《大正藏》版本的《集神州三宝感通录》是"西域又"的误写。因此,很难将"周又"视作人名。 (转下页)

阳内宫行道,期间向他们展示顶骨和法门寺舍利。在简单的陈列之后,舍利被放回内宫,并被严加看管。武后曾多次布施,包括她自己的床罩、床帏,另有千匹丝绸,足以支付打造金、银舍利函的费用。[1] 舍利函总计九个,函函相套。这些函盒,雕刻精美;颜色图案,五彩缤纷。

662 年 3 月 10 日(龙朔二年二月十五),几乎在宫中礼拜舍利的两年后,舍利回归法门寺,被封存在佛塔下的地下石宫中。舍利由道宣、智琮、弘静、和都城寺院的其他僧人护送到法门寺,伴随着一些朝臣和上千随从。[2] 有趣的是,龙朔三年(662 年 3 月 15 日—663 年 4 月 12日)某时,武后的一位外甥贺兰敏之(又名武敏之,约卒于 670 年),为法门寺佛塔撰一铭文,并书文。此事碰巧发生在法门寺舍利移回它原寺的仅仅一年之后。这篇铭文肯定是高宗与武后舍利操作之后的接踵之作。[3]

从 656 年起,高宗已经受到一些严重病痛折磨,给他造成了暂时性瘫痪和视力受损。考虑到这个因素,似乎有理由假设法门寺舍利的出

(接上页)《法苑珠林》又有载,因王玄策的努力,一颗顶骨舍利在龙朔春献于朝。见《大正藏》第五十三册,第 2122 号,第 497 页下第 28 行—第 498 页上第 2 行。这个事实在宋天台佛门史家志磐(卒于 1269 年后)的《佛祖统纪》中也有记载。见《大正藏》第四十九册,第 2035号,第 367 页下第 2 行。显然,这颗与法门寺舍利一同展览的顶骨确是由王玄策带回的。

〔1〕 一条武后所拥有的绣裙,出现在 1987 年法门寺地宫(即佛指骨之瘗埋地)出土的幸存纺织品中。见吴立民、韩金科《法门地宫唐密曼陀罗研究》(香港:中国佛教有限公司,1998 年),第 459 页;陕西省考古研究所与法门寺博物馆著,《佛门密宝:大唐遗珍》(北京:文物出版社,1994 年),第 95 页;气贺泽保规,《法门寺出土の唐代文物とその背景》,收入《中国中世の文物》(砺波护编,东京:东京大学人文科学研究所,1993 年),第 595 页。

〔2〕 道宣刻意不提他亲自参与了这份皇差。从他的一部传记中,我们得知他的角色;见《宋高僧传》(赞宁[919—1001]撰于 988 年),《大正藏》第五十册,第 2061 号,第 790 页下第 24 行。志磐重复了这点。见《佛祖统纪》,《大正藏》第四十九册,第 2035 号,第 367 页中第 16—17 行。

〔3〕 这篇铭文本身不存,仅存目作《唐岐州法门寺舍利塔铭》,收入《金石录》(1119—1125 年出版)见《石刻史料新编》(初编),第 12 册,第 8819 页。贺兰敏之是有成就的散文家,与其时不少文士——包括李善(630?—689)(《文选》的评注者)及其子李邕(678—747),以及张昌龄(?—666)——相过从。据说他曾试图强暴其表妹太平公主(卒于 713年),即武后之女;更有甚者,尝蒸外祖母荣国夫人(即武后之母)。见武承嗣(卒于约 697 年)传记,《旧唐书》卷 183,第 4728 页;武后传,《新唐书》卷 76,第 3476 页;武士彟传,《新唐书》卷 206,第 5836 页。

现,对他(及其皇后)来说很诱人,是因为它传说中的医疗功效。[1] 此外,我们还需要认识到,659—662 年的舍利崇拜是另一场舍利崇拜活动的自然延续,那场活动三十年前由隋文帝的一位亲戚,同时也是唐统治者的一位族人(即李敏)所执行。这建立起了请法门寺舍利入内宫礼拜的先例。从这层意义上说,高宗和武后能被视为法门寺舍利皇家崇拜的始作俑者,这很快在唐代政治和宗教生活中扮演起重要的角色。肇始于高宗和武后治下的 650 年代末期,请法门寺舍利入宫礼拜在武周和唐重复了五次:(1) 705 年、(2) 756 年、(3) 790 年、(4) 819 年和(5) 873 年,分别由武后、肃宗(756—762 年在位)、德宗(779—805 年在位)、宪宗(805—820 年在位)和懿宗(859—873 年在位)执行。部分由于韩愈(768—824)措辞强烈的抗议,由宪宗赞助的舍利崇拜成为其中最著名的一次。但需要注意的是,武后一人就负责了六次礼拜舍利活动中的两次。[2]

　　在描述以高宗为中心人物的舍利剧目时,道宣似乎将一种从属性

----

　　[1]　根据两部唐史(《旧唐书》卷 6,第 115 页;《新唐书》卷 4,第 81 页),这些健康问题从显庆年间(656 年 6 月 7 日—661 年 4 月 4 日)就开始影响高宗。参见《资治通鉴》卷 200,第 6322 页,其中未明言高宗何时病重,仅大略提到"初"(即显庆五年十月[660 年 11 月 8 日—12 月 7 日]之前)。因此,似乎杜希德(Denis C. Twitchett)和韦尔奇(Howard J. Wechsler)有误;他们将高宗发生健康问题的时间定为显庆五年十月。见 Denis C. Twitchett and Howard J. Wechsler, "Kao-tsung and the Empress Wu: The Inheritor and Usurper", *Cambridge History of China* (ed, Denis C. Twichett; Cambridge: Cambridge University Press, 1979), Vol.3.1, p.255。

659—662 年法门寺舍利崇拜之下可能潜藏着追求医疗效果的考虑。对此一个饶有趣味的研究,见沈丹森(Tansen Sen), *Buddhism, Trade, and Diplomacy in the Realignment of Sino-Indian Relations, 600‑1400* (Honolulu: University of Hawaii Press, 2003), Chapter Two。

　　[2]　关于法门寺,以及围绕存放于此的佛舍利崇拜的历史,最全面的研究首推陈景富的《法门寺》。温斯坦考察了唐代佛教大背景下的这种宗教现象,见 Stanley Weinstein, *Buddhism under the T'ang* (Cambridge: Cambridge University Press, 1987), p.37, 46, 58, 96, pp.102‑104。气贺泽保规,《法门寺出土的唐代文物とその背景》,调查了 1987 年从法门寺舍利塔中发掘出的主要文物。关于一些在法门寺被发现的主要佛教艺术作品,一份更为精审的报告(配以极好的插图)可见于 Yang Xiaoneng (ed.), *The Golden Age of Chinese Archaeology: Celebrated Discoveries from the People's Republic of China* (Yale University Press, New Haven and London, 1999), pp.462‑487。黄启江最近对隋唐舍利崇拜(包括法门寺舍利)的研究做出了一个有意义的贡献(见上文征引的黄氏 1998 年的论文)。吴立民和韩金科的书(《法门寺地宫》)将位于法门寺佛塔之下的舍利密室作为一个巨大的坛城(maṇḍala)来研究。武后在 705 年的法门寺舍利崇拜,本文第五节有讨论。

的角色归于武后。然而,武后当时在朝廷所取得的势力说明她可能起了一种更为重要的作用。进入显庆年间(656年6月7日—661年4月4日),武后开始从她的皇帝丈夫手中接管越来越多权力,因为后者逐渐恶化的健康妨碍了他频繁参与国家大事。儒家历史学家和现代学者都相信,在660年底,即使名义上还不是,但实际上武后已成为了王朝的实际统治者("权与人主侔矣")。[1] 重要的是,这仅仅发生在舍利从法门寺被请入宫的七个月后。武后所享受的政治上的成功,与法门寺舍利的崇拜在时间上的接近纯属巧合吗?或者它们之间有一些内在关联?很难遽断后者引人入胜的可能性。很有意义的是:十五年之后,当武后到达她政治生涯中另一个关键点时,她再一次向公众显示了她对"神圣舍利"的兴趣。

第二节　677年光宅舍利的"发现"与 678年的颁布

仪凤二年(677年2月8日—678年1月27日),一名身份不详的"望气者",声言于长安光宅坊望得异气。高宗(及武后)敕掘之,得一石函。函内贮佛舍利万余粒,光色粲烂而坚刚。于是武后敕于此坊造光宅寺。[2] 随后,散舍利于两京及州府之诸寺院,各得四十九粒。稍后,武后于此置七宝台,光宅寺因此而改名为七宝台寺。[3]

---

〔1〕《资治通鉴》卷200,第6322页。Twitchett & Wechsler, "Kao-tsung (reign 649 - 683) and the Empress Wu," p.255.

〔2〕关于光宅坊和光宅寺的位置,宋敏求(1019—1079)在他的《长安志》中告诉我们:"光宅坊本翊善一坊之地,置大明宫后,开丹凤门街,遂分为一坊……横街之北光宅寺。"见平冈武夫撰,《唐代研究のしおり》(东京:东京大学人文科学研究所,1954—1965年;12册本),第6册,第104页。

〔3〕这里我认同富安敦,将"台"解释为阁(楼),而非中国文言"台"的另一个含义——"平台"。见 Forte, *Mingtang*, p.19, note 31. 七宝(梵语: sapta-ratna)是佛教习用语;见中村元编,《佛教语大辞典》(东京:东京书籍,1981年),第587页。然而,值得注意的是,据说隋文帝在601年颁布舍利前,用以存放30颗舍利的正是一个七宝箱。见《广弘明集》,《大正藏》第五十二册,第2103号,第213页下第16行;Chen Jinhua, *Monks and Monarchs*, Chapter Two.此"阁"如是命名很可能因为它被佛教中的七宝所装饰。另外,在某些情况下,武后可能以不同方式理解"七宝"。693年10月13日(长寿二年九月初九　(转下页)

以上关于光宅舍利发现的概述主要基于《宋高僧传·法成传》(法成,俗名王守慎,活跃于685—701年)。[1]它记载了法成的背景与其出家为僧的决定:

> 释法成,本性王,名守慎,官至监察御史。属天后[2]猜贰,信酷吏罗织,乃避法官,乞出家为僧。苦节勤于化导,声发响随,行高质直。[3]

《法成传》还讲到,法成落籍光宅寺(七宝台寺),在那里努力劝服百姓信仰佛教;同时他也是一名有力的社会福利促进者。同传还将一项壮举归功于他:

> 长安中,于京兆西市疏凿大坎,号曰"海池"焉。支分永安渠[4]以注之,以为放生之所。池上[5]佛屋经楼,皆成所造。穿

(接上页)[乙未]),武后于万象神宫(即明堂建筑群)自封"转轮王",陈设七宝;根据《新唐书》(卷76,第3483页)与《资治通鉴》(卷205,第6492页),一曰"金轮宝",二曰"白象宝",三曰"女宝",四曰"马宝",五曰"珠宝",六曰"主兵臣宝",七曰"主藏臣宝"。富安敦(*Political Propaganda*, p.142, note 75)将其译为(1)Golden Wheel,(2)White Elephant,(3)Maiden,(4)Horse,(5)Pearl,(6)Minister Head of Military Affairs,(7)Minister Head of theTreasury。在我看来,"主藏臣宝"很有可能是指文官首领("Minister Head of the Civil Affairs"),以与武官首领("Minister Head of Military Affairs")相对。此处,武后显然是受到一些佛教文本中传说的启发;这些佛经,尤其是《弥勒下生成佛经》(梵文 *Maitreyavyākaraṇa Sūtra*《大正藏》第454号),认为转轮王商羯罗(Saṅkara)拥有如此七宝。见《大正藏》第十四册,第454号,第424页上第21—24行。

[1]《宋高僧传》,《大正藏》第五十册,第2061号,第872页下第26行—第873页上第4行:
> 仪凤二年,望气者云,"此坊有异气。"敕掘之,得石函。函内贮佛舍利万余粒。光色璀璨而坚刚。敕于此处造光宅寺。仍散舍利于京寺及诸州府,各四十九粒。武后于此始置七宝台,遂改寺额。

类似叙述可见于王溥(922—982)《唐会要》(成书于961年)(北京:中华书局,1998年,卷48,第846页)及《长安志》(卷六,第104页)。在这三种版本的数据中,《法成传》记述最为详尽;尤其是关于武后颁布光宅寺舍利之事,不见于其他二者。富安敦(*Political Propaganda*, p.202, footnote 112)引用、翻译并讨论了《长安志》中的数据,但未提及《宋高僧传》中的记述。

[2] 天后之名详后。

[3]《大正藏》第五十册,第2061号,第872页下第18—20行。

[4] 根据《唐两京城坊考》(《唐代研究のしおり》,第6册,第53页),永安渠挖掘于开皇三年(583年2月29日—584年2月16日)。由于水源来自交河,当时也称交渠。

[5]《两京新记》和《唐两京城坊考》将"池上"作"池侧",这更有道理;见《唐代研究のしおり》,第6册,第189页中第3行,第50页上第2行。

池之际,获古石,铭云,"百年为市,而后为池。"自隋朝置都立市[1],至于时正一百年矣。[2]

另一资料,刘悚(生卒年不详)的《隋唐嘉话》(成书于八世纪中期左右),将该工程归功于另一更为著名的人物——太平公主,即武后之女:

> 太平公主于京西市掘池,赎水族之生者置其中,谓之放生池。墓铭云,"龟言水,蓍言市。"[3]

史料中记载了长安四个放生池:第一个在开化坊,靠近大荐福寺;第二个在进昌坊西南角的楚国寺中;第三个在东市东北角;第四个在西市北边(由法成开凿)。[4] 由于据知长安西市仅有一放生池留存,刘悚此处记载的由太平公主建造的放生池,根据《长安志》及其他资料来看,很有可能就是法成在同一市场开凿的放生池。另外,《隋唐嘉话》中记载的"墓铭"似亦兼容法成于《宋高僧传》中的预言,因为它暗示着市场中一块地确实将变成一个池塘。于是,关于这个"放生池",事实可能是,它为两人共同努力完成,公主乃主要资助者,法成则为主管兼设计师。

---

〔1〕《两京新记》、《长安志》与《唐两京城坊考》(《唐代研究のしおり》,第6册,第189页、第119页、第49页。)将"西市"确定为"利人市"。这很可能是基于《隋书》(卷24,第798页)的一个记载:"西市曰'利人'"。

〔2〕《大正藏》第五十册,第2061号,第872页下第20—25行。此事亦记录于韦述(?—757)的《两京新记》(成书于722年)、徐松(1781—1848)的《唐两京城坊考》(刊行于1848年)及《长安志》;见《唐代研究のしおり》,第6册,第189页、第49—50页、第119页。《长安志》版本所包含的数据少于其他两者;后二者大体雷同,都比《宋高僧传》版本更为简约。

〔3〕《隋唐嘉话》(北京:中华书局,1979年),第46页。此处,墓铭作者显然玩了一对谐音字的游戏:龟(kuj)—水(suj')、蓍(rʂ)—市(rʂ')。见蒲立本(Edwin George Pulleyblank), *Lexicon of Reconstructed Pronunciation in Early Middle Chinese, Late Middle Chinese and Early Mandarin* (Vancouver: University of British Columbia Press, 1991), p.114, 290, 282, 284。另外,如"龟"和"蓍"象征着中国上古与中古的两种主要占卜方法,"龟言水,蓍言市"六字亦可被解读为:"我们用龟骨占卜时,它会说'水';当我们用蓍草占卜时,它会说'市'"。(贝剑铭使我注意到《隋唐嘉话》里的这个故事,他还在2001年3月6日的通信中善意建议我作此解读。)

〔4〕《长安志》,《唐代研究のしおり》,第6册,第101页、第108页、第109页、第119页;道端良秀,《放生と断肉食》,见其《中国佛教史全集》(十一册。东京:书苑株式会社,1985年),第3册,第429页。

王守慎之隐士令名，为其于《旧唐书·隐逸传》谋得一席之地。虽然简略，该传除言及其出家为僧之由以外，对他生平细节还有着墨。根据该传，垂拱年间（685年2月9日—689年1月26日），守慎官拜监察御史。因不堪忍受武后秘密警察（狱吏）之残暴而请辞，其舅秋官侍郎张知默同周兴（？—691）与来俊臣（651—697）执掌诏狱。起初，武后惊异于王守慎意欲为僧。但随后，其陈情解释，词理甚高，武后据说欣然从之，并赐法号"法成"。[1]

从上述法成的僧俗传记材料的概述，我们可获得其与武后关系密切的印象。他不仅在出家前曾为武后狱吏一员，成为僧人之后依然与武后保持紧密联系：其与武后之女太平公主共建长安"放生池"的事实可资证明。

《宋高僧传·法成传》别有趣味地提供了一条信息，不见于武后舍利崇拜的其他材料中；即，677年的"发现"之后，光宅寺舍利被广颁天下。然而，也不得不承认，这个《法成传》留下太多未及回答的问题。首先，它没有言及为何武后选择光宅坊作为"发现"舍利之地？其次，它在何时颁布光宅舍利的问题上三缄其口。第三，关于此项明显意义重大、以光宅舍利为中心的大规模政治宗教计划之目的，它没有提供丝毫线索。第四，它也避而不谈何为七宝台，及武后何时下令在光宅寺中建造该"阁楼"。最后，为何建造如此一"阁楼"仍是一谜，即使其重要性是毋庸置疑的（关于这一点，想想寺院因其改名这一事实就明白了）。我们将会看到，七宝台寺修建于武后生命的晚景。有鉴于此，我们将会在转向处理武后最后岁月中的舍利崇拜（第[4]部分）时，讨论后面两个问题。接下来的这部分将会专研前三个问题——它们是帮助我们理解武后舍利崇拜和佛教政策的重中之重。

---

〔1〕 王守慎传记见《旧唐书》卷192，第5123页。另，《旧唐书》（卷192，第5121页；卷50，第2142页）中两条记录告诉我们，守慎乃蒲州（山西永济）人氏，曾助武后改革一些法令。张知默，乃一臭名昭著之酷吏，《新唐书·张知謇传》之末对他略有提及。张知謇（650？—730？）乃知默之兄。见《新唐书》卷100，第3948页。

关于光宅舍利的"发现"位置,可以提出如下两种解释。该坊的名称明显取自名句:"光宅天下"(即:尧的睿智是如此浩大,以至于它遍及天下,久驻其间)。它来自中国著名的经典之一。[1] 该句潜在的"皇家"气象,当时必然相当吸引武后,其时她正咀嚼着至高权力的滋味。另外,下面的可能性也值得认真考虑:507 年 12 月 12 日(天监六年十二月廿三[戊寅]),梁武帝(502—549 年在位)敕令以金陵(今南京)三桥旧宅为光宅寺。[2] 部分由于梁武帝的关系,光宅寺成为南朝名寺。隶属该寺的名僧主要包括法云(467—529)和智𫖮(538—597)。天监七年(508),法云成为光宅寺住持(他很可能是光宅寺首位住持,因为"立寺"的敕令仅在一年前下达)。[3] 依其所述,智𫖮在得到梁武帝托梦并邀请之后,决定驻锡该寺。[4] 考虑到在某种程度上,梁武帝可能被视为武后的同族之人:梁武帝的第五世孙女乃武后族人隋炀帝(604—617 年在位)的皇后,即萧皇后(卒于 630 年后),[5] 武后决定将其一项基本的政治宗教计划立基于光宅寺,可以解读为她有意攀附高亲——她的这位族人也以敬佛闻名。

然后,让我们转向一个极有趣的问题——光宅舍利的颁布。考虑到光宅舍利发现于 677 年,而一份于 690 年 8 月 16 日进呈于朝廷的奏疏提到了这些舍利的发现以及随后的颁布,[6] 我们至少知道舍利肯

〔1〕《尚书·尧典》:"昔在帝尧,聪明文思,光宅天下";见 Gu Jiegang(顾颉刚),*Shangshu tongjian*《尚书通检》(San Francisco: Chinese Materials Center, inc., 1978),p.25。

〔2〕 见《光宅寺刹下铭并序》,见于《广弘明集》,《大正藏》第五十二册,第 2103 号,第 212 页下第 3—28 行;提及日期处,见第 212 页下第 12—14 行。《广弘明集》中的该铭文作者阙载;或即周兴嗣(?—521),因其传记载武帝赏识其文才,令其为光宅寺撰一铭文。见《梁书》(北京:中华书局,1973 年)卷 49,第 698 页;《南史》(北京:中华书局,1975 年)卷 72,第 1780 页。

〔3〕 见《续高僧传·法云传》,《大正藏》第五十册,第 2060 号,第 464 页中第 4—5 行。

〔4〕《隋天台智者大师别传》(灌顶[561—632]于 605 年左右撰),《大正藏》第五十册,第 2050 号,第 194 页中第 17—19 行;[智𫖮传]见《续高僧传》,《大正藏》第五十册,第 2060 号,第 565 页下第 26—28 行。

〔5〕 萧后的官方传记见《隋书》卷 36,第 1111—1113 页。她是梁武帝的五世后裔:其父后梁明帝(562—585 年在位)为梁武帝之孙(《新唐书》卷 71,第 2281 页)。芮沃寿简要讨论过此女人,尤其是其对炀帝的影响。见 Wright,*The Sui Dynasty*,New York: Alfred A. Knopf, 1978, p.158。见第(5)部分关于武后与隋文帝(及其子炀帝)宗族关系的详细内容。

〔6〕 这一文件,见第(3)部分,其为《大云经》的注释。

定是在这两个日期之间颁布的。是否有可能将这个时间段范围缩短？在舍利被用于服务某些政治目的之前，它们显然被故意埋在地下，等待"发现"。这一事实促使我们假设它们的颁布不会在 677 年"发现"之后太久。然而，其他考虑更有可能：舍利颁布是在 690 年 10 月或此前不久。

7 世纪 70 年代后期，武后仍然不得不满足于藉助其帝夫来行使最高权力。这会导致如此假设：其时，她很可能并不热衷于发动如此大规模而又复杂的政治—宗教项目，其关乎全国性的佛利舍颁布。相反，她肯定会在其篡位(正式实施于 690 年 10 月 16 日)前夕或尔后，对这一计划更感兴趣。这种假设似乎也得到了如下事实的支持。我们已注意到一个由来已久、围绕法门寺舍利崇拜的信仰：每三十年开启一次法门寺舍利，被认为能带来重大饶益。我们也知道法门寺舍利于 662 年被送回佛塔封存，这意味着下一次开启时间应该在 691 年，恰好是大周建立后一年。另一方面，没有任何证据表明法门寺舍利在此年或一年后被开启。于是，这会让我们感到大惑不解：像武后如此精明的政治家，其时正迫切需要政治合法性，居然会让如此大好机会轻易地失之交臂[1]。这一奇怪现象能被如此解释：如果我们假设武后已在一年前执行了一场大规模的舍利颁布运动，那也许会让法门寺舍利对她的吸引力大打折扣。这也许会支持光宅寺舍利在 690 年 10 月 16 日左右颁布的假设，当时武后正式奠定了她的王朝。

因此，假设 690 年颁布的因素似乎抵消了假设 677 年颁布的因素。哪个假设更为可信？幸运的是，为庆祝部分光宅舍利颁布而撰写的一道铭文表明，舍利颁布的确切时间是在 678 年，即其被"发现"的次年。

---

〔1〕 有一个假设是，武后不在 691 或 692 年开启法门寺的部分原因，可能是该寺与唐代统治者密切的关系，而非与她自己新建立的周朝。见 Sen, *Buddhism, Trade, and Diplomacy*, Chapter Two.然而，如在第(1)部分中注意到的，该寺实际上也和隋统治者、武后的族人关系密切。这个在 691 年的机会，看似对武后帮助良多；她对此良机的态度令人困惑，到此依然无解。

这一铭文名为《大唐圣帝感舍利之铭》。[1] 它描述道,当一些舍利在神京(即长安)神秘出现时,潞州(今山西长治)刺史贺拔正(卒于678年后)[2]:

> 面承恩授,顶戴而还。凡四十九粒,为青、白二色。流瓶转匣,
> 吐照含明。离若分珠,争开日月之彩;合如聚米,各富天地之容。
> 一见一闻,永清三业;且瞻且仰,长宾六尘。[3]

碑铭继续告诉我们,678年5月4日(仪凤三年四月初八,即佛诞日),49颗舍利被安厝于潞州梵境寺旧塔之下。显而易见,这49颗舍利就是一年前在光宅寺发现的"万余舍利"中被颁布到潞州的那一部分了。从《法成传》中,我们知道舍利随后被颁布到两京及众州府之诸寺,各得舍利49粒。因此,像潞州一样,同年其他各州府也都获得各自的舍利。考虑到在潞州舍利是在一个对于佛教徒而言很特别的日子(即佛诞日)获得供奉的,那在其他各州府,舍利的供奉很可能也是在此日进行。这与仁寿舍利颁布运动相应;仁寿运动的后两次也都分别在602年和604年的佛诞日同时遍颁舍利于天下诸州,尽管首次于601年的舍利供奉是在十月十五日正午(有趣的是,十月十五恰值道教中"三元"的下元)。[4]

---

〔1〕 刻有这道铭文的碑,高一尺八寸(60.3厘米),宽一尺六寸(53.4厘米)。碑上行文二十一行(每行二十三字)。由潞州学士张毅(生卒年不详)撰文,潞州司马戴安乐(生卒年不详)书写。碑文以正书刻制。胡聘之(卒于1901年后)记载道,此碑当时存于长治县(今山西长治)官庄寺。见《山右石刻丛编》(该成书于1901年,书名中之山,指太行山)、《石刻史料新编》(初编),第20册,第15012页上第17行,第13页中第16行。

〔2〕 贺拔其姓,见《魏书》(北京:中华书局,1974年)卷113,第3009页;后来该姓也被记作"何"。两部唐代史书皆未给贺拔正立传。碑文确认其为通议大夫,受命使持节,统领潞州诸军事、守潞州刺史及上骑都尉。通议大夫为文散官,正四品;见贺恺(Charles Hucker),*A Dictionary of Official Titles in Medieval China* (Stanfard:Stanfard University Press, 1985),p.555.

〔3〕 《大唐圣帝感舍利之铭》,见于《山右石刻丛编》、《石刻史料新编》(初编),第20册,第15012页中第5—8行。此处"三业"指人的身、语、意三种恶行。"六尘"即"六根"(眼、耳、鼻、舌、身、意)的,对应物(色、声、香、味、触、法)。

〔4〕 Chen Jinhua, *Monks and Monarchs*, Chapter Two. 汪悦进讨论了在仁寿年间选择道教"三元"最后一元去执行首次全国性的舍利供奉的目的;见汪氏,"Of the True Body:The Buddha's Relics and Corporeal Transformation in Sui-Tang China," in *Body and Face in Chinese Visual Culture* (eds. Wu Hung and Katherine Mino, Cambridge:Harvard University Press, 2005).

此外，需重视的是，梵境寺是仁寿年间选为供奉舍利的 107 座寺院之一。护送舍利从京城到梵境寺的队伍是由僧人道端（卒于 602 年后）带领。道端当时隶属京城仁法寺，但原籍潞州。[1] 于是，49 颗分派给潞州的光宅舍利竟是供奉于 602 年所修建的一座佛塔之下（602 年正值仁寿年间第二轮舍利颁布运动之际）。[2]

最后，让我们简要评论一下光宅舍利颁布运动一些可能的目的。为此，我们需要考虑武后当时所处的政治情势。7 世纪 70 年代见证了这位皇后攀登到了新的政治权力高峰。如下只是一些重要的、值得特别关注的里程碑。

674 年 9 月 20 日（咸亨五年八月十五[壬辰]），高宗自封"天皇"，其皇后武曌顺理成章地成为"天后"。宋代史家司马光（1019—1086）认为，此项使得武后占有如此前所未有尊称的政治举动，实际上是由武后为自己量身定作的。[3] 司马光的猜测似乎颇有根据，因为自 664 年起，帝后二人并称"二圣"：

---

〔1〕《续高僧传》，《大正藏》第五十册，第 2060 号，第 669 页中第 23 行—下第 3 行；参见《广弘明集》，《大正藏》第五十二册，第 2103 号，第 219 页下第 14 行；《集神州三宝感通录》，《大正藏》第五十二册，第 2106 号，第 414 页下第 14 行；山崎宏，《支那中世佛教の展开》（东京：清水书店，1942 年），第 334 页。

〔2〕引自《通志》，此书很可能参考了《潞州通志》。胡聘之（《山右石刻丛编》，《石刻史料新编》（初编），第 20 册，第 15012 页中—15013 上）记载了如下舍利和碑铭如何被发现的故事。梵境寺位于长治东北，建于隋代。万历年间（1573—1620），梵境寺及其佛塔久废，当地居民掘地而得舍利与石碑。沈定王朱珵尧（卒于 1584 年后）于昭觉寺东廊建佛塔，埋舍利与石碑于其中（关于朱珵尧，见其小传于《明史》[北京：中华书局，1974 年]，卷 118，第 3606 页）。后昭觉寺与塔崩塌，其地变农田。同治年间（1862—1874），挖掘此片农田时，发现一石函。然而，由于石函被埋太深，难以打开，当地人无从得知其中为何物。听闻此事，州官下令将其埋回。光绪年间乙卯年（即 1879 年），一些修邑志者打开了箱子，并得到四块碑。其中两块刻有僧人画像，没有铭文；另两块则为隋代铭文和戴安乐的铭文。所有石碑后来置于城东的官庄寺中。隋代铭文很可能是 602 年于此供奉舍利时书写的。关于此铭文，见《山右石刻丛编》，《石刻史料新编》（初编），第 20 册，第 14990 页上—中。记录隋代铭文之后，胡聘之确定此隋碑确与戴安乐的铭文同时出土的（《山右石刻丛编》，《石刻史料新编》（初编），第 20 册，第 14990 页中）。如笔者于别处所示，602 年，为供养舍利一共同目的所立的所有碑目，皆遵循统一格式，由中央政府事先安排。关于这种铭文的若干例子，见 Chen Jinhua, *Monks and Monarchs*, Chapter Two.

〔3〕《旧唐书》卷 5，第 99 页；《新唐书》卷 3，第 71 页；《资治通鉴》卷 202，第 6372—6373 页。同日，新年号"上元"启用，沿用将近 27 个月（674 年 9 月 20 日—676 年 10 月 18 日）。

自是,上每视事,则后垂帘于后。政务大小,皆与闻之。天下大全,悉归中宫。黜陟杀生,决于其口,天子拱手而已。中外谓之"二圣"。[1]

"天后"之称,显然在一定程度上是武后为了巩固其唐王朝"共治之主"地位所采取的进一步举措。[2]

同样值得注意的是,次年三月(675年4月1—30日),高宗正式诏令武后摄政。官方的理由是其病情恶化,尽管实际上更可能是迫于武后的压力。若非朝中大臣强烈谏言,她本已接手。[3] 一月后,675年5月1日(上元二年四月初一[乙亥]),太子李弘(652—675),高宗与武后的次子,神秘死亡。因为皇子当时正成为武后潜在的威胁,时人普遍怀疑他实为其母所毒杀。[4] 证据也显示出武后试图构建一个由一些忠于她的具有野心的文人组成的"影子内阁"(所谓"北门学士");通过这个内阁,她得以按照其意图来把控朝纲。[5]

说武后在7世纪70年代就已图谋篡位,兴许夸大其词。然而,当时她与其支持者所创造与维持的逸出常轨的(如果不说是反常的)权力结构,的确需要合法化。至少,一系列与光宅舍利的"发现"与颁布相关的政治—宗教运动的诸多含义中,有一些是要在这种政治背景上来加以理解。同样需要注意,这一巨大的意识形态项目的某些方面,证明了武后与隋文帝在舍利崇拜上有着密切关联。有理由猜测,被颁布到全国各州府的光宅舍利,如果不是绝大部分,至少也有一部分是被供奉于三次仁寿舍利颁布运动中所建造的佛塔中(包括梵境寺的佛塔)。武后在舍利崇拜之事上对其隋代族人的倚重,会在我们转向考察其生

---

〔1〕《资治通鉴》卷201,第6343页。

〔2〕 有趣的是,武后与其夫的这种关系,显然是隋文帝与其悍后独孤氏(553—602)(谥号"文献")的翻版;后两者也被隋代子民称为"二圣"(《隋书》卷36,第11108页)。

〔3〕《资治通鉴》卷202,第6375—6376页。

〔4〕《资治通鉴》卷202,第6377页。一些学者试图打消这种猜测;例如Guisso, *Wu Tse-t'ien*, p.23。

〔5〕《资治通鉴》卷202,第6376页;Twitchett & Wechsler, "Kao-tsung and the Empress Wu," p.263。

命晚景之际与"佛骨"的交涉时变得愈发清晰。

第三节 武后在位早期(690—694)的 舍利崇拜

尽管光宅舍利早在 678 年已颁布,但此运动的影响远远超出了 7 世纪 70 年代。武后与其谋臣们过了 12 年之久才得以重新利用此项运动的意识形态价值。690 年 8 月 16 日,以怀义为首的"十大德"上呈朝廷一部重要文件(怀义又名薛怀义[卒于 695 年];他被认为是武后面首,当时也被认为是"大德"[bhadanta]之一)。该文件以《大云经》(即《大方等无想经》,Mahāmegha sūtra) 义疏的形式写成。[1] 它题为《大云经神皇授记义疏》(神皇,即武曌);学者们认为它代表了武后为"篡位"准备的主要措施。引起我们注意的是,它强调光宅舍利的"发现"及其颁布:

> 神皇先发弘愿,造八百四万舍利宝塔。以光宅坊中所得舍利,分布于四天下,此则显八表一时下舍利之应。斯乃不假人力所建,并是八表神功共成。此即显护持正法,大得舍利之验也。[2]

此处礼赞光宅舍利及其颁布,因其足可作为合理化武后接替大统的一种精神资源。武后在某一前世曾预言,她将修建八百四十万舍利塔;显而易见,此故事以阿育王传说为蓝本。传说阿育王借助 84 000 神人于世界各地建 84 000 佛塔。差别在于,武后的意识形态策士们似乎比阿育王传说的作者更具雄心,他们宣称这位中国女皇发誓建塔之

---

〔1〕《旧唐书》卷 4,第 121 页;《新唐书》卷 4,第 90 页;《资治通鉴》卷 204,第 6466 页;Forte, *Political Propaganda*, pp.4－7。

〔2〕《大云经》(《大正藏》第 387 号)由昙无谶(Dharmakṣema,385－433)译于 424 至 430 年间;关于此日期,见 Chen Jinhua, The Indian Buddhist Missionary Dharmakṣema(385－433): A New Dating of His Arrival in Guzang and of His Translations. T'oung-P'ao 90.4－5 (2004): 215－263。"义疏"保存于 S 6502,矢吹的录文见氏著,《三阶教の研究》,690 页;富安敦的录文,见 Forte, *Political Propaganda*, Plate V。笔者对此段文字的英文翻译,有数处与富安敦不同(见 Forte 前引书,第 203 页)。

数几乎百倍于传说中的阿育王建塔之数![1]

光宅舍利的颁布,及《大云经疏》刊行对光宅舍利注入新的意识形态之后,至少部分受此鼓舞,帝国境内随即展开了一系列的舍利崇拜活动。在武后正式登上宝座的几年内,其支持者采取了至少两次重大措施来为"佛骨"增光。

让我们首先看一重阁,它很可能是一座供奉佛舍利的佛塔。楼阁久已不存。所幸,一块属于此重阁的石碑却保存至今,显示出这一非同寻常的佛教建筑极为重要的政治—宗教象征。有趣的是,该石碑于1941年发现于猗氏(今山西临猗)的孔庙中。该碑高达2.81米,刻有交错的龙冠与龟趺,具有大多数唐代官方石碑的基本特征。碑名为"大云寺弥勒重阁碑",清晰地表明了其最初的功能。石碑上的铭文未告知我们石碑与重阁何时竖立。然而,靠近石碑底部以及刻有楼阁捐造者名单处的正上方刻有如下两个日期,说明石碑与重阁可能不是立在692年就是立在此后不久:

> 天授二年二月二十四日(691年1月28日),准制置为大云寺。至三年正月十八日(691年12月13日),准制回换额为仁寿寺。[2]

据此,内有弥勒阁的寺院原名仁寿寺,691年1月28日更名大云寺,显然此乃武后690年12月5日(天授元年十月廿九[壬申])发布的横扫全帝国的一道诏书的结果。诏书令其两京(长安、洛阳)及各州各设一大云寺,以收藏《大云经》(很有可能也包括十大德编纂的《义疏》)。[3] 然而,铭文上清楚表明,猗氏大云寺之名仅维持不到11个月,就于691年的12月13日更改回原名——仁寿寺。据我所知,通过

---

〔1〕 据称神皇建八百零四万(8 040 000)佛塔。再有36万,便企及阿育王建塔数之百倍(84 000×100＝8 400 000)。

〔2〕《大云寺弥勒重阁碑》,《山右石刻丛编》,《石刻史料新编》(初编),第20册,第15020页上第6—7行。"天"、"年"、"月"、与"日"字用则天新字写成。"制"字前留白,意指敕令。

〔3〕《资治通鉴》卷204,第6469页;Forte, *Political Propaganda*, pp.6－7。

武后的诏书将大云寺改回其原名,这是绝无仅有的特例。因此,造成仁寿寺的非比寻常并非其于 691 年之初更名,而是武后费尽周折为它开一特例,使其在更名不到 11 个月就又恢复原名。这一不同寻常的命名与更名举措的原因何在? 武后基于何种理由对这座地方寺庙宠遇有加? 为了理解这一不同寻常之举,需要对本寺的历史作进一步的考察。

实际上,仁寿寺在隋朝佛教与政治中具有独特的重要性。首先,其寺名恰为隋文帝的第二个年号,时跨 601 年 2 月 8 日至 605 年 1 月 24 日。

其次,其为名僧昙延(516—588)的根据地之一。昙延活跃在北周(557—581)与隋朝,深得隋文帝信任。也就是在此寺庙,昙延从学于其师僧妙(大约活跃于 530—550 年间),并训练包括道逊(556—630)之内的诸弟子。[1]

再次,仁寿寺也因舍利而著名。根据道宣的记载,此舍利是于大统年间(535—551)从西域(指印度或中亚地区的某国)进献西魏朝廷。出于对僧妙的敬慕,西魏实际掌权者相国宇文泰(507—556)将舍利托付于僧妙,并命其供奉于仁寿寺(其时名"常念寺")。置于此寺一年后,舍利忽于夜半放光。光芒变强,照射至寺庙周遭极广之地。直至僧妙祈祷之后,舍利之光方灭。当地乡里,阆州僧俗,焚香赞叹,热情共庆此一未曾有之圣迹。[2] 仁寿舍利与昙延对《涅槃经》的义疏也有关联,一如《续高僧传》所载的那则著名传说所言。[3] 尽管这个传说只

---

〔1〕《续高僧传》,《大正藏》第五十册,第 2060 号,第 486 页上—中(尤其是第 486 页上第 25 行以下),第 488 页上—第 489 页下(尤其是第 488 页上第 25 行—中第 8 行),第 533 页下—第 534 页下(尤其是第 534 页上第 2 行以下)和第 598 页下(尤其是第 598 页下第 17 行以下)。

〔2〕见《续高僧传》之《僧妙传》,《大正藏》第五十册,第 2060 号,第 486 页上第 25 行—中第 7 行。道宣继续记载道,自僧妙圆寂,仁寿寺舍利(其指佛骨),未再放光,尽管舍利仍贮藏于他生前所在的寺庙。见《续高僧传》,《大正藏》第五十册,第 2060 号,第 486 页中第 10—11 行。

〔3〕《续高僧传》,《大正藏》第五十册,第 2060 号,第 488 页上第 25 行—中第 8 行。欲著《涅槃》大疏之际,昙延梦见马鸣菩萨,向其宣示该经宗旨。受此佛门圣哲梦中启示的激励,昙延迅即完成《涅槃经疏》。唯恐经疏不合正理,昙延复寻证于仁寿寺舍利。昙延将此经及其疏陈列于佛塔前,焚香祈求舍利显示祥瑞,以证实其经疏。誓言甫毕,《涅槃经疏》卷轴齐放光芒,塔中舍利亦然。三日三夜,闪耀不绝。

讲到《涅槃经疏》的撰写,却让一些学者推断,昙延实际上也是《大乘起信论》的作者,因其已为该论作注疏。一般认为《大乘起信论》是一部起源于中国的伪经,尽管传统上将其归为马鸣所造。[1]

最后,该寺庙与栖岩寺关系密切。栖岩寺由隋文帝之父修建,在仁寿舍利颁布运动中扮演着重要角色。[2]

因此,由我们对仁寿寺的了解,笔者倾向于相信武后下令将"猗氏大云寺"之名改回"仁寿寺",可能是出于对其隋朝亲族之尊重,意图以此提醒其臣民她与隋朝皇族之联系。换言之,仁寿寺起初更名为大云寺,本出于朝廷诏令;但随后,武后注意且认识到其独特重要性后,便下令改回原名。

武后及其臣僚对仁寿寺之重视,可证诸事实:修建弥勒阁的工程组织者,乃一京城寺院首领,在当时相当重要。此人即是僧人义通(卒于691年后),为神都(即洛阳)太平寺上座;他同时也是猗氏人。除了其在太平寺之领袖地位,与在此次修建仁寿寺之弥勒阁中的作用之外,[3]现在对此僧人几乎一无所知。尽管如此,他所领导的寺院在武后治下的重要性不言而喻。例如,成办(卒于695年后)乃695年受武周资助编撰佛经目录的70编撰者之一,为此寺都维那(karmadāna)之一。[4]此外,玄奘弟子之一,印度僧人利涉(625?—722?),于中宗(684年、705—710年在位)和玄宗(712—756年在位)两朝特别活跃,也一度入住此寺。[5]

---

〔1〕 有关昙延或为《大乘起信论》作者这一问题的最新且值得注意的研究,见荒牧典俊,《北朝后半期佛教思想史序说》,收入《北朝隋唐中国仏教思想史》(荒牧典俊编,东京:法藏馆,2000年),第65—84页。

〔2〕 见 Chen Jinhua, *Monks and Monarchs*, Chapter Two 与 Appendix A。相关讨论另见本文第(6)部分。

〔3〕 在入唐僧圆仁(793—864)所编的一部经录中,记载了一篇义通所著之铭文。义通乃(内)供奉、大德、法师。见《入唐新求圣教目录》(成书于847年),《大正藏》第五十五册,第2167号,第1084页上第22行。此义通是否即692年建造弥勒阁之同名僧人,待考。

〔4〕 《大周刊定众经目录》(成书于695年),《大正藏》第五十五册,第2153号,第475页下第9行。成办为"校经目僧"之一。

〔5〕 利涉传见《宋高僧传》,《大正藏》第五十册,第2061号,第815页上—中;及牧田的专门研究,《唐长安大安国寺利涉について》,《东方学报》31(1961):321—330。

　　这些仁寿寺及其与武后相关的历史记载,以及该寺弥勒阁建造者的背景,已概述如上。现在可以来看看弥勒阁为何种佛教建筑了。尽管对此建筑所知甚少,但碑身正反两面所刻之图景,暗示其与舍利有关的功能。从基座以上的"正面"[1]包括如下一些与佛陀相关的场景:

图1　大云寺弥勒重阁碑,猗氏大云寺;汪悦进惠赐。

　　　[1]　根据两位日本艺术史与考古学学者记载,他们于1941年发现石碑,并为照相时,石碑立于猗氏孔庙内,正面为涅槃图,背面为三身佛。见水野清一、日比野丈夫,《山西古迹志》(东京:中村印刷株式会社,1956年),第153—154页。他们确定该石碑两面的方式已被世界所有艺术史学者所采纳。由于孔庙明显并非石碑原址,它只是从原址搬到那里,根据碑名提示,推测碑原属于大云寺重阁。与艺术史学者普遍接受的相反,这暗示着,刻有碑题与三身佛的一面应为正面;相应地,刻有涅槃图的一面设计成反面。这得到了事实支持:"正面"(我若正确,此乃反面)底部台座般的区域,刻有姓名与该纪念碑的碑名(很可能亦为弥勒阁的名字)。这似乎说明,石碑两面皆被雕刻过,刻有供养人姓名的部分一般位于反面,很可能出于一种谦卑感。

1. 佛陀在纯陀（Cunda）家中最后一次说法；

2. 佛陀入涅槃；

3. 一组小画面描画了（a）摩耶夫人（Māyā）伏在其子的闭棺上恸哭；（b）感其母之悲痛，佛陀奇迹般地从棺中复活，与其母告别；（c）佛陀葬礼过程；最后是（d）其肉身的火化。

纵贯于四幅小画面边框的题铭清晰地表明了一系列场景的性质："大周大云寺奉为圣神皇帝敬造涅槃变相一区。"[1]

石碑的"后面"包含如下 3 个层次：最顶层描绘了八王分舍利的情景；中层乃为众菩萨所侧侍的三佛（从左到右：释迦牟尼—弥勒—阿弥陀佛）；底层有一篇当地官员与僧人的祈愿文[2]。碑身正反面所刻画之关于佛陀涅槃及其舍利一分为八的著名故事之场景，强烈地暗示着此弥勒阁极可能藏有舍利。由于该建筑称为"重阁"，可能就是一座多层佛塔[3]。当我们考虑到这点时，藏有舍利便很有可能。这里，让我们只谈两个关于唐代作者用"重阁"指称佛塔的例子。著名印度密宗传法僧善无畏（Śubhākarasiṃha，637－735）的墓志铭中，李华（717？—774？）用了"重阁"指称白马寺多层楼阁[4]。《新唐书》的作者称此建筑称为"浮屠"，而"浮屠"乃梵文 stūpa（佛塔）的中文音译[5]。另一个例子来自华严大师法藏（643—712）。他描述道，龙门香山寺供奉中印度僧人地婆诃罗（Divākara，又名日照；612—687）的八角佛塔即为一

〔1〕《大云寺弥勒重阁碑》，《山右石刻丛编》，《石刻史料新编》（初编），第 20 册，第 15018 页中第 18 行。

〔2〕石碑两面所刻铭文基于 Alexander C. Soper，"A T'ang Parinivāṇa Stele"（*Artibus Asiae* 22.1/2〔1959〕，pp.159－169），这反过来也基于水野清一与日比野丈夫的记载，《山西古迹志》，第 153—154 页。

〔3〕关于唐文献中如此使用该术语的情况，见 Forte，*Mingtang*，p.212，note 15。

〔4〕《大唐东都大圣善寺故中天竺国善无畏三藏和尚碑铭并序》，《大正藏》第五十册，第 2055 号，第 290 页下第 18—19 行；Chou Yi-liang（周一良），"Tantrism in China，"*Harvard Journal of Asiatic Studies* 8（1944－1945）：256。Forte，*Mingtang*，p.212，note 15。此处笔者设定的李华生卒年基于 Silvio Vita，"Li Hua and Buddhism，"in *Tang China and Beyond*（ed. Antonino Forte，Kyoto：Italian School of East Asian Studies，1988），pp.99－100。

〔5〕《新唐书》卷 217A，第 6119 页。Forte，*Mingtang*，p.226.

座"重阁"〔1〕。尽管这座佛塔只贮藏了印度僧人的舍利,而非佛舍利,但此例仍然印证了关于"重阁"作用的假设。

乍看之下,此一供奉佛舍利之佛塔却冠以弥勒(未来佛)之名,着实令人费解。此不寻常之举或许可以理解为武后的佛教意识形态谋臣们的一种努力,即将武后描述成弥勒佛转世。〔2〕

图 2　泾州大云寺舍利石函;甘肃省文物工作队,1966。

现在让我们考虑此一时期另一舍利崇拜的例证,发生在另一大云寺——泾州大云寺(今甘肃泾川)。1964 年 12 月,甘肃省泾川县出土一石函。结果发现乃一舍利函。舍利石函表面刻有铭文,曰:"泾州大

---

〔1〕《华严经传记》,《大正藏》第五十一册,第 2073 号,第 155 页上第 5—6 行。Forte, *Mingtang*, p.212, note 15.

〔2〕Forte, *Political Propaganda*, Chapter Three。另见 Eugene Wang,"Of the True Body",其中就仁寿寺石碑上的三身佛形象的象征做了富有见地的讨论。

云寺舍利石函铭并序。"〔1〕铭文表明舍利函本属于泾州大云寺。其亦为一出舍利崇拜剧的证据。此剧发生在这一地区,仅仅在武后于690年建立大周朝的几年之后。铭文将这次舍利崇拜之事归功于一本地政府要员与一寺院之领袖的合作。在泾州大云寺遗址的右侧,留有一废塔基座。僧人出法(生平不详),时为大云寺都维那,见基座下有数道光线射出,相信其必为阿育王分派 84 000 舍利处所之一。尽管出法亟愿掘此塔基座,但苦于缺乏人力物资,计划因此无法付诸实施。后言于泾州司马孟诜(约 621?—约 712)。孟诜同感好奇,乐意资助。开挖之后,石函现世。中有琉璃瓶,装舍利十四粒。庄严仪式后,乃于延载元年七月十五(694 年 8 月 11 日)葬于大云寺佛殿之下,当天正值盂兰盆节。然舍利非于佛塔中供奉(或重奉),而埋于寺院中心建筑之下,显得有些不合常规。根据铭文最后所列的长名单,弥勒阁的资助者包括泾州内外的一些官员(包括泾州刺史源修业[生平未详])、僧人及居士。

现代学者并不满足于这 14 颗舍利为阿育王所颁发的传说,对其起源表示怀疑。考虑到 601 年,隋文帝颁布舍利至泾州大兴国寺,该寺乃于全国各地修建的 45 个"国寺"之一。人们开始倾向于将泾州大云寺舍利与 601 年大兴国寺供奉的舍利联系起来。〔2〕然而,在建立这种联系之前,两个问题有待解决。首先,如何解释 601 年仅一颗舍利被送往大兴国寺,而 694 年大云寺旁的佛塔却掘出 14 颗舍利?〔3〕其次,

---

〔1〕 铭文由甘肃省文物工作队抄录,《甘肃省泾川县出土的唐代舍利石函》,《文物》3 (1966),第 9 页、第 12 页;亦见吴钢编,《全唐文补遗》(西安:三秦出版社,1994 年),第 1 册,第 6—8 页。

〔2〕 《广弘明集》,《大正藏》第五十二册,第 2103 号,第 214 页下第 6—7 行;《集神州三宝感通录》,《大正藏》第五十二册,第 2106 号,第 411 页下第 25—26 行;山崎,《支那中世佛教の展开》,第 334 页。证明泾州大云寺舍利起源于公元 601 年的舍利颁布运动的努力,见甘肃省文物工作队,《唐代舍利石函》,第 14 页、第 47 页。

585 年,杨坚敕令,于其登基前,置大兴国寺于四十五州。见法琳(572—640),《辩正论》,《大正藏》第五十二册,第 2110 号,第 509 页上;Weinstein, *Buddhism under the T'ang*, p.5. 这些国寺如此命名,是因为"大兴国"乃杨坚登基前封地之名,其于此地称帝。见 Arthur Wright, *The Sui Dynasty*, p.130.

〔3〕 《广弘明集》,《大正藏》第五十二册,第 2103 号,第 213 页下第 16 行。

于 691 年之交奉旨更名为大云寺的泾州寺院是否即是大兴国寺？的确,必须承认,没有直接证据显示隋大兴国寺与武周泾州大云寺之间的关联。然而,当泾州政府不得不决定将一座当地寺院作为辖下国寺(大云寺)时,此大兴国寺因为先前曾作为大隋"国寺",可能使其成为最佳候选。

至于另一问题,需要考虑这一可能:尽管根据皇敕 601 年大兴国寺只有一颗舍利,实际上可能放入了更多舍利;抑或在发现及重新供奉舍利的 694 年之前的某个时候,更多舍利被加入到仁寿舍利中去了,或者另 13 颗舍利是 694 年由出法及其团队轻易地添加进去的。此外,如下事实也暗示着 694 年被发现的舍利与那些于 601 年被送往大兴国寺的舍利之间的关联。根据 1966 年出版的挖掘报告,大云寺舍利分藏于 5 个函盒中,按如下方式从里到外嵌套而成: 1) 琉璃瓶→2) 金棺→3) 银椁→4) 鎏金铜匣→5) 石函。[1] 考虑到唐代通常铸造 9 或 8 个函盒存放舍利,[2] 出法与孟诜在 694 年重新供奉舍利时很可能未曾为其制作新的舍利函(否则我们在 1964 年出土舍利时应发现多于 5 个函盒)。换言之,当 694 年发现舍利时,它们已被装入 5 个函盒之中。这提醒了我们在仁寿舍利颁布运动中使用过的那些舍利函盒,至少是于公元 601 年所实施的舍利颁布运动所利用的舍利函盒。如道宣记载,仁寿舍利盒由 4 个函盒构成(从里至外),制以琉璃、金、铜、与石。[3] 与泾州大云寺舍利盒对照,可以发现它们结构一致,除了后者有一个函盒不见于仁寿舍利盒的记载——第三层银盒。仁寿舍利盒是否只有 4 层,或是它们亦为 5 层,而其中一层(银盒)为道宣所遗漏?我们不得而知。然而,仁寿舍利盒与泾州大云寺舍利盒之间的高度相似性,进一步支持了关于后者可能源于隋代的假设。

---

〔1〕 甘肃省文物工作队,《唐代舍利石函》,第 9 页。

〔2〕 如本文第 1 部分所指出的,武后下令,送还法门寺舍利回归寺院重新供奉之前,为其制作 9 个舍利盒。1987 年发掘法门寺舍利时,其存于 8 个舍利盒中(最外层已被毁)。见吴立民、韩金科,《法门地宫》,第 334 页及以下。

〔3〕 《广弘明集》,《大正藏》第五十二册,第 2103 号,第 213 页下第 16—22 行。

此处,对此番舍利崇拜的主角孟诜之背景有必要了解一二。关于孟诜,他的两部传记提供了如下信息。[1] 孟诜乃汝州梁县(今河南临汝)人。垂拱(685年2月9日—689年1月26日)初,任凤阁舍人[2],此前必已进士及第。自少年起,好道家方术,与道士医师孙思邈(581—682)过从甚密,侍其如师。[3] 这很可能发生于孙思邈于宫中任高宗侍医之时。若然,684年受命凤阁前,孟诜必已于朝廷任职。其在炼金术上的造诣在如下插曲中有充分的展现。时孟诜访凤阁侍郎刘祎之(631—687)府邸,见一金锭,为武后所赐。[4] 他迅速指出此乃"药金",很可能为一种炼金石。还和祎之打赌,石置火中,将生五色气。试之,果验。听闻此等看似无伤大雅的科学实验后,武后不悦。她随后借机左授孟诜至台州(今浙江省内)司马,其地处海隅,远离京城。孟诜不知以何种方式成功修复了与武后之关系,升迁春官侍郎。690年10月16日,武后自封大周皇帝;睿宗因而被贬为皇嗣。当时,孟诜受命任其侍读之一。长安年间(701年11月26日—705年1月29日),孟诜拜同州(今陕西大荔)刺史,加银青光禄大夫。神龙(705年1月30日—707年10月4日)初,致仕归伊阳山(今河南嵩县)别墅,专研道家养生之道,据称能使其年高而力不衰。据说,他向亲友推荐长寿健康的两大秘诀为"善言"与"良药"。睿宗710年重登帝位后,召其入朝,欲再重用。诜以老固辞。皇帝对往昔之师尊敬之情转深,于景云二年(711年1月24日—712年2月11日)对其赏赐众多。孟诜旋卒,约在开元(713—741)之初,寿考九十

---

[1] 《旧唐书》卷191,第5101页;《新唐书》卷196,第5599—5600页。

[2] "凤阁"为684至705年间中书省别称。见 Hucker, *Official Titles*, p.214。

[3] 孟诜与孙思邈之关联未见诸传记,然可见《旧唐书》卷191,第5095页。

[4] 正传见《新唐书》卷117,第4150—4152页。参见《旧唐书·刘祎之传》卷87,第2846页,其传相当简略,且将其卒年定于永徽年间(650年2月7日—656年2月6日),甚误。据司马光(《资治通鉴》卷204,第6444页),687年6月22日(垂拱三年五月初七[庚午])武后下令处死祎之。

有三。药学与仪礼,均号方家。[1]

孟诜的传记资料令人印象深刻,展示了他与武后密切的关系,以及他在某些领域的渊博知识(这些领域如今可能被称作化学、炼金术与药学)。尽管初期失宠于武后,但从其在政治生涯中能得到升迁,尤其是他被任命武后皇嗣之师一事来判断,他设法重新得到了武后的信任。我们不知他于694年舍利崇拜中的角色如何使其获得武后治下的政治成功,尽管此高度政治化的事件似乎在武后的心目中为他赢得了新的好感。孟诜与武后的密切关系也表现在如下事实上:其致仕与武后于705年被迫退位及随后的驾崩同步。尽管他致仕可能由于年高,但考虑到当时他身体健朗,便不能完全排除政治因素。

孟诜之外,一名铭文中称为"上座"的僧人复礼,在此次泾州大云寺舍利崇拜的参与者中脱颖而出。我们知晓一个活跃于7世纪80年代至8世纪初的同名僧人,对当时的政治宗教生活极其重要:他不仅参与了几乎所有同时代主要佛教译师——包括日照(Divākara)、提云般若(Devendraprajña, 卒于691或692年)[2]、实叉难陀(Śikṣānada, 652—710)与义净(635—713),他们全得到武后支持——所监督的译经项目,而且也作为武后的主要意识形态策士之一(在构划武后登基

---

[1]　如下三部医书为其所著:

1)《补药方》(三卷):《旧唐书》卷47,第2048页;《新唐书》卷59,第1571页;

2)《孟氏必效方》(十卷):《旧唐书》卷47,第2050页;《新唐书》卷59,第1571页;

3)《食疗本草》(三卷):《新唐书》卷59,第1571页;《宋史》(北京:中华书局,1977年)卷207,第5314页(记为六卷)。

另外,他也是如下三部仪式(尤与祀服相关)著作的作者:

1)《家祭礼》(一卷):《新唐书》卷58,第1492页;《宋史》卷204,第5132页;

2)《丧服正要》(两卷):《新唐书》卷58,第1493页;

3)《锦带书》(八卷):《宋史》卷207,第5293页。

[2]　此日期由Forte提供, "Le moine Khotanais Devendraprajña," *Bulletin de l'École Française d'Extrême-Orient*, LXVI (1979), pp.289–298;中译为《于阗僧提云般若》,《西域与佛教文史论集》(许章真译,台北:台湾学生书局,1989年),第233—246页。

前的转轮王典范上他作用特殊)而与武后个人关系密切。[1] 此泾州大云寺复礼是否即是那著名的同名僧人? 表面上看,如果假设 694 年此复礼为泾州大云寺上座,同时另一复礼为佛教译师活跃于京城,这似乎不太可能。然而,很难确定此复礼必为泾州大云寺上座。实际上,铭文中除了复礼,另三名僧人(处一、崇道、与无着)同为上座。因此,并非所有僧人皆隶属于当地寺院。其中一些可能来自泾州之外。于是,此复礼来自京城、正是那同名僧人的可能性,实难排除。

尽管对于同处泾州的隋代大兴国寺与大周大云寺之间是否有联系尚不明了,694 年舍利崇拜的参与者僧人复礼的身份亦有待确定,但毫无疑问的是,孟诜及其诸友试图将武后描画成一位佛王,正如铭文中如下段落所清楚表明的那样:

> 神皇圣帝,地同天合。星拱辰居,川潮海纳。伟哉睿后,显号着于□[2]刊;铄矣康期,景度载于冥纪。乘变之机不测,先物之轨难寻。彰妙本之宿圆,证善权之今发。舍天形而演庆,彩叶大云[3];怀地品以宣慈,化敷甘露。[4]

铭文意图明显,不仅毫不含糊地将武后等同于大慈圣王,感化天下众生,而且直接认为与"天地"合(几乎可以说是实指,而非泛泛譬喻)。根据中国传统哲学,天地代表化生宇宙万物的根源。

无疑,此处考察的两例舍利崇拜,意在合法化此"非传统"(如非"反传统")的方式,即武后作为一名女性,在名义上和在实际上行使最高统治权。然而,我们也需就此独特意识形态之根源与功能,做一了

---

〔1〕 另外还有一略传见于《开元释教录》(智昇[活跃于 700—740 年]撰于 730 年;《大正藏》第五十五册,第 2154 号,第 564 页中第 14—26 行),他有一详传在《高僧传》(《大正藏》第五十册,第 2061 号,第 811 页下—第 812 页上),其中将其奉为高僧与译师。关于此僧,尤其是他作为武后的一名佛教意识形态策士的重要性,见 Forte, *Political Propaganda*, 尤见 pp.138‒141.关于此僧更多信息,见本文第 4 部分。

〔2〕 碑上此字腐蚀严重,难以辨认。

〔3〕 甘肃省文物工作队,《唐代舍利石函》,第 12 页;吴钢编,《全唐文补遗》,第 1 册,第 7 页。

〔4〕 此处"大云"指《大云经》,尤指佛祖关于净光女神的预言,即其化作女转轮王来到世间。见 Forte, *Political Propaganda*, pp.184ff。

解：其主导国内政治、宗教生活以及对外政策,一种被富安敦称为"国际性佛教"或"佛教和平主义"的思想形式。[1] 这种意识形态之绝佳物化体现就是那高耸入云的八棱铜柱——一般称之为"天枢",其全名为"大周万国颂德天枢"。尽管这个擎天巨柱直到 695 年才完成,但此巨柱的筹划建设早在 4 年前即已启动,几乎就在大周王朝建立之后。这宏伟建筑的题名对其意识形态意涵极尽渲染之能事,同样在《大云经疏》中被强调：

> 万国朝宗于明堂也。[2]

> 大圣威德,化及万方。四夷之人,咸来归服。[3]

> 神皇降伏万国,威力无等也。[4]

非常值得注意的是天枢的建造乃一"国际性"事业：其营建起初由泉献诚(Ch'ŏn Hŏnsŏng或Yŏ Hŏnsŏng)(651—692)负责执行,该人为高句丽的统治者泉南生(Ch'ŏn Namsaeng或Yŏn Namsaeng)之子,当时居于中国(也许跟其他国外王子一样在中国作为人质)。而且其营建之国际性资金是由阿罗撼(Vahrām)所募集;阿罗撼为波斯贵族,曾效忠于唐之三祖高宗,而后又效忠于武后本人。[5] 富安敦如此评论此天枢所具有之复杂的政治和宗教象征意义：

> 考虑到通过佛教此一媒介,印度文明对中国做出的巨大贡献,我们更倾向于视"天枢"为其时一种三大亚洲文明——中华文明、印度文明以及伊朗文明——的综合表征。各种的资料所提供给我们的、相当详细的关于天枢形式的描述,会让研究者们更多地去思考不同艺术元素的起源。然而,似乎对我来说相当清楚的是,这一

[1] Forte, *Mingtang*(尤见 pp.229 - 252 各处)。
[2] S 6502; Forte, *Political Propaganda*, Plate I, p.2。
[3] 同上,p.3。
[4] 同上。
[5] Forte, *Mingtang*, pp.263 - 264, p.242;关于阿罗撼在天枢修建中的作用,以及天枢建造的国际背景,见 Forte, "On the So-called Abraham from Persia: A Case of Mistaken Identity," in *L'Inscription nestorienne de Si-ngan-fou: A Posthumous Work by Paul Pelliot* (ed. Antonino Forte, Kyoto and Paris: The Italian School of East Asian Studies and the Collège de France, 1996), pp.375 - 418(尤见 pp.407 - 409)。

极有难度之综合的意识形态，一定是由当时的国际性佛教表达的。天枢首先让人回忆起阿育王石柱，立于天枢之上的"山"则应是代表佛教中的须弥山。就是这一国际性佛教，巧妙地发挥了其和平主义的王牌作用，并获得国际共识。相似的例子前所未见。[1]

显而易见，692年与694年的两次舍利崇拜，与天枢的营建有着共同的意识形态根源，它们跟其他政治和意识形态工程（以明堂建筑群最为著名）配合无间。事实上，考虑到当时舍利相关运动的早熟——这可由这两次活动所证明，这些运动实际也可追溯到光宅舍利事件，尤其是考虑到舍利活动与阿育王传说中的转轮王观念有着更为直接的关联，笔者甚至愿意考虑这一可能性，即武后及其意识形态策士们所举行的舍利活动是催化（如非促成）天枢工程的主要力量。[2]

第四节　嵩山、七宝台与法门寺：武后晚年（700—705）的舍利崇拜

然而，不应忽视的是，武后不仅试图效仿时空上相距甚远的阿育王，而且显然是深受隋文帝先例的启发，后者在时空及血缘上都与她相近。然而在舍利颁布一事上，文帝与武后之间有重大不同：文帝每颁一处，皆建塔供养，但并无证据表明在678年全国范围之光宅舍利颁布中，武后也有相同举措。更确切地说，对于在其隋朝族人所建旧塔中供奉新"发现"之舍利，武后几乎没有显出任何的犹豫或者勉强。

话虽如此，武后确实也修建了一些佛塔——至少我们能肯定地说，嵩山一座佛塔乃奉其诏令而建。让我们转向《唐会要》中该故事的记载：

〔1〕　Forte, *Mingtang*, pp.242-243。
〔2〕　正如富安敦于其文章中所言，武后的佛教宇宙之王的形象，不仅受中土佛僧，也包括来自印度以及中亚僧人的热情支持见氏著"Hui-chih (fl. 676-703 A.D), a Brahmin Born in China," *Annali dell'Istituto Orientale di Napoli* 45 (1985), pp.105-134。

圣历三年七月[1]，幸三阳宫[2]。有胡僧邀驾，看葬舍利。上许之。千乘万骑，咸次于野。内使狄仁杰[3]跪于马前，曰"佛者，夷狄之神；君者，天下之主。当重帷难见，居安虑危。上路崎岖，既为难卫。庸僧诡惑，何足是凭？且君举必书，不可不慎。"上中路而还，曰"成吾直臣之气也。"[4]

《唐会要》作者王溥此处并未明告胡僧之名。然而，一些外部资

---

[1]　此事亦记录于《资治通鉴》卷206，第6546页。在《唐会要》中，该事发生在圣历三年七月，在《资治通鉴》中则是圣历三年四月戊申(廿九)日，即700年5月21日。

[2]　三阳宫在武三思(卒于707年)提议下建造。武为武后之侄，于其姑母统治期间，臭名昭著，不受欢迎(见其两部唐朝官方传记：《旧唐书》卷183，第4785页；《新唐书》卷206，第5841页；参见《资治通鉴》卷207，第6569页)。关于此宫，不同资料信息多样。

关于建造此宫之日，《旧唐书》(卷6，第128页)载为圣历三年腊月甲戌日后某日，即699年12月21—27日之间(圣历三年腊月廿四至三十)；而《新唐书》及之后《资治通鉴》给出的日期为久视元年正月廿八(戊寅)后某日，即久视元年正月廿九或三十。鉴于久视年号始于700年5月27日(圣历三年五月初五)，止于701年2月15日(久视二年正月初三)，久视元年正月廿八显为圣历三年正月廿八的另一种指称，对应于699年12月24日。这意味着，根据《新唐书》与《资治通鉴》，三阳宫建于699年12月24日或后一日。这就解释了何以《新唐书》作者于另一场合记载三阳宫建于圣历三年，而这一时期涵盖了699年11月27日至700年5月27日。于是，两唐史书(北宋《资治通鉴》遵循其一)中明显不同之陈述得以兼容。基于此二种史料，可以认为，三阳宫的建造(或"下令建造"显得更为可能)接近699年年末。

然而，与此三种史料相反，《唐会要》(卷30，第557页)作者王溥就三阳宫建造提供的日期为圣历三年十一月廿八。此日期显然难以置信，不仅因为与三种史料相悖，还另有如下两个原因。首先，鉴于圣历年号于700年5月27日被一新年号(久视)所代替，圣历三年十一月廿八本身不存在。其次，根据王溥自己关于武后受邀出席舍利供奉故事的记载，武后于圣历三年七月已在此宫，比王溥提出的宫殿建造日期早了4个月。三阳宫于此年(圣历三年或久视元年)夏季已然存在一事，亦由武后为佛经所书译序所证实(见下文)。

因此，合理总结似为，三阳宫的建造始于699年年末，700年初完工。然而，此宫仅存四年。根据《唐会要》(卷30，第557页)，此宫于704年3月2日(长安四年正月廿二)拆除，建材可能用于建造另一宫殿——寿安县万安山上的兴泰宫(关于此宫见下文)。《资治通鉴》(卷207，第6569页)记载此宫之日期为前一日，即704年3月1日(长安四年正月廿一[丁未])。

最后，关于三阳宫，应注意到，根据《资治通鉴》(卷206，第6545页)与《新唐书》(卷4，第100页)，此宫建于告成之石淙(洛阳阳城下级县)，靠近而非位于嵩山。距今河南登封东南三十里，石淙涧流自嵩山东谷，其地景色绝美；见臧励龢等(编)，《中国古今地名大辞典》(香港：商务印书馆，1931年)，第272页。《全唐诗》(北京：中华书局，1960年)中包涵一首署名武后关于石淙的诗(见《全唐诗》第86册，第941页)。据信武后为其诗所作之序亦留存于世；见《全唐诗外编》(王重民等编，台北：木铎出版社，1983年)，第329页。

[3]　狄仁杰(630—700)，武后之能臣，亦为唐朝复辟的核心人物；该复辟由效忠李氏家族之官员于狄仁杰死后完成，但这些官员多为其保举。见麦戴维关于此人的长篇研究：David McMullen, "The Real Judge Dee: Ti Jen-chieh and the T'ang Restoration of 705", *Asia Major*, Series 3, 6.1 (1993), pp.1–81.

[4]　《唐会要》卷27，第517页。

料,其中之一来自武后本人,暗示此人很有可能为于阗僧人实叉难陀(又名学喜,652—710),武后曾邀难陀住于三阳宫准备新版汉译《楞伽经》(Laṅkāvatāra sūtra),即熟知的《大乘入楞伽经》。确切地讲,据说胡僧于同年邀武后出席舍利供奉仪式。武后为《大乘入楞伽经》所作之序中,叙述了与实叉难陀的关系,以及她何以为此作序:久视元年夏(700年5月27日—701年2月12日),武后于箕山颍水避暑[1],邀难陀与大福先寺僧人复礼(活跃于7世纪80年代至8世纪初)至三阳宫准备新版《楞伽经》的翻译。704年2月24日(长安四年正月十五)翻译完成之后,僧俗信众力劝武后以序敬奉,后从之。[2]

《唐会要》与《资治通鉴》中的记载使得一些学者得出结论,认为狄

─────────

〔1〕 箕山,即许由山,位于今河南登封东南。颍水,又名颍河,发源于登封东南。

〔2〕《新译大乘入楞伽经序》,收在《大乘入楞伽经》(《大正藏》第十六册,第672号,第587页上一中)及宋僧人宝臣(生卒年不详)的《大乘入楞伽经》的注释《注大乘入楞伽经》(《大正藏》第三十九册,第1791号,第433页下第9行—第434页上第11行)中。尤见《大正藏》第十六册,第672号,第587页上第23行—中第7行;《大正藏》第三十九册,第1792号,第433页下第28行—第434页上第11行,为武后与实叉难陀的关联。

两个版本完全一致,除了序言中认定作者的不同方式:前者模糊地讲"御制",后者则有特殊标识——"天册金轮圣神皇帝制"。"天册金轮圣神皇帝制"显是武后自封的两个转轮王尊号的复合词:"金轮圣神皇帝"(693年10月13日[长寿二年九月初九乙未]封)与"天册金轮大神皇帝"(695年10月22日[天册万岁元年九月初九甲寅]封)。见《旧唐书》卷6,第123页,第124页;《新唐书》卷4,第93页,第101页;《资治通鉴》卷205,第6492页,第6503页。二者于700年5月27日(久视元年五月初五[癸丑])正式废除。见《旧唐书》卷6,第129页;《新唐书》卷4,第101页;《资治通鉴》卷206,第6546页。同日废止的还有另两个转轮王尊号:"越古金轮圣神皇帝"(694年6月9日[延载元年五月初十甲午]封[见《旧唐书》卷4,第94页;《资治通鉴》卷205,第6494页])与"慈氏越古金轮圣神皇帝"(694年11月23日[天册万岁元年元月初一辛巳]封[《新唐书》卷4,第95页;《资治通鉴》卷205,第6497页])。考虑到704年2月24日前,武后已废除其所有转轮王尊号超过四年,宝臣所著之序,以"天册金轮圣神皇帝"尊称武后显为一年代倒置之错误。关于采用这些尊号的历史环境及其政治宗教议程的具体讨论,见Forte, *Political Propaganda*, p.142ff。

法藏亦在其经注中重述了新译之事,该注即《入楞伽心玄义》(《大正藏》第三十九册,1790号),第430页中第16—23行。据法藏所言,到实叉难陀于长安二年(702年2月2日—703年1月21日)返回于阗为止,其于长安清禅寺仅完成《楞伽经》的汉译本草稿(彼时,他住于长安,乃是因为武后于701年11月26日至703年11月21日两年间将宫廷自洛阳迁至长安)。草稿交予吐火罗僧人弥陀山(Mitrasena,或弥陀仙[Mitraśanta],详见下文)校订,其助手福林及法藏亲自负责"缀文"。译本完成后,武后作序。该记述堪可措意者,在于提到实叉难陀在准备翻译《楞伽经》时住在三阳宫,实误。与此相对,法藏所撰《实叉难陀传》中,法藏提及其与三阳宫之关联,虽言曰实叉难陀于长安四年(704年2月10日—705年1月29日)去华,但与其在《入楞伽心玄义》中所言相悖;根据后者,实叉难陀早两年离开中土。见《华严经传记》,《大正藏》第五十一册,第2073号,第155页上第19—25行。关于实叉 (转下页)

仁杰的谏言成功说服了武后取消在嵩山的舍利崇拜典礼。[1]这一假设可能也得到了武后如下诏令的支持：

> 释氏垂教，本离生死。示灭之仪，固非正法。如闻天中寺[2]僧徒今年七月十五日下舍利骨，素服哭泣。[3] 不达妙理，轻徇常情。恐学者有疑，曾不谤毁？宜令所管州县，即加禁断。[4]

宋敏求（1019—1079）确定诏令为圣历三年五月（700 年 3 月 25 日—4 月 23 日）颁布。这显然有误，鉴于诏令中谴责了一件发生在"今年七月十五日"的事件，这意味着诏令肯定是在某年七月中或后半月颁布的。该诏令是否可能与《唐会要》中的舍利供奉相关？尚无充足的证据遽下断言。即使该诏令指向舍利供奉，颁布它也是用来避免再次以世俗仪式供奉佛舍利——这一事实证明，那样一个舍利供奉确已发生过。

（接上页）难陀离开中土之日的复杂问题，见笔者关于法藏的即刊之书 *History and His Stories: A Biographical Study of the Avataṃsaka Master Fazang*（643 - 712），Chapter One（译校：本书 2007 年由 Brill 正式出版时，书名更改为："Philosopher, Practitioner, Politician: The Many Lives of Fazang [643 - 712]"）。

实叉难陀于 700 年在三阳宫进行《楞伽经》的翻译，这点亦得到后来传记资料的支持。例见《开元释教录》，《大正藏》第五十五册，第 2154 号，第 566 页上第 22—23 行；《宋高僧传》，《大正藏》第五十册，第 2061 号，第 718 页下第 28 行—第 719 页上第 1 行。

[1] 例见 Barrett, "Stūpa, Sūtra and Śarīra in China," p.41.

[2] 复礼据说尝居该寺，武三思与武后大臣苏味道（648—706）曾拜访过他，后者即当时人尽皆知的"苏模棱"。为庆祝此次拜访，武三思与苏味道各自赋诗一首；收入《全唐诗》第 65 册，第 755 页与第 80 册，第 867 页。

《资治通鉴》（卷 208，第 6616 页）提及一寺名"中天寺"，为声名狼藉的僧人慧范（？—712）住持的三座寺庙之一。这可能是将天中寺误作中天寺，或反之。

[3] 舍利以此方式颁布可能与一些和盂兰盆（Ullambana，即"鬼节"）节相关的风俗一致，其间会尊奉祖先亡灵。唐朝早期著名诗人杨炯（650—693？）的赋文中，《盂兰盆赋》描述了如意二年（692 年 4 月 2 日—10 月 22 日）的该节日，即武后正式宣布登基后两年；见《旧唐书·杨炯传》卷 190，第 5003 页；关于《盂兰盆赋》，见《全唐文》卷 190，第 8 页中—第 11 页上，太史文提供了英译，见 Stephen Teiser, *Ghost Festival in Medieval China*（Princeton, New Jersey: Princeton University Press, 1988），pp.72 - 111。似乎其时一些僧人试图将供奉（或埋藏）舍利纳为鬼节的一部分。巴瑞特（T. H. Barrett, "Stūpa, Sūtra and Śarīra in China," p.40）认为，武后政府指责该努力，因其牵涉将佛陀灭度视为一种实实在在的，而非似有实无的损失。这一理解得到据称是武后诏令的支持。

[4] 《唐大诏令集》（宋敏求著书于 1070 年）（上海：上海印书馆，1959 年），第 587 页。同一诏令亦收录于《全唐文》卷 95，第 11 页中。

因此,武后诏令不能证明《唐会要》与《资治通鉴》中的舍利供奉被取消了。的确,武后取消出席舍利供奉典礼并不必然意味着典礼本身的取消。一些间接证据表明,这样的舍利供奉典礼可能确实在 700 年于嵩山举行过。

《全唐诗》收有两诗,据说为张说(667—732)与徐坚(约 659—729)所作。[1] 张说《送考功武员外学士使嵩山署舍利塔》曰:

> 怀玉泉,恋仁者[2]。
>
> 寂灭真心不可见,空留影塔嵩岩下。
>
> 宝王[3]四海转千轮,金昙[4]百粒送分身。
>
> 山中二月娑罗会[5],虚呗遥遥愁思人。
>
> 我念过去微尘劫,与子禅门同正法。
>
> 虽在神仙兰省间,常持清净莲花叶。
>
> 来亦好,去亦好。
>
> 了观车行马不移,常见菩提离烦恼。[6]

一些禅学者将该诗中提及的佛塔理解为北宗禅师神秀骨塔。[7] 将该塔与神秀联结起来的努力可能源自诗中提及的玉泉;它很容易被认为是荆州的玉泉寺,该寺院与神秀关系密切。然而应该注意,玉泉寺似乎是当时一个相当普遍的寺名。因其与诸如智颢与神秀等高僧相

---

〔1〕 张说正传见《旧唐书》卷 97,第 3049—3059 页、《新唐书》卷 125,第 4404—4412 页。张说因其与当时佛教领袖的私交甚笃而闻名,包括北宗神秀(606? —706)(张说很可能尊其为导师)以及著名科学家僧一行(673—727)。关于张说与北宗传统,尤其与神秀的关系,见佛雷(Bernard Faure), *The Will to Orthodoxy: A Critical Genealogy of Northern Chan Buddhism* (Stanford: Stanford University, 1997), p.34ff。

徐坚在《旧唐书》(卷 102,第 3175—3176 页)中有一正传,记载其卒于开元十七年(729 年 2 月 3 日—730 年 1 月 22 日),享年七十有余,因此其生年大抵为 659 年。

〔2〕 这会使人想起释迦牟尼的汉语指代"能仁"。

〔3〕 宝王(梵文 Rantnaraja)指一佛陀,见《大般若波罗蜜经》(*Mahāprajñpāramitāsūtra*),《大正藏》第七册,第 220 号,第 950 页下第 3 行及以下。

〔4〕 此乃一著名佛教故事:佛陀释迦牟尼之舍利分别纳入八金昙。见《大般涅槃经后分》,《大正藏》第一册,第 377 号,第 910 页下—第 911 页上。

〔5〕 此指佛陀灭度时,据说娑罗双树变白,佛陀在世时曾在该树下度过最后时光。

〔6〕 《全唐诗》第 86 册,第 941 页。

〔7〕 见 42 页注〔6〕。

关,荆州玉泉寺在诸多玉泉寺中最负盛名,这可能无可争议。除此之外,同时期著名的同名寺院至少还有两座:一在终南山蓝田,另一在寿安县万安山(今河南宜阳)。[1] 值得注意的是,神龙元年(697年9月29日—12月19日),如果不是因为此山极为险峻而遭到一朝臣反对,[2] 武后就造访了万安山玉泉寺。万安山玉泉寺肯定为当时著名寺院,因武后于长安四年(704年2月10日—705年1月29日)在该地建造行宫。[3] 笔者相信,张说诗中提及的玉泉是指万安山玉泉寺。鉴于寿安毗邻伊川[4],根据徐坚的诗,曾于伊川岸边举行别筵。

澄清这点后,让我们回到张说与徐坚的诗。徐诗有着与张诗几乎相同的标题,但他强调了席间众人的离愁别绪。[5] 据诗名与内容判断,这两首诗皆献给某武姓人士,其为考功(司)员外(郎)学士,别筵是为其不久即将离开洛阳而设,其受皇命置百粒舍利于嵩山佛塔。[6]

---

〔1〕 前者记录见于《宋高僧传》中静藏(576—626)传(《大正藏》第五十册,2060号,第521页下第21行,第523页中第22—23行)和空藏(569—642)传(第689页下第3—4行),后者在《旧唐书》王方庆(卒于702年)传中被提及(卷89,第2898页)。唐诗(《全唐诗》第138册,第1397页)中提及的玉泉寺也显然是蓝田玉泉寺。

〔2〕 正是王方庆组织了武后此次之行。见上文出注的《旧唐书》传记。

〔3〕 《唐会要》卷30,第557页。

〔4〕 见谭其骧《中国历史地图集》(八册本;上海:地图出版社,1982年),第五册,第44—45页。

〔5〕 徐诗题目《送考功员外学士使嵩山置舍利塔歌》与张说诗题目仅两处不同:除附加的"歌"字在张说诗名中未见,徐诗有"置舍利塔",而张诗名为"署舍利塔"。"署"可能是"置"的误写。《全唐诗》第107册,第1112页:
伊川别骑,灞岸分筵。
对三春之花月,览千里之风烟。
望青山兮分地,见白云兮在天。
寄愁心于樽酒,怆离绪于清弦。
共握手而相顾,各衔凄而黯然。

〔6〕 在讨论张说与武平一的关系时,佛雷(Faure, *Will to Orthodoxy*, p.35)指出,张说于神秀圆寂后送武平一去嵩山,是为了将一首置于神秀骨塔。尽管佛雷没有详细说明这首诗,鉴于这是张说唯一一首赠武平一的诗,笔者怀疑佛雷指的就是此处讨论的这首。很难相信这种情况下,武平一去嵩山是受张说之命,因为诗名中的"使"字显示为皇命在身。亦很难假设该塔即神秀骨塔,因为诗中一些表达,例如"宝王"、"转千轮"、"娑罗会",都暗示该塔被认作为供奉佛舍利之用。

此处武氏被证明是武平一（卒于约 741 年），武后族人。[1] 两诗年代皆不详，尽管其中一首明确了别筵举行于某年七月。[2] 现在让我们看一下如何缩短两诗及置塔嵩山之敕令的时间范围。

首先，张诗明言，张说时供职于朝。[3] 由于张说通过武后亲自主持的科考后于 690 年出仕[4]，别筵必于此后举行。其次，张说与徐坚分别卒于 730 年与 729 年，他们无法一同出现于 729 年后的筵席。第三，此 40 年间（690—729），武后（690—705 年在位）、中宗（705—710 年在位）、睿宗（710—712 年在位）、与玄宗（712—756 年在位）四位君主中，武后乃所知唯一牵涉某种形式的舍利崇拜者。[5] 这使得我们将别筵的时间范围缩小到 690 至 705 年之间。第四，长安三年

---

[1] 《新唐书·宰相世系》提及武平一（又名武甄）为考功员外郎及修学馆直学士。整个唐朝，在武氏一族中，他是唯一享有"考功员外郎"与"学士"两个称号的成员。同样根据《宰相世系》（卷 74，第 3136—3144 页），武平一乃武后叔父之孙。

武平一因与北宗禅之关联而著名。他是普寂（651—739）墓志铭的作者，后者为神秀之后北宗禅最重要的领袖之一。他积极参与北宗禅思想体系的创新与发展，包括神宗祖师的版本，甚至到了神会（686—760）单独挑出他与普寂进行批评的地步。见柳田圣山《初期禅宗史书の研究》（东京：法藏馆，1967 年），第 111 页与第 116 页注释 114；马克瑞（John R. McRae），*The Northern School and the Formation of Early Ch'an Buddhism*（Honolulu：University of Hawai'i Press, 1986），p.67；佛雷（Faure），*Will to Orthodoxy*, p.35, 75, 80, 94, 98，尤其 pp.192‒193, note 67。

[2] 见张说诗。徐坚诗提供了一个笼统的时间范围，如"三春"，在汉语中意指春三月（即农历三月）；见诸桥辙次《大汉和辞典》（13 册；东京：大修馆书店，1966—1968 年），第 1 册，第 150 页。

[3] 张诗"虽在神仙兰省间，常持清净莲花叶"，向武平一表达了他的佛教信仰，尽管他的兴趣在于长生不老的道教修炼，且其称朝廷为"兰省"，心系朝官之责；"兰省"可能等同于"兰台"。在唐诗中，"兰台"通常意指"秘书省"。关于"兰台"，见诸桥辙次《大汉和辞典》第 9 册，第 1035 页。

[4] 《旧唐书·张说传》（卷 97，第 3049 页）记载，他于及冠之年（二十岁成人）通过考试，《新唐书·张说传》（卷 125，第 4404 页）明确提出，这发生于永昌年间（689 年 1 月 27 日—12 月 17 日），当时他二十三岁。无论《旧唐书》或《新唐书》皆无张说应试的确切日期，而根据杜佑（735—812）、王钦若（卒于 1013 年后）与司马光记载，考试实则于 690 年 4 月 29 日（载初元年四月十五[辛酉]）举行。见《通典》（成书于 801 年，北京：中华书局，1988 年）卷 15，第 354 页；《册府元龟》（成书于 1005—1013 年，北京：中华书局，1989 年）卷 643，第 2124 页上第 8—9 行；《资治通鉴》卷 204，第 6463 页；陈祖言《张说年谱》（香港：中文大学出版社，1984 年），第 7—9 页。

[5] 中宗似乎也接触过法门寺舍利，710 年为其法门寺佛塔赐名。但需要注意的是，他只是诏令将法门寺舍利——在宫中供奉三年后（705 年初武后敕令迎宫中）——护送法门寺（见本文第 4 部分）。

九月（703 年 10 月 15 日—11 月 13 日）魏元忠（640？—710？）事件后不久[1]，张说被放钦州（今广东钦县），此后直至中宗 705 年重登帝位才返回京都。由此可知，此次张说、徐坚与武平一参与的别筵必发生于 703 年之前，这点从《武平一传》中亦可得佐证。《武平一传》告诉我们，武后统治年间，其隐居嵩山，修浮屠法，其间屡诏不应，直至中宗 705 年复位，方才归仕。设想这多次诏命发生在数年之间，那么武平一之归隐应发生于武后 705 年驾崩之前数年——在 702 年左右。这意味着其奉武后之诏命前往嵩山，必不晚于 702 年。因此可推知武平一奉诏前往嵩山修建佛塔，当在 690 至 702 年间。

尽管无铁证可准确推知武后诏命武平一前往嵩山修建佛塔的确切时间，笔者依然倾向于将武平一奉使嵩山与《唐会要》及《资治通鉴》中记载之事联系起来。我们已知武平一前往嵩山是在某年之二月（690 至 702 年间），而武后受邀去同一座山观葬舍利是在 700 年四月或七月。是否可能是在 700 年二月，武后派遣其族人之一到嵩山监察佛塔修建；而根据预先计划，五个月后佛塔修建完成，武后本人要亲自前往巡视并给予奖励，但由于狄仁杰的强烈反对，未能成行？笔者认为有此可能。

因此，关于武平一之奉诏修建嵩山佛塔与发生于 700 年的嵩山之舍利供奉仪式，如下评论或许恰当。首先，可以比较确定地说，于 690 至 702 年间，武后下诏将 100 余颗舍利供奉于嵩山佛塔，佛塔修建由其一族人负责监督执行。其次，如果嵩山舍利供奉是在 700 年（这很有可能，虽不完全确定），那么武后受邀参加便极有可能。[2] 最后，笔者倾

---

[1] 长安三年（703 年 1 月 22 日—704 年 2 月 9 日），武后的两个心腹（据说为武后的面首，详下）——张易之（约 677—705）与其弟张宗昌（约 677—705）——要求张说作伪证发魏元忠（魏一直被张氏兄弟视为眼中钉）。张说拒绝，并将此事告知武后。然而，可能在张氏兄弟的煽动下，武后依然决定惩治张说，将其流放南方边远地区。见《旧唐书》（卷 6，第 131 页；卷 92，第 2952—2953 页；卷 97，第 3050—3051 页）、《新唐书》（卷 122，第 4344—4345 页；卷 125，第 4406 页）及《资治通鉴》（卷 207，第 6563—6564 页）。

[2] 如果此事为真，那么在 8 世纪之交，武后诏令在嵩山至少修建了一座佛塔。这似乎意味着武平一在其完成朝廷的使命后不久，便开始隐居嵩山。与其亲戚武攸绪（655—723）如出一辙。武攸绪是武后一位伯父（后父武士彟之兄武士让）的孙子，696 年陪同武后前往嵩山完成封禅大典的使命之后，便决定隐居嵩山。见《资治通鉴》卷 205，第 6503 页；《旧唐书》卷 183，第 4740 页；《新唐书》卷 196，第 5605 页。

向于相信 700 年的嵩山舍利供奉典礼,无论是否由武平一监督施行,都可能最终如期举行,尽管没有像原计划那样由武后亲临观礼。鉴于武后对嵩山的异常喜爱,她决定于嵩山建造如此意义非凡的建筑物,是理所当然的。[1]

嵩山佛塔并非武后统治晚年舍利崇拜的孤例。另一引人注目的建筑,尽管远离嵩山(位于长安西郊),但也是基于同样目的而于同一时期修建的。此建筑被称为七宝台,我们之前论述到光宅舍利与光宅寺时,曾有所提及。

关于七宝台,首先得说明,段成式(803?—863)记载了光宅寺的这一"宝台"——此"台"实为一佛塔:

> 宝台甚显,登之四极眼界。其上层窗下尉迟画[2],下层窗下吴道元画:[3]皆非其得意也。丞相韦处厚[4],自居内廷,至相

---

〔1〕 700 年在嵩山的插曲乃武后已知的倒数第二次对此山的造访。此后,武后只在大足元年五月至七月(701 年 6 月 11 日—9 月 6 日)找到一个返回嵩山的机会。见《旧唐书》卷 6,第 130 页;《新唐书》卷 4,第 102 页。巴瑞特认为,武后及高宗被此神岳所吸引不止是因为其所谓"中岳"的特殊地位,也因为一些星相因素:他们相信此山主宰他们的命运。见 Barrett, *Taoism under the T'ang: Religion and Empire During the Golden Age of Chinese History* (London: the Wellsweep Press, 1996), pp.44 - 45。

〔2〕 朱景玄(亦名朱景真、朱景元,活跃于 9 世纪 40 年代),《唐朝名画录》(或名《唐画断》;著于 9 世纪 40 年代早期)认定此尉迟即尉迟乙僧,是一位贞观年间(627 年 1 月 23 日—650 年 2 月 5 日)早期来到汉地的吐火罗画师。见长广敏雄,"On Wei-c'ih〔sic〕I-seng: a Painter of the Early T'ang Dynasty," *Oriental Art* 12(1995), pp.70 - 74;Soper, "*T'ang Ch'ao Ming Hua Lu*: Celebrated Painters of the T'ang Dynasty by Chu Ching-hsüan of the T'ang," *Artibus Asiae* XXXI.3 - 4(1958), pp.213 - 214。李昉(925—996)重复了这点,见《太平广记》(成书于 977 至 978 年间;北京:中华书局,1961 年)卷 211,第 1618—1619 页;小野胜年《中国隋唐长安寺院史料集成》(两册本;东京:法藏馆,1989 年),第 1 册,第 62 页。长广敏雄提供了尉迟乙僧与吴道子的假设年代,见其译注的日文版的张彦远(卒于 845 年后)《历代名画记》(成书于 845 年)(东京:平凡社,1977,两册),第 2 册,第 182—186 页、第 200—211 页。

〔3〕 有趣的是,吴道子曾为唐朝著名佛塔大雁塔做壁画,大雁塔 652 年由玄奘主持修建于慈恩寺内,至今仍存于西安。

〔4〕 韦处厚为当时禅宗的重要支持者,主要是对南宗禅慧能(638—713)弟子马祖道一(709—788)的支持;见拙文:Jinhua Chen, "One Name, Three Monks: Two Northern Chan Masters Emerge from the Shadow of Their Contemporary, the Tiantai Master Zhanran 湛然 (711—782)," *Journal of the International Association of Buddhist Studies* 22.1(1999), pp.29ff。

位,每归,辄至此塔焚香瞻礼。[1]

因此,七宝台似乎有着惊人的高度。考虑到光宅坊及光宅寺与舍利的联系,支持了七宝台作为舍利塔的性质。关于七宝台的营建,富安敦认为其可能发生于 690 年间,其时武后正准备取大唐而代之以大周。[2] 然而证据显示,七宝台的修建完成于 703 年或者稍早。

敦煌写本中,《金光明最胜王经》(Suvarṇaprabhāsottama Sūtra)汉译本抄本的跋文,将法宝(卒于 703 年之后)列为义净的合译者。[3] 该写本还记载,译文完成于 703 年 11 月 17 日(长安三年十月初四)。[4] 凡此都表明光宅寺在 703 年 11 月 17 日已更名,七宝台佛塔很有可能是在此前建成。此外,一篇作于长安三年九月(703 年 10 月

---

[1] 《寺塔记》(段成式成书于 843 至 853 年)。《寺塔记》分为两卷,收于十卷本《酉阳杂俎续集》中,即段成式二十卷《酉阳杂俎》(成书于 860 年)的续集。方南生的《酉阳杂俎》(又名《酉阳杂俎前集》)点校本颇为精良,《酉阳杂俎续集》亦在其中(北京:中华书局,1981年)(《寺塔记》见第 245—264 页)。另外,《寺塔记》的残本收在《大正藏》第五十一册,第2093 号,第 1023 页下第 18—23 行。

引文见 257 页(方南生版),但不见于《大正藏》版。Alexander Coburn Soper 的此段译文见其文 "A Vocation Glimpse of the Tang Temples of Ch'ang-an. The *Ssu-t'a chi* by Tuan Ch'eng-shih," *Aribus Asiae* XXIII.1(1960):30–31。宋敏求在《长安志》中引用时犯了一个错误。"其上层窗下尉迟画",他引用的是"其上层窗下殿是画";见《长安志》,《唐代研究のしおり》,第 104 页。

这些壁画没有传世,但塔中佛像,尚有 32 件留存,保存于西安(7 件)、日本(21 件)和美国(4 件)。这些传世佛像包括五组偶像:(1)7 座十一面观音;(2)14 座阿弥陀佛三尊像;(3)7 座弥勒佛三尊像;(4)9 座庄严佛像;(5)5 座不知名三尊像。这些传世佛像是颜娟英1986 年哈佛博士论文的主题,"The Sculpture from the Tower of Seven Jewels:The Style, Patronage and Iconography of the Monument." 她将论文中的主要观点分两篇论文于 1987 年出版,"The Tower of Seven Jewels and Empress Wu,"《故宫通讯》22/1,第 1—19 页;《唐长安七宝台石刻佛像》,《艺术学》第 1 期,第 40—89 页。

段成式在《寺塔记》中亦记述道,光宅寺内有一普贤堂,原为武后的梳洗堂——她总会在葡萄成熟之际造访此地。他亦记载道,堂内有尉迟[乙僧]的壁画。见《寺塔记》,第 257 页;《大正藏》第五十一册,第 2093 号,第 1023 页下第 18—23 行。这说明,光宅寺附近有一行宫;武后曾偶尔在此居住,无论其为高宗后妃或执掌大权之时。

[2] Forte, *Political Propaganda*, p.202, footnote 112.

[3] 这一敦煌写本,编号 S 523,收录于黄永武(编),《敦煌宝藏》(130 册;台北:新文丰出版公司,1984 年),第 4 册,第 260—270 页。亦复印于 Forte, *Political Propaganda*, Plate XXXIII。在此写本中,法宝是一证义者、翻经[大德],也是七宝台(寺)上座:"翻经沙门七宝台上座法宝证义"("翻经"乃"翻经大德"之缩写)。见 Forte, *Political Propaganda*, p.105, note 156.

[4] 译经的日期在智昇那里得到确认,见《开元释教录》,《大正藏》第五十五册,第2154 号,第 567 页上第 19—20 行。

15 日—11 月 13 日)的铭文,表明德感和尚(640? —705?)——武后的一个很重要的意识形态谋臣——曾"检较造七宝台。"[1] 这也证明七宝台在当时或者在建,或既建不久(德感没有理由在一个久已完成的工程上冠以己名)。七宝台形制巨大,可能要花费数年时间来完成这一庞然大物。因此,考虑到七宝台是于 703 年间(或稍早)完成,如果说武后是在 700 年或 701 年下令开始修建,那可能与事实出入不大。

我们知道在 700 至 703 年之间,光宅寺中修建了一座名为七宝台的佛塔(很可能用来供奉舍利),它也因此相应地获得一个新的名称——七宝台寺。至少在武后 705 年驾崩一个世纪之后,该寺院在长安依然香火旺盛,但却是以其原名——光宅寺——行世。[2] 尚不清楚在朝廷更名之后,光宅寺的名称是否依然在使用,或者更有可能是于705 年(武后驾崩之年)或 727 年之后,寺院又重新改回光宅寺之名[3]。据知于八世纪末九世纪初,一些高僧大德与此光宅寺相关。其中包括禅宗高僧慧忠(卒于 775 年)(慧能传法弟子之一)、一位来自龟兹的传法僧以及几位积极参与当时佛教译经的义学僧[4]。该寺的重要性可由下一事实所确认:中唐时期,至少在德宗(779—805 年在位)治下,其依然是编纂佛藏的重镇。[5]

如果我们将 700 年间嵩山的舍利供奉,跟约与此同时在长安修建

---

〔1〕《金石萃编》,《石刻史料新编》(初编),第 2 册,第 1108 页中—第 11091 页。富安敦引用并讨论了这篇铭文,见 *Political Propaganda*, pp.105‐106。关于德感在武周时代的重要性,见 Forte, *Political Propaganda*, pp.100‐108。

〔2〕 建中年间(780 年 2 月 11 日—784 年 1 月 26 日),僧竭(活跃于 8 世纪 80 年代)于长安光宅寺修建曼殊堂,赞宁明确地提到此处为武后修建,并说在此寺院中有一七宝台;见《宋高僧传·僧竭传》,《大正藏》第五十册,第 2061 号,第 878 页中第 15 行—下第 2 行。

〔3〕 有证据表明,直到 727 年七宝台寺之名尚在沿用。见慧超(活跃于 720—773 年)《往五天竺国传》(成书于 727 年后),《大正藏》第五十一册,第 2089/1 号,第 979 页中第 3—7行;桑山正进编,《慧超往五天竺国传研究》(京都:京都大学人文科学出版社,1992 年),第 26页;此段英译,见 Forte, "Chinese State Monasteries in the Seventh and Eighth Centuries," 桑山正进《慧超往五天竺国传研究》,第 229 页。

〔4〕 在光宅寺,慧中可能与两位重要僧人利言(706? —788 后)与智真(活跃于 9 世纪初)相识。见《宋高僧传》,《大正藏》第五十册,第 2061 号,第 716 页中第 18 行、第 721 页上第 11—14 行、第 774 页上第 3—5 行。

〔5〕《贞元新定释教目录》(成书于 799—800 年),《大正藏》第五十五册,2157 号,第771 页下第 11—14 行、第 774 页上第 3—5 行。

的七宝台佛塔联系在一起,那么就能很好地理解这两次事件了。即它们非常可能是同一个政治—宗教工程——建基于舍利崇拜之上——的重要组成部分。此工程之目的与反响尚待研究,但几乎毫无疑问的是,此时武后对佛舍利的兴趣达到一个新的高度。

至此,最高权力看似依然牢牢地掌握在这位迟暮的妇人手中。然而事实上,其权力却已开始销蚀。自8世纪初,可能觉得武后的年迈以及健康恶化有机可乘,一些依然效忠于李唐的朝臣开始蠢蠢欲动,密谋让已被罢黜的前唐皇帝复位。作为这一时期政治日趋微妙的一个标志,703年中期,一些朝臣在心直口快的魏元忠的带领下,强烈地抨击武后的两个男宠(或后期儒家历史学家所言之面首)——张易之与张宗昌。这使得武后相当尴尬[1]。全凭武后的强力介入,二张的政敌才被击退。尽管面临着其生命当中最严重的一次危机,但以其所具之才干、雄心、意志,武后不可能不战而屈。她迅速展开行动。703年11月21日(长安三年十月初八[丙寅]),她离开长安前往其主要的权力基地——东都洛阳,并于19天后(703年12月10日;即长安三年十月二十七[己酉])到达。[2] 在洛阳,她开始谋划实施一些措施,旨在恢复对帝国的完全控制。就是在这微妙的政治环境中,她发起了其生命当中的最后一轮舍利崇拜活动。[3]

长安四年末(704年2月10日—705年1月29日),即其从长安抵达洛阳14个月后,武后于内道场诏见了法藏。武后与之相识不会晚于

---

〔1〕 《资治通鉴》(卷207,第6563—6567页)插叙了此事。在武后之女太平公主的安排下,张宗昌自万岁通天二年(696年11月30日—697年9月29日)起,受到武后宠幸。不久,他向年事已高的武后引荐其兄张易之。兄弟二人遂并成武后男宠。两兄弟传记附于其叔公张行成(585—651)传后;行成深受太宗与高宗信任。见《旧唐书》卷78,第2706—2708页;《新唐书》卷104,第4014—4016页。武后与张氏兄弟之间的关系的性质虽有待确定,但武后晚年无疑对他们相当信任,且情感上依赖于他们。

〔2〕 《资治通鉴》卷207,第6563—6567页。

〔3〕 如下叙述基于与法藏传相关的部分,即崔致远(857生—904年后卒)的《唐大荐福寺故寺主翻经大德法藏和尚传》,《大正藏》第五十册,2054号,第283页下第25行—第284页上第14行。关于这次武后供奉舍利的研究,见陈景富《法门寺》,第101—107页;镰田茂雄,《贤首大师法藏と法门寺》,《印度学佛教学研究》38/1(1988),第232—237页。

670 年,因为武后于此年将法藏安置于长安太原寺(西太原寺)。该寺是武后为其亡母荣国夫人(579—670)祈求冥福而建。[1] 法藏在面圣时向武后提起法门寺舍利;对此,女皇一点都不陌生。武后当即命令凤阁侍郎崔玄暐(638—705)与法藏共赴法门寺奉迎舍利前来洛阳。[2] 他们由 10 位高僧陪同,包括律师文纲(636—727)[3]以及大德应。[4]

在开启法门寺舍利塔前,敕使及其随从可能在佛塔前行法七日。重见天日之时,舍利光芒四射。早年,法藏曾在法门寺佛塔前燃指一根。此时,他情绪激昂;[5]手持祷文,于众人面前朗声诵读。舍利在其掌上发光,照亮远近各地。依照其前世积攒的功德不同,众人得以目睹神迹异相。激昂的宗教热情驱使他们竞相烧身自残。或顶钉、或指炬;献供惟恐落于人后。

敕使携带舍利于次年最后一日(公元 705 年 1 月 29 日)返回长安崇福寺。是日,长安留守会稽王[6]率官属与五部众悉皆俯伏于道左,

〔1〕 阎朝隐(?—约 713)在法藏 712 年死后不久为其撰写墓志铭,见《大唐大荐福寺故大德康藏法师之碑》,《大正藏》第五十册,第 2054 号,第 280 页中第 15—17 行;更为详细的叙述可见崔致远所撰传记,《大正藏》第五十册,第 2054 号,第 281 页中第 15—20 行。
〔2〕 崔玄暐两篇正传见《旧唐书》卷 91,第 2934—2935 页;《新唐书》卷 120,第 4316—4317 页。705 年武后崩后不久,遭武后之侄武三思排挤,玄暐遭中宗流放古州(今广西琼山),死于途中。
〔3〕 文纲传记,见《宋高僧传》《大正藏》第五十册,第 2061 号,第 791 页下—第 792 页中。文纲乃道宣与道成(卒于 688 年后)的传法僧,精于《四分律》(梵文 Dharmagupata-vinaya);《道成传》见《宋高僧传》《大正藏》第五十册,第 2061 号,第 791 页上—下。中宗与睿宗皆对他评价甚高。其门人包括著名的道岸(654—717)(传见《宋高僧传》《大正藏》第五十册,第 2061 号,第 793 页上—下)。赞宁在《宋高僧传》中确认了文纲在 705 年之际护送法门寺舍利至洛阳的重要作用;见《宋高僧传》《大正藏》第五十册,第 2061 号,第 792 页上第 21—22 行。
〔4〕 此僧生平无考。
〔5〕 参考崔致远《法藏传》《大正藏》第五十册,第 2054 号,第 283 页中第 10—11 行。法藏炼指以申法供时,年方十六;即 658 年,几乎是在其作为特使返回法门寺的半个世纪前。值得注意的是,恰于一年前(即 657 年),高宗(与武后)敕两名法门寺僧人返寺,寻觅开启法门寺舍利塔所需的祥瑞(见本文第 1 部分)。法藏的炼指是否与此有关,颇有想象的空间。
〔6〕 这或指武后之侄武攸望(约卒于 710 年),其于天授元年(690 年 10 月 16 日—12 月 5 日)获封会稽王;见《旧唐书》卷 183,第 4729 页;参见《新唐书》卷 206,第 5837 页。然而,司马光记载,圣历二年七月(699 年 8 月 1—28 日),武后敕令另一侄武攸宜(卒于 710 年前)取代武攸望为长安留守(《资治通鉴》卷 206,第 6540 页),且 703 年 11 月 2 日(长安三年九月十九[丁未]),即其同月 21 日(长安三年十月初八[丙寅])离开洛阳前 19 天,武后任命武攸宜为长安留守(《资治通鉴》卷 207,第 6567 页)。因此,吉藏与其队伍自法门寺至洛阳途中停驻时,长安留守似为武攸宜,而非武攸望。崔致远此处或误。

以鲜花、礼乐等妙供，迎请舍利。据称舍利使盲者复明、聋子耳聪；得睹舍利、得闻赞乐。

舍利堂皇入洛阳，其场景被描述如下：

> 洎新年〔1〕端月孟旬〔2〕有一日，入神都〔3〕。敕令王公已降，洛城近事之众，精事幡华幢盖。仍命太常具乐，奏迎置于明堂。观灯日〔4〕，则天身心护净，头面尽虔，请藏捧持，普为善祷。其真身也，始自开塔戒道，达于洛下。凡擒瑞光者七，日抱戴者再。〔5〕

由于明堂的第三层实为佛塔，武后选择这一建筑作为礼供法门寺舍利的地点并不出人意表。〔6〕

几乎可以肯定，武后将法门寺舍利带到内宫，是期许舍利能对其迅速恶化的健康产生回春的神效。与此相关，此时法门寺舍利亦被诉诸假想的治疗能力，无异于45年前武后与高宗为后者个人福祉而诉诸"佛骨"的情况。然而，从当时的政治立场来看，可以假设武后赞助此次舍利崇拜亦指望重获政治支持。

事与愿违，此次宏大的宗教仪式未使武后仙福永享。仅仅一周之后，即705年2月20日（神龙元年正月廿二〔癸卯〕），〔7〕在中宗——再次被其母武后立为"太子"——支持下，张柬之（625—706）、崔玄暐以及其他一些朝臣发动政变，尽管表面上矛头对准张氏兄弟（当天伏诛），但实际上却剑指武后本人。2月23日（神龙元年正月廿五〔甲

---

〔1〕即神龙元年。长安五年第一天（705年1月30日），年号变更为神龙；见《新唐书》卷4，第105页；《资治通鉴》卷207，第6578页。

〔2〕孟旬指一个月的头十天。

〔3〕即洛阳。史料显示，为迎接法门寺舍利的到来，武后做了精心的准备。705年1月30日（神龙元年正月初一〔壬午〕）颁布大赦令；2月7日（神龙元年正月初九〔庚寅〕），舍利到达两天前，禁屠宰。见《新唐书》卷4，第105页；参见《旧唐书》卷6，第132页。

〔4〕此处笔者假设，观灯日意指正月十五（705年2月13日），即元宵节之夜。

〔5〕《大正藏》第五十册，2054号，第284页上第9—14行。在此段末两句的小注中（《大正藏》第五十册，第2054号，第284页上第14—19行），崔致远详述了这些祥瑞。这些在笔者关于法藏的书第三章有所讨论。

〔6〕Forte, *Mingtang*, pp.161–163.

〔7〕《新唐书》卷4，第105页；《旧唐书》（卷6，第132页）记载道，次日为正月癸亥日，考虑到当月并无癸亥日，显是癸卯日之误。

辰〕），中宗宣布监国。同日，武后禅位于中宗，其本人被徙至上阳宫；不足十月，即于 705 年 11 月 16 日（神龙元年十一月廿六〔壬寅〕）崩于此宫。[1] 在其临终之际，让武后心灰意冷的可能不仅是"神圣舍利"的毫无灵验，而且足够讽刺的是，由其亲自任命前往法门寺奉迎舍利的负责人——崔玄暐与法藏——成为此次政变的策划者与同谋。

武后迁至上阳宫，对崔玄暐言："诸臣进皆因人，而玄暐我所擢，何至是？"崔玄暐对曰："此正所以报陛下也。"[2]

关于法藏卷入神龙初年的廷争，笔者在别处有所论述。[3] 在崔致远为法藏所作的传记中，有一段相关的文字应被解读为法藏联合张柬之集团的证据；此集团谋划诛灭张易之兄弟，并迫使武后禅退。那时法藏尚是宫中的舍利供奉——特别是在洛阳明堂的供奉仪式——的总负责人。我们能够想象，当他于 705 年 2 月 9 日将舍利迎到洛阳，在精心准备这一隆重仪式的过程中，其必与武后（包括张氏兄弟）过从甚密。这为其及时得知"二张"及其同党当时最新的密谋提供了机会。他因此巧妙地将其与武后的密切联系转化为一种可资利用的政治资本，并以此邀宠中宗。这表明法藏在政治上具有敏锐的嗅觉。当其察觉到政治形势已非武后所能控制，与其继续合作只会增加对他的不利（或许他也会觉得，对其信仰之宗教不利）时，就已经准备放弃这一最为重要的俗世的支持者。法藏最终成为武后的"背叛者"，而非支持者或同情者。这也部分地解释了为何法藏能够在武后的三位继任者——中宗、睿宗、玄宗（712—756 年在位）——治下获得尊崇与成功。在继任三代皇帝及其朝臣眼中，可能是法藏使得佛教免于与大周王朝捆绑在一起而为后者殉葬。

法门寺舍利直到景龙二年二月十五日（708 年 3 月 11 日）才被送

---

〔1〕《旧唐书》卷 6，第 132 页。
〔2〕《新唐书》卷 120，第 4317 页。《资治通鉴》（卷 207，第 6581 页）记载此事发生于 705 年政变之夜。
〔3〕 Chen Jinhua, *History and His Stories*, Chapter Three.

回原寺。此次,护送"圣骨"的僧人中包括 705 年携其至长安与洛阳的文纲与法藏二僧。法藏为舍利作"灵帐",此物于 1987 年发掘出土[1]。1978 年在法门寺附近出土的石碑揭示了皇家的一项特殊实践——当舍利于 708 年 3 月 11 日封存回佛塔时,中宗与皇后及其四位子嗣,将他们的头发与舍利一同瘗埋。[2] 虽然我们知道中宗在 706 年 12 月 7 日还都长安,但我们不知舍利是从洛阳还是长安被送回法门寺。可能中宗离开洛阳时将舍利一并带走,抑或他将舍利留于此地。两年后,710 年 3 月 15 日(景龙四年二月十一),中宗决定再次礼敬法门寺,进塔号"大圣真身宝塔"。他还敕令 59 名僧人剃度,以纪念此活动。[3]

第五节 武后与法舍利崇拜

目前,我们还是局限在考察武后对公认为佛陀释迦牟尼遗骨的崇拜。现在,让我们转向武后舍利崇拜的另一面——"法舍利"(dharma-śarīra)崇拜。关于此议题,《佛顶尊胜陀罗尼经》(Buddhoṣṇīṣa vijaya dhāraṇī sūtra)立刻吸引了我们的注意。首要的是,此经将刻有佛顶尊胜陀罗尼(uṣṇīṣa vijaya dhāraṇī)经幢与如来全身舍利窣堵波塔等同(虽然只是含蓄地)起来。[4] 其次,此经对此一陀罗尼经幢灵力的数量与性质多有着墨。根据此经,如果有人建立一尊胜陀罗尼经幢,他前世积累的恶业将自行永远消弭。陀罗尼经幢的精神价值不仅限于其供养人。有情众生中有福得见经幢者、接近经幢者、仅触及经幢落灰者、

---

〔1〕 文纲的角色见其《宋高僧传》中的传记,《大正藏》第五十册,2061 号,第 792 页上第 21—22 行。基于这一记载,温斯坦(Weinstein, *Buddhism under the T'ang*, p.49)认为,中宗将佛骨舍利(即法门寺舍利)迎请进其内宫礼拜。这似乎不实。关于带有法藏铭文的"灵帐",见吴立民、韩金科《法门寺地宫》,第 70 页。

〔2〕 韩伟、罗西杰《法门寺出土唐中宗下发入塔铭》,《文物》6(1983),第 14—16 页。

〔3〕 《无忧王寺宝塔铭》,《石刻史料新编》(初编),第 3 册,第 1669 页。

〔4〕 若有人于大道上建佛塔,将陀罗尼置于其上,以各种花纹装饰,礼拜之,此人功德将倍增:此人将成大士,成法幢,甚至成为如来全身舍利窣堵波塔。人成舍利塔的见解非同寻常,此处作者可能意味着陀罗尼佛塔将成为舍利塔。

甚至仅经过其影下者,都将即刻从无论多么严重的恶业中解脱,觉悟真谛。[1] 最后,值得注意的是,汉地信众将陀罗尼经幢等同于舍利塔,不仅只是一种隐喻,而且是实打实地作此理解,因为有证据表明有些舍利被供奉在一些陀罗尼经幢中或顶端,经幢因此被转化成实实在在的佛塔。[2] 考虑到陀罗尼被视为佛陀教法的具体而微的精致表现,供有舍利的陀罗尼经幢实际上是被当作佛陀的肉身舍利与法舍利而被建造和礼拜的。这部陀罗尼经在汉地十分流行,大批中古中国的尊胜陀罗尼经幢的存在证实了这点。[3]

武后在翻译这部陀罗尼经及促成对该陀罗尼崇拜的过程中都扮演着重要角色。《佛顶尊胜陀罗尼经》的四部汉译在其与高宗的赞助下完成:

[1]《佛顶尊胜陀罗尼经》,据称由佛陀波利(Buddhapālita,又名觉爱,卒于 677 年后)完成于永淳二年(683 年 2 月 2 日—12 月 27 日);[4]

[2]《佛顶最胜陀罗尼经》,杜行颛完成于 679 年 2 月 20 日(仪凤四年正月初五);[5]

[3]《佛顶最胜陀罗尼经》,杜行颛、地婆诃罗(Divākara,612 –687)、彦悰、道成(卒于 688 年后)及其他人完成于 682 年 7 月 3 日(永

---

〔1〕《大正藏》第十九册,第 967 号,第 351 页中第 9 行。

〔2〕刘淑芬《经幢的形制,制式和来源——经幢研究之二》,《中研院史语所集刊》68/3(1997),第 643—786 页。

〔3〕刘淑芬《〈佛顶尊胜陀罗尼经〉与唐朝尊胜经幢的建立——经幢研究之一》,《中研院史语所集刊》67/1(1996),第 145—193 页。

〔4〕《大正藏》第 967 号;见下文关于此译本形成之传奇的相关讨论。

〔5〕《大正藏》第 968 号。这日期见彦悰(卒于 688 年后)《佛顶尊胜陀罗尼经》之序(《大正藏》第十九册,第 969 号,第 355 页上第 24—26 行),亦收录于《开元释教录》(《大正藏》第五十五册,第 2154 号,第 564 页上第 29—31 行)与《续古今译经图纪》(靖迈[活跃于七世纪 40 至 60 年代]成书于 664—665 年),《大正藏》第五十五册,第 2151 号,第 368 页下第 22—26 行。彦悰之序由 Forte 部分翻译, "The Preface to the So-called Buddhapālita Chinese Version of the *Buddhoṣṇīṣa Vijaya Dhāraṇī Sūtra*," in *Études d'apocryphes bouddhiques: Mélanges en l'honneur de Monsieur MAKITA Tairyō* (ed. Kuo Li-ying, Paris: École Française d'Extrême-Orient, forthcoming)。

淳元年五月廿三）；[1]

[4]《最胜佛顶陀罗尼经除业障（咒）经》，地婆诃罗（慧智［活跃于公元676—703年]证梵语）译，成于688年2月4日（垂拱三年十二月廿七）之前。[2]

这一数字几乎占据了此经不同译本或同属佛顶尊胜类的所有十个文本之半。[3] 此外，围绕生平不详的印度僧人觉爱翻译《佛顶尊胜陀罗尼经》——该版本为此经汉译本中最流行的——的传奇故事是五台

［1］《大正藏》，第969号；见彦悰《佛顶尊胜陀罗尼经》之序（《大正藏》第十九册，第969号，第355页中第4—12行），亦收录于《开元释教录》（《大正藏》第五十五册，第2154号，第564页上第1—3行）。

［2］《大正藏》第970号。智昇记载道，地婆诃罗欲回印度前夕与慧智共译此经（《开元释教录》，《大正藏》第五十五册，第2154号，第564页上第4—6行）。另一方面，根据《华严经传记·地婆诃罗传》（《大正藏》第五十一册，第2073号，第155页上第1行），尽管几度请求获准返回印度，其最终却于临行前卒于中土。由于传记中其卒于688年2月4日（垂拱三年十二月廿七）（第155页上第1行），我们可知译本依然于此前不久完成。关于慧智，见富安敦的专门研究，"Hui-chih"。

［3］《大正新修大藏经》中保存了十三个属于《佛顶尊胜陀罗尼经》一类的文本，除了武后时期翻译的4个文本，还包括如下9个：

（1）《大正藏》第971号：《佛说佛顶尊胜陀罗尼经》，义净（635—713）译于景龙四年（710年2月4日—7月4日）（《开元释教录》，《大正藏》第五十五册，第2154号，第567页中第21—23行）；

（2）《大正藏》第972号：《佛顶尊胜陀罗尼念诵仪轨法》，署名不空（Amoghavajra，805-874）（《贞元新定释教目录》，《大正藏》第五十五册，第2157号，第879页下第21行）；

（3）《大正藏》第973号：《尊胜佛顶羞于加法轨仪》，署名善无畏（Śubhākarasiṃha）或据称为善无畏弟子的喜无畏（生卒年不详）；见《惠运禅师将来教法目录》（一卷，惠运［798—869]成书于847年），《大正藏》第五十五册，第2168A号，第1089页中第5行；

（4）《大正藏》第974A号：《最胜佛顶陀罗尼经》，法天（活跃于973—985年）译；

（5）《大正藏》第974B号：《佛顶尊胜陀罗尼》；

（6）《大正藏》第974C号：《加句灵验佛顶尊胜陀罗尼记》，武彻（卒于765年后）述于765年后某时；

（7）《大正藏》第974D号：《佛顶尊胜陀罗尼住义》，据称为不空所译；

（8）《大正藏》第974E号：《佛顶尊胜陀罗尼真言》；

（9）《大正藏》第974F号：《佛顶尊胜陀罗尼别法》，若那（梵文Prajñā?，生卒年不详）译。

然而，13个译本中有3个不能看做是独立译本。《大正藏》第974D号只是不空译本（《大正藏》第972号）陀罗尼部分的复制，带有《佛顶尊胜陀罗尼》汉语音写意义的行间注。《大正藏》第974B号与第974D号相同，除了前者附有《佛顶尊胜陀罗尼》的梵文原文而后者没有。至于《大正藏》第974C号，包括3个部分：（1）一些与《佛顶尊胜陀罗尼》相关的奇迹故事；（2）陀罗尼的汉语音写；（3）据称为善无畏或其弟子喜无畏所译的陀罗尼延伸版（见于《大正藏》第973号）。

山崇拜形成的重要一步。

《佛顶尊胜陀罗尼经》序言叙述了这一传奇。它记述道,佛陀波利为朝拜五台山——文殊师利的所谓新道场,于仪凤元年(676 年 12 月 18 日—677 年 2 月 7 日)抵达汉地。于五台山上,佛陀波利虔诚顶礼引来一老者现身。老者问其是否携带《佛顶尊胜陀罗尼经》复本来到汉地,此经据信为灭除汉地众生恶业最有效之法。得到佛陀波利否定性的答复后,老者敦促其折回印度,言手中无经,见文殊无用。佛陀波利应允归国。七年后,即永淳二年(683 年 2 月 2 日—12 月 27 日),其携经至长安,闻奏高宗,高宗请地婆诃罗与杜行颉将此经译成汉文。此后,高宗敕施佛陀波利,企图将梵本禁在内宫不出,然佛陀波利坚持,最终还其梵本。佛陀波利得梵本,将向西明寺,访得善解梵语汉僧顺贞(余者不详)。奏共翻译,帝准其请。译讫,佛陀波利遂向五台山,入山不出。

这一传说之后,作序者提及定觉寺寺主志静,其与顺贞别无二致,皆不见于其他史料。[1] 作者向我们介绍志静,似乎只是为了证实佛陀波利传说本身,因为序言余文都在叙述志静如何让当代两位佛教权威来确认与再确认本经的真实性。首先,我们被告知垂拱三年(687 年 1 月 19 日—688 年 2 月 6 日)——恰好是地婆诃罗圆寂之年,当时他驻锡洛阳魏国东寺——志静问地婆诃罗《佛顶尊胜陀罗尼经》之来源。据称地婆诃罗复述了佛陀波利的故事。于是,两年后(永昌元年[689 年 1 月 21 日—12 月 18 日])志静于大敬爱寺见西明寺上座澄法师,得闻故事,亦如前说。该法师很可能为慧澄(又名惠澄,卒于 695 年后),乃一武后重要之意识形态策士。[2] 故事结尾处作者说道,其作序时,

---

〔1〕 明版《佛顶尊胜陀罗尼经》的编纂者与《全唐文》的编纂者认为作序者为唐定觉寺沙门志静。见《大正藏》第十九册,第 967 号,第 349 页,编者注 2;《全唐文》卷 912,第 14 页上第 8—9 行。现代学者不加批判地接受了这点。从此处介绍志静的方式(定觉寺上座)看,这种观点不无可疑。一般来说,中古作家在自己作品中不会提及自己的正式职位(如此行为被视作傲慢之举,且在一个视谦虚为最大美德之一的社会并不合适)。此外,智昇在谈论此序时告诉我们,"其序复是永昌(689 年)以后<u>有人</u>述记"(《开元释教录》,《大正藏》第五十五册,第 2154 号,第 565 页中第 11 行)。此处智昇对志静避而不谈,这暗示了他实际上并不视其为作序者。
〔2〕 Forte, *Political Propaganda*, pp.92 - 93.

僧顺贞见在西明寺。[1]

这一传说的虚构本质相当明显。事实上,审慎的义学僧智昇已对该传说中所含有的两个年代上的舛误提出了疑问。首先,他让我们注意到这一矛盾:一方面,两个汉译本已在 679 年和 682 年成书(一部由杜行颛独立完成,另一部由地婆诃罗与杜行颛合力完成)。但另一方面,根据佛陀波利传说,梵文原本却直到 683 年才到达中土。第二,高宗已在 683 年迁都洛阳。683 年佛陀波利在长安见到高宗何以可能?[2] 我们还能通过另一条关于佛陀波利的史料证据补充智昇的论点。

留存下来的题为《修禅要诀》的论文以此开头:

> 北天竺婆罗门禅师佛陀波利唐云觉爱[3],随问略说;西京禅林寺沙门明恂[4]问,并随口录;同寺梵僧慧智法师传译。于时大唐仪凤二年丁丑岁也。[5]

正如题目所暗示与内文所确认的那样,该篇乃僧人明恂与佛陀波利之间关于禅修基本法门的对话记录。关于明恂与佛陀波利此次会面的日期与目的,富安敦认为会面发生在佛陀波利初抵中土后不久,而安排此次会面是为了测试佛陀波利的能力与品性,并代表高宗探悉其人

---

〔1〕《大正藏》第十九册,第 967 号,第 349 页中—下。这一传说概述亦见拉莫特(Etienne Lamotte),"Mañjuśrī," *T'oung Pao* 48(1960),pp. 86 - 88;Forte,"Hui-chih," pp.117 - 118;詹密罗(Robert M. Gimello),"Chang Shang-ying on Wu-t'ai Shan," *Pilgrims and Sacred Sites in China* (edited by Susan Nanquin and Chü-fang Yü,Berkeley,Los Angeles,Oxford:University of California Press,1992),pp.130 - 131;刘淑芬《〈佛顶尊胜陀罗尼经〉与唐朝尊胜经幢的建立》,第 169—170 页。

〔2〕《开元释教录》,《大正藏》第五十五册,第 2154 号,第 565 页中第 5 行及以下。682 年 6 月 3 日(永淳元年四月廿二[乙酉]),高宗抵达洛阳,直至 683 年 12 月 27 日(永淳二年腊月初四[丁巳])驾崩。见《旧唐书》卷 5,第 112 页;《新唐书》卷 3,第 79 页;《资治通鉴》卷 103,第 6416 页。

〔3〕 此句为文中小注。

〔4〕 明恂,梵文名 Śramana,活跃于 7 世纪 70 年代。

〔5〕 仪凤二年,即 677 年 2 月 8 日—678 年 1 月 27 日。《卍续藏经》(台北:新文丰出版公司,1968—1970 年)(重印《大日本续藏经》[中野达慧等编,东京:藏经书院,1905—1912 年])(下文作《续藏经》),第 110 册,第 834 页上第 13—15 行。

在多大程度上有用。[1] 这些观点在《修禅要诀》内容中没能得到佐证。明恂起首询问佛陀波利是否"即欲还国、重会无期"。他在第二问中重启此端。[2] 凡此种种皆证明此次会面发生于波利离开中土的前夕。此次会面缘于明恂请教波利关于禅修的意愿。更重要的是,似乎波利在他临别之前没有——至少没人知道他有——返回中土的计划。否则,明恂就不会如此强烈地一再表现出与他"重会无期"的憾恨。虽然不排除他后来变卦回来的可能,但这的确减损了这个故事描述其回印度取来陀罗尼经的真实性。

因此可以说,一方面,这一短篇证明了北印僧人佛陀波利的确来到中土,并于677年或稍后离开中土;另一方面,这也为我们照单全收佛陀波利传说的真实性造成了额外的困难。该序言乃是《开元释教录》与《宋高僧传》中关于佛陀波利传记的唯一来源;其虚构的性质使人难以接受波利6年后携带《佛顶尊胜陀罗尼经》复本回到中土的理论。这样,波利是陀罗尼文本的传播者或翻译者的说法就值得怀疑。他可能只是一个方便的形象,一方面用以传布佛顶尊胜陀罗尼的功效,另一方面推广五台山作为据称是文殊师利新道场的声名。以一位印度得道高僧来确证五台山与文殊的关系,实际上是"深远政治计划的一个必要部分,其目的在于将中土从佛教文明的边地转化为'中国'(中心地带)"。[3] 武后对中国——以及潜在的,整个世界或者整个宇宙——的神圣统治,即新一代转轮王的主张,促成了这一计划。

五台山与武后故乡(即文水,今山西)在地理上的毗邻,暗示了佛陀波利传说可能是武后与其谋士想要鼓吹其家族的神圣来源的一项策略,即建立其家族与圣山及其主神(文殊师利)住地之间的内在关联。[4]

---

[1] Forte, "Hui-chih," p.117.

[2]《修禅要诀》,《续藏经》第110册,第834页中第1行,中第4行。

[3] Forte, "Hui-chih," p.118.

[4] 武后并非五台山崇拜的首倡者。这可以追溯到北魏孝文帝(471—499年在位),他至少在五台山中心灵鹫峰建造了一座寺庙与数千小型石佛塔。见《古清凉传》(慧详[活跃于7世纪60—80年代]著于680年至683年间),《大正藏》第五十一册,第2098号,第1094页上第25行及以下;《法苑珠林》,《大正藏》第五十三册,第2122号,第393页上第11—13行,第596页上第11—12行。五台山对武后的吸引力可能是受到其家族利益的激发;持此见解者有杜斗城,见氏著《敦煌五台山文献校录研究》(太原:山西人民出版社,1991年),第111页。

武后的有位族人编撰了一部文本，叙述与《佛顶尊胜陀罗尼经》相关的神迹；此事实亦展现了她及其家族涉入佛顶尊胜陀罗尼崇拜的程度。[1] 而且，她的两位主要谋士推广《佛顶尊胜陀罗尼经》的努力清楚地记录在一个注本中；注本虽未保留下来，但其题目却幸运地记录在两部编于 10 世纪初日本的经录中。[2]

不能完全肯定这一传说捏造于何时，尽管它确然出现于 730 年之前，因为智昇在那年编撰的经录中质疑了此事。那篇序言中提及的前一年为 689 年，从这一事实来看，可以假设它可能写于那年或稍后，因此波利传说亦出现于同一时期——确切地说，是武后 690 年改制前夕。[3]

《尊胜陀罗尼经》之后，另一同为武后赞助翻译的陀罗尼文本应被纳入考虑。该经题为《无垢净光大陀罗尼经》，乃梵本 Raśmivimalaviśuddhaprabhādhāraṇī 的汉文本，由吐火罗僧人弥陀山（又作弥陀仙，Mitrasena？或Mitraśanta？；卒于 704 年后）于 704 年（即武后在位末期）翻译，其时法门寺舍利被引入洛阳，武后对舍利崇拜的热情亦因此臻于极致。

已知的对弥陀山的最早记载见于法藏的《楞伽经》注疏。弥陀山

---

〔1〕 该文本即上文提及的武彻《加句灵验佛顶尊胜陀罗尼记》。武彻为武士让（武后叔伯之一）四世孙：1. 士让→2. 弘度→3. 攸望→4. ？→5. 彻。见《新唐书》卷74A，第3136—3139 页，其中武彻为洋州（今陕西洋县）刺史，虽然在《加句灵验佛顶尊胜陀罗尼记》中自称为朝议大夫及侍御史（《大正藏》第十九册，第 974c 号，第 386 页上第 3 行）。此文中，武彻告知我们他于孩提时代开始背诵佛顶尊胜陀罗尼。他于永泰年间（765 年 1 月 26 日—766 年 12 月 18 日）早年丧妻之后，宗教热情勃发。由此观之，刘淑芬女史将武彻认作 9 世纪中人，似有不妥；见氏作，《〈佛顶尊胜陀罗尼经〉与唐朝尊胜经幢的建立》，第 161 页。

弘度，亦以其字怀运闻名。关于武攸望，见 49 页注释〔6〕。

〔2〕 该文本名为《尊胜陀罗尼经珠林》，收录于《诸阿阇梨真言密教部类总录》（最初成书于 885 年，902 年由安然［841—904?］修订），署名波仑（卒于703 年后）与行感（卒于约 694 年）（《大正藏》第五十五册，第 2176 号，第 1119 页中第 2 行）；《法相宗章疏》（平祚［卒于 914 年后］着于 914 年）将行感视为独立作者（《大正藏》第五十五册，第 2180 号，第 1139 页上第 11 行）。波仑与行感皆为武后重要的佛教策士，其一（行感）为 690 年 8 月 16 日进献《大云经疏》于朝的十大德之一，另一（波仑）汲汲于武后赞助的译经事业。见 Forte, *Political Propaganda*, pp.97 - 110。

〔3〕 在富安敦即出的关于佛陀波利传说的文章（已见上引）中，他认为该序作于 689 至 695 年之间。

居天竺廿五年,了知《楞伽经》。因此,长安二年(702 年 2 月 2 日—703 年 1 月 21 日)某时,武后令其修订实叉难陀遗留之《楞伽经》译稿。此乃弥陀山在中土最早的活动记录,这一事实暗示了其抵达中土在 702 年或稍早。第二条关于弥陀山的资料来自智昇,他在自己两部经录中为其留下两篇大同小异的传记。[1] 除了肯定弥陀山在翻译《楞伽经》中的角色之外,智昇还告诉我们弥陀山与法藏在武后执政末年翻译了《无垢净光陀罗尼经》;法藏的传记作者之一、清代佛僧续法(活跃于 1680 年)确定此事发生于神龙元年(705 年 1 月 30 日—706 年 1 月 18 日)。[2] 鉴于智昇后续所述,这一日期似乎有疑:智昇告诉我们,完成《无垢净光陀罗尼经》后不久,弥陀山带着许多武后赏赐之物返回吐火罗。[3] 因为武后于 705 年 2 月 22 日退位,智昇的记载说明弥陀山的翻译很可能是在 704 年进行的,而非 705 年。果如此,弥陀山在中土仅停留两载(702—704)。

相比智昇的经录,在宋僧赞宁的弥陀山传记中,《无垢净光陀罗尼经》的翻译时间作天授年间(690 年 10 月 17 日—692 年 4 月 21 日)。[4] 如果接受智昇的观点,赞宁的说法便站不住脚。智昇认为,弥陀山的《无垢净光陀罗尼经》为实叉难陀的《离垢净光陀罗尼经》之后的第二版,而后者不可能作于 695 年前,因为实叉难陀直到那年或前一年才抵达中土。[5] 根据法藏所言,如果弥陀山直到 702 年(或稍早)才抵达中土,赞宁所提供的日期则尤难置信。

与《佛顶尊胜陀罗尼经》相比,东亚佛教学者对《无垢净光陀罗尼经》的熟悉程度远逊于前者。有鉴于此,在讨论其与武后的关联及其在东亚"法舍利"崇拜中的重要性之前,有必要就其内容做一概述。

---

〔1〕《续古今译经图纪》,《大正藏》第五十五册,第 2155 号,第 369 页下第 23—27 行;《开元释教录》,《大正藏》第五十五册,第 2154 号,第 566 页中第 27 行—下第 4 行。

〔2〕《法界宗五祖略记》(成书于 1680 年),《续藏经》第 134 册,第 54 页上第 1—2 行。

〔3〕《开元释教录》,《大正藏》第五十五册,第 2154 号,第 566 页下第 3—4 行。

〔4〕《宋高僧传》,《大正藏》第五十册,第 2061 号,第 719 页下第 5—6 行。

〔5〕见《华严经传记》中的《实叉难陀传》,《大正藏》第五十一册,第 2073 号,第 155 页上第 12—15 行。

如《佛顶尊胜陀罗尼经》,这一文本以一惊惧的婆罗门开头,其听一善相师言,七日必当命终,且将堕入地狱,永受苦难。据此骇人启示,婆罗门奔求佛陀。佛陀建议其重修崩坏之塔,此塔中有如来舍利,位于迦毗罗城(Kapilavastu)三岐道处。佛陀令彼婆罗门确信,若其造相轮橖写陀罗尼,置于塔中供养,其命还复增长,寿终生极乐界(Tuṣita)。当有人问他有关陀罗尼仪轨的详情时,佛陀开始宣说三陀罗尼及相应供养法门。

第一咒名曰"根本陀罗尼",佛陀描述供养之法如下。于每月八日、十三日、十四日或十五日,右绕舍利塔77匝,诵此陀罗尼亦77遍。当沐浴更衣,置此陀罗尼77本于坛城中,作种种形状。最后置77陀罗尼咒本于塔中。亦可作77小泥塔,各以一本置于塔中。

第二咒名曰"相轮橖中陀罗尼",[1]需书写此陀罗尼99本,置于相轮橖四周。置陀罗尼入此橖中心。亦可造一小泥塔,于中心安置此陀罗尼。

第三咒名曰"相轮陀罗尼",应先诵陀罗尼1 008遍,然后造塔。诵此陀罗尼,塔中出妙香。作此陀罗尼咒本相应数量,亦置于塔与相轮橖内供养。

佛陀为众生宣说此三陀罗尼及相应法门后,除盖障菩萨(Sarba-nivaraṇa-viṣkambhin)诵自心印陀罗尼。此陀罗尼为99亿诸佛所说,书写陀罗尼99遍,置99咒本于塔中或塔四周。

佛陀赞除盖障菩萨所诵之陀罗尼及其法门后,为与佛塔崇拜相关之四大陀罗尼而开示大咒王陀罗尼法。修行者应写此四大陀罗尼各99本;然后于佛塔前,造一方坛,于坛上演特定仪轨。以陀罗尼咒置于相轮橖中及塔四周。此后,观想十方佛,同时诵第五陀罗尼28遍,将唤

---

[1] 近塔顶处为相轮,相轮橖围绕之。

来诸佛化身,加持此塔,令其犹如大摩尼宝。[1]

由四陀罗尼无论单独或集体地加持的佛塔将产生诸多神秘功德。纵观整部经,作者不遗余力地强调这些神秘功德,包括陀罗尼塔崇拜实践者的长寿、重生极乐世界以及恶业的消弭。然而,这些陀罗尼塔的竖立(或纹饰)利益的不仅是造塔者/装饰者,还有那些有意无意与陀罗尼发生联系的有情。在如此佛塔之影下或听闻塔顶铃声之众有情,包括人类与所有动物,皆得解脱。佛塔竖立之处将消除一切天灾人祸。如此这些皆让人想到《佛顶尊胜陀罗尼经》授予尊胜陀罗尼经幢的非凡神力。

有趣的是,尽管此乃佛经,《无垢净光大陀罗尼经》却不是在东亚佛教学界,而是在东亚科技史专家间最享盛名。这看起来费解,但如果考虑到东亚印刷术已知的最早证据仍保留在该经的一个木刻本上,那就不难理解了。1966 年,该木刻本出土于韩国庆州佛国寺内建造于 751 年的佛塔中。证据显示,同一部陀罗尼经(很可能亦为印本)在将近半个世纪前(706 年)已被放置于另一处韩国寺庙的佛塔中。[2] 彼得·科尼茨基(Peter Kornicki)认为,在佛塔中供奉陀罗尼文本的修行也许并非起源于朝鲜半岛,而可能与武则天有关。[3] 富安敦也同意这点:

> 为了追溯发现于高丽与日本的印刷品,我们此处论述的佛教实践很明显与讨论中的陀罗尼直接相关。现在,已知 8 世纪高丽与日本的佛教纯粹是汉传佛教的发散。那一时期高丽或日本存在的任何佛教修行,在中国未被发现便不可思议。归根究底,再明显

---

〔1〕 关于《无垢净光大陀罗尼经》的内容,一个较为宽泛的概述见于 Mimi Hall Yiengpruksawan, "One Million of a Buddha: the Hyakumantō Dharani in the Scheide Library," *Princeton University Library Chronicle* 48 (1986–1987): 230–231。

〔2〕 这一重要考古发现,见李弘植《庆州佛国寺释迦塔发见の无垢净光大陀罗尼经》,《朝鲜学报》49(1989): 457–482;川濑一马《新罗佛国寺释迦塔出の无垢净光大陀罗尼经について》,《书志学》系列二,33/34(1984),第1—9 页。杜希德(Denis Twitchett), *Printing and Publication in Medieval China* (New York: Frederic C. Beil, Publisher, 1983), pp.13–14。

〔3〕 Peter Kornicki, *The Book in Japan: A Cultural History from the Beginnings to the Nineteenth Century* (Leiden: E. J. Brill, 1998), pp.114–117。

不过的是，必须考虑到中国作为修行东传之地，我们更加应该考虑到讨论的文本于 690 年至 705 年间由僧人弥陀山译成汉文。在高丽发现的文本含有一些沿用到 705 年的则天文字，这一事实使人相信该文本经过翻译后可能即刻付印，并且有一些副本送到了当时在中国控制下的高丽。[1]

这一假设，可能性颇高。日本女主称德天皇（又名孝谦 [718—770]；749—758 年与 764—770 年两度在位），其统治与其在中土的对应者（武后）颇多可比之处。在 764—770 年间，即武后驾崩后的 60 年左右，称德资助了一个百万微型佛塔的庞大建造工程，塔中供养了同一部陀罗尼文本的印本。[2] 部分基于科尼茨基的研究，巴瑞特最近将陀罗尼文本或其中包含的陀罗尼与武后的葬礼联系起来。他认为，706 年在高丽的文本可溯及中宗；出于对皇后的亡灵的尊重（或安抚），中宗命令在全国及若干包括高丽在内的邻国中传播陀罗尼经的印本。[3] 选择该陀罗尼经不仅因为其为武后最后赞助翻译的一部，而且据称其对已故之人有着不可思议的身后饶益。

没有提及第三经，便无法总结武后参与法舍利崇拜的讨论。尽管

---

〔1〕 2001 年 5 月 20 日的私人通信。亦见 Forte, "Scienca e tecnica," in *Cina a Venezia: dalla dinastia Han a Marco Polo* (Milano: Electa, 1986), pp.38 – 40。该文英译版刊为 "Science and Techiniques" (in *China in Venice: From the Han Dynasty to Marco Polo* [Milano: Electa, 1986], pp.38 – 40)。富安敦告知笔者，该文的英文版未经核对，多有舛误。他慷慨地提供笔者一份相关段落的未刊英文版修订稿。笔者此处引用段落即来自此修订稿。富安敦在其另外的文章中坚持他的观点: "Marginalia on the First International Symposium on Longmen Studies," *Studies in Central & East Asian Religions* 7 (1994): 77。

〔2〕 称德天皇在政治与情感上对僧人道镜（卒于 772 年）的倚重广为人知；道镜被认为是天皇的秘密情人，并险些称帝。见横田健一《道镜》（东京: 吉川弘文馆，1959 年）；Ross Bender, "The Hachiman Cult and the Dōkyō Incident," *Monumenta Nipponica* 34 (1979): 125 – 133；Paul Groner, *Saichō: The Establishment of the Japanese Tendai School* (Seoul: Po Chin Chai Ltd, 1984), pp.10 – 11。

关于由称德天皇资助的百万微型佛塔的建造（通称为"百万塔"），除了中根胜《百万塔陀罗尼の研究》（大阪: 百万塔陀罗尼研究班，1987 年），亦见中田佑夫《法隆寺百万塔陀罗尼的印刷》，《文学》49 (1981)，第 72—85 页；Brian Hickman, "A Note on the Hyakumantō Dhāranī," *Monumenta Nipponica* 30 (1975): 87 – 93；Yiengpruksawan, "One Million of a Buddha."

〔3〕 Barrett, "Stūpa, *sūtra* and Śarīra in China," pp.51 – 58.

该经相较上述两经相当之短,但其对于法舍利崇拜而言同样重要。该经题为《佛说造塔功德经》,永隆元年(680 年 9 月 21 日—681 年 1 月 24 日)由地婆诃罗翻译。[1] 由于该文本已由包达理(Daniel Boucher)精确翻译,并充分研究,此处容笔者仅强调一点:该经鼓励复制《缘起颂》(Pratītyasamutpādagāthā)——它将此颂视作佛陀的法舍利——并将之置入塔中;这与前两个陀罗尼经相映成趣,后二者构想陀罗尼经幢或贮存陀罗尼文本的佛塔为佛塔[2]。

根据地婆诃罗提供的版本,《缘起颂》由如下四行构成:

> 诸法因缘起,
>
> 我说是因缘。
>
> 尽故灭因缘,
>
> 我作如是说。[3]

第六节　血凝于法:文帝与武后对佛教政治利用的比较研究

如上所述,七世纪初三次大规模舍利颁布的资助者、隋朝开国皇帝杨坚,为武后舍利崇拜的前辈。对这两位君主的比较可以阐明武后复杂政治宗教生活的这一面。让我们从如下文字来展开这个比较研究:

> 高足勃焉革命,
>
> 就日合明,则天齐圣。中兴王导,深入法性。
>
> 调御淳和,汲引乐净。佛身舍利,帝仪灵爽。
>
> 八彩光滑,物色炫晃。合宝为塔,熔金成像。

---

[1] 《大正藏》,第 699 号。翻译时间录于《开元释教录》,《大正藏》第五十五册,第 2154 号,564433 页上第 8 行。

[2] Daniel Boucher, "The *Pratītyasamutpādagāthā* and Its Role in the Medieval Cult of the Relics," *Journal of the International Association of Buddhist Studies* 14/1 (1991), pp.1 - 27. 此经英译见第 8—10 页。

[3] 《大正藏》第十六册,第 699 号,第 801 页中第 10—11 行;包达理译文见上揭第 9 页。同一颂亦出现在《浴佛功德经》,710 年由义净翻译;见《大正藏》第十六册,第 698 号,第 800 页上第 10—12 行;Boucher, "Sūtra on the Merit of Bathing the Buddha," p.65.

十方回向，兆民瞻仰。

这段文字中一些表达方式，如"革命"通常为篡位的委婉语，而"则天"这武后自封的名号可能暗示此处武后即是这段文字讴歌的对象。果真如此？非也。这些文字来自一座佛塔纪念碑的铭文，此塔由杨忠（507—568）——即隋朝开国皇帝文帝之父——建立。〔1〕 如果认为武后的"则天"称号来自该铭文，这或有些过度假设，因为这一概念事实上可以追溯到诸如《论语》之类的经典。〔2〕 然而，武后与文帝的意识形态策士们恰好按照同一理念来塑造他们主公的形象，这点无疑意义重大。此外，铭文还带有另一意味深长的余韵遗响：其中以"神母"指称杨坚的护法"神尼"智仙，这使人联想到武后于 688 年 6 月 21 日首次采用的封号"圣母神皇"。〔3〕 凡此种种皆强调了比较此二位君王的必要性。

一旦将他们作比较，许多有意义的相似性便涌现出来。他们皆因热衷护法而闻名，且他们皆被视为篡位者，一个从亲子手中夺祚，另一个从"孙子"手中篡权。〔4〕 他们本为族亲，这又使得这种比较更为有趣与值得。

---

〔1〕 见贺德仁（557? —627?），《大隋河东郡首山栖严道场舍利塔碑》（作于 608 年），《石刻史料新编》（初编），第 4 册，第 3059 页中第 4—7 行。关于栖严寺与贺德仁为该寺的舍利塔所撰的碑铭，见笔者的论述：Chen, *Monks and Monarchs*, Chapter Two 和 Appendix A。

〔2〕 见《论语·第八》：
子曰，大哉，尧之为君也！魏魏乎，唯天为大，唯尧则之。荡荡乎，民无能名焉。其有成功也，焕乎其有文章。（杨伯峻译注《论语译注》[北京：中华书局，1958 年]，第 8 页；英译见 D. C. Lau [tr.], *The Analects* [Penguin Books, 1979], p.94。

〔3〕 关于神母，见《大隋河东郡首山栖严道场舍利塔碑》，《石刻史料新编》（初编），第 4 册，第 3058 页中第 3 行。关于武后采用的"圣母神皇"，见《新唐书》卷 4，第 87 页；Forte, *Political Propaganda*, p.4, note 1。

〔4〕 杨坚之女杨丽华（561—609），史称杨皇后，位居周宣帝（578—579 年在位）五位皇后之首。尽管宣帝长子——即未来的周静帝（579—581 年在位）宇文衍（573—581）——之生母乃宣帝的另一皇后朱皇后（547—586），但由于杨皇后在宣帝五皇后及众多嫔妃中至高无上的地位，宇文衍 579 年被立为皇太子后，便自然成为杨皇后之子。从这层意义上说，静帝也被视为杨坚之孙。有趣的是，杨皇后似乎更认同自己与宇文家族及其"子"静帝的关系，胜过与其父杨坚的关系：正如其传记中所言，她强烈反对其父于 581 年的代禅篡位。见《周书》（北京：中华书局，1971 年）卷 9，第 146 页。其父自建代后，她曾被册封为乐平公主。卜弼德简要地讨论了这位女性，见 Peter Boodberg, "Marginalia to the Histories of the Northern Dynasties,"收入 *Seclected Works of Peter A. Boodberg* (comp. Alvin P. Cohen, Los Angles, London：University of California Press, Berkeley, 1979), p.322。

　　武后为武士彟（577—635）与杨氏（荣国夫人；579—670）（620 年
左右再娶）所生三女之一。〔1〕这段婚姻因如下两点而值得注意。首
先，它是由唐高祖（李渊）与其女桂阳公主安排的。桂阳公主驸马杨师
道（？—647）为杨氏堂兄（两者父亲为兄弟［详下］）。〔2〕其次，荣国
夫人来自隋朝皇室。其父杨达（551—612）为杨雄（542—612）（师道之
父）之弟。根据某些史料来看，杨雄为杨坚族子。〔3〕另有史料意见相
反——杨坚为杨雄族子——换言之，杨坚与杨雄同族，一方（杨坚）比
另一方（杨雄）年轻一代。让我们浏览一下关于杨坚与杨雄/杨达之间
关系的后一种观点。

　　《新唐书·宰相世家》杨家部分提供如下有关杨坚世系的信息：

　　　　［1］杨渠→［2］杨铉→［3］杨元寿→［4］杨慧嘏→［5］杨烈
→［6］杨祯→［7］杨忠→［8］杨坚

　　之后，我们得知杨达家谱如下：

　　　　［1］杨渠→［2］？→［3］杨兴→［4］杨国→［5］杨定→
［6］杨绍→［7］杨达〔4〕

　　〔1〕660 年，即 655 年武后成为高宗皇后的 5 年之后，其为母亲赢得"荣国夫人"的册
封；见《旧唐书》卷 4，第 81 页。
　　〔2〕杨氏嫁予武士彟时已 42 岁（假设于 620 年成婚［见下］）。其生平与家族背景在
墓志铭中有所描述，题为《无上孝明高皇后碑铭并序》。见《全唐文》卷 239，第 6 页上—第 17
页上；亦收录于《八琼室金石补正》，《石刻史料新编》（初编），第 7 册，第 4727 页中—第 4732
页中。铭文由武三思于 702 年 2 月 6 日（长安二年正月十五）撰写，几乎是武后于 693 年追封
其为"无上孝明高皇后"的 10 年之后。按照该墓志铭，武士彟夫妻离世后不久，李渊听闻未来
的荣国夫人美名，便命其女为二人做媒。这点由《册府元龟》（卷 83，第 3272 页中第 8—11
行）证实，其中记了这段发生在武德年间（618—626）的再婚。亦见 Guisso, Wu Tse-t'ien,
p.15, 207, 209（桂时雨认为这场婚姻发生在 620 年）。该墓志铭还确认了杨达、杨绍（约卒于
557 年）、与杨定分别为其父、祖父、与曾祖父；见《全唐文》卷 239，第 7 页上第 4 行—第 8 页上
第 1 行；《石刻史料新编》（初编），第 7 册，第 4728 页上—第 1 行及以下。这段不寻常的婚姻
亦记载于《攀龙台碑》的铭文中，乃武后于 702 年初命李峤（644—713）为其父皇陵所撰，见
《全唐文》卷 249，第 10 第 2 行及以下。
　　〔3〕《北史》中，杨雄与杨达的传记紧随其父杨绍之后（《北史》卷 68，第 2369—2370
页，第 2371 页），而在《隋书》中，《杨雄传》在《杨达传》之后（卷 43，第 1215—1217 页，第 1218
页）。杨雄与杨坚的关系记载于《隋书》卷 43，第 1215 页。
　　〔4〕《新唐书》卷 71，第 2347—2348 页、第 2350—2358 页。《宰相世家》中的这两世
系，布目朝汎也讨论过，尽管他未留意到《隋书》中杨雄与杨坚关系的矛盾之处。见布目朝
汎，《隋唐史研究》（东京：中村印刷株式会社，1968 年），第 173—174 页。

于是,与认为杨达为杨坚族子的《隋书》相对,《新唐书》认为杨达与杨坚为同一个杨渠的第七、第八代孙,这使得杨坚成为杨达族子。何者正确? 我们手头的材料不允许给出确定的答案。鉴于《新唐书》提供了更多关于杨坚与杨达家族背景的具体信息,似乎受到《新唐书》支持的观点更为合理。若此点正确,那么杨坚则为武后上一代的族人;亦即:武后的九世祖杨渠为杨坚的八世祖。

无论哪一种武后与文帝亲族关系的论述是正确的,都无法质疑这一关系本身。同武后叔祖杨雄一样,武后母亲荣国夫人也是一虔诚的佛教徒;佛教成了他们的家族信仰,这点似乎也能肯定。我们已在第(1)部分注意到,杨雄在仁寿舍利颁布运动中的主导作用。唐早期坚定的佛教卫道士法琳(572—640)高度评价了杨雄弘法的努力,将佛寺归依寺的兴建归功于他。[1] 关于荣国夫人对佛教的贡献,彦悰(卒于688 年后)所言如下:

> 敬崇正化,大建福门,造像书经,架筑相续。[2]

杨坚与武曌共同的家族背景或许令人假设:武后对待佛教的态度及对佛教的利用受到了其隋朝族亲的影响。甚至于假设武后的篡位可能一定程度上受到隋文帝——这位可说是其最出类拔萃的男性族人——的鼓舞,也并不牵强。他们为了合法化与巩固他们世俗权力采取了不少相似的策略,都会支持以上假设的不虚。

从近亲手中篡夺权力,在许多社会中可能都是会受到谴责的。[3]文帝与武后窃国大宝的方式在中国传统的政治理论中尤其不被接受,这种政治理论是以天命的观念为核心的。根据这种理论,世俗统治由天命所授,然而这种授命既不是无条件的,也不是一旦授予就不可改易的。如果证明被授予者是不合格的,或者是不道德的,天命就可被收

---

〔1〕 《辩正论》,《大正藏》第五十二册,第2110 号,第518 页上第12—18 行。
〔2〕 《集沙门不应拜俗等事》(成书于622 年后),《大正藏》第五十二册,第2108 号,第456 页上第6 行。参见《广弘明集》,《大正藏》第五十二册,第2103 号,第284 页下第28 行。亦见陈寅恪《武曌与佛教》与饶宗颐《从石刻论武后之宗教信仰》。
〔3〕 在中亚游牧民族团体(唐统治者所由来者)中,这点不一定成立。

回,转授于另一更合格的备选人。作为皇帝的母系亲属,杨坚(文帝)与武曌(武后)都是皇族(北周宇文氏或大唐李氏)成员,其所属的各自家族作为整体掌握着天命。理论上来说,对现有的天命掌握者进行挑战的人必须来自皇族之外。这样,杨坚与武曌都没有合理取代现任统治者的资格。因此,他们都各自面对着严重的合法性的问题。对于武后来说,政治合法性的问题尤为严重,因为她不仅是一篡权者,还是一女性篡权者。在帝制中国,政治伦理不允许牝鸡司晨。[1] 所以当他们做出这些为传统所不容的政治"恶行"时,文帝与武后只好求助佛教,来寻找依据,为其统治正名。

首先,他们都把自己描述成佛法的复兴者:文帝把佛教从北周政权的迫害中拯救出来,而武后则把其从在唐朝的最初两个皇帝(高祖与太宗)不那么严酷的压制下解救出来。[2] 具体言之,文帝与其意识形态策士们编造并宣扬了一个关于其出生的传说。在这一传说当中,他是在一尼庵中被一神秘人物,即所谓的"神尼",所抚养长大的。对隋统治者来说,该"神尼"几乎成为国家意识形态中的"王朝守护者"。如这个传说所描述的,"神尼"视杨坚为转世降临中土的菩萨,并且预言他将是佛教的复兴者(彼时北周灭佛,佛命倒悬)。这一意识形态最直观的表达见于《历代三宝纪》(成书于 598 年),作者费长房(卒于598 年后),其本身即为文帝的主要谋臣之一。费长房不仅把杨坚描绘成受天命委派统治天下与兴复佛法的使者,而且他称赞隋朝取代北周统治为佛法的胜利——反佛教的邪恶力量最终被有德帝王推翻,其志在扭转中土佛教的衰落甚至毁灭的进程。[3] 武后的佛教意识形态策

〔1〕 见 Yang Liansheng(杨联陞), "Female Rulers in Imperial China", *Harvard Journal of Asiatic Studies* 23: 50–52;Richard Guisso, *Wu Tse-T'ien*, p.68。

〔2〕 高祖与太宗都曾企图削弱佛教势力与影响;见汤用彤《隋唐佛教史稿》(北京:中华书局,1982 年),第 10—18 页;及 Weinstein, *Buddhism under the T'ang*, pp.5–27。芮沃寿讨论了太宗对佛教的态度与政策,见 Arthur Wright, "T'ang T'ai-tsung and Buddhism," *Perspectives on the T'ang* (eds. Arthur Wright and Denis Twitheet; New Haven and London, Yale University Press, 1973), pp.239–263。

〔3〕 《历代三宝纪》,《大正藏》第四十九册,第 2034 号,第 107 页中第 17—25 行;Chen Jinhua, *Monks and Monarchs*, Chapter Three。

士们,也将他们的女主描述成一转世菩萨(或者甚至是弥勒佛)来中土完成一相同的使命。[1] 在这里,这两个未来的统治者被描述为佛法的拯救者;更进一步,也是整个世界的拯救者,因为世间法的运作也有赖佛法。这样,一种可能被儒家道德标准所谴责的罪行(篡权)就被合理化为一种施予转世菩萨以政治权力的必要手段。

两位统治者采取进一步的措施,把自己打扮成佛教所宣扬的普世君王(转轮王)。就像下面将要看到的,在杨坚的出生传说以及另一被插入到梵经中译本的故事中,隋朝的意识形态策士们从来没掩饰他们的意图。他们将其主子描述成一个转世的菩萨或佛陀,这种观念明确地表现在文帝自取的名号中——"菩萨天子"。[2] 而且,成为阿育王式的转轮王——这一雄心激励着文帝,在日暮之年精心设计并导演了一系列舍利颁布运动。

武后同样被刻画作净光菩萨的转世化身。她的意识形态策士们实施了雄心勃勃的计划,即篡改《宝雨经》(也就是《佛说宝雨经》)和重新阐释《大云经》(《大方等无想经》)。[3] 事实上,在公元693年10月13日,武后便宣布自己是金轮王了,相当于四等转轮王的最高一级。[4] 在公元689年完成的堪称辉煌的明堂建筑群,也是在佛教意识形态的指导下建设起来的,一如富安敦所令人信服地论述的那样。[5]

令他们感到惬意的是,文帝与武后在佛教的转轮王理论中发现了远较传统的王权理论更具吸引力的理念和更有效的获取政权合法性的方式。最高统治者被称为"王",就像其汉字形式所表明的,古代的王

---

[1] Forte, *Political Propaganda*, pp.153 – 168.

[2] Wright, "The Formation of Sui Ideology," p.98.

[3] Forte, *Political Propaganda*, Chapter One(关于《大云经》)与 Chapter Three(关于《宝雨经》)。《宝雨经》(即《佛说宝雨经》)(梵文 *Ratnamegha sūtra*)由菩提流支(Dharmaruci,也作 Bodhiruci, 572? – 727)于693年翻译,《大正藏》第660号。武后的诸策士满足于对《大云经》仅作重新阐释,但他们却改写了《宝雨经》的原本,加入了一些段落,以美化武后作为受佛记莂的女性转轮王的形象。

[4] 《旧唐书》卷6,第123页;《新唐书》卷76,第3483页;《资治通鉴》卷205,第6492页;Forte, *Political Propaganda*, pp.142 – 143。

[5] Forte, *Mingtang*,尤其 pp.254 – 255。

权理论认为最高统治者应是宇宙三才(天、地、人)的沟通者。[1] 他仅仅是上天在人间的代表,或者更明白地讲,只是上天的代理人;他是要被上天提名认可的,并且要对上天负责。与中国古代王权理论相比较,印度佛教转轮王的观念认为国王是佛陀的转世,并对整个世界行使无限制的权力。这样,作为佛陀在中国的转世,文帝与武后认为自己不仅拥有统治中国,而且拥有统治整个世界的权力。这一新颖的政治合法性理论显得更为有效:相较于传统的理论,它更具有普遍性;传统理论仅仅限制在中国,而根据佛教的宇宙观中国不过是寥廓宇宙内微不足道的一隅。

为更好论述文帝与武后对佛教的政治性利用之间所具有的本质联系,这里让我们以他们对佛教中一个著名传说——即月光童子在中国的命定使命——的阐发来展开细说。

月光童子的故事首先在佛经 Candraprabhakumāra sūtra 的三个中译本之一,即《佛说申日经》中,得到详细的描述。[2] 根据该经,月光童子重生中土(秦国)为圣君,兴隆道化,致使中土与诸邻国,包括鄯善(新疆若羌)、乌长(= 乌苌[Udyāna 或 Uḍḍiyāna]?)、归兹(Kucha)、疏勒(Kāsha,在新疆)、大宛(西域三十六国之一,大部在今乌兹别克斯坦费尔干纳盆地)、于阗(Khotan)以及诸羌虏夷狄,皆奉佛法[3]。受此

---

〔1〕 在许慎(30—124)的权威辞典《说文解字》(成书于 100 年)重申此字义之前,西汉(前 206—25)哲学家董仲舒(前 179—前 104)已持此观点。见 Julia Ching, *Mysticism and Kingship in China: The Heart of Chinese Wisdom* (Cambridge:Cambridge University Press, 1997), p.35.

〔2〕《大正藏》第十四册,第 535 号;一卷,竺法护(Dharmarakṣa,活跃于 266—313 年)译。其余二译本,其一亦署名竺法护(《月光童子经》,《大正藏》第 534 号),另一(《申日儿本经》;《大正藏》第 534 号)由求那跋陀罗(Guṇabhadra;394—468)译,皆为一卷。关于月光童子的段落,只在《佛说申日经》中发现,不见于另二译本,显然是译者为取悦中国统治者而添加的内容。

〔3〕《大正藏》第十四册,第 535 号,第 819 页中第 1—5 行。关于月光童子在中国预言与末世文学中的重要性,兹理和有专论;见 E[rik] Zürcher, "Eschatology and Messianism in Early Chinese Buddhism," *Ledyen Studies in Sinology: Papers Presented at the Conference held in Celebration of the Fiftieth Anniversary of the Sinological Institute of Leyden University, December 8 - 12, 1980*, ed. W. L. Idema (Leiden: E. J. Brill, 1981), pp.34 - 56;同氏, "Prince Moonlight:Messianism and Eshatology in Early Medieval Chinese Buddhism," *T'oung-pao* LXVIII 1 - 3 (1982), pp.1 - 75;《申日经》中预言月光童子重生中国的讨论见 "Eschatology and Messianism," pp.46 - 47 与 "Prince Moonlight," p.24;亦见康乐,《转轮王观念与中国中古的佛教政治》,《中研院历史语言研究所集刊》67/1(1996),第 128—130 页。

传说启发，文帝的意识形态策士们串掇印僧那连提黎耶舍（或那连提耶舍；即Narendrayaśas；490？－589）在《德护长者经》的中译本中孱入了一长段经文。[1]

在这段经文中，佛陀对月光童子及其转世做了如下的记蒴。在佛陀般涅槃后，月光童子会现身护持佛法。而且当佛法进入像法或正法的末期（末法）时，[2]他将会转生到一个叫做"大隋"的国家（位于阎浮提洲）；君临其国，号"大行"。大行王将以大信心与大威德力供养佛钵，数年后佛钵将从沙勒（Kashgar）等国至大隋国。大行王于佛钵大设供养，书写无量大乘方广（梵文 vaipulya）经典，造作无量佛像，安置无量佛塔[3]以及令无量众生信奉佛法不退转（梵文 avaivartika），将能受持佛法。随后，佛陀转而预言大行王自身的命运。月光（现大行王）通过供养佛陀所累积的全部功德，令其重生于不可称量、无边际、不可说之诸佛所，并于一切佛刹（梵文buddhaskṣetra）常作转轮圣王。常有遇佛之幸，供养、恭敬、赞叹"三宝"，造立塔寺。于其半寿时，将舍弃世俗生活出家。南瞻部洲众生以其为榜样，悉皆效仿。最终，佛陀预言大行王将于未来成佛[4]。

在其《历代三宝记》中，费长房引用了在《德护长者经》的这一授记，并提到北周的灭佛与文帝拯佛法颓势于既倒，以断定该授记的真实。[5]

---

〔1〕《大正藏》第545号，成书于583年。该文本与《月光童子经》在内容形式上都相关。那连提黎耶舍的传记见于《续高僧传》（《大正藏》第五十册，第2060号，第432页上—第433页中）与《历代三宝纪》，《大正藏》第四十九册，第2034号，第102页下—第103页上。

〔2〕 在中国佛教典籍当中，"末法"这个术语通常用来表明佛法的衰败，对应梵文saddharma-vipralopa。但是，应该指出的是，一些隋朝的佛教学者，如费长房，有时倾向于用末法指称"正法之末期"（正法梵文为 saddharma）。参见 Chen, *Monks and Monarchs*, Chapter Two, note 96。

〔3〕 将佛塔理解为舍利供奉后，许理和认为此处的文本与文帝效仿阿育王建造佛塔的努力有关。由于这发生在7世纪伊始，他猜测这段插入《得护长者经》的段落可能就于彼时所作，或者稍后。见 Zürcher, "Prince Moonlight," p.26。

〔4〕《大正藏》第十四册，第545号，第849页中—下。此段部分英译见 Zürcher, "Eschatology and Messianism," p.47。

〔5〕《历代三宝记》，《大正藏》第四十九册，第2034号，第107页下第7—25行。

相当有趣的是,一段非常相似的经文也出现在《宝雨经》的一个中译本当中;这部译经是由武后的佛教意识形态策士们在公元 693 年上呈于朝的。在这段经文中,佛陀授记一天子,同样被称为月光童子,将要在佛涅槃后的最后时分(即第四个五百年,法欲灭时)降生赡部洲东北方摩诃支那国(中国)。实是菩萨,故现女身,为自在主(即不退转菩萨)。他或她将护持佛法,修建佛塔寺庙、尊崇沙门、并供给一切必需。在"月净光"之名下,他或她将成为不退转(Avaivartika)菩萨和转轮圣王。[1] 如同富安敦以及其他学者所指出的,这段经文在《宝雨经》的其他三部中译本中都找不到,是由武后的意识形态策士们所伪造的。[2] 然而,鉴于这段经文与《德护长者经》中相应经文之间显著的相似之处(例如,都是作为国王在中国转生;关于转轮王的理想以及不退转信心[或者菩萨];[3] 对"三宝"的护持;等等),必须认真考虑以下可能性:即,这段经文是受文帝的《德护长者经》启发(如果不是直接模仿)下产生的。[4]

结　　论

当我们考察武后在其统治期间对舍利崇拜的参与,即刻就会发现其以法门寺始,亦由法门寺终,而法门寺与其隋朝的族人——文帝所发起的仁寿舍利颁布运动紧密关联。我们还注意到道宣在 662 年护送舍利回法门寺时起到的重要作用。道宣可被看做是昙迁的"师侄",而昙

---

〔1〕　该段落英译见 Forte, *Political Propaganda*, pp.130 - 132。同书(第 133 页脚注 23),富安敦认为选择月净光之名是有目的的,提醒读者净光之名(Devakanyā Vimalaprabhā)即《大云经》中佛陀授记的对象。

〔2〕　Forte, *Political Propaganda*, pp.132 - 136.

〔3〕　事实上,梵文术语 avaivartika(不退转)兼指不退转菩萨及不退转之信念,两者密不可分(不退转菩萨乃怀有不退转信念之菩萨)。

〔4〕　许理和(Zürcher, "Eschatology and Messianism," p.48)已经注意到,文帝对月光童子传说的政治利用树立了一个先例,武后及其谋臣们可能遵循之。这点受到戴路德的支持;见 Hubert Durt, *Problems of Chronology and Eschatology: Four Lectures on the Essays on Buddhism by Tominaga Nakamoto (1715 - 1746)* (Kyoto: Italian School of East Asian Studies, 1994), p.54。然而,他们都未提出《德护长者经》与《宝雨经》的两段文字可能直接相关的可能性。

迁则是仁寿舍利颁布运动的设计师。当武后的身体和权力都走向衰微时,她再次求助于法门寺的舍利,显然是期望舍利能够减缓她权力消蚀的进程。这一次,"圣骨"还是没有显灵;如同一个世纪前她的隋朝族人所经历的:尽管抱持着同样的喜爱、热情和极高的期待,但奇迹并没有发生。文帝在其诏令第三次舍利颁布的三个月后驾崩(或者如一些历史学家所怀疑的是被谋杀)。[1] 跟他一样,武后在其将法门寺舍利迎到洛阳后,也仅仅过了 10 个月就辞别人间。相较于文帝,武后似乎更值得同情。她不仅遭到背叛,而且背叛者中还包括一位其信任多年的佛门龙象;更甚者,这位领袖级的宗教人物还是 705 年法门寺舍利供奉活动的一名(如果不是唯一)策划者。

　　光宅坊大量舍利的出土及随后在全国范围的颁布,很显然是为武后篡位而进行的意识形态准备活动的一个重要环节。需要注意,"光宅"成为武后废黜中宗并亲自摄政期间所采用的第二个年号(684 年 10 月 19 日至 685 年 2 月 8 日)。此举之目的显然是希望恢复和强化人们对于光宅舍利及其丰富意象的记忆。这种政治—宗教策略很明显是受仁寿舍利颁布运动的启发,尽管后者更多是由文帝的扩张计划所致,而非出于对一个同样有问题之统治的合理化需要。这使得以下事实在理解武后与其隋朝族人们的复杂关系时意义非凡:武后的叔祖——杨雄——曾亲预仁寿舍利颁发运动。对文帝与武后的简略比较,不仅指明了两者之间直接的政治联系,而且表明了武后所采取的系列亲佛政策,在效仿文帝与从佛教经典当中汲取思想资源方面至少一样多。我们这里有两个很好的例子,表明了中古时期这两位统治者的家族信仰是如何影响其政策的。作为大统一中国的最"佛教化"的统治者之二,文帝和武后(至少在其统治时期的某一阶段)好像都沉迷于在中国建立一个佛教王国的幻想当中(甚至有证据表明他们可能都试

----

　　〔1〕 文帝于 604 年 8 月 13 日(仁寿四年七月十三[丁未])驾崩,距离仁寿年间第三次(也是最后一次)的舍利颁布(执行于 605 年 5 月 11 日[仁寿四年四月初八]),不过 3 个月而已。

图以佛教的理念来为其扩张主义张目）。由于不同的原因,他们这方面的努力最终都付诸东流了;[1]但却留下了一些丰富的遗产,供后世评点。

尽管传统上将光宅舍利的发现归功于一位身份不明的算命师的预言能力,但舍利无疑是由武后谋臣们预先埋葬在那里,以候挖掘。纵观光宅舍利运动,一个迄今为止几乎完全被忽视的人物尤其启人疑窦。他便是法成,俗名王守慎。其正传与僧传都将他描述为一位审慎、智慧的官员,且是虔诚的佛教践行家。然而,出家之前,王守慎乃武后秘密警察系统的要员,后来受命住锡光宅寺(七宝塔寺)——即作为如此高度政治化的寺院的一位首领。有鉴于此,笔者猜测此人极有可能是光宅舍利运动的幕后操纵者(笔者甚至倾向于认为他出家旨在监管光宅寺)。他在建构长安西市放生池的作用,通过刻于石碑上的预言尖锐地提醒人们隋朝与大周之间的关联;这也透露了其以某种神圣合法性来证明武后篡位的正当性的意图。同时值得注意的是,他可能是通过与武后之女太平公主连手而完成此项工程的。

值得特别注意的是,仁寿舍利运动似乎是武后对佛教舍利进行政治运用的主要灵感源泉。这在法门寺的舍利崇拜、仁寿寺的弥勒重阁,可能还包括泾州大云寺等案例中,皆有明白的表现。另一方面,光宅舍利颁布活动虽然规模超迈其隋朝先例,但没有证据表明武后仿照有隋统治者修建全新的佛塔来供奉舍利。武后没有完全依照其隋朝族人的方式来供奉舍利,可能主要是基于经济的考虑。此外,武后对此也可能不无疑虑,毕竟仁寿舍利运动并未遂人心愿——最后一次运动后不久,文帝即告驾崩。

关乎舍利崇拜,武后在另外一个更为重要的方面,与其隋朝族人迥异。文帝仅限于佛陀的肉身舍利,而武后也许是第一个推广"法舍利"崇拜的中土统治者——"法舍利"廉价,且便于生产与控制。同样应注

〔1〕 这里,一个小小的修正似乎是适宜的:对武后来说,其在这方面的努力在705年退位之前获得了相当大的成功。

意的是,武后对基于《无垢净光大陀罗尼经》的法舍利崇拜的推动开启于其统治与生命的尾声。这似乎很大程度上来自其个人关怀与恐惧:对其在攫取与巩固最高权力时犯下的某些十恶不赦之罪的诚心忏悔,对延长其生命及消除所有恶业以逃过来世惩罚的强烈愿望。[1]

尽管武后在 678 年的光宅舍利颁布中避免营建佛塔,但其至少在嵩山修建了一座佛塔。修建的时间大概是 700 年左右,其中供奉的百多粒舍利很可能也来自光宅坊。这是武后偏爱嵩山的又一明证。这座山岳其时常造访,或与帝夫相伴,或独自前往。此外,她的两个族人还长期归隐此山。值得注意的是,700 年,武后将当时最卓越的北宗禅领袖神秀召至洛阳。[2] 同一年,她起驾前往嵩山,目的有可能(至少部分地)是为在那里新落成的佛塔"剪彩",虽然最终心愿未成。如考虑到以下两个事实——第一,北宗禅在嵩山的影响,其中有神秀首席弟子普寂所率领的庞大而活跃的禅修僧团;第二,武平一在嵩山与普寂的紧密联系——人们很容易推测,在武后停留嵩山期间,其对北宗禅的兴趣不断被唤起,且与日俱增;也会推测,她对神秀的召见可能(至少部分地)与其归隐在嵩山的隐士族人的荐举有关。

然而,嵩山并非仅有的牵连到武后舍利崇拜的"圣山"。五台山亦格外显赫,尤其在法舍利崇拜方面。如已经注意到的,此处攸关的不仅是武氏家族神圣地位,而且还关乎所谓中国在世界佛教中心的地位(或者宇宙中心,正如武后的佛教谋臣们所宣称的)——这种地位源于武后作为转轮王的统治。这项意识形态工程被证明在东亚佛教发展过程中具有划时代的意义。例如,受到五台山作为文殊师利新道场的地

---

〔1〕 武后忏悔先前罪愆的苦痛有刻于"金简"上的铭文为证,时为 700 年 5 月 29 日(久视元年七月初七)。该铭文中,武后谦卑祈求道教神灵的宽宥,将自己的名字从罪人录中抹去。该铭文收录于《道教金石略》(陈垣编纂,陈智超等校补,北京:文物出版社,1988 年),第 93 页。刻有该铭文"金简"的绝佳复制品见《唐の女帝则天武后とその時代展》(东京:东京国立博物馆,1998 年),第 158 页。巴瑞特引用并讨论了该铭文,见 Barrett, "Stūpa, Sūtra and Śarīra in China," pp.47–48。

〔2〕 神秀的洛阳荣光之旅,除了见于张说所撰的墓志铭中,也记录于其《宋高僧传》的传记与若干禅宗编年史中。基于这些史传资料,马克瑞对该事件作了细致详尽的重构,见 McRae, *The Northern School*, pp.51–54。

位及其他历史学史上或真或假的诸多故事的支持,中国作为世界佛教新中心的形象被日本天台宗宗人广泛开拓利用(天台宗缺乏印度佛经作为典据)。他们似乎比其中国"法兄弟"更为热心地去建构中国作为佛教新权威来源的地位。[1]

　　然而,特别能激起我们兴趣的是,在法舍利崇拜中占据核心地位的一部陀罗尼文本被含摄到了这一主要的政治—宗教宣传中去。是否因为阿育王理想与一般而言的舍利崇拜之间的本质关联致使武后注意到该陀罗尼文本? 这听起来合乎逻辑,尽管需要更多的证据来支撑。

(陆辰叶　译)

---

　〔1〕　见 Chen Jinhua, *Making and Remaking History: A Study of Tiantai Sectarian Historiography* (Tokyo: The International Institute for Buddhist Studies, 1999), pp.135－140。

近年马来西亚南方汉传佛教的 公共介入(engagé)：以官、民 两版国族主义的竞争为线索

刘宇光

（复旦大学哲学学院）

本文以当代马来西亚佛教为例，分析当中罕见于其他汉传佛教的特殊现象，即当地佛教组织的公共介入(engagé)。本文据大马佛教团体的公告、学界研究、大马本地的中英文出版物，乃至笔者在 2010—2013 年的三年间，前后四度于大马所作之田野观察[1]、参访、访谈及工作笔记，探讨近年出现在大马华人佛教组织和社群中，对国家民主化、宗教—族群的平权与维权、政治改革等多种社会议题的公开异议与公共介入。本文的主要案例是马来西亚佛教青年会(Young Buddhist Association of Malaysia，缩写 YBAM，下文简称"马佛青")，但亦会扼要触及包括马来西亚入世佛教徒网络(Malaysian Network of Engaged Buddhists，缩写 MNEB) 等其他佛教组织。笔者姑且不在此讨论本文所涉的大马佛教组织是否属左翼佛教(Le bouddhisme engagé)，但就其行动来说，无疑确属公共介入一类，即抗争行动背后所依据的视野，是明确关联于诸如公民社会(Civil Society)和人权(Human Right)等现代政治价值议题。

---

〔1〕 2010 年 8 月、2011 年 4 月、2012 年 12 月及 2013 年 11 月前后四次，分别造访大马吉隆坡、马六甲、槟城、太平、柔佛等地。

大马佛教这种仍然处在持续形成过程中，从事"公共介入"的新现象，暂时未为华文与西方学术界、其他汉传佛教界所注意。即使是当事者本身，似乎亦未充分意识到，其经验在汉传佛教中的深刻独特性，乃至对整体现代汉传佛教所具有的重要意义。故此本文借着对这特殊现象作剖析与评估，希望抛砖引玉，引起学术界和汉传佛教界注意。本文并不完全只是在社会科学意义下，对当中的政—教关系现象作描述性（descriptive）的分析，而更多企图从人文学科角度，探讨大马华人佛教在面对下文所述处境时，所作的深异于主流汉传佛教的回应背后，到底有何进一步的意义。

本文正文由四个环节组成。第一节讨论大马的南方汉传佛教。透过对马来西亚的宗教暨族群基本情况的说明，乃至对时下学界有关大马佛教研究的扼要回顾等线索，实验性地提出"南方汉传佛教"等观念，并简单说明其基本性质，以便作为本文主题的背景。第二节为近年事件簿：案例说明与基本分析。根据大马佛教组织有关公共事务的公告文字，辅以笔者近年田野调查、访谈及经验观察所得，枚举多起事件，并对有关现象背后所蕴涵的问题进行初步的分析。第三节讨论从华人的国族醒觉到大马佛教的公民意识。尝试从更广义的大马华人身份认同问题来解释前述现象的深层原因。本文认为，大马华人近年的政治意识不只是源自族裔、语言及文化的种族认同，而是来自有公民社会价值内涵的政治性国族认同。第四节是响应、评估及展望，乃全文结论。对大马佛教上述现象作出初步评估，并展望其可以再思考的问题，同时亦在本节对中国学者白玉国《马来西亚华人佛教信仰研究》[1]一书好些未敢苟同的论断作出回应。

第一节 马来西亚的佛教

诚如陈美华 2008 年的一篇文章《在边际中的深耕和无垠：从事马

---

〔1〕 白玉国《马来西亚华人佛教信仰研究》，巴蜀书社，2008 年。

来西亚佛教研究五年来的回顾与展望》中指出,在学术研究上,无论从东南亚、大马宗教或汉传佛教三个研究领域来说,"马来西亚佛教"可说是落于上述三个领域上,边陲得不能再边陲的议题[1]。

在讨论大马佛教的英文学术论著当中,较有代表性的是一部探讨泰—马边界旁马方吉兰丹州(Kelantan)的僧团与当地社群关系之著作,但其主题是泰裔上座部[2]。在论文方面,苏珊·阿克曼(Susan E. Ackerman)的《重建神圣世界:马来西亚在家佛教与天主教的改革趋向》(Rebuilding Sacred Worlds: Lay-Oriented Buddhist and Catholic Reformism in Malaysia)一文[3]虽然只是以佛教作为论文的题材之一,但与偏重对大马佛教进行史料梳理和历史描述的其他论著不同,该论文在宏观的综合视野下,具有明显的问题意识与理论洞察,实属探讨大马佛教不可或缺的研究。虽然前述研究皆不同程度论及大马佛教历史与文化,但并未有专题触及近年大马佛教部分团体的公共介入。

本文旨在探索大马佛教团体近年的"公共介入",其问题意识多少是承接以下两篇论文的构思而成的:首先是陈美华的论文《马来西亚佛教总会的国家和文化认同》,一方面,陈文以马来西亚独立后最大的全国佛教组织"马来西亚佛教总会"(Malaysian Buddhist Association,下简称"马佛总")为主题,将讨论焦点放在五零年代独立前后的环境中,剖析成立"马佛总"的可能政治与社会因由;而本文则以另一全国

---

〔1〕 陈美华《在边际中的深耕和无垠:从事马来西亚佛教研究五年来的回顾与展望》,《亚太研究论坛》第 41 期,2008 年,页 48—65。因为东南亚研究的重心是政治、经济及社会,并非宗教与文化;大马宗教的重心是伊斯兰教;汉传佛教研究的重心是更典型的台、陆等华人主流社会的汉传佛教。

〔2〕 Mohamed Y. Ismail, *Buddhism and Ethnicity: Social Organization of a Buddhist Temple in Kelantan*(Series Social issues in Southeast Asia, Singapore: Institute of Southeast Asian Studies 1993), pp.1-27, 48-57, 70-74。该书专门讨论大马北部靠近的泰裔上座部寺院与僧团,虽然涉及当地泰裔上座部僧团与小区上华人信众社群的关系,但不涉汉传佛教。除该书外,同一位作者尚有系列多篇探讨同一个议题的跟进论文,下文会论及其中部分论文的观点。

〔3〕 Susan E. Ackerman, "Rebuilding Sacred Worlds: Lay-Oriented Buddhist and Catholic Reformism in Malaysia", *Journal of Social Issues in Southeast Asia* Vol. 8, No. 1, Religious Revivalism in Southeast Asia(Singapore: Institute of Southeast Asian Studies, February 1993), pp.128-152.

性的大型佛教组织"马佛青"为主题，侧重从大马近年的政局与社会环境的变化，来尝试剖析"马佛青"的公共介入。另一方面，陈文所提出的，到底要如何理解和定位马来西亚国佛教的性质，特别是其与汉传佛教之间的关系等，亦是本文尝试处理的议题。

其次，是前文已提及的阿克曼(S.E. Ackerman)《重建神圣世界》一文，该文借助回顾英殖民时期政府在经济生产方式和价值信仰两个层面，对马〔1〕、华〔2〕及印裔三个族群展开分治的统治策略和制度，讨论其留给独立后大马社会的遗产，即：伊斯兰教之外的其他宗教，都需要面对由基督新教所塑造出来，世俗化与高度竞争的宗教市场。面对这情景，压力最大而亟待革新以图自保的，其实并非本来就神圣与世俗重叠的传统华人宗教，却是以僧侣制度为核心的宗教，即天主教与佛教。阿克曼一文剖析了大马独立后的这两个宗教的部分组织，以宗教机关的非圣职化(laicization)〔3〕、宗教生活的理性化或知识化〔4〕，及

---

〔1〕 英殖民政府通过法律对占最多人口数的马来族的土地和宗教作刻意保护，强化了其在与华、印二族对比下的本土意识，但也使其现代竞争力，在市场化和世俗化的商业与社会环境中，明显弱于华人，亦为独立后新政权的马来族优先之特权制度开了先河。见 S. Ackerman, "Rebuilding Sacred Worlds", pp.131-132.

〔2〕 华人当中的精英群体无论在经济与价值观上，都历经过英治下的资本主义制度生产、市场化及世俗化的洗礼，而此一洗礼的过程在现代教育上，是由随英治政权而来，热切于向(马来族以外)大众传教的基督新教团体所操办，见 S. Ackerman, "Rebuilding Sacred Worlds", p.133.

〔3〕 非圣职化(laicization)一词原用于指西方宗教改革所带来的教会组织的变化，指宗教组织及其社群生活的主导权，由传统宗教专职人员(教士)手上转移到只具世俗身份的平信徒手上，但这并不等于是世俗化(secularization)、宗教隐退或反宗教，毋宁是宗教在现代世俗社会的新形态。是文以此来讨论佛教时，指"居士佛教"。作者以大马的天主教神恩复兴运动(Catholic Charismatic Renewal, CCR)和马来西亚佛教青年总会为例，来说明这两个宗教部分组织的非圣职化。见 S. Ackerman, "Rebuilding Sacred Worlds", pp.136-138.

〔4〕 以耶稣会向受教育的平信徒讲授依纳爵(Ignation)的神学学理和神操，与上座部僧侣向在家众传授阿毗达磨(Abhidhamma)和慧观禅修(Vipassana, 亦音译作"毗砵舍那")相提并论，见 S. Ackerman, "Rebuilding Sacred Worlds", pp.146-147。但注意的是，此一意义下的佛教复兴，其宗教实践的理性化和知识化，其实并不意味着完全排除超自然因素，见 Trevor O. Ling, "Revival without Revivalism: The Case of the Buddhists of Malaysia", *Journal of Social Issues in Southeast Asia* Vol.7, No.2 (Singapore: Institute of Southeast Asian Studies, August 1992), pp.332-333.

对社会进行公共介入的实践[1]等数项特质,来阐释二者是如何形成与包括受过良好教育的现代都会新兴专业中产等不同阶层教徒社群之间的价值关系,并藉此更新宗教在现代世俗世界之存在意义。唯阿克曼在最后一点,并没有相称地论及佛教公共介入之实践,而本文则是在基本接受阿克曼较综合性的宏观分析之前提下,特别聚焦于对大马佛教的"公共介入"之探讨,某义上亦是对阿克曼的立论作出在承接和回应。

继前文置定问题意识和焦点之后,以下需要一并带出既有重叠又有差异,并相关联的两个不同概念,即南方汉传佛教(Southern Chinese Buddhism)和马来西亚佛教(Malaysian Buddhism)。本文需要同时提出,并使用这两个描述今天马来西亚国境内的佛教之概念。它们不是同义词,亦不是在同一个发问层面上提出的两个根据不同定义而设立的概念。却是通过同时使用两个概念,呈现出马来西亚佛教的复杂多层,但更是指现在与将来,或起步与成熟之间,目前仍然在定向推进动态过程中的两个样态。

一、南方汉传佛教 在此首先提出的是"南方汉传佛教"之实验性概念,用于指东南亚诸国的汉传佛教,本文则特指马来西亚的案例。现代学界在界定何谓汉传佛教(Chinese Buddhism)[2]时,一般都是以僧团在经典持诵、仪轨操作、弘法及寺院教学上,是否主要是使用中文或其他华文方言为准来作判断。本文在此实验性地提出北方的与南方的

---

　　[1]　是文指出梵帝冈第二次大公会议的现代转向之决议、宗教人员在菲律宾神学院受现代神学教育及解放神学(Liberation Theology)社会实践三者之间的关系,为独立后的大马天主教带来转变,见 S. Ackerman, "Rebuilding Sacred Worlds", pp.137–142.

　　[2]　陈美华据马来西亚华社研究中心所搜集,从 1981 年 4 月到 2002 年 12 月,历时廿多年的"佛教"剪报指出,在 1 557 笔剪报中,只有 158 笔用"中国佛教"或"汉传佛教"一词,"汉传佛教"只有 4 笔,其余的 1 399 篇是用"中国佛教"一词,见陈美华《马来西亚佛教总会的国家和文化认同》,李丰楙著《马来西亚与印度尼西亚的宗教与认同:伊斯兰、佛教与华人信仰》第五章(初版,台北:"中研院"人文社会科学研究中心亚太区域研究专题中心,2009 年),页 222。但笔者认为,汉传、藏传或上座部巴利语南传佛教等字眼,是根据经典文字来谓述一个特定的佛教智性与文化传统时的学术用词,不一定为大众媒体所熟悉,反之"中国佛教"一词在学术上到底所指谓何,往往因受到政治考虑等其他因素所干扰,而甚见模糊,虽为媒体所用,但学术上是否妥当,不无疑问。

汉传佛教之区分，虽然地理方向上的确涉及南、北两向，但这当然不是一个自然地理或物理方向的概念，而是一个宗教、文化的概念。北方汉传佛教是指在华人为主的社会所形成与传承，以中文为主要或唯一载体的佛教及其子系统[1]。此一意义的汉传佛教，在文化上有其独特的杂种性格（hybrid，混种性）[2]，这"杂种性"既指其佛教样态，也指佛教社群成员的族裔（华人）、语言（华语、马来语或英语），及佛教传统（汉传、上座部及藏传）之间的交错关系[3]。

南方汉传佛教一词在此指大马于汉传佛教与上座部传统之间的广阔光谱中所逐渐形成的佛教跨传统混合样态。在现阶段，两个传统之间的关系或结合的程度，按不同团体的背景与条件而异。由不同程度的并行、不同程度的交流融合，到对上座部的倚重多于传统的汉传佛教皆有，样态不一而足，这目前仍是一在广泛地持续进行中的过程[4]。

---

　　〔1〕　此义下的"汉传佛教"固然包括典型的文、史、哲教科书所述，下及清末、民国以降的诸多传统，如净土、禅宗或天台等。但另一方面，同时也涉及由地域，特别是省籍或方言为基础所形成，汉传佛教的地域性传统，例如江浙、四川、东北或闽粤岭南等汉传佛教的不同子系统。汉传佛教内部这些不同的子系统，其实与汉人文化内部，由方言、地域等因素构成的支脉在汉传佛教身上的间接反映。部分还涉及正统与边缘对比意义下的角色差异，典型的例子是被视为更见正统性的江浙佛教与粤府岭南佛教，尤其后者因其香花僧传统而受到广泛质疑。

　　〔2〕　华文学界的文化研究（cultural studies）特别以"杂种"或"杂种性格"此一在日常用语中带有侮辱成分的表达，来翻译英文 hybrid 一词，用意在于强调"混杂"或"混种"才是存在的常态，同时也在质询对所谓"血统纯正"或所谓"纯种"是更优异之预设。此前更多是译作"混种性"。

　　〔3〕　即使大马的马来语和英语华人，虽然母语已不再是华文，但这并不一定会削弱其对华人身份的认同，有时甚至反而会因为不通中文，而更为坚持华人文化的其他元素，如基本价值观、礼仪、节日、日常生活习惯及信仰等，以维持其华人身份的认同。与其他同样出现语言分流的海外华人国家或社会（港、澳或新加坡）相比，大马华人在中、英语言上的分流，并不一定皆与社会阶层挂钩，而是进入更小的社会单位（例如家庭），会出现同一个家庭的子女之间，母语各异之情况。

　　〔4〕　当然，即使是今日的所谓北方汉传佛教，亦会在个别议题上，吸收其他佛教传统的法门，典型例子是时下对南传所谓内观禅（Vipassana）的热衷。故此对汉传而言，这种融合的特别关键之处，其实并不只是愿意接纳某些个别法门，而是在整体评价上，是否已经完全摆脱历来汉传佛教以大乘自许时，把上座部简化及矮化为所谓"小乘"（Hīnayāna）而蔑视之，因为唯有明确拒绝以所谓"小乘"来蔑视上座部，交流与整合的进程才能无限制地持续。梵文 Hīnayāna 一词在古代译作"小乘"，或在现代西方译作 small vehicle 或 individual vehicle，暗示这仅是一个有关愿力的规模或量的差异，但这是一个有关质的概念，除译为"小乘"，有译作"劣乘"或"下劣乘"，这其实是更精确的翻译，见玄奘译《成唯识论》卷十（《大正藏》册31，页53a）；亦见 Paul Williams, *Mahayana Buddhism: The Doctrinal Foundations*（Routledge，2009），p.268 注 7 即探讨梵、巴、藏三语都是指"下劣乘"的意思。

所以,所谓南方汉传佛教其实主要是由汉传与上座部两个传统为骨干所形成的并行或混合型的佛教,其佛教徒社群仍然以华语或中、英双语华人为主。

而即使是南方汉传佛教当中的汉传元素与传承,也不是单一的,起码由三个不同的主要子系统在不同阶段传入。以福建闽系为主[1],偶有粤系的岭南佛教,在过去近三百年的不同阶段,随华南移民的开拓马来亚半岛和婆罗州,而逐渐传入,并成为往后这一地区汉传佛教的底色,其风多尚简朴,不擅义理,尤其在十九世纪中后叶之前传来的,每多只是与华南民间宗教各种神灵信仰混杂在一起的民间佛教[2]。而自清末民初迄二十世纪中旬为止,亦有个别江南的汉传僧侣,长短不一地驻锡于马来西亚,数量虽不及岭南佛教的僧尼,但在南洋汉传佛教的原岭南简朴特质上,添上江南佛教的文人色彩。下及千禧前后,具有一定现代宗教意识与宗教组织运作经验,而又重视文教的台湾汉传佛教亦传入大马,并成功生根[3]。这些在不同阶段进入马来西亚的子系统之间,往往会走过一个互相重塑对方的持续当地化过程。前后近三百年间,惟及二十世纪中,方出现特雷弗·林(Trevor O. Ling)所谓,在斯里兰卡上座

---

[1] 据多个不完整的统计,闽系僧人约占75%,粤系约18%。见白玉国《马来西亚华人佛教信仰研究》(《儒释道博士论文丛书》,四川出版集团巴蜀书社2008年),页113—117;又开谛法师编《南游云水情:佛教大德弘化星马记事》(马来西亚槟城:宝誉堂教育推广中心,2010年),页68—257。

[2] 陈美华《马来西亚的汉语系佛教:历史的足迹、近现代的再传入与在地扎根》,《马来西亚与印度尼西亚的宗教与认同:伊斯兰、佛教与华人信仰》,页53—109;又见Trevor O. Ling, "Revival without Revivalism", pp.326-335。见上述二文对广福宫、马六甲青云亭及槟城极乐寺的讨论,前二者虽会邀僧人主事,但与正统佛教并无太大直接关系,极乐寺才是汉传佛教在东南亚的标志性寺院,落成时已是1905年。

[3] 典型例子如佛光山、法鼓山及慈济功德会。不过,陈美华的论文援用大马当地人的局内者(insider)用语,称此1990年代开始在大马站稳脚步的多个台湾佛教组织是汉传的"新佛教团体",笔者对此点略有保留。因为无论将"新"字作纯属先后时序还是指向现代(modern)的质性概念来理解,其实都有待更多的澄清。毕竟台湾佛教在哪一意义、层面及程度上,是否经历过现代观念的洗礼,而大马佛教又是在哪一意义下,可被目为不过是传统汉传佛教的一个小支,当中恐怕都存在好些或因不同的高估、低估或简化,而需要澄清的疑点。以时序而言,本文提及的马佛青成立于1970年,与台湾多个佛教团体约略属同期,更何况若"现代"是首先指一个佛教团体其对现代公共价值观的吸纳、消化及实践之主动与彻底程度的话,马佛青是否不若台湾佛教,更成疑问,毕竟马佛青当年其实就已经是在维护公民宗教信仰权利的背景下诞生的。

部僧侣与华人在家众的共同推动下,佛教在马来西亚华人中,形成宗教身份的觉醒,自觉地定义自己为佛教徒,而非中国民间信仰的继承者[1]。

二、大马的上座部佛教传统 虽然汉传是大马有较多信众的佛教传统,但仍然长年并存多个其他佛教传统。由于历史、地理及文化等多种因素,自殖民地时期始,泰国[2]、缅甸[3]及斯里兰卡[4]三个上座部的僧团,皆长期存于马来半岛,其历史起码有百余年,遑论在历史上更早的阶段,马来半岛根本就是印度文化的直接辐射区之一[5]。单纯从量上说,上座部是大马佛教的少数派,但其在马来亚半岛的历史,不但与汉传佛教不相伯仲,且其宗教内涵对大马佛教影响至深。

这几个系统的上座部佛教与大马不同华人佛教社群之间,关系各异。大马境内的泰暹系上座部,主要分布在马—泰边界大马境内的东北和西北角,即吉打州(Kedah)和吉兰丹州(Kelantan)。这些地区的泰暹裔僧团使用暹语,活动于的泰裔社群,而且与泰国国家僧团关系非常特殊而密切。以东北的吉兰丹州为例,泰国国家僧团透过僧团教育体制和泰南僧团,在僧侣教育与宗教职业发展等事务上,于大马暹裔上座部僧团内,扮演颇为积极的角色,几乎可说是泰国上座部僧团宗教版图

---

〔1〕 Trevor O. Ling, "Revival without Revivalism", pp.326 - 335.

〔2〕 有关马来西亚泰裔上座部佛教的来历,槟城州见陈秋平《移民与佛教:英殖民时代的槟城佛教》(原台湾南华大学亚洲太平洋研究所硕士论文,2001 年,导师:蔡源林教授,《南方学院学术丛书》第七种,马来西亚:南方学院出版社,2004 年),页 120—126;吉兰丹州见 M. Y. Ismail, *Buddhism and Ethnicity*。

〔3〕 有关马来西亚缅裔上座部佛教的来历,槟城州见陈秋平《移民与佛教:英殖民时代的槟城佛教》,页 116—120。

〔4〕 典型的例子是达摩难陀(Dr. K. Sri Dhammananda Nayake Maha Thera),有关马来西亚斯里兰卡上座部佛教的来历,槟城州见陈秋平《移民与佛教:英殖民时代的槟城佛教》,页 126—130。

〔5〕 其实即使是马来亚半岛上的两个现代国家,即马来西亚和新加坡,其国名本身就已经是渊源自梵文。有关马来亚半岛在历史上的"印度化",陈秋平《移民与佛教:英殖民时代的槟城佛教》第二章,页 41—68。

内的教省[1]。西北的吉打州的暹裔社群若欠缺跨境的外来支持,同样无法独力胜任维持暹系上座部文化传统,尤其在年青人出家与语言二事上。所以吉打州有实力的寺院,皆与泰国摩诃朱拉隆功僧伽大学(MCU)[2]之间,建立正式的合作,将北马暹僧送往宋卡府(Changwat Songkhla)或曼谷留学。而由朱拉僧伽大学培养的年青学僧,在毕业后会被派赴马来西亚各地接任寺院出缺,从而使有关地区的暹系上座部寺院,皆是在泰国僧团大学受过良好教育的大马暹僧,并以此逐渐替代未曾在泰国留学的本土僧侣[3]。八零年代以前,北马暹裔僧团与当地华人信众之间的来往较为有限[4],但自八零年代以来廿余年迄今,北马许多泰暹裔寺院的主要信众都是华裔社群,早期是当地操马来语的农村华裔[5],但后来即扩散为经济富裕,来自新、马、泰三国的城市华人[6]。

---

〔1〕 每年泰国僧团都会派代表来吉兰丹州寺院,主持及监督当地暹系僧侣的教理考试(nak tham)。而考试范围相关的课程、教科书及研习教材,全都是泰国进口。所以大马暹系上座部僧侣的教育水平,其实是由泰国僧团的考试来维持。泰南僧团主管经常在吉兰丹暹系寺院的重大仪式中担任荣誉赞助者(phuu upatham)、仪轨与巴利唱颂的顾问与指导。在好些案例中,不单泰南僧侣成群跨境与会,寺庙现场的大众文娱活动不单属泰国传统,而且其所使用的语言,并非吉兰丹当地的暹语方言,却是代表泰国官方的曼谷泰语。见 Mohamed Y. Ismail, "Buddhism in a Muslim State: Theravada Practices and Religious Life in Kelantan", *Jurnal e-Bangi*, *Jilid 1*, Bilanganl, Julai-Disember 2006, pp.12 – 14。

〔2〕 泰国摩诃朱拉隆功僧伽大学(MCU)的专题讨论,见刘宇光撰《二十世纪六十年代泰国的〈僧团法〉、僧伽大学及农民子弟僧:以政—教关系和教育社会学为线索》,《台湾东南亚学刊》第10辑(台湾南投:国际暨南大学东南亚研究中心编,2014年12月)。

〔3〕 大马暹系上座部的复兴,其实是得到驻大马各地泰国外交系统的大使馆大力支持,当泰国官员出席马来暹寺院僧团的重大仪式担任嘉宾时,他是在执行泰国官方与大马暹系上座部僧团之间的往还协调工作,同时透过僧团,将大马国内的宗教事务间接纳入泰国官方的治理下,见 Alexander Horstmann, "Deconstructing Citizenship from the Border: Dual Ethnic Minorities and the Local Reworking of Citizenship at the Thailand-Malaysian Border", A. Horstmann and R. Wadley (ed.), *Centering the Margins: Agency and Narrative in Southeast Asian Borderlands* (*Asian Anthropologies* Vol. 4, New York: Berghahn Books 2006), pp.10, 12。

〔4〕 当时虽然信众中有华人,也偶有随僧团出家者,但普遍与华人佛教社群的交往较有限。见 M.Y. Ismail, *Buddhism and Ethnicity*, pp.1 – 27, 48 – 57, 70 – 74。

〔5〕 在卫塞节、袈裟供僧(Kathina,当地华人音译作"卡帝纳")等的庆典,与会华裔信众甚至超过泰暹裔,故双方关系非常密切,所以大马暹裔寺院方丈都以马来语和当地华裔沟通。唯北马部分暹裔僧侣教育程度较低,对马来语的掌握,无法达到传达佛法的程度,不善弘法,他们的华裔听众的马来语程度,也不足以理解佛法,因而双方多以仪式来维持宗教关系。

〔6〕 A. Horstmann, "Deconstructing Citizenship from the Border", p.12.

斯里兰卡上座部僧侣最初是在英治时期，随殖民政府从兰卡引入专事修建铁路的劳工移民，而进入马来亚[1]。但由于来自英治背景的兰卡僧侣一般使用英语，而英治下的华人精英阶层亦同样受英语教育，所以为双方的宗教交流提供了基本条件。但与前段所述泰暹裔僧侣和操马来语的乡村华裔信众之间的宗教关系侧重于仪轨不同，兰卡僧侣透过英文论著与教材，将上座部的经教义理引入英语华人的佛教社群，且近年随着教育普及，操双语的华人佛教社群亦广泛受惠于兰卡僧侣的上座部英语经教讲习。即使到当代，兰卡僧侣仍多有受地方上华裔佛教社群之邀，在汉传与上座部混合或并行的佛教群体中主持寺院，并提供仪轨和弘法等服务[2]。

华南佛教本来就不擅义学，所以随着华人社群教育程度的不断提高，对教义部分的需求无法被满足所遗留的空白，近年逐渐由大马的兰卡上座部僧侣，以通英语的在家众为目标受众，讲授上座部经、教而得以充实。尤其关键的是兰卡僧侣以英语推广上座部经、教，其引生的进一步涵义殊不简单。如前文已述，阿克曼即指出，独立后的大马佛教，是通过宗教组织的非圣职化与观念层面的理性化，来形成其革新运动。其主要推手，正是专以受过良好教育、中产及双语或英语的数量有限的精英阶层在家佛教徒为对象，分布在新、马多个都会区域的兰卡上座部英语僧侣。兰卡僧侣特别强调，佛教徒无分僧、俗，皆应重视佛教义理的文本教育。因而这些现代在家众在宗教上所取得的主导角色，并不

---

〔1〕 虽然斯里兰卡在地理上与马来西亚并非直接相邻，但兰卡上座部对大马佛教的贡献，却尤甚于相邻的泰、缅。英国人在马来亚开始建铁路时，从斯里兰卡引进僧伽罗 Singhalese 和泰米尔 Tamil 二族。僧伽罗人在吉隆坡十五碑（Brickfields）和洗都（sentul）、太平及槟榔屿聚居，并邀僧伽赴马作宗教服务，故上述四地所建寺院，迄今皆已上百年。当时由于这些兰卡的上座部僧侣和当地华人双方的英语水平皆达到讲授上座部佛教义的程度，因此兰卡僧侣遂以英语将上座部经教弘扬于大马华人佛教社群中。这种情况不限于大马，其邻邦新加坡的情况也一样，兰卡僧团寺院众多，影响甚大。

〔2〕 以马六甲（Malacca）"释迦院"为例，该寺庙建立迄今已近百年，从建筑样式、供奉的对象、内部空间安排及诸如安放先人遗骨与神位等宗教的小区功能上来看，完全是一典型汉传寺庙，其寺庙的在家主者、信众与义工等多属称为峇峇（Baba）的华人族群。他们在日常生活使用马来语，基本上不通中文，但在寺院正式活动的场合，则使用英语。而正式受邀驻寺主持仪轨、讲经等宗教事宜的法师，却为讲英语的兰卡上座部僧侣。

只在组织的层面,而是同时在掌握传统上唯僧侣可专研的领域,包括慧观禅修的训练和系统研习与禅修配套的阿毗达磨经教[1]。关键是,凡此种种,皆与兰卡上座部英语僧团关系密切。

三、马来西亚佛教和其他　在特定的年代和地区,由于政治等各种不同的原因,曾在二十世纪早期有过短暂传承的日本佛教净土真宗[2],迄战后方撤离。近年因宗教的全球化(Globalization of Religion),日本日莲宗、藏传等前未见之于大马的其他佛教传统与组织,亦纷纷登陆。所以如陈秋平指出,大马佛教的头号特性是"由多源而多元"[3],而这亦是本文提出"南方汉传佛教"等观念时所考虑的特点之一。

尤其值得注意的,是上述的剖析充分显示,今日马来西亚境内的诸多佛教传统之间,并非互相孤立的,其间的交流与交错,却是日趋广泛与深入,而且层次多样。日益难以用单一的汉传、上座部巴利语南传等既有概念来作妥善谓述。由于其明显的混种性,所以即使是前文提出的所谓"南方汉传佛教"等观念,亦不难遇上例如"华人佛教"等情况诸式反证[4]。

---

〔1〕　S. Ackerman, "Rebuilding Sacred Worlds", pp.143-147. 文中提及,兰卡上座部僧侣所教英语华人在家众,其对阿毗达磨经教的熟悉程度,甚至远超过汉传僧侣,从而为免后者感到尴尬,在家众被提醒不要向僧侣请教阿毗达磨议题。

〔2〕　二十世纪初日本佛教在马来西亚的活动,见王琛发《日本佛教在马来西亚的曲折命运》《第二届马来西亚佛教国际研讨会论文集:多元的传承:马来西亚佛教的实践》(马来西亚佛教研究学会出版,2011年)。此外,被誉为现代大马佛教三位父亲之一,也是马来西亚佛教青年会前身的马来亚佛教青年联谊会(Federation of Malaya Buddhist Youth Fellowship, FMBYF)的创立者,美籍苏曼迦罗(Sumangalo)法师,虽然出家后常披着上座部袈裟,但他其实是按日本佛教净土真宗受比丘戒出家。据王琛发的研究,苏曼迦罗的研习上座部,其实是来自当时日本净土真宗学僧的学风,见王琛发《马佛青之父苏曼迦罗与他的日本真宗传承》。另见苏曼迦罗法师文集的小册子的说明及所附照片,编者不详《一僧一生:苏曼迦罗法师纪念特刊》。

〔3〕　陈秋平《移民与佛教:英殖民时代的槟城佛教》,页211—213。

〔4〕　在新、马等有较多华人国民的东南亚国家,"汉传佛教"与"华人佛教"之间差异是相当明显的。新、马华人佛教社群中,信仰汉传佛教虽然可能还是主流,但信仰藏传与上座部的华人亦明显在增长,因为涉及藏传与上座部佛教更多以英语来布教,从而导致了英语华人的佛教徒数量呈现出明显增长。这种情况甚至又以大马邻邦的新加坡,来得比大马更普遍。其部分原因是来自新加坡八十年代的语言政策,从八十年代始,所有学校必须以英语为唯一教学语言,所以造成年轻一代的华语能力大幅下滑。由于汉传佛教在传统上只以华语讲经说法,这遂形成弘法上的语言隔阂。有时甚至连汉传僧团的师父都无法约束弟子的取向,在这种情况下,会发生新一代僧侣虽属于禅宗等汉传法脉,但因为僧人本身是英语教育的背景,基本上已经没有阅读汉语佛典的能力,而所收的华人僧、俗弟子,实际上是修学什么传统都有,因为师父已经没有能力以宗教上所属的传统来指导和引导弟子。

所以除了南方汉传佛教一概念，部分学界同仁建议使用马华佛教（Chinese-Malaysian Buddhism）一词，以凸显其杂种性格（hybrid）下的新传统，这设想其实与大马佛教社群的国族自我理解更为贴近，但马来西亚的教、学二界部分声音，其实更愿意使用涵盖面最广的"大马佛教、马来西亚佛教"等词，以避开"南方汉传佛教、华人佛教"等一类概念，在面对大马佛教由族裔、语言、佛教传统的多元与差异处境时，明显会遭遇到反例的挑战。

在这彼此交错相织的多样性当中，唯一无争议共通的是所处的"容器"，即诸多佛教传统所共同面对，由大马的历史、地理、政治、社会及文化等因素所形成的现实环境，基于这共同的环境，遂有可能塑造出"马来西亚佛教"。正因如是，张曼涛四十年前曾指出，像越南的南、北传佛教几乎已经混合一起，马来西亚在整个东南亚佛教发展史中，也是一个重要现象，故东南亚佛教之研究，以地区之名目言，其涵盖性极大[1]，陈美华在引述张氏前句的观点后，提出以下的疑问：马来西亚佛教是否正在形成中？即她可能是在汉传、巴利传及藏传之间正在展开相互涵融的新传统[2]。

笔者对张、陈二氏的先见之明和疑问其实深有共鸣。但在现阶段，虽然清楚意识到南方汉传佛教一词含义模糊，暂时在故意保留其歧义性的情况下，姑且仍然使用之。部分原因是考虑到无论从传承、团体及往来对象而言，汉传佛教在今日大马佛教当中，暂时仍然担当着统合者的角色。至于"马来西亚佛教"一词，如果不是单纯作为一个地理位置或人文环境的容器式概念来使用，而是尝试以更积极的方式，作为现代佛教的类型概念之一的话，则在现阶段，其诸多佛教传统依然处在逐渐融合和持续发展的过程中，虽然部分特点已初露头角，但尚未真正形成体系一致、环节完整的新型现代佛教。毕竟"马来西亚"一词在此不应

---

〔1〕 陈美华《马来西亚的汉语系佛教：历史的足迹、近现代的再传入与在地扎根》，《马来西亚与印度尼西亚的宗教与认同》，页 59。

〔2〕 陈美华《导论：马来西亚与印度尼西亚的宗教、政治与族群》，《马来西亚与印度尼西亚的宗教与认同》，页 xxxii。

只是被动地作为一个容器，而应该是积极地代表着可正面启发其他佛教的某些现代特质。而后者尚处在苗芽初露，仍待茁壮的阶段，所以在此义下，作为可能的现代佛教类型的马来西亚佛教，目前其实是仍待深入填绘的轮廓，而不是一件已完成的创作。

与大马佛教直接相关的另一个特殊问题，是大马的佛教学术人才。笔者首先必须在此指出，白玉国《马来西亚华人佛教信仰研究》一书在未作清楚界定的情况下，称大马佛教学术未上轨道，这是一个过于简化的想当然的论断[1]。其轻率之处在于只看到事情表面的一部分，不但未察另有实情，更未能触及问题核心。事实上大马成长背景的正规佛教学者，绝大部分都是以梵、巴佛教为研究主题，这一罕见于其他华人学界的特点，亦某义上间接反映上座部传统与大马华人佛教之间的关系。这说明由于文化和地理上的因素，大马的佛教僧、俗知识人，本来就要比北方汉传佛教对上座部更有亲近感，所以即使在没有刻意和统一规划的情况下，大马华人佛教社群在过去近三十年间，已经不知不觉积累一批旅居海外，擅长于上座部巴利经、教的僧、俗佛教知识人。在华人学界，从比例上来说，马来西亚成长背景而完成现代学术性佛教研究训练，并执教于全球各地学术机构的专业佛教学者的数量常被低估与遗忘，但其与国际学术标准接轨的程度，比之于台湾学界，尤有过之而无不及[2]。但无可否认，由于大马国家奉行宗教—族群的歧视

---

〔1〕 白玉国著《马来西亚华人佛教信仰研究》，页234—240。事实上白氏在此到底是指僧团教育系统所承载的宗教师教育、局内者（insider）经院佛学式（Buddhist Scholasticism）的研究，还是现代世俗大学局外者（outsider）的学术性佛教研究（Academic Buddhist Studies），恐怕连作者本人都既分不清楚，亦讲不清楚。观乎其所举的"研究"，其实几乎都只是传教出版品，当然问题并不出在这些宣教品的作者身上，而出在《马佛研究》作者白氏的学术判断力上。

〔2〕 受过现代完整佛学术训练的华裔马来西亚僧、俗佛教学者的数量其实颇为可观，其专业程度亦相当出色，留学英、美、德、澳、泰、兰卡，并任职于台、港、欧美及新加坡等。其中最具代表性的，自然是以研究说一切有部而饮誉国际学界的香港大学教授法光（K. L. Dhammajoti）比丘，其余如法护比丘、法跃比丘、宗玉薇、钟文杰（CHOONG Mun-Keat）、越建东（YIT Kin-Tung）等多位学者。这些大马学者，几乎全部都是研究梵、巴佛教，特别是早期佛教，包括巴利经典、汉传阿含、上座部、说一切有部及大乘梵典等，没有一个人是研究东亚佛教。可以预期，他日若大马华人高等教育政策趋于公平，重新汇聚这些流落在海外的人材，其蓄备所起的作用，是非常可观的，而这一点其实与本文第三、四两节所讨论的政治议题之间，有其间接但密切的关系，因为一个现代国家的少数民族高等教育政策，从来都是具有高度政治性的问题。

政策，使这些受优良训练的学者群，的确无法如其他国家的学者般，在本国学术体制内构成一个合乎比例，而且以其族群、文化身份清楚可见，能够正常活动的学术专业群体，为社会提供知识与智性服务，而只能以不呈现其华裔文化身份的方式，个体地散居世界各地的大学。

上文主要是循一般背景，说明马来西亚佛教的组成与其特质。可以看到，虽然表面上，她的其中一个成分同属广义的汉传一脉，甚至有时会被视为很边缘而不起眼的一个小分支，但事实上无论在宗教传承、文化视野及知识装备等多个方面，皆自成一格，与北方汉传佛教明显不同。下文带着这背景理解，回过头来探讨近数年出现在大马佛教身上，面对社会及其他公共议题时的一些特殊现象。

第二节　近年事件簿：案例说明与基本分析

本节以马来西亚其中一个全国性的佛教组织，马来西亚佛教青年总会为例，以该组织最近三年在其官方网页上"时事响应"一栏，就公共事务向社会所发表的正式公告为根据〔1〕，再辅以笔者近三年在马来西亚的数次田野调查与访谈所得，列出大马的南方汉传佛教近年的系列公共介入事例。

案例一：发声维护其他宗教的佛教组织　在近四五年来，马来西亚官方的宗教事务部门，以各种借口不断刁难其他宗教，例如以"阿拉"一词乃伊斯兰教特有字眼为由，企图禁止其他宗教使用此词，并据此持续派员骚扰多个非伊斯兰教，尤其是基督宗教的团体。

在官方对基督教进行骚扰与打压的连串事件中，马佛青作为大马的全国性主要佛教组织之一，几乎是不厌其烦地，在每一次事件发生后，即迅速于其官方网页上，立场明确地为维护基督宗教的权利而执

---

〔1〕　马来西亚佛教青年总会（YBAM）官方网页有"时事响应"一栏，下注为免过于累赘，故此引述该网页时，只引其特定篇章的小标题、文章在该网页的编号及日期，"时事回应"的网址是 http://www.ybam.org.my/v2/zh/news/news/item/.html。

言,甚而大力呼吁其他宗教的诸多团体,继续坚持既有传统使用马来文"阿拉"这早已广受接纳的语词,来称谓各宗教的神圣位格,以公开显示对官方的不满。并毫不妥协地对官方或相关当权人士,进行态度明确的公开质询,当中不乏多次以颇见严厉的用辞做直接斥责,亦多次详细引述并剖析联邦宪法条文,力证禁令是公然违反马来西亚宪法对国民宗教自由之保障的,并严词谴责宗教局官员的非法滥权[1]。

取缔圣经或"阿拉"用词事件,其实只是大马官方及极端伊斯兰教组织挤压非伊斯兰教社群系列事件的冰山一角,而马佛青所回应的事件还包括:

一、多次具体引述宪法条文,以严厉措辞批评部分法官、政府首长、执行官员、朝(巫统)野(伊斯兰教党)两方的政党等,透过直接行政命令,或议会提呈的间接方式,制造宗教与族群对立。当中包括官方推动的一系列事件:企图在社会上落实伊斯兰刑事法,并施之于非穆斯林社群[2];想

〔1〕 2005年中,有深厚大马官方背景的回教裁决理事会(National Fatwa Council)裁定,由于西方情人节是源自基督教圣瓦伦泰(St. Valentine)的忌日,所以大马不应容许这种西方宗教节日出现在马来西亚。之后于2011年2月,回教党青年团主管据此公开诬蔑情人节是基督教徒的狂欢淫乱日,并呼吁官方在当日进行"道德执法"。同年3月17日,古晋海关官员无理扣查马来文版《圣经》,同年8月中旬,雪兰莪州(Selangor)宗教管理局在百乐镇卫理公会进行感恩晚宴期间,无故强行进行搜查,干扰宗教活动。2013年2月中,雪兰莪州宗教局发出禁止非穆斯林使用"阿拉"字眼的命令(虽然沙巴及砂拉越二州在宗教仪式时,却没有采纳相同的禁令),有使用"阿拉"字眼的其他宗教不服,毕竟这在大马是早有历史悠久的习惯用词,遂就"阿拉"一词可否用于称谓其他宗教的神圣者,进行司法诉讼,尚处在上诉司法程序中的2014年1月中旬,雪兰莪州宗教局官员再度突然闯入马来西亚圣公会办事处,逮捕人员,并同一理由扣押圣经。在这连串事件中,马佛青总会持续再三公开严词批评当局。见其网页上的系列文字:352-情人节为世俗节庆—马佛青支持撤除错误裁决(2011-2);346-应无条件解禁马来文版《圣经》—大马公民有权以国文阅读教典(2011-3-17);349-马佛青反对侵犯宗教集会自由—各造需有开放态度并谨慎处理(2011-8);559-非穆斯林禁用"阿拉"字眼违宪,违背社会契约,更不合理(2013-2-19);711-联合文告:宗教局行动没有法律基础—罔视内阁十点方案(2014-1)。
〔2〕 见马佛青总会网页的:535-大马不是以宗教立国—人民享有宗教信仰自由(2012-10-23);612-促废除宪法121(1A)条文,伊斯兰法庭只能审理伊斯兰宗教事务;720-促修宪法,维护宗教信仰自由的精神;722-马佛青呼吁民间及政党团结一致,阻止伊斯兰刑事法落实(2014-4-12);723-联合文告:朝野政党需团结一致反对伊刑法;733-修正宪法121(1a)条文,非伊斯兰事务案件只在民庭审理。

方设法将伊斯兰教家庭观伸进非穆斯林家庭的亲子关系中[1]；以各种行政或法律手段，将伊斯兰教义教育，塞进未来十多年的大、中、小学三级课程规划内，成为必修科目[2]；州一级的地方教育部门官员，以行政命令或长官意志，在教育系统中违宪地压抑非穆斯林群体的宗教教育空间[3]。马佛青指出，凡此种种都是在制造不必要的法律混乱，侵犯其他族裔国民的宗教权利，并损害宪法清楚指出的世俗立国原则，特别在教育问题上，马佛青还通过直接向国家的教育最高当局进行交涉，制止教育系统的地方主管，如校长和州一级官员在教育规定上的滥权。

二、积极支持社会上的民主运动，在 2013 年第十三届大选前，发表声明，呼吁全体佛教徒履行国民的义务投票，拒绝腐败政党[4]，公开要求官方落实净选盟八大选举与民主诉求。并将传统汉传佛教特别重视的《仁王护国般若波罗蜜多经》当中所讲的"报国恩"，重新解释为指佛教徒作为一个公民，同时有宗教上的责任，以要求政治民主化、维护公民社会价值与权利等为基本内容，来"报国恩"[5]。

三、多次质询政府企图通过更改"青年"的法律定义（将四十岁下调为二十五岁），和其他相关法例规定，推出新的青年组织政策，以压

---

[1] 见马佛青总会网页：533 - 马佛青：《教育大蓝图》忽略多元宗教教育（2012 - 10 - 11）；547 -《2013—2025 年国家教育发展大蓝图初步报告》宗教教育建议备忘录（2012 - 12 - 21）；657 - 联合文告：尊重宪法精神。新法案应依据宪法 12（4）条文；677 - 促进宗教谅解，避免因宗教敏感课题影响国家团结（2013 - 8 - 14）。

[2] 见马佛青总会网页：403 - 学校可以成立宗教学会一批准权落在校长（2012 - 1 - 13）；665 - 联合文告：尊重学术自由，大专生应有选择权（2013 - 7 - 15）。

[3] 见马佛青总会网页：393 - 学校应开办宗教教育一马佛青呼吁纳入正课（2012 - 1 - 13）。

[4] 马佛青在支持净选盟人民集会（Bersih 3.0，见下文的说明）的文告中表示："我们是佛教徒，但首先我们是这家国的子民。家国会衰败、人民疾苦，是因为我们也是这家国的一份子，我们是这土地的子民，但当我们也无法很好去维护与捍卫，家国肯定衰败，人民继续沉沦。"见 http://www.malaysiakini.com/news/195146。

[5] 包括准确的选民册、改善邮寄选票制度、使用不褪色墨水、自由和公平使用媒体、竞选期最少 21 天、巩固并强化公共机制、制止贪污滥权，以及杜绝肮脏政治手段。见马佛青总会网页：487 - 马佛青支持净选盟八大诉求一落实公正公平政策（2012 - 4 - 16）。

抑青年组织在公共事务上的角色[1]。

四、谴责商人、官员及议员等掌权者没有平等尊重和对待大马印度裔国民的印度教历史古迹[2],声援印度族群对官方企图以伊斯兰教法令侵夺非伊斯兰教徒司法权益的抗议行动,和响应维护印度族群风俗的呼吁。在此特别值得注意的,是提出废除印度节日国定假期要求的人,其实是一个华人议员,这非常清楚显示,马佛青的谴责,与狭义的华人族群认同并无关系。

五、其他　关注发生在东南亚地区其他国家,例如缅甸、斯里兰卡、新加坡、阿富汗等地佛教与伊斯兰教之间的宗教争端或冲突,并与跨国的地区宗教组织合作,参与化解冲突的协调工作。其中特别值得注意的,是马佛青虽然作为一个佛教组织,但对缅甸[3]和斯里兰卡[4]佛教僧侣极端势力的立场和暴力行径,作出公开的严词批评,没

---

[1]　见马佛青总会网页:39-马佛青不认同青年组织年龄层降低(2011-11-17),404-不宜调降青年组织年龄层—青体部需了解青年及青年组织发展实况(2012-1-18),493-反对调降青年组织年龄层—马佛青冀青体部先听取民意(2012-5-10),718-马佛青不认同青年组织年龄层降低(2014-4-2)。

[2]　见马佛青总会网页:703-《遗憾人为破坏,政府应更无私维护历史文化遗迹》(2013-12-7)。

[3]　见马佛青总会网页:516-《呼吁停止缅甸若开邦 rakhine 省暴乱文告》(2012-9-18)。这是因为发生在任何一个东南亚国家,介于佛教与伊斯兰教之间的冲突,若没有及早作妥善处理,就有可能会恶化为区域性的跨国宗教冲突。近两年发生回、佛教族暴力冲突的缅甸,即与孟加拉国直接相连,缅甸穆斯林难民逃难前往孟加拉国,因其祖先就是由此迁入缅甸,而孟加拉国是伊斯兰国家,但有源自缅甸的上座部的少数族群,这完全可以想象会发生什么事。

[4]　《联合文告:佛教社群呼吁斯里兰卡停止暴力事件》(Joint Statement:Buddhist Community STATEMENT on the violence in Sri Lanka!, 2014 年 7 月 3 日):"身为马来西亚佛教的我们,对于僧伽罗佛教至上主义组织……在斯里兰卡西南区……对当地的穆斯林社群所展开最新一波暴力行为,深感悲恸和震惊……我们也知道清真寺、穆斯林房屋和生意,受到攻击并且被摧毁。我们更接获消息指出,该暴乱是由(有关组织的)领袖和总秘书领导……是出家众……对穆斯林社群使用威胁性语言,甚至是意图煽动仇恨与暴力的领导者。……我们更反对和谴责所有暴力行为……绝不纵容该佛教组织的行为。我们也呼请所有佛教组织……一起关注斯里兰卡发生的宗教暴乱事件。我们希望斯里兰卡政府可以制止这暴乱继续发生……对付领导和煽动暴乱的肇事者……我们与……所有受害者及幸存者站在同一阵线"。见:

《当今大马》:http://www.malaysiakini.com/bulletin/267119;

《光华日报》:http://www.kwongwah.com.my/news/2014/06/28/145.html;

《星洲日报》:http://news.sinchew.com.my/node/373634。

有因为属相同宗教信仰而保持沉默，更没有以此公然护短或做出歌颂。这在现代汉传佛教，迄今几乎未采取过近似举措。此外，尚有二例值得注意，第一例是公开批评个别僧侣以错误的教导，干扰年青学生的学习与成长[1]。第二例是马佛青对于佛教界外围所出现的，一般被称作"附佛外道"团体的处理方式。华人社会的北方汉传佛教在遇上类似问题时，经常习惯诉诸国家机器打压对手，置损害公民社会制度于不顾。但马佛青在批评有关团体之余，却提醒佛教徒社群行为应有所节制，以免有损佛教徒作为一个公民在维系一个现代公民社会时，所应该肩担守护的基本公共价值。

案例二：马来西亚入世佛教徒网络（Malaysian Network of Engaged Buddhists）是大马的佛教社运组织。2013 年 5 月马来西亚举行第十三届五年一度的选举，此前一段时间，社会大众通过多次大型街头抗议运动，公开提出政党轮替及洁净选举等政治改革诉求，而街头运动现场的警民冲突和示威群众被警方拘控等事亦时有发生。马来西亚公共佛教徒网络遂在佛教音乐团体菩提工作坊借出场地作协办下[2]，在举行前述大型街头抗议活动之前，于工作坊会址举办行前课程或讲习，邀请有相关应对经验和专业知识的佛教徒，向群众系统讲授参与有冲突和被检控之潜在危险的抗议活动时，现场个人人身安全与

---

〔1〕 见马佛青总会网页：532 -受宗教师影响大专生纷纷转系—马佛青认为此非佛教教育（2012 - 10 - 4）；534 -马佛青依据实情关注—尽量减低受宗教师误导的伤害（2012 - 10 - 15）。另一有趣例子是：马佛青总会曾公开抨击其宗教导师达磨纳它那（K. Dhammaratana）法师。因为后者于 2010 年 11 月接受拿督勋衔的册封时，将裂袈换作西装出席。虽然表面上，这纯属佛教徒圈内的小众问题，与社会大众的公共事务无关。但在马来西亚的环境，背后涉及的其实是非穆斯林是否愿意坚持与穆斯林享有宗教上的平等权利，在出席官方庆典时，仍然穿着代表本宗教的服饰。

〔2〕 "菩提工作坊"是一个由年青佛教徒组成的佛教艺术团体，设有录音室，主要以西乐从事现代佛曲制作，出版有多种宗教音乐产品，其网页见 http://www.bodhi.org.my/。该工作坊同时也热心参与有鲜明小区公共意识的吉隆坡唐人街茨厂街（Jalan Petaling）华人小区艺术计划。见"灯佑苏丹街 2.0 文化演出热闹祈福"，东方网，2013 年 2 月 23 日。http://www.orientaldaily.com.my/index.php？option＝com_k2&view＝item&id＝43951：2 - 0&Itemid＝113

法律权利的保障措施[1]。部分其他的佛教团体或机构亦举办类似的行前讲习。

案例三：由于受战后国际关系的局势等不同因素的影响，因此在过去五十年，受华文教育的大马僧、俗二众，需要升学进修时，台湾往往是首选。不同华人社会汉传佛教的互动上，大马与台湾的交流，无论在程度上和渊源上，皆远较其他国家的汉传佛教来得广泛长远。

台湾佛教最富代表性的几个著名团体，在文教、学术、艺术、医疗、小区服务、宗教组织的营运管理、宗教专业人员的养成等事宜上，成绩卓著，已有公论。尽管如是，这些团体在台湾民主化的进程当中或之后，于社会发生重大公共议题争议时，仍然坚持某种样态的政治中立，虽然其中个别团体在重大的选举前，有时又会偏好支持特定政党。从而在这些角度上，使观察者对其吸收或消化公民社会等现代公共价值观的程度有多彻底与完整，仍存在一定疑问。

然而，这些台湾佛教团体在大马由开始传教到落地生根的过程经历过颇值注意的变化。期间即使是最具规模的部分团体，其实也是下及八九零年代，才能逐渐扎根马来西亚。在传播之初，这些台湾佛教团体沿用历来在海外布教的既有做法，即由台湾总部派出一组僧侣，前赴当地负责展开布教相关工作。初期当大马的新信众将当地公共议题带入这些台湾佛教团体作讨论时，这些台湾佛教团体按照在台湾本土即形成的既定方针，回避直接介入有争议性的公共议题，更遑论政治议题。

在近年，一部分这些佛教团体逐渐意识到，若一如既往，回避公共议题的讨论，只会导致与马华社会脱节。马来西亚佛教社群有其特别关注的独特问题，外来团体需要理解并接受这一事实，不能反客为主。

---

〔1〕 包括讲解：（一）在军警以镇暴武器的攻击下，示威参与者在衣着装备上，应如何尽量保障自身的安全。（二）示威人练的组成动作，及遇到军警清场需搬走示威者时，个人应对的安全措施。（三）在讲座现场印备，并派发支持社会运动的义务律师和医生的应急名单，以确保示威参与者在万一受伤或被军警拘捕时，能够有效联络相关人员，取得帮助。

这一认知最终导至台湾总部在马来西亚采取在其他国家支部所罕有的处理，即做更大程度的权力下放，让僧团内的大马僧侣来统领当地的支部，拥有更大实权来决定介入当地公共议题的讨论与否。自此之后，马来西亚多个本地佛教团体所举办触及公共，甚至是政治等时事议题的论坛与工作坊时，部分台湾佛教团体皆经常以主要的协办团体的角色，正式参与其事。有趣的反差是，相同的僧团在台湾的总部，一般却罕参与台湾社会本土公共议题的讨论[1]。

案例四：与北方汉传佛教对公共议题的典型回避反应[2]相比，受过良好教育的马来西亚华人青年佛教群体，对佛教在现代公民社会的政治参与、宗教平等、性别与性倾向平权[3]、宗教—族群冲突、宗教极端主义、佛教与国族主义和民主政治兼容与否等一类议题反应积极与热烈。一般而言，学界会比佛教界对这类议题更为关注，亦更愿以此为研讨的主题。但大马佛教在汉传佛教中是个例外，他们甚至视此为佛教需要作周期性的反复探索，以便定期更新认知的常态问题，并主动要求讨论这类其他汉传佛教避之唯恐不及的议题，而连续数年皆以类似的相关主题来组织与召开系列讲座与论坛[4]。

尤其值得注意的，是年青一代大马佛教社群对此问题所采取的独

---

[1] 当然，另一方面也需要指出，愿意做出调整的台湾佛教团体是一类，但同样来自台湾的其他佛教团体，仍然一贯不介入任何公共课题。2000年3月17日马佛总成立"马来西亚佛教协调委员会"，台湾某著名佛教慈善组织的雪隆分会亦成为会员之一，后因马佛教协调委员会发布介入公共事务的文告，该团体即据台湾总部指示，宣布退出马来西亚协调委员会。

[2] "北方汉传佛教"的绝大部分佛教僧团与组织，对于现代社会的佛教是否宜于参与公共议题的讨论一事上，除了几乎是个位数字的例外个案，都是以连公开否认都不是的沉默，来回避问题。对于如何理解现代佛教中，诸如左翼佛教（Le bouddhisme engagé），汉传佛教如果不是完全回避之，就只关注如何悉力淡化，甚或除掉该概念的公共性格，特别是其政治—社会性及行动上的抗争性。其他诸如佛教的宗教—民族主义、佛教原教旨主义，乃至佛教的宗教暴力与族群冲突问题等，则更是如此。

[3] 从善理解性倾向与性别认知：女同志、男同志、双性恋与变性人（Understanding Sexual Orientation & Gender Identity with Kindness：A Forum on LGBT Issues）论坛，2014年7月6日，莎阿南正定寺，讲者包括佛教僧组、大学临床心理学者、同志运动社运人士、性别与文化研究学者、人权社运人士及大学医学院精神科医生等。

[4] 见马佛青、马来西亚佛教学术会等多个团体历年来举办的系列会议、论坛及讲座的主题和分题。尤其以马佛青所举办的论坛规模较大，与会者众，在2012年12月和2014年8月举行的最近两次会议皆广泛讨论前述的所谓"敏感"议题。

特角度。除非一个佛教传统已经在相当程度上吸纳和消化公民社会的现代公共价值观,否则很多研究显示,当诸多东南亚和南亚国家从前现代(pre-modern)的传统阶段,走过殖民统治、反殖民运动、独立及进入后殖民阶段,面对政—教分离的世俗化现代处境时,迅速按照宗教或种族身份认同来决定价值观点,而最终堕于宗教的种族主义暨原教旨主义等强硬立场,在刚进入后殖民阶段的新兴国家,这些却是颇"合情合理"的常见状态,尤其该地区的两个主要经典宗教皆有强烈的跨国特性,所以,若个别国家发生两教的冲突而处理有欠妥善的话,局势会迅速出现跨境漫延[1]。

当代大部分北方汉传佛教对此每多只知以沉默来回避议题。若避无可避,在对事态没有基本认知的情况下,直接据宗教立场来作响应亦非罕见。但是马来西亚"南方汉传佛教"的群体,在面对前述上座部佛教的右翼极端立场时,其反应往往不是基于本身同属佛教徒的宗教身份,来认同这些上座部佛教群体的霸权立场。反而是倾向越过表面的宗教社群身份,以华人在大马作为少数族群的身份和处境为模拟,而切进在佛教国家中,因受主流佛教族群极端宗教势力挤压,而处在弱势,并且信仰其他宗教的非佛教族群(包括穆斯林群体)。如前文已指出,马佛青一类团体,曾公开地以佛教组织的名义,连同伊斯兰教在内的其他宗教温和组织,对同属佛教内部的极端声音与暴力行为,作公开谴

----

〔1〕 在东南亚和部分南亚,佛教与伊斯兰教是社群规模最广的两个主要经典宗教。在好些情况下,宗教认同不但会对国家认同构成不同的冲击,而且在有些时候,她的跨国性会将事态复杂化。两者在不同国家或为主流宗教,或为宗教少数派,而且两者在地理上呈现交错的分布状态。所以在这种复杂的局面当中,当两个宗教在其中一个国家发生严重冲突时,如果没有迅速做出善后,其实是有跨境漫延与恶化的潜在危险。同时,当其中一个宗教在本国是少数或弱势族群,而且其社群在本国受到严重的不公对待时,他们是否会将无法取回公道的危机感与潜在的不满,转换为支持同一地区其他国家内处于主流或强势地位的相同宗教成为霸权,对其他社群造成压制,以满足心理上对不公处境的补偿要求,形成恶性易位态度,使宗教的跨国性,呈现出让人忧患的阴暗向度,这在现实上都是可能发生的。缅甸佛教徒的极端分子对穆斯林的暴力攻击,不单可以引发地理上与缅甸相连的孟加拉国反过来以其境内的缅甸族为报复对象,而且也可能促使大马和印度尼西亚的穆斯林极端团体借故袭击他们国内的佛教社群,而后者则多为华人。见 Micha'el Tanchum, "The Buddhist Muslim Violence in Myanmar", *BESA Center Perspectives Paper* No. 188, The Begin-Sadat Center for Strategic Studies, November 2012, pp.1–4. http://www.biu.ac.il/SOC/besa/docs/perspectives188.pdf.

责,并作出跨宗教的协调工作[1],防范宗教—族群冲突爆发进一步的跨境漫延与恶化。由此可见,大马"南方汉传佛教"以组织的名义来面对这类事态时,其立场并不是只狭隘地着眼与一己身份有直接关系的特定种族、语言—文化或宗教传统的认同上,而是另有其他的公共价值依据。

前文以马佛青等大马的部分佛教组织为例,扼要地描绘其在社会议题上做公共介入的多起案例。下文则是就此做进一步的综合分析。马佛青对时局或公共议题的公告,有几点是值得注意的。

首先,马佛青就官方近年对基督教的骚扰或取缔圣经等一系列打压少数族群的事件,所作的联署和公开的严厉批评,并不是该组织例外的举措。他们长期持续关注这些讨论,并多次发表公开声明。若我们分析马佛青网站上"时事回应"一栏,自 2011 年初开设该栏始,迄今近三年半,前后发表公告约 50 次,其中约 33 次,主题都直接涉及对社会与政治时局当中公共议题作公开的响应,约占全部公告的 66% 以上,其比例不可谓不高。

其次,由于近代以来的种种历史原因,华人社会一直存在广泛而持久的声音反对基督宗教,而且基督宗教在不同的现代华人社会的宗教市场中,亦是佛教的强劲竞争对手。但在大马,无论是作为"洋教"的基督宗教[2]或佛教在宗教思想上的宿敌印度教[3],当他们的合法权

〔1〕 International Network of Engaged Buddhists etc, *International Buddhist-Muslim Joint Statement: Shared Commitment of Action.*, in the "Interactive Dialogue on Actions for Peace and Sustainability Consultative Meeting on Contemporary Issues in Buddhist-Muslim Relations in South and South East Asia", 15–17th June, Rissho Koseiki, Bangkok, Dharma Centre, Thailand, 16th June 2013.

〔2〕 特别是被标签为"洋教"的西方基督宗教,自清末民初以降,在对社会精英阶层的布教上,往往对佛教构成难以抗衡的巨大压力,因而近世的汉传佛教虽然从基督身上学习一个宗教组织应该如何在现代社会建立新角色,并进行种种相关运作,但普遍与基督宗教并不特别亲近,因为在现代的华人宗教市场,基督教往往是汉传佛教难以招架的强大竞争对手。

〔3〕 如前文已经指出,马来西亚印度裔社群的印度教宗教权益受官方或其他权势者侵扰时,马佛青亦多次为他们执言抗议。而众所周知,婆罗门教/印度教从佛陀时代开始,千余年间在印度大陆,一直都是佛教在宗教和哲学上的主要对手,这一点在现代学界的佛教哲学研究中,已有大量论著,不必在此冗述。而在当代,印度教和佛教之间的严重族群对立和大规模暴力冲突,在结合例如后殖民处境和世俗化等现代的新问题之后,仍然普遍见之于当代南亚,特别是战后独立的斯里兰卡和印度。

益受到官方无理侵扰,这些大型佛教团体愿意以组织的集体名义,援引国家宪法对宗教自由保障的条文,三番五次地挺身公开执言批评和质询政府,这在北方汉传佛教恐怕是极度罕见的现象。如果大马华人佛教组织只是着眼于狭义的族群或宗教身份(大马华人信仰基督教的还比较多,但信仰婆罗门教的却很少),其实大可置身事外,甚至坐收渔人之利,根本无需要与政权对立。但马佛青在此不但没有落井下石,甚至再三为之仗义执言。而且在主要是由华人所组成的佛教论坛上,有华人佛教徒质疑大马佛教的族群视野仍然太过狭窄[1],我们不禁要问,背后的理念是什么? 这问题留待下文尝试作解答。

再次,谁是或不是并肩联署的同志? 在前述多起涉及公共议题的联署声明中,无论是倡议者或和议者,除了佛教之外,也有基督教组织,尤其在涉及青年政策的问题上,联署的多是社会上与宗教无关的其他青年组织。这说明马佛青在公共议题上发声时的盟友,主要是大马的全国性青年组织(即八大青年组织),其他佛教团体在此类处境中,姿态反而不是最突出的。

然而在这些联署或抗议事件中,却有两个佛教团体的动向特别值得注意。第一个是马来西亚佛教总会[2]。"马佛总"也是马来西亚涵盖面最广的主要全国性佛教团体之一,但在前述大部分有关公共议题的声明与联署中,马佛总很少参与表达其态度,甚至是在有多个其

---

〔1〕 在一次佛教论坛上,有与会者说:"我觉得中文源流佛教太过关心华族问题,佛教的众生是超越的,马来民族、印度人、原住民的问题,我们都应关注,要扩大对众生的关怀面。许多人权组织办的活动也应参与配合去了解,不要害怕政治,因政治与政策有关。"刘镇东等《佛教组织应涉及政治吗?》,《南洋网,副刊,登彼岸,宗教》2012－05－10, http://www.nanyang.com/node/444447。

〔2〕 "马佛总"与"马佛青"不但是两个分别注册的社团,彼此完全独立,没有任何从属关系,而且在2007年《青年法令》通过后,马佛青和马佛总目前甚至是各据不同的法令注册的社团,而马佛总在后期其实也设立了本身的青年团,但并不活跃,其网页,已是多年未有更新 http://www.malaysianbuddhistassociation.org/index.php/2009－03－31－06－59－03/2009－03－31－08－12－23/171－2009－03－31－02－36－19.html。

他大马佛教组织联署参与的案例中，马佛总也是经常缺席的〔1〕。在这一点上，马佛总近年在公共议题上的低调反应〔2〕，与大部分回避公共议题的北方汉传佛教相当类似，其官方网页亦不会如马佛青般，在首页显眼处开出一栏回应时局。笔者在访谈中得悉，马佛总近年其实并不认同佛教组织在公共事务上立场鲜明地发声。但马佛青的态度反而认为，作为有代表性的全国佛教组织，马佛总本来是有责任在社会面临重大价值危机时，发声以匡正方向，但由于他们回避责任，所以其他团体才在不得已的情况下代做响应，但马佛总对此立场并不苟同。因此，长期以来，马佛总与马佛青之间，虽然罕生公开的直接冲突，但彼此关系并不特别密切〔3〕。

　　另一个值得注意的团体是台湾的佛光山。在马来西亚的特定脉络中，这特别是指佛光山在大马的两个属下分支组织——"马来西亚佛光山"和"国际佛光会马来西亚协会"。有趣的是，在前述的多起联署或抗议事件中，不但大多涉及争议性颇高的公共议题，而且无论马佛青是公告的倡议者或和议者，不少该等批评当局的声明，用辞皆相当严厉。然而，前述的两个佛光山单位的名字，皆多次以显著位置，出现在

---

〔1〕 典型例子是2014年4月30日发表的《联合文告：朝野政党需团结一致反对伊刑法》，在十四个联署团体中，九个是马来西亚的佛教单位，包括：佛教青年总会、佛教咨询理事会、佛教弘法会、金刚乘佛教总会、南传佛教总会、佛光山、锡兰佛教精进会及佛光协会，在余下的五个团体中，包括马来西亚基督教青年协会。见马佛青网页：723 -联合文告：朝野政党需团结一致反对伊刑法。

〔2〕 有大马佛教的局内者向笔者指出，马佛总于1959年成立后，积极借助国家宪法所应诺的公民权利观念，争取佛教的权益的保障与确认，在千禧年中后，才淡出公共事务。这更多涉及新领导层的倾向或风格，据悉此前的其他领袖，对包括政治在内的时事及公众事务不单非常熟悉，而且并不回避公开表达与官方立场有异的声音。而学界的现有研究的结论，亦与此说基本一致。唯有研究进一步指出，此等政治意识与公共介入，其意义与作用，层面并非单一的。一方面汉传佛教通过组建全国性组织"马佛总会"，公开表示原有移民的"旧"文化传承，愿对"新"国家落地生根与认同，但同时也藉此在面临主流马来—伊斯兰族群如当时的泛马来亚伊斯兰党（Pan-Malayan Islamic Party）等排他势力之威胁时，提出作为国民一分子，包括宗教在内的权益，应该受到平等保障之诉求。见陈美华《马来西亚佛教总会的国家和文化认同》，页224—229，252。因此，无可否认，马佛总的成立，是马来西亚独立前后之特定政治处境下的间接产物。

〔3〕 有关马佛总和马佛青之间关系的讨论，见白玉国《马来西亚华人佛教信仰研究》，页210—215。然而，白氏认为马佛青最终还是会受马佛总所指导，笔者对此说甚表怀疑，不知道白氏之说所据何来。

联署名单上,而且不乏以下的情况:在诸多联署组织中,除了马佛青之外,这两个单位,是余下仅有的佛教团体。

迄 2008 年为止,多项研究仍然清楚显示,台湾的汉传佛教团体与大部分其他华人社会汉传佛教团体一样,对于最需要理性公共讨论的社会和政治争议性议题,皆一以沉默来作低调处理,[1]虽然个别僧人会在选举前为特定政客或政党拉票。而在一般情况下,佛光山亦属于典型例子之一。当然,我们还是应该审慎分析:没有就公共议题作公开的发声,并不等于不关心公共生活或不等于他们没有采取实质的具体行动,更不等于其具体行动不会有其长线的客观作用,能够对解决问题起到一定作用[2],如对之过于简单化的武断批评,则并不公平。

但另一方面,无可否认,现代公民社会对于关乎社会公众权益的议题,往往是要通过公共的讨论,甚至激烈的争论过程,来逐渐形成一定的社群共识。所以以价值承担作为其存在理据的宗教团体,若其参与公共讨论的情况明显偏低,这确实反映在消化现代公民社会的价值、视野与制度的程度有限。故此,当一个台湾佛教团体在台湾本土的公共议题上贯常沉默和低调,却在大马甚见活跃,这一由台湾到大马的独特转变,说明近年大马华社,乃至南方汉传佛教社群已然形成一层新的土壤,带着落实公民社会价值观与制度的期待,以自觉的态度来响应、要求,甚至是重塑外来的宗教力量。这某程度上是在改变其体质,而绝对不是如一些论断所认为,只处在一个被动地接受或被喂饲(spoon feeding)的状态。所以,从这些案例可以看到,马来西亚的年青一代华人佛教社群,已经将对公共事务的关注,视作佛教徒宗教生活与实践理所当然的一环。

---

〔1〕 林俊立《台湾地区佛教徒政治参与之研究:以人间佛教为研究焦点》。

〔2〕 有社会学者指出,台湾佛教组织在八零年代下旬台湾民主化的过程中,虽然在社会由威权体制过渡到公民社会的阶段当中,并不是担当着推手的角色,但在民主化之后的初期阶段,却还是在新生的公民社会里,担当着加强其稳定性的角色,见 Richard Madsen, *Democracy's Dharma: Religious Renaissance and Political Development in Taiwan* (University of California Press, 2007).

虽然表面上，马来西亚并非所有主要的全国性佛教组织皆采取类近马佛青的立场，在数个主要的全国性佛教组织中，只有马佛青经常就公共事务进行议论，并发表质疑官方的意见，但不应该因其似乎是例外，而低估其角色。因为该组织有以下数项特点：一、马佛青是一个组织相当严密，功能多样，分工健全，有长线规划，而且会务常规运作稳定而规律，并相当熟悉现代管理制度的团体[1]。二、这个全国性团体，下属的直接分支机构遍布十三州各主要县、城，而其成员组织亦接近三百个团体。同时，她在公共相关事务上常有来往的，除了前述的大量规模较小的其他佛教团体外，尚包括其他宗教、青年及政治组织。三、其培养的对象主要是高中和大专受过良好现代教育的学生，这些年轻学生将来都会进入社会上的不同专业，所以长年下来，其资深成员亦每多是在较早阶段参与该团体成长的中产与专业阶层，例如当中有很多位都是土木工程师。所以当马佛青成立伊始，即把对"时事课题"的关注列作九大建会目标之一，仅排在"弘法和修持"之后，以应对时局。其对公共议题的关注，本来就不是纯属近年的事，而是其成立的原动力之一，在这过程中，他们无疑于把公共实践与现代公民社会的价值观整合作为现代佛教徒的宗教修学内涵之一。四、马佛青并不是一个专以社会运动为务的社运组织，只要仔细阅读其网站和出版品的内容，乃至历年所组织的各种活动，其作为一个佛教的宗教文化教育团体这一点，是非常明显的。但也正因如此，她在公共事务上的发声，反而更具公信力，颇能代表着大马华人佛教徒当中，年轻而受过良好教育的一群，对推进公民社会的要求。

---

〔1〕 其组织运作当初是否直接或间接受如基督教青年会（YMCA）等西方宗教的青年组织影响，还是马来西亚在英治期间，更广泛地受到西式教育、制度及观念之影响，尚待探讨，毕竟其他汉传佛教并无此类组织。也许在一开始，马佛青的成立是受到基督教的影响的，因为马佛青的前身，其实是美籍僧人苏曼迦罗法师（Sumangalo）曾倡组佛教青年团，其父乃牧师，法师所创立的佛教会，甚至直接就是将新教教堂改装而成。但受西式（特别是英式）教育及更广泛的接触西方思维，让马佛青不知不觉和基督新教的组织、社会视野与角色有类似的地方。不过，马佛青有引进西方管理学上的理论，如强弱危机综合分析法（SWOT Analysis）、国际标准化组织（ISO）等课程，而这些是马佛青理事将管理专业的理论带进马佛青来训练其干部。感谢马佛青前任总会长廖国民先生的以上说明。

最后一点是,若我们分析马佛青等就公共与时事议题对官方政策和举措进行质询的公告,其实有一特殊现象值得注意:马佛青对公共议题的发言,几乎都只针对宗教议题响应,极罕直接碰触种族议题,尤其是在其社会处于核心的马来族优先的特权制度问题。但是大马官方自上世纪七十年代以来,大部分有关伊斯兰教的论述,其实质目的并非真的在谈宗教,宗教只是修辞,族群才是核心所在。然而,观乎马佛青评议时局的文字,在用字上几乎完全没有直接讨论族群议题,而是沿着"宗教"议题来发声,原因何在?

要解答上述此一问题,乃至为何今出现本节所提及的系列事态,我们有需要退后一步,从较宏观的层面理解近年马来西亚政局的转变。

第三节 从民间的国族主义醒觉到
大马佛教的公民意识

在上一节对大马南方汉传佛教近年"公共介入"的讨论中,我们提出了两个有待于本节作进一步探讨与解答的问题。首先,我们应该如何理解前述马来西亚佛教近年转变背后的可能原因? 即如果大马南方汉传佛教的"公共介入"所根据的价值观,并不只是,甚或根本就不是源自种族(华人)或宗教(佛教)的身份认同,则到底是依何而起? 其次,大马佛教近年进行"公共介入"意义下的时局评议时,他们质询和批评官方当局的种族政策时,用字上几乎完全没有直接触及族群议题,而是沿着"宗教"议题来发声,原因何在?

诉诸族群政治,是最直截了当的现成方案,用于解释马佛青等的公共介入,毕竟无论是马佛总或马佛青[1]当初的成立,本来就有部分原

---

〔1〕 马佛青总会成立于1970年7月,以取代1958年成立的马来亚佛教青年联谊会(Federation of Malaya Buddhist Youth Fellowship),目的是整合六十年代成立的17个大专院校的佛教青年组织,以应对大专学府内的基督新教福音派群体积极宣教,为非基督徒华人学生所造成的强烈危机感。1971年马来族大专学生成立全国性的马来西亚伊斯兰教青年阵线(Angkatan Belia Islam Malaysia, ABIM),推动伊斯兰教教育,声称抵抗西化与怀疑主义。

因是族群政治。但是以种族或宗教认同解释这些大马佛教团体的异议行为,皆会遇上无法被充分解释的少数反例[1],这些反例其实提供了更深入地理解有关现象的其他线索,展现出隐藏在现象背后的另一层问题。所以把前述现象简单完全诉诸种族或宗教两类身份认同,并不能真正有助我们理解为何马佛青等佛教组织,在最近数年的此类公共介入。

事实上,马来西亚在1957年立国后,以种族框架来解答所有社会问题,这到底真的是作为社会的"客观事实",还是作为一套可供特定政治集团进行政治操弄并由此获益,而为"有效"的论述(discourse),其实不无疑问。已有研究指出,当时只是通过种族论述,来转移与掩盖社会的经济暨阶级问题。更何况经过五十多年发展,今天的马来西亚若仍动辄简陋地诉诸族群概念,来理解包括宗教等各种涉及公共生活重大议题,恐怕更难有说服力。从逻辑上讲,官方通过操作族群论述来维持统治基础,由来已久,但为何佛教组织近数年在公共议题上,出现明显可见的异议声音?

虽然,包括马佛青,甚或较早阶段的马佛总等的大马全国性佛教组织,历来都有就公共相关议题公开发声的前例,并非唯近年才发生。但是与早年个案相比,两者仍然存在一定差异。首先,在发声的主题上,近年明显更多直接涉及公共议题,而异于早期阶段所争取的表面上更近于佛教社群的小众权益[2]。其次,马佛青于1975年开始积极介入诸如文化大蓝图、教育政策、非穆斯林学生的宗教教育,及城市规划等各种公共议题。尤其在70年代至1992年间,佛青总会对公共事务的介入,甚至是积极地会见有关当局部长、副部长等官员,做持续地直接

---

〔1〕 这些例子包括前述批评华裔议员意图废止印度教新年节日、批评官方违宪骚扰基督教团体、谴责斯里兰卡和缅甸持宗教极端立场的右翼僧侣组织。

〔2〕 例如马佛总联合其他多个佛教组织,向政府施压争取佛教卫塞节为公共假期、要求禁演被视为冒犯佛教的影片,亦质疑政府的国家文化政策等。这类案例表面上看来,似乎都只是佛教徒才关心的小众问题,但在马来西亚此一特定处境,其实背后涉及宗教,甚至族裔的平等权益问题。

交涉、谈判、争取。但近年更多以批评或抗议的方式出现,尤其事涉涵盖面更广的公共议题。

大马佛教近年的种种转变,并不能单纯在佛教内找到充分的说明,而与大马华社近年在政治态度上的整体变化直接相关。2008年大选是分水岭,前后华人政治态度的转变,深远地影响佛教组织。下文将简洁地勾勒出大马独立后国族主义的轮廓,回溯不同阶段马来西亚政治与华人的转变,以此作为理解佛教组织在公共议题上新取态的线索。

大马独立后,自1970年代以来,官方多次借助伊斯兰教的文化符号,针对不同议题,使用不同方式,由上而下地反复推动系列国族主义政治意识形态动员[1],通过不断塑造国家一体的集体政治认同,来持续强化由马来人政党巫统(United Malay National Organization,UMNO)所主导的执政联盟国民阵线(下简称"国阵",Barisan Nasional,BN)政权,乃至其在不同阶段新任领袖权威的认受性。即使下及近十余年仍然如此[2],不断以伊斯兰教来塑造马来民族主义的内容,并藉此维持马来族特权(Ketuanan Melayu)和以巫统为主现政权的统治[3],并按所谓本邦人(bumiputra)与外来人(pendatang),制造并维持族群对立的现实。

在这类意识形态运动中,大马在种族、宗教等向度上的多元处境,亦是官方在塑造愿景的过程中,无法回避的重大议题。官方的主调通常都是在不能挑战马来人—伊斯兰教特殊地位[4]的大前提下,点缀

---

〔1〕 例如1970年代针对马来族人的精神革新(revolusi mental)、1985年的政府行政伊斯兰教化(dasar penerapan nilai-nilai Islam)、1991年的新马来人(Melayu baru)和先进国家2020(2020 Waswasa)等。

〔2〕 威权体制面临权力危机时,常借助意识形态动员来作回应。2004年春的文明伊斯兰(Islam Hadhari)、2009年的一个马来西亚(1 Malaysia)等都属此类。前者见陈中和《族群认同与宗教运动在国家政策的运用:初探马来西亚巫统文明伊斯兰(Islam Hadhari)运动》,页103—104。后者则见关志华《马来中心主义下的国族认同营销:对"一个马来西亚"广告的批判性思考》,《台湾东南亚学刊》第9卷第1期,2012年,页113—136。

〔3〕 陈中和《族群认同与宗教运动在国家政策的运用》,页116—120;关志华著《马来中心主义下的国族认同营销》,页115—116。

〔4〕 马来人—伊斯兰教特殊地位,见关志华著《马来中心主义下的国族认同营销》,页117—118。

性地提及对语言、文化、宗教及族群的多元性的肯定，亦强调其间维持和谐关系的必要性，大讲没有族群对立，只有马来西亚国族（Bangsa Malaysia）的美好愿景。同时，官方以商业注资、掌握国家行政暨教育系统、把持法律的制定与执行等不同手段，广泛支配马、英、华及泰米尔等语种，从电子到文字等主流媒体[1]，既确保官方立场传递予全国民众，更确保社会及政治异议声音，无法进入并出现在主流媒体。因此，对于主流媒体所塑造的官方版国族和谐意像的深层分析，仍然可以揭示出，在权力不对称下讲和谐与国家认同，最终还是隐藏着以伊斯兰教为名的马来族中心论调[2]。所以，大马政局充分反映官方不合理的族群政策，仍然使社会受困于族群隔阂、张力与不公，并造成族群之间的对立与不信任。即使时至今日，举凡大马的执政当局遇上其权力危机（例如最近两届大选）时，仍然动辄以挑拨族群关系来转移视线[3]，虽然大马内外的诸多研究，皆相当一致地指出，执政党在选战中的失利，主要是源自其错误政策。尤为恶劣的，是历年以来，权力上本已占优势的马来族群仍然不乏持极端立场者，以暴力言论威吓少数族群，官方则采取默许或纵容的态度[4]。

　　从族群文化差异上来说，三族对国家文化认同的理解并不相同，尤其华人作为少数族群，会认为马来族主导的国家文化设想只是要边缘化、同化及最终"消灭"华人社会，而不是在真诚的多元文化观点下，尊

---

〔1〕　关志华《马来中心主义下的国族认同营销》，页121—124；关志华《身份认同竞争的平台：论马来西亚两家网络媒体中的华裔国族话语》，《台湾东南亚学刊》第9卷第2期，2012年，页144。

〔2〕　关志华《马来中心主义下的国族认同营销》，页125—129。

〔3〕　2013年5月，国阵主席纳吉（Dato' Sri Mohd Najib bin Tun Haji Abdul Razak）在就任总理时表示华人选民弃投国阵是"华人海啸"。但统计显示这是全民的反应，指摘华人是在误导大众。另马六甲看守政府首席部长穆罕默德·阿里指责华人"不知感恩，只在乎金钱和权力，令我感到失望"；前上诉庭法官诺阿卜杜拉公开表示，华人在大选中"背叛马来人，必须准备面对马来社会的报复"。

〔4〕　关志华《马来中心主义下的国族认同营销》，页117—120，131，关志华《身份认同竞争的平台》，页143。例如时下仍不时有立场极端的马来族伊斯兰教组织和政客，在华、印二裔提出平权要求，或近年执政党选举失利时，动辄以重提1969年5月13日的"五一三事件"对少数族裔的血腥暴力袭击，来作恐吓。

重华人文化[1]。所以对大部分华人而言，官方对一个无分族群彼此之大马的美好论述，只是掩饰不公事实的虚构空言。

而马来西亚在 2008 年 3 月 8 日举行第十二届全国大选是一关键转折点，直接有助于理解大马佛教前述"公共介入"现象，下文对 2008 年前后，大马政局的一连串变化作出扼要说明。在这次选举中，执政六十年的"国阵"无论在联邦或州一级的选情，皆虽胜犹败[2]。虽然执政国阵仍然主导着政权，但对大马社会而言，却在心理与政治态度上，产生深刻的变化，体会到政治大环境的改变，并非不可能，从而全面点燃社会参与推动政治改革的集体热情与愿望。而关键的是，在选举中对执政国阵投下大量反对票者，广泛遍布马、华、印三大族群，这是马来西亚独立以来，首次全民不分种族，以投票改变政治现状的选战，形成三个民族的反对党组成的在野阵营，在选战中结盟，挑战由马、华、印及东马土著多个族群的执政党所组成的执政联盟。这一奇特态势将族群之间的原有隔阂淡化，转换成在无分族群彼此的情况下，持反对声音，要求政治改革的各族人民，并肩推撞国阵的执政地位。

特别对华人而言，数十年来华社争取民族权益，都被忽略和压制，执政国阵内如马华公会等华人政党惨败的主要原因，是他们无法为族群在政、经、文、教上争取基本权益，导致华裔强烈不满，否认他们能够继续代表华社的权益。此次选战尤其重要的，是以华人为多数人口的槟城州州政权的易手，其对全体大马华人参与国家政治上的心理影响，超过单纯槟城的实质州务的政局变化。即使是华人人口属少数的州份，若华人在当地的近年两次选战中，刚好是关键少数，有时反而使朝、

---

〔1〕 关志华《身份认同竞争的平台》，页 141。
〔2〕 执政国民阵线由于垄断国家机器、媒体及重要资源数十年，所以还是赢了选举，但成绩是历来最差的一次。在 222 个国会下议院的议席中，反对党赢得 82 席（36.9%），国阵只能取得剩余的 140 席（63.1%），这是近四十年来，国阵第一次失去主导修宪权所需的国会 2/3 多数议席。而十三州当中，五个州的执政地位，也前所未有地一口气被反对党取得。

野两党争相透过拨出更多资源或文教自主权，来争取华社的支持[1]。

在这样的背景下，有两点是特别需要注意的。首先，在这个转折阶段，原有构成彼此隔阂的族群、肤色、语言及宗教等差异，在并肩抗争中被跨越，呈现出皆为马来西亚公民政治身份的一体感[2]。参与抗议的华人跨越执政联盟在现实政治操作上，一直维持的种族—宗教差异，其所经验到强烈的马来西亚国族主义的跨族裔一体感，逐渐改变彼此视对方为对国族离心离德之既定印象[3]。华人的族群身份，能与被视为代表完整马来西亚的国族理念合一，弥补了先前被国家及其他族群国民歧视的伤痛[4]，不但从心理上展现了指向未来的新方向、希望及视野，也坚定了继续践行的心志。划分自己与他者是构成身份认同的典型方式之一，在近年的政治变化中，对部分华人而言，"他者"已由一直以来以马来人为主的他族，变成在政策上于幕后制造族群隔阂的执政国阵[5]。

并肩抗争而形成跨族群的国民一体感，并非如典型的官方国族主义般，由当局自上而下建构而成。反之，它是在官方掌控之外，自下而上地产生，并呈现出两个与官方意愿相反的特点：首先，这种种族身份被国民身份跨越的政治国族一体感，刚好与官方一直以来通过伊斯兰教化所力推的族群等级差异，乃至马来族与伊斯兰优先之制度形成抵触。它是以官方所不愿见到的民间方式，接纳并重新定义官方本来只

---

〔1〕　在华人人口比例偏低、官方压力增加的地区，华教的广度与密度反而成为全国之冠。如战后砂劳越（Sarawak），砂劳越华人人口占全马约10％，但其华文小学与中学却占全国的25％和20％，见曹淑瑶《民族认同与母语教育：战后砂拉越地区华文中学之研究》，《台湾东南亚学刊》第8卷第1期，2011年，页27—64。

〔2〕　关志华《身份认同竞争的平台》。

〔3〕　关志华《身份认同竞争的平台》，页152。

〔4〕　包括国家认同在内的族群身份认同或受认同感，涉及某种内涵上的集体性，即属于同一群体的成员，相互承认某些共有的性质，并藉此达到价值上的完整性与一致性。而对于近年参与多次民主运动的华人而言，前述与其他族群并肩的经验，让他们起码在现场一刻，体验到这种一直希求，但在现实中不易遇上，与其他族群的互相认同，从而取得意义上的完整，被视为在某程度上，对一直以来，身份归属感当中有欠缺与破碎的部分的一种超越与克服，见关志华《身份认同竞争的平台》，页142—144。

〔5〕　关志华《身份认同竞争的平台》，页150—151。

会在宣传上，作政治的口头应酬（lip service）时所描述的，种族平等国族主义[1]。这种在民主运动中新生的政治国族一体感，其实含有国民政治身份是基于公民社会对官方权力进行限制、对各级政府管治能力有更强的监督，乃至对政治改革及政党轮替的要求为最实质内容之一，以上诉求皆清楚反映在净选盟所提的八项要求中。

其次，2008年后两次选战皆对当权者造成强力撼动，当权者为保政权，不时以比先前威权阶段更出格的方式，制造更多的课题，来推进马来族的危机感。但由于其威权统治的高峰阶段已过，民间对政权以国家机器的暴力压制民间的恐惧程度大幅下滑，民间团体比以前更敢于广泛采取公然对抗的反应。

带着对以上背景的理解，我们现在可以回过头来尝试探讨前文提到的有关大马南方汉传佛教近年"公共介入"背后的问题。首先，我们应该如何理解背后所据的价值观？前文对这一点已经提出说明，即如果我们只是落在种族或宗教认同的角度，来理解大马佛教的"公共介入"时，就无法解释有关行动不乏跨种族、跨宗教，甚至是跨国的态度与立论，所以其不完全是建基在狭义的种族或宗教身份上。相反它某义上是建基在民间版的大马国族主义上，其有异于官方意识形态，主要特质在对公民社会及其系列相关价值观念的强调和诉求，而这是与官方立场针锋相对。

第二个问题是，为何大马佛教批评与当局种族政策相关的议题时，是以"宗教"议题来发声？前文已述，马来西亚人口主要由马来、印度及华人三个族群组成，另外尚有少量泰裔、缅裔及原住民。虽然单纯从教理上来说，伊斯兰教应是一个普世宗教，教义并不主张以种族或世俗国家作为必不可缺的身份。但无论如何在1950年代独立后，大马官方开始通过法律规定等连串国家机器的强制手段，推动伊斯兰教化

---

[1] 关志华《身份认同竞争的平台》，页137，148—150。而参与抗争的华裔国民每多以典型的国族主义符号，例如国父、国歌、国旗及对国家的强烈情感等，作为呈现和解释其体验的关键符号之一，从而是超越单一种族的国族主义体验。

（Menyerap Nilai-Nilai Islam Dalam Pentadbiran Negara），以便建构马来族群的统一身份及连带的马来人优先之制度性特权，并以伊斯兰教来定义马来族人。所以马来西亚作为一个伊斯兰教国家，其实不是古来就有的"现成事实"，却是独立后刻意建构出来，因而是只有约四十年历史的现代政治产物。在此政策下，马来人的穆斯林与马来族人身份其实是基本重叠的，宗教和种族两个身份基本上成了等号，即马来人一定是穆斯林。所以官方的伊斯兰宗教事务部门，就变相成为马来人事务部门，处理伊斯兰宗教事务，也变相等于处理马来人事务。同时也亦通过针对其他宗教进行法律上的强制规定，而构成对其他族群的种种间接压制〔1〕。

马来西亚政治困局的真正症结，并非表面的宗教问题，而是族群问题。所以即使是与主流马来族群关系比与华人来得更顺畅，甚至被接纳等同为本邦人（bumipuetra）〔2〕的北马泰语穆斯林（sam sam），仍然不见得为马来族所真正接受〔3〕，更遑论华人。所以虽然有极少数华人改宗伊斯兰教成为穆斯林，但这些后来才改宗的华裔穆斯林，无论他们在其原属的华人群体〔4〕，或在马来族—穆斯林群体当中〔5〕，依然不会因为其宗教身份，而真的能够跨越族群的血统差异，毕竟从种族上

---

〔1〕 以现阶段为例，在马来西亚的人口中，约60%的是马来族人，他们被规定必须是伊斯兰教徒，这一宗教身份是世袭而不能改的，穆斯林的后裔只能继续是穆斯林，穆斯林的异教通婚亦一律需要非穆斯林改教成为伊斯兰教徒，虽然现实上这种例子不多。同时，虽然穆斯林有权向非穆斯林传布伊斯兰教，并接受改教，但是非穆斯林不得向穆斯林传布任何其他宗教，否则即属违法，需要负刑事责任等等。所以在上述种种硬性规定下，伊斯兰教徒还是很容易等同为马来族人的宗教。

〔2〕 Mohamed Y. Ismail, "Buddhism in a Muslim State", pp.3–4. 暹裔的权利虽未作明确的法律规定，但事实上暹罗社群在土地所有权和政府的投资津贴计划（Amanah Saham Bumiputra）上，皆能获得唯马来族才有的特权，反之华、印二裔皆被排除在外。

〔3〕 北马吉兰丹州（Kelantan）马—泰边境上泰暹裔的泰语穆斯林（sam sam），在宗教上仍然会被主流马来族穆斯林借故挑剔，质疑其没有作五功礼拜（al-Arkan al-Khamsah），和仍然维持佛教徒的饮食习惯等，故即使表面上做宗教改宗，亦不见得在种族上真为马来族毫无保留地接受，见 A. Horstmann, "Deconstructing Citizenship from the Border", p.4.

〔4〕 廖小健《战后马来西亚族群关系：华人与马来人关系研究》，《战后马来西亚族群关系：华人与马来人关系研究》（《世界华侨华人研究文库》，广州：暨南大学出版社，2012年），页66—67。

〔5〕 谢剑《试论全球化背景下的国族认同：以东南亚华人为例》，《浙江大学学报：人文社会科学版》第40卷第5期，2010年9月，页21。

讲,仍然是华人血统,所以问题的真正征结是在族群。大马的华、印二裔是主要的少数族群[1],并非如马来人般,在宗教与种族身份上严密对应,伊斯兰教以外的其他宗教,是带有不同程度跨族裔的广泛差异。所以,大马的佛教与华人两个社群之间,虽然确有相当重叠,但与马来人与伊斯兰教之间的严格对应关系,还是非常不同[2]。

　　由于对其他族裔而言,族群与宗教两种身份之间,并非完全等同,所以根据立国原则与宪法,就平权问题发声,批评官方在宗教法令上的滥权与不当执法,是在避免直接触及社会生活中脆弱的族群关系,种族是个不能直接触及并且回转空间非常少的敏感问题,易生对立情绪。对非马来族群而言,宗教身份还是比藏在底下的种族身份来得间接,亦多一些可供讨论的弹性空间,所以对马来人以外的其他族群而言,宗教身份反而成了缓冲地带,虽然真正要处理的是由马来族优先的特权制度所造成的族群不平等关系,但当需要对官方政策提出质询时,透过援引宪法对非穆斯林宗教权利受到保障之承诺,刻意把宗教和族群议题分割开来,只着墨于宗教权益的角度,以免落入被指控为攻击马来族特权之口实。而且,本文所涉主角之一的"马佛青",虽然与迄 1980 年代初止仍然以英语华人为主的情况相比[3],今日的成员更多是中文和中、英双语的华人佛教徒,但是"马佛青"不单完全接受英语华人佛教徒,亦完全接纳非华裔的佛教徒,因为其自我定位更多是一个佛教组织,而根本不是华人组织,所以她更多是循宗教议题,而不是族群议题发声[4]。

---

　　[1]　此外尚有少量泰暹裔、伊班人(Iban,砂劳越州的主要族群)、卡达山人(Kadazan,沙芭州的主要族群)及原住民裔等。
　　[2]　大马佛教除有华人信众社群外,亦有泰、缅等裔的佛教社群,反过来说,在华人社会,无论是基督宗教或传统华人民间宗教,其信众群恐怕皆超过佛教。同样地,对印度裔国民而言,尽管印度教确属主流信仰,但既有印度人信仰伊斯兰教以外的其他宗教,如基督宗教,甚或华人宗教;而反过来说,亦有华人信仰印度教。
　　[3]　S. Ackerman, "Rebuilding Sacred Worlds", pp.143 – 145。
　　[4]　1980 年代阶段,马佛青曾被大马的华文教育界人士批评为对华文教育的发展态度不够积极,并因而引发马佛青内部讨论本身的定位。另其时马佛青还有活跃的会员是僧伽罗裔(Sinhalese)的佛教徒,当年马佛青的全国理事也有华人以外的其他族裔。以上是廖国民先生告知笔者。

第四节　响应、评估与展望

在以"响应、评估与展望"来结束本文的讨论前,有必要首先对白玉国在《马来西亚华人佛教信仰研究》一书中许多立论作出回应。白氏的《马佛研究》是目前中文学界唯一一部对大马佛教进行广泛讨论的专著,涉及大马华人佛教各主要向度,题材相当丰富。但是每每在涉及大马佛教与政府和社会之间关系的议题时,提出的颇多观点深值商榷。在此对该书的部分观点提出质疑,是因为其立论,正可以成为本文结论的相反观点,而这有助我们以对照的方式来厘清问题。首先,白氏《马佛研究》一书对于马佛青在内的大马佛教组织参与文化、城市规划、社团法令、毒品法令等公共讨论一类公共介入做出颇强烈批评与质疑,认为这是:

一种极端,和社会的关系过于密切,忘记了佛教的根本是修行……这些佛教对周围所发生的事过于敏感……打着"人间佛教"的招牌,使佛教世俗化,脱离了宗教特有清净,这是不恰当的,而应该尽量避免……[1]

白氏此一判断在整体上固然让人非常费解,不过作者对数项具体事例的草率立论,很明显部分源于他从来没有认真理解过,且更多是因为他甚至没有意识到,马来西亚官方在包括社团法令[2]、城市规划[3]、预防滥毒[4]等各种公共议题的政策上,与宗教组织之间,是以

───────

[1]　白玉国《马来西亚华人佛教信仰研究》,页217—218。
[2]　在马来西亚,佛教团体是在社团法令下注册,因此介入社团法令的检讨是理所当然的。
[3]　马来西亚的城市规划对不同宗教的场所的数目、地段大小乃至寺庙高度等皆有规定。如果受邀参与相关咨询的佛教组织如马佛青等,若连这影响佛教发展与权益的事务都不应介入,实属不可理喻。实际上,在马佛青就城市规划一事向官方提出备忘录后,受邀出席对话,这其实也是大马城市规划的标准程序。在大马,伊斯兰教以外的其他宗教所辖场所的面积、使用及产权认定等问题,都是直接涉及国家宪法对宗教信仰自由之权益保障的能否切实被执行,民间对此在立国的早期阶段,即充分意识到问题。马佛总在1950年代的成立,其中部分的考虑即涉独立前后马族的政党"有一些政治作为与主张对佛教有不利影响……引起……佛教界人士注意……政府将登记各寺庙产业,如不组织佛总,佛教寺院行政自行处理,寺产前途堪忧",见陈美华《马来西亚佛教总会的国家和文化认同》,页224。
[4]　大马政府成立一个称为马来西亚防治毒品协会(PEMADAM,　　　(转下页)

"公民社会"当中,官民机关之间以咨询为前提,地位平等的正常合作关系。最关键的恐怕是该书作者在连问题意识都欠奉的情况下,未经反思即沿用中国现政权对今天中国宗教组织,在社会上所能有的活动空间与范围,从上而下的命令式规定为准,来认定其他国家的宗教同样在社会层面,应该和不应该关注什么议题,或可否介入什么范围。颇吊诡的是,最有"资格"质疑这些佛教组织在"参与政治活动"的,其实是大马政府,但事实上大马官方对有关的佛教组织在公共议题上的发声,并未有表示重大不满或作出明显干预,而由其他国家的官民来质询大马官方的宗教政策,乃至认定大马佛教享有"太多"宗教自由,实属讽刺与荒诞[1]。

白氏一书在讨论大马佛教如何看待与响应有一定佛教元素的传统民间教派或新兴宗教时,亦表现出另一严重的复合盲点。此一复合盲点由两种误解所共同组成。首先,该书似乎并不明白,不同宗教传统与团体之间,在宗教观念和实践上互相重叠、交织及影响,乃至互相借取对方的元素,所以相互渗透乃是华人宗教的常态,而不是所谓管理不善,亟待整顿的不正常状态。

而更严重的第二个误解,是该书的立论似乎不明白,在现代世俗社会的大学或学术体制中,从事宗教学(religious studies)或人文学科(humanities)其他领域的学术研究,学者不但并无专业上的责任与权力,以虚拟的局内者角度,代佛教组织去裁决什么是真的或假的佛教,乃至谁是"正信佛教"和"附佛外道",该书似乎也没有注意到,现代意义下的宗教学学者,其实反而是有专业责任,需要提醒宗教组织在维护

(接上页) Malaysian Drug Prevention Association)的半官方机构,邀请各宗教派代表成为协会理事,共同防治毒品,大马全国性的主要佛教组织皆参与其事。上述数点诚蒙大马佛教界的前辈拿督洪祖丰先生作出说明,洪先生本人其实都是前述诸事的当事人。他当年即受佛总委托,成为防治毒品协会的佛教代表约十年,他亦是宗教场所空间安排备忘录的起草者,后来并参与有关会议。洪先生表示,在大马,佛教组织作为民间团体,通过进言、施压等方式向政府争取乃平常事,尤其当官方邀请民间团体共商国是,指出官方的不足,这对宗教等民间团体而言,乃属责无旁贷。

[1] 白玉国《马来西亚华人佛教信仰研究》,页214—218。

何谓正统信仰的同时，不能采取牺牲或破坏公民社会基本价值观与制度的手段为代价，例如建议、邀请或支持政权动用法律和国家机器来清理对手等，这都是完全不能接受的。

尤其该书多处再三暗示大马佛教团体不宜宽待各种民间宗教、新兴教派或所谓"附佛外道"，亦多次表达，与"低俗粗鄙"的华人民间宗教相比，佛教是"高级"宗教[1]。作者甚至数度为佛教未能如伊斯兰教般，取得政治权力的支持而流露惋惜的慨叹，这都使人非常错愕。此外，白氏一书甚至认为马佛青总会领导层过于年轻，欠缺所谓"德高望重"者作指导，而且领导层"更换频繁"[2]。作者显然完全不明白，马佛青作为法定的全国青年组织，其在大马社会之角色与作用，并不下于其作为一个宗教组织，所以40岁以下作为"青年"的法定年龄，是要确保年青精英能够在不受相同领域中更高年龄层人士的压抑，亦避免在同一领域可以长年盘踞，变质僵化成保守势力之情况下，从制度上保证青年组织的常青状态，以便自由地以更具创造力的方式，发挥不断更新的作用。

此书的部分关键立论，与其说是学术研究，还不如说是在为单一化的专制权力如何规管宗教，以收窄宗教自由，乃至削弱公民社会的空间而出谋献策，若按照白氏一书的建议来"重组"大马华人宗教历来和平共处的现状，无疑是会破坏不同宗教组织之间历来的友善关系，毕竟若有大马宗教团体听从白氏的言论而造成冲突，恐亦有违人类学"田野调研不应破坏田野"的基本学术操守。

就此而言，该书的建议不但反映作者似乎对于现代政治制度主张政—教分离的世俗化原则不甚了了，而且落于只知根据在中国现政权下，宗教社群的生存策略，来简单硬套于大马的佛教头上[3]。其对一个现代宗教组织在公民社会所应拥有的权利概念之理解，恐怕远远及

---

〔1〕　白玉国《马来西亚华人佛教信仰研究》，页316—318。
〔2〕　同上，页213。
〔3〕　同上，页214—220。

不上马佛青清晰。后者面对官方在宗教上的偏颇政策与执法上的滥权行动时，仍然坚守大马立国时所提出的世俗化原则，并依宪法条文据理力争，批评官方的错误举措。

由此可知，白氏《马佛研究》一书所呈现的上述问题，其所反映的，正是习惯于北方汉传佛教在政教关系上，对政权唯命是从的特性，而且还不自觉地视此为佛教在现代政—教关系上，理所当然地持续之观点。这与在独立后成长，年轻而受过良好现代教育的一代大马南方汉传佛教社群对佛教组织在现代公民社会的权利与责任意识之间，存在实属南辕北辙的巨大价值观对立和认知差距。

前文试图论证，大马政局在 2008 年选战前后，对包括华人社会在内的多个族群的国民意识觉醒，带来重大影响。在这种社会背景下，马佛青等佛教社群亦不例外，于近年投身不同的公共介入。无可否认，如果以此来理解大马"南方汉传佛教"为何会在近年进行此类公共介入，其实还是承认在某义上，这只是"刚好"碰上特定时代和外围世俗社会环境所起的反应。从而也会被部分论者目为由偶然而外在的因素所造成，对其他佛教到底有多大内在而普遍参的考意义，也许不无疑问。

然而，此一判断存在哲学上的多个盲点。首先，单纯从观念上来说，前说其实不自觉地预设了有一个不受特定社会、文化或历史脉络干扰的佛教的纯粹原型。而且也假定，虽然这个原型在不同的处境下，确会被动地做不同的调节与反应。这一假定的局限在于：佛教不但本来就不存在完全免于任何具体社会、文化及历史脉络的原型。何况，更不能忽视的是大马佛教所面对的后殖民处境、政—教分离的世俗化、族群关系、民族国家体制、发展经济意义下的现代化、公民社会及国族主义的政治认同等一连串问题，全都是现代性（modernity）的典型议题。这在现代世界，虽然不同的传统因诸多条件各异，反应亦确各不相同，但没有佛教传统可以不受其冲击或可以视若无睹，并置身事外。所以大马佛教近年公共介入的个案所面对的处境，其背后恐怕都是深富普世性的现代问题。

何况,即使个别事件的发生带有偶然性,但一个经典宗教对明显属普世性处境的响应并不是一个刺激、一个反应的机械物理过程,而是一个可供建立意义与创造现实的持续过程,佛教是可以对事态建立有长远意义与影响的积极理解。当然,指出这只是一个所谓"外在的偶然世俗因素"仍然有一正面意义,它无疑是在提醒佛教,佛教的确不会因现代的冲击,即会自动应答、思考及吸纳这些问题。实际我们看到的,更多是如汉传佛教般,退缩地回避这些议题。所以,正是这种所谓"外在偶然因素"的提法,指出若佛教对此掉以轻心,没有认真地思考与讨论这些处境,佛教与时代之间的脱节只会更趋严重。

佛教在现代世界确实有必要正视现代社会在公共价值观上的独特性。虽然在古往今来的不同历史阶段与国家,佛教诸多传统皆有大量例子,参与所在社会的文化教育、学术、艺术、慈善、照顾弱势群体及医疗救济等,但对于身处现代公民社会当中的佛教组织,这种单纯出于慈悲的实践,仍然无法让佛教可以因而回避、取代或免于思考她在现代公民社会中的角色问题。关键在于公民社会如何通过扩大与深化自治领域,对国家进行权力上的分权与限制,来维持民间社会的权益与资源,免于被国家侵蚀、支配及垄断。换言之,在现代社会,尽管宗教团体在社群层面从事前述各领域的慈悲践行,但这仍然不能代替,亦不能免除宗教组织对公共价值观,乃至她在国家与公民社会之间的角色等基本问题,需要有所认识和慎重思考。事实上,我们已经从不少案例上看到,正因佛教(或任何其他经典宗教)回避思考这些现代社会的基本价值,所以往往会因无知,而对公民社会的权益造成障碍与损害[1]。

---

〔1〕 从更综合的宏观视野来看,其既有的慈善实践,轻则往往因对基本公共价值的无知与麻木,而落于对问题治标不治本;再严重一点,可以是因无知而成为国家权力所支配的工具;最严重的,甚至不乏在斯里兰卡、缅甸及泰国等诸多国家的案例,将上述宗教在社会的慈悲实践,变成佛教的民族/种族主义和宗教原教旨主义一类宗教右翼极端势力的砖石梁柱。以现代泰国上座部僧团为例,见 Somboon Suksamran, *Buddhism and Politics in Thailand: A Study of Socio-Political Change ad Political Activism of the Thai Sangha*(Singapore：Institute of Southeast Asian Studies 1982), pp.92-99.

所以,回到大马佛教的案例,当诸如马佛青等组织根据大马宪法作抗争时,是以现代公民社会里,公民所拥有的权利不应受官方或其他权势者无理干扰作为行动的基本理念。在前述所举的马佛青的诸多事例中,他们紧贴宪法条文来进行批评,这本来也许有其策略上的考虑,但当这样的实践,能够帮助一个群体持续成功维护其权益,它会逐渐由工具蜕变成为其使用者的价值观。

比之于现代北方汉传佛教仍然普遍对社会公共议题尽量采取回避的态度,近年大马的南方汉传佛教在受到民主运动的现代公民社会价值观洗礼后,反过来逐渐以近乎毫不回避的态度,乃至以组织的集体名义,积极投入公民运动,参与社会公共议题的讨论。甚至亦不回避公开表达要求民主化、促成政权更替之诉求。除了在实质行动上的直接参与之外,这些群体亦以自觉的态度,通过持续组织公开的论坛、会议、讲座等方式,尝试不断整理、讨论及思考佛教团体参与公民社会建设的现代宗教实践过程中之经验种种。因而使大马佛教的新生代出人意表地成为在整个现代华人世界中,跨过汉传佛教不介入公共议题既有习惯的独特例子。

凡此种种,无论对于佛教(特别是汉传佛教)或是大马社会,其实都是非常宝贵而重要的经验。然而,诚如前文已经指出过,这些响应外在社会环境而形成的特殊经验,这初生的醒觉需要进一步的智性反思做认知上的深化,乃至需要通过教育,更广泛地扎根于社群,才能使其得以被消化、整合与传承。以下就大马佛教于现有的公共介入之实践经验上,可以如何加固其条件,作为往后进一步实践的基础,分别循质与量两个角度做出一定思考。

首先,借助传统佛教义理与现代人文暨社会科学的学理,梳理运动史的数据与学理省思两个角度,构成对既有实践经验的深一层的知识性理解。对汉传佛教而言,从事"公共介入"是佛教的现代新议题,代表着佛教进行现代意义的实践尝试。所以不单无法仅凭传统经、教作彻底说明,而且还需要面对汉传佛教内部较传统的声音之质疑〔1〕。如果无法从义理层面，论证从事公共介入的理据，其实难以长期持续与扎根于汉传佛教。此外，佛教团体在社运中有否独特角色和特殊意义、佛教如何理解转型过程中的社会及宗教于期间的公共角色，乃至佛教应如何看待现代性等，皆是佛教的公共介入所无法回避的学理问题，这都有待僧、俗知识社群共同思考。

迄今为止，马佛青等年青一代华人佛教社群立场明确地响应和参与民主化和廉洁选举等政治改革为诉求的社会运动。这在当代的其他汉传佛教中，基本上没有类似案例。但当大马的社会运动，由攻坚阶段的政治层面民主化诉求，进入以不同阶层弱势社群的平权诉求之阶段时〔2〕，在现阶段投身民主运动的佛教组织在面对这种处境时会有什么反应，其实仍待细察。

一个有公共关切与视野的宗教组织，其僧、俗知识阶层是需要对社会问题有一定前瞻性的，但这种前瞻性并不是什么空洞的预见，而是以知识为基础所逐渐形成的。当佛教组织只要开始从事公共介入的实践，则对前述社会问题建立有逻辑一致的价值原则、系统的知识性理解和佛教角度的反思，恐怕是公共介入的实践过程中，所不可或缺的支持系统，否则团体很容易会陷身价值矛盾的进退维谷当中。就此而言，前述处境也许在不久的将来，恐怕就会成为马佛青在公共介入上需要面对的一道考题，这些南方汉传佛教团体届时在公共议题上，如何将现阶段的发声推进下去，我们拭目以待。

---

〔1〕 即使是上座部佛教在现代社会的公共介入上，要比汉传佛教来得普遍，他们仍然需要不断为其活动提出教理上的辩护，以应对教内、外对部分僧侣从事公共介入做持续质询。对1970年代泰国上座部案例的讨论，见 S. Suksamran, *Buddhism and Politics in Thailand*, pp.102-103, 111-112。

〔2〕 根据很多非西方国家的民主化发展过程之经验，当威权式政治体制的缺口被民主运动打开后，民主化的诉求会由单纯的政治层面扩大和细致化，进入与政治体制关系较间接的公共生活不同领域时，不同社会阶层权益诉求渐趋细致化与多样化，期间甚至会发生前一阶段民主运动时期所没有的，不同阶层之间，例如新兴中产阶层与其他草根阶层，或都会市民与农村乡民，因权益诉求的分歧而出现冲突，而原先在早一阶段以政治改革为首要诉求的民主运动中，作为主力推手的中产阶层面对民主化运动第二阶段草根阶层的各种诉求时，往往会开始滞后于社会运动的进程，并渐趋保守。

此外,处在马来西亚近年似变而尚未变的社会格局中,特别对华人社群而言,其实积存了在当地特定历史过程中所形成,不易为其他华人社会所理解的复杂文化暨社会心理的纠结,若不作梳理,足以形成盲点,障碍未来的视野[1]。马佛青作为一个从定义上说,就是以指向未来为务的知识青年宗教组织,除了关注其社会向度的行动以外,我们其实也值得对其社群"心结"的形成与解捆,做出学理的爬梳。而此类实践问题其实尤其与马佛青作为一个宗教组织,总会涉及内在世界的价值净化的这一点直接相关。所以对大马佛教的"公共介入"有必要作出学理反思,以此对研究进行质上的深化。

其次,新生的经验与态度,得以成为被内化与继承的传统,这并不是简单而理所当然的事。这需要运用既有的组织网络,发展出有规划的课程,着意安排与推动与此相关的社群教育工作,毕竟教育才是有效传递理念,建立和扩大"公共介入"作为社群的共识之重要渠道之一。诸如马佛青等佛教组织,皆长年举办不同级别的常规课程,讲授佛教经教、戒律、仪轨持行、禅修,乃至佛教文化等传统的佛教解行。其实也可以认真考虑如其他民主国家的宗教研修院般,将有关"公共介入"的议题,视作宗教组织专业和执事成员的基本常态训练项目之一[2]。即在适当的时机,将佛教的"公共介入"议题,列作佛教团体有关现代佛教社会实践的教育主题之一。其目标包括:一、马佛青的上层与基层,即总部与全国各州支部佛教社群之间,对公共议题或公共介入上,

---

〔1〕 族群的社会处境如何造成价值与态度之扭曲,对此的剖析其实是通过对自我的某种执着进行解构式的分析,将盲点及其结构揭示出来,以便打破既有视野上的困局,并展现其他新的可能性。见黄国富《雨伞运动映照下的本土炉恨困局》上、下;林宏祥《开明派马来人应该与保守派华人合作吗?》上、下,《燧火评论》2014 年 11 月 4—5 日,http://www.pfirereview.com/20141104/;20141105/。
〔2〕 不少经过现代价值洗礼的宗教研修院(seminary),在制定宗教职专业人员的训练课程时,往往会把如何应对专制政权的滥权、弱势社群维权、族群冲突后的和解与重建、争取公民社会空间等,带有现实社会批判性与抗争性的理论与实践的科目,列作宗教人员重要训练领域之一。提供这类课程的宗教研修院,不限于发展中国家,亦并非只限于在社会或政治议题上立场特别激进的宗教组织,例如美国加州柏克莱(Berkeley, CA)的联合神学研究院(GTU)和台南神学院等,皆为宗教人员提供此类训练。

是否能够形成以知识为基础的智性共识，确保上下层之间观念上的基本连接，让佛教公共介入的相关课程，无论是学理与实践，通过佛教组织内的既定课程做有计划的传承。二、让佛教教育的其中一个层面，成为参与公民社会的公民意识的形成渠道之一，在现代社会，学佛的过程本身，同时就是从宗教与文化的层面，培育公民与民权意识的过程，将公民意识和各种公共议题，作为汉传佛教现代教育的其中一个环节来推进。三、通过教学来整理与传递"公共介入"，把大马佛教此一非常特殊的经验形成社群的基本共识，其实还存在一个非常重要的国际向度。其取攻势，固然堪足以对其他佛教（特别是汉传）作出观念的启发与实践经验上的分享，在国际交流的层面进一步加强与启发其他佛教传统，推进佛教的现代意识；守则可以在面对一方面宗教自由往绩甚启国际疑窦，但同时仍有自信心，以汉传佛教来推动所谓"宗教公共外交"的国家，可据其"公共介入"之经验，与该等国家之佛教访客相互切磋交流，向他们介绍其所无法设想的大马"南方汉传佛教"在现代社会的"公共介入"之实践，以担当起为汉传佛教的现代公民社会意识和实践另树异军的重大责任。

总之，虽然大马的南方汉传佛教近年所从事的公共介入，确与大马的政治、族群及社会所形成的特殊环境有关。但与其说是这种特殊性使大马佛教的"公共介入"在汉传佛教内并无普遍意义可言，倒不如说，正是这种特殊性使大马佛教成为汉传佛教"公共介入"另树异军的先行实验者。其在行动中所面对的，远不只是表面上大马的独特环境，而是在现象的独特性背后，通过各种公共议题所彰显的普世处境"现代性"。所以大马南方汉传佛教的"公共介入"是在预告，而不是在否认现代佛教（尤其是汉传）在面对公共世界时应有的基本态度和认知。若"马来西亚佛教"最终能够成为现代佛教的类型概念之一，前述"公共介入"的意识与实践将是必不可缺的一环。

佛教史研究

释 经 史 考[*]

[日] 横超慧日 撰

一、前　　言

　　最初,佛教的思想,以经典的形式产生和传播。这些在印度以及西域地区被创作编纂的经典,经过译经这种方式传播到中国,被赋予了一切无差别之佛说的权威和尊严。因此印度、西域的佛教与中国的佛教之间存在一个根本的不同,即从彼方之创作与起源到此方之理解与领受的问题。就作为源头和创作一方的印度、西域佛教来说,其经典可以随着思想内容的变化演进而依次编纂层累,作为接受和理解一方的中国佛教来说,就承担着跟随传译来组织整理经典的任务。加上民族、风俗、文化的不同,对异国诞生的佛经的领受、理解、组织、整理上产生复杂微妙的关系是很自然的,因此对中国的经典解释史的研究,必须要有教理史、教团史、社会史、政治史等其他所有文化现象的预备知识。这实际上是关于广义的中国佛教史(研究)的一种观点,但本稿并不是以上面提到的大问题为对象,而只是通过经典解释书也即注疏来看解释方式是如何变迁的。虽然只是相当于对中国佛教的外观的诠释,但仍

　　* 本文最早发表在《支那佛教史学》第一卷 NO.1,一九三七年。后收入横超慧日的论文集《中國佛教の研究(第三)》,法藏馆,1979 年,第 165—206 页。本译文以论文集所收为底本。此次翻译为国家社会科学基金重点项目"中国佛教解经学专题研究"(13AZD031)阶段性成果。

能反映中国佛教自身的本质特性。本文从这个立足点出发，整理对佛教学者而言基本上是常识的材料，考察在中国的佛典解释的方式是如何推移的。如能得到方家的指正，引起学界对这方面的关注，则幸甚。

二、译经·讲经·注经

宋代赞宁在《僧史略》（卷上）中设"注经"、"僧讲"、"造疏科经"之条目，称注经由康僧会的南注和支恭明（支谦）的北注开始[1]，僧人讲经最初由朱子行[2]讲《道行经》[3]，造疏科经由道安开始[4]。这些说法虽都有所本，但都是将文字记录上的初见直接看作是事实上的起源。尤其是讲经由朱子行开始这一点，过于强调"讲"字的首次出现。另外隋代吉藏的《法华玄论》（卷一）引《名僧传》，认为讲经从竺法护开始[5]；智颛《法华文句》（卷八之下）根据宝唱的经录，也认为是竺法护敷衍《正法华经》。但这还只是说明讲《法华经》的起始，并非说一般的讲经从法护开始。但就讲经的一般起源来说的话，梁宝唱的说法能有多少的可信度呢？其次梁僧佑《出三藏记集》（卷十五）的"道安传"称，从来讲说，唯叙大意，余皆转读而已。道安注般若等经，寻文比句，明起尽之意，最先开始会通文理、克明经意[6]。但是，这段记载只是说明道安注解了很多经典（《出三藏记集》卷五），其主旨是说道安以

---

〔1〕《僧史略》"注经"条曰：《五运图》云康僧会吴赤乌年中注法镜经，此注经之始也。又道安《重注了本生死经注》云魏初有支恭明，为作注解。若然者，南注则康僧会居初，北注则支恭明为先矣。——译者注。横超原文无脚注、尾注，以下脚注皆译者所加，除特殊情况，不再注明。

〔2〕横超原文如此。当作朱士行。下文同。

〔3〕《僧史略》"僧讲"条曰：士行曹魏时讲《道行经》，即僧讲之始也。

〔4〕《僧史略》"造疏科经"条曰：经教东流，始则朱士行讲说未形于文字，分科注解其道安法师欤？

〔5〕《法华玄论》卷一：次明讲（法华）经缘起。法华既有新旧两本，讲者亦应二人焉。《名僧传》云讲经之始起竺法护。护公既新译斯经，理应敷阐。自护公之后，释安竺太之流，唯讲旧本而已。（《大正藏》第34册，第363页）

〔6〕横超此处唯举原文大意。《出三藏记集》原文曰：初经出既久……每至讲说，唯叙大意，转读而已。安穷览经典，钩深致远，其所注《般若》、《道行》、《密迹》、《安般》诸经，并寻文比句，为起尽之义，及析疑甄解，凡二十二卷。序致渊富，妙尽玄旨，条贯既叙，文理会通。经义克明，自安始也。

真挚的态度在经典解释的历史上留下了划时代的功绩,并不是证明在道安之前没有逐字解经这一做法的严密史实。

经典的最初传译者,对于自己传译经典的传承史以及内容义理,大概有比其他任何人都多的知识与理解。因此在经典传译的时候译者或与此相关的人进而发表解题就是理所当然的责任,这也是经典传译同时大量的经序被创作的原因(但唐宋时代皇帝所作者则含有其他的意旨)。因此解题的经序是讲经的原始形态,讲经的起源与译经同时,这应该是正确的看法。前面提到竺法护被称为讲经之祖,也显示出法护偶而在《正法华经》译出之后自己将此经讲说敷演,这正是讲经与译经是同时开始的旁证。可是最初仅止于作为经序的解题的程度,这之后何时何人开始进一步逐字地解释,绝不是像前述那样能轻易知道其界限,大概在写出经典的注解之前对应存在着逐字讲说的阶段。而且即便注解普遍开展之后,针对不同的经典的新的传译,经序的制作仍然是理所当然的。因此,即使开题、讲说、注解之间的明确界限本来就不是能够确定的,但也如《僧史略》所言,早在道安以前康僧会、支谦已经开始经典的注解,征诸《出三藏记集》中他们的传记,可无疑义。虽然从现存的经序(《出三藏记集》卷六)中可以得知,康僧会注解的《安般守意经》与《法镜经》,前者是安世高的译本,后者是严佛调与安玄共译,皆非康僧会自己译出的经典,但支谦所注的《了本生死经》则应该是支谦自己传译的。如果真是如此,就超出作为解题的经序,在译经的同时,早就开始连本文注解也由传译者自身完成了,也就是说译经与讲经及经注同时起源果真不错(传译者自己撰作注疏,之后有罗什和真谛等例子,并不少见)。根据康僧会的《安般守意经序》,其曾向南阳韩林、颍川大业[1]、会稽陈慧三贤者请教,并特别斟酌了陈慧的注义[2]。又根据支谦传,支谦从支亮受业,支亮从支谶学译经,可知当

---

〔1〕《出三藏记集》卷六《安般守意经序》作"皮业"。
〔2〕据康僧会序,"陈慧注义,余助斟酌",我的理解是说陈慧在注释《安般守意经》时,康僧会曾助其斟酌,而非僧会在注解时斟酌陈慧注。横超对原文的理解可能有误。

时译经中形成了外国来华传译僧的中心势力,而土著的汉人中也有擅长译经者,显然译经乃至注经并不是到康僧会和支谦才开始的。针对后汉末三国初期讲经的逐渐兴盛,僧叡《喻疑》(《出三藏记集》卷五)有如下的记述:

> 汉末魏初广陵彭城二相出家并能任持大照,寻味之贤始有讲次,而恢之以格义,迂之以配说,下至法祖孟祥法行康会之徒,撰集诸经宣畅幽旨,粗得充允视听暨今。[1]

格义配说的倾向出现之前,讲经作为理解逐渐普及的教义内容是必要的。虽然《高僧传》(卷四)认为格义是由竺法雅发端,但与法雅同时代的道安对格义提出斥责,这说明格义的流行在当时的佛教学界已经浸润很深,有要进一步从这种弊端中摆脱出来的趋势,因此格义不可能是由与道安同时代的竺法雅创始。大概竺法雅一派是极力运用这种方法的代表,将格义的倾向理解为随着讲经的进步在西晋的时候自然形成大概比较接近真相。

那么,在现存的经典注疏中,陈氏注《阴持入经》是年代最早的,大概没人会有异议。《大正藏》的编者认为此陈氏是(三国)吴之陈慧(第三十三卷目录),如果联系到前面所述康僧会的老师会稽陈慧曾注《安般守意经》,认为他为同样是安世高所译的《阴持入经》作注解则无不合理之处。较陈注稍晚的是道安注《人本欲生经》(第三十三卷),僧肇之《注维摩诘经》又位列其次。通观此三书可知它们有如下共同点:在注释经文之前都有注经序、解释经文时还没有立科段、而且三者都不称"疏"而称"注",这些形式是模仿当时儒家及老庄的注解体裁。这其中,注经序与解释经题并叙述传译由来的单行经序有同样的性质,只是在注经的末尾记录注经的用意这一点上有区别。因此注经序继承了单行的经序,是经典总论性质的解题,它后来受到重视发展成为玄谈的起源,这已经毋需多言了。继而在注解经典本文上,陈注《阴持入经》业

---

[1] 标点依横超原文。

已引用其他诸经,道安注《人本欲生经》在指正句读、补正脱字等翻译本身的问题上用意,但上述三注,皆一经自始而终不分科段,这点是注释形式上需要特别注意的共同特色。若根据吉藏《仁王般若经疏》(卷上之一),以序、正、流通三段对经文进行分科是从道安开始的[1],但实际上道安的《人本欲生经注》并没有进行如此的分科。立足于把握大意,排斥格义的方法,对经文一字一句都谨严精密地分析、注解,体现了道安虔敬的为学态度,确如《高僧传》(卷五)所言,他对译经、义学的发展贡献甚大是毫无疑问的,但三分科经的起源也归之于他,这是否符合事实则值得怀疑,相反否定的意见可能更接近真相。总之以上提到的三书在有注经序但未立科段这一点上确实和之后相区别,成为一个阶段,接下来竺道生的法华经疏在这一点上完全异趣。那么道生的法华经疏体裁又是如何呢?

三、释经史上的竺道生

道生在解释《法华经》时,没有别立注经序,而是在正文注释的前面安置了与此相当的文字,注解经典正文时自如地采用科段。也没有用"法华经注"的题名,而是称"法华经疏"。这其中,首先就正文注释之前的玄谈而言,开头先叙述制疏的由来,接着解释经题,在经题的解释中讲解四种法轮的判教,明确了此经在佛陀一生说教中的地位,并以"此经以大乘为宗"来标示一经的要旨即宗要,这毫无疑问是以往的经序及注经序内容的延伸,不用说还是它的发展进步。由玄谈的发展而出现的宗要、教判在道生的法华疏中出现并不是偶然。它们是顺应这个时代佛教教理的必然要求而出现的,原本道安的《人本欲生经注》的"序"中,开始就言"人本欲生经者,照于十二因缘,而成四谛也",《维摩经注》的"序"中有"此经所明,统万行则以权智为主,树德本则以六度为根,济蒙惑则以慈悲为首,语宗极则以不二为门"之语,都是朝着把

---

[1] 吉藏《仁王般若经疏》卷上一:然诸佛说经,本无章段。始自道安法师,分经以为三段。第一序说,第二正说,第三流通说。

握经文要旨的方向努力,但宗要的观念当时还未成为术语用例,也没有考虑到以直截了当的一句话来标示宗要。然而,在东晋末期与僧肇同时代的学界,以弄清一经的宗要以及该经在判教中地位为先决的风气开始澎湃涌动确是事实,慧观的《法华宗要序》(《出三藏记集》卷八)力陈该经的宗要,据说他在涅槃经序中又说"顿渐五时"的判教(《三论玄义》上)〔1〕,由此也可得知这点。同时僧叡在《小品》和《法华》的序中讨论二经的关系(《出三藏记集》卷八)〔2〕,《喻疑》中有曰:"《般若》除其虚妄,《法华》开一究竟,《泥洹》阐其实化,此三津开照,照无遗矣,但优劣存乎人,深浅在其悟",很好地传达了此间信息。也就是说,关于大乘诸部的经典,把握它们各自的宗要,以及如何解释说明它们相互间在教理上如何交涉,已成为当时理解经典的人们最关心的问题。

对佛典的解释,不满足于一字一句的注解,达到要求宗要及判教的大进步,除了自然的成长及教理内容的普及浸润外,相应于注重训诂的汉魏时代儒学转向耽于祖述老庄清谈的时代好尚,长期的格义倾向也为助长这一趋势积蓄了力量。但相比这些,更直接的原因是东晋末期大量译经的泛滥,需要有佛教学的专门研究者,来促成对这些经典的教理内容有系统性统一性的理解。虽然关于判教的意义、起源、沿革等还不容详细论述,但最初致力于把握一经一经的宗致纲要的努力,最终进步到组织体系化,这应该是它们实际发生的顺序,宗要把握和判教组织有不可分的关系这一点是毫无疑义的,这两者在道生的《法华经疏》中并举是理所当然。接着就科经而言,也不必拘泥于一经三段的科分始于道安的说法。如前所述,现存道安的注经实际上并没有使用这种方法,但是要是假定(三段科分)是使用科经的道生设计出来的话,《法华

---

〔1〕《三论玄义》上:言五时者,昔《涅槃》初渡江左,宋道场寺沙门慧观仍制经序,略判佛教凡有二科……

〔2〕《出三藏记集》卷八收僧叡《小品经序》及《法华经后序》。在《小品经序》中,僧叡言:"《法华》镜本以凝照,《般若》冥末以解悬……是以《法华》、《般若》,相待以期终,方便实化,冥一以俟尽。"《法华经后序》就两经关系,又曰:"至如《般若》诸经,深无不极,故道者以之而归;大无不该,故乘者以之而济。然其大略,皆以适化为本。应务之门,不得不以善权为用。权之为化,悟物虽弘,于实体不足。皆归《法华》,固其宜矣。"

经疏》又让人感觉过于详细巧妙了。道生的科经如下表：

明三因为一因 …… 初十三品

辩 三 果 …… 次八品

均三人为一人 …… 终六品

约因、果、人三义分《法华》一经为三段,然后又对各品细细分科分节,清楚的指示相配的长行和偈颂,说它几乎完全具备后来经典解释拥有的体裁形式也毫不夸张。但是如果根据吉藏的《法华玄论》(卷一),是罗什门下的道融(智颉《法华文句》卷八之下言是僧叡)将《法华经》分判为九科,因得九辙法师之名。同为吉藏的《法华义疏》(卷一)及灌顶的《涅槃经疏》(卷一)中,已称河西道朗开《法华》为五门,而且道融、道生、道朗三人大致是同时代的人,所以即使谁是科判的创始者并不能确定,也不能认为科经已被道生所用是为时过早的。不过还要注意的是,就科经的标准而言,这三人都不是基于存在于所释教理内容中的能释之形式的所谓序、正、流通的三段说。或者如吉藏所言,道安可能是科经的创始者,高雄义坚曾在《支那学》(第三卷第四号)杂志上(的文章中)拈出(道安)对《光赞般若》所作的《起尽解》一卷,认为这可以作为旁证(《出三藏记集》卷五)〔1〕。但是就算道安真的是科经的创始者,也不是序、正、流通三段式的科经,而一定是由义理归纳而来的内容性质的东西。而且对各经典从内容上的分科,比从构思上的形式上的分科先起也是理所当然的,大概《毗昙》、《成实》等小乘论部的叙述体裁,也对内容性分科的发端给予了有力的启发吧。而且当时着力于诠索宗要的释经倾向,必然导向检讨中心观念推移异同的经文分析,这也一定是促成科经产生的一个原因。

总之,如前所述,道生的《法华经疏》废独立的经序,而在进入正文

---

〔1〕 此处提及的高雄义坚的文章,名为《支那佛教史上に於ける支遁の地位》,发表在《支那学》第三卷第四号。据高雄义坚原文,"虽然序、正、流通三科在他(道安)的注释书《般若起尽解》可以得到证明,但据此将他作为注释的始祖尚有疑义"(序、正、流通の三科も彼の注释书たる般若起尽解によって立证し得べしとするも、彼を以て注释の祖となすことは甚た疑問である),他并没有承认道安就是科经的创始人,横超此处理解有误。

的解释之前成总论性的玄谈。在玄谈中明示判教及宗要,并在经典正文解释时采用根据内容分科的方法,这三点确与之前的注经判然相别,因此,如果道生之前的时代称之为注释时代的话,道生则正可以看作是紧接着到来的疏释时代的先驱吧。原本在中国的经学中,对字句的说明称为"注",根据注敷衍而成的名为"疏"。尽管两者有如此的区别,但因"疏"也有其他的涵义,将分科段的解释称为疏,不分科段的则称为注,如此以科段的有无区别注疏应该也是有道理的。因在佛教中古来就以此涵义区别注、疏,现在也据此将道生以后也就是刘宋以后的南北朝分立时期称之为释经史上的疏释时代。不过这也只是大体如此区分,并不是说道生之后注解就完全消失了。比如有著名的齐刘虬注《法华经》、梁武帝注《大品经》等。当然要明确划定这二者之间的界限是不可能的,这里只以大势为主做此区分。但要说以道生为注释时代与疏释时代之界限的理由,就是僧肇的《注维摩经》中每每引及道生的维摩经解释,从这些引文中间完全不能辨别出建立科段的形迹。据此,不是可以认为疏释的倾向在江南地区发展的机运尤其显著了吗。

四、基于格义、抄经的专门性研究

如上所述,释经从注释到疏释的转移,译经的泛滥是其直接的原动力,而历经多年的格义也对义学的发达产生效用,而为政者对讲经的鼓励,无疑为这一可能提供了基础。格义是将作为外来思想的佛教介绍普及的最合适的方法,所以其产生和流行是自然之势,但当对佛教的理解在知识阶层已经全面普及,同时对教理的专门性研究勃兴之后,格义介绍普及的过渡性任务结束了,因而又自然地归于终止的命运。如果就佛教思想的普及这点而言,汉末魏初时仅有以传译者为中心的极少人在研究,采用格义的结果是,到东晋末期,很多佛教徒加入了老庄注释者的行列,王公贵族及文人们埋头于佛理者亦在少数,佛教思想业已成为知识阶层的一般性常识。似这般,佛教思想不再为特殊的阶级团体所专有,确实可看作是格义流行的余德。如今《弘明集》中所保存的诸论文,无论是喜欢佛教的也好,讨厌佛教的也罢,都必须理解它,讨论它,可知佛教是这个时代必须的教养科目。但是,完成这个任务之后,在有关格义的缺陷与不周开始被注意的同时,另一方面也正在要求对佛教教理的专门研究。因而疏释时代也被认为是佛教学专门研究的勃兴时代。虽然据称,齐文宣王开始将六十卷《华严经》略省为十四卷,又依样作了三十六部抄经(《出三藏记集》卷五),梁武帝下敕让僧旻等三十人撰《众经要抄》八十八卷(《续高僧传》卷一、五),但从佛教学专门研究的立场看,在此时这种努力终究还是外行人的事业。庐山慧远将《大智度论》抄为二十卷,在东晋时代是有意义的功绩,在齐梁这样释经朝着专门化的方向急速进步的时代,已经不为学界所重。

这一点从编纂《出三藏记集》的僧佑对文宣王抄经的评论中可以看出来:"既使圣言离本,复令学者逐末,竟陵文宣王慧见明深,亦不能免。"[1]刘虬、(梁)武帝又注解了《法华》、《大品》等经典,总之,对这些注解,与其推测为是当时作为专门研究者的佛家疏释倾向,不如说是对时代进程的倒退。对于刘虬的《注法华经》,隋代法将吉藏之所以给予了适当的敬意,是因刘虬在序言中称此书是根据江左安、林、壹、远,河右什、肇、融、恒八师的要说所作成(《法华游意》),对一般认为释经颇为隆昌的梁代学界则几乎看不到尊重的形迹。

如此,什么是对佛典的专门研究呢? 所谓专门性,也就是不再把用外典的术语来解释(佛教思想)、与中国思想进行比较以论优劣等作为问题,而用佛教特有的术语,采取完全为了佛教而研究佛经的一种态度。通过格义介绍和普及了佛教思想,因此对教理的理解进步,进而学会了佛教独有的思考方法及术语;东晋末期佛典的大量翻译亦可以支撑兼学并习的需要;以道安等人为中心的佛教徒们初次感受到以信仰为目的的修道自觉,在这些因素的合力之下,只为佛教对佛经展开专门独立研究的观念开始抬头。也正是在这个时候,僧侣阶层在当政者的

---

〔1〕《出三藏记集》卷五"新集抄经录",第218页。

政策保护鼓励下成为渐次壮大的社会势力，以佛教专门研究者的身份登场。学会了独特的思考方法和术语，这个时期译语也大略固定下来，这一点就毋需多言了吧。就翻译而言，直到东晋末期，作为后秦都城的长安因占据了与西域交通的要地，很长一段时间里都是传译的中心，宋武帝为了挑战这一点，将宋的都城建康在古来的义学重地的基础上，更建成译业的中枢。对综合了关中与江南佛教的建康义学而言，对新近翻译的大部分经典进行整理，对它们的教理思想进行有组织的解释，是重要的义务责任。为此也不得不尽快脱离格义的阶段，埋头于对佛经的专门性研究。从建康、庐山等地入关中从罗什学习，归来后又积极参与传译，在京师佛教学具有枢要地位的道生、慧观等人，最痛切地感受到对这一时代性使命整理和组织的责任，是理所当然的。也正因此他们首先就确立了宗要诠义、树立判教的研究方针。

　　其次，就信仰的态度而言，还有像道安、慧远等的一派，他们选择住在山林寂静处，通过宗教性质的修道领悟佛教的精髓，通常在解释佛经时他们也没有忘记这一目的。他们对于佛教之态度，与其说尊重经典，毋宁说是取其实践、信仰、禅定的第一义。这种对佛教的态度，与住在京师，与名家、当政者交往，对经典持理智性理解就足够了的人们，完全相反。众所周知，道安信仰弥勒，慧远曾有愿生西方的结社。虽然道安注解了众多佛经，但其在注经的时候怀有的不违佛意的虔敬，与他言说译经之难、编经录、创"释氏"的称呼、制定僧尼轨范这些事迹一样，都是以一贯的宗教精神为基础的。这种态度有将佛教僧侣造就成以出世间自诩的一个社会团体的力量，慧远的沙门不敬王者论亦不外是其向外的一种显示。这种倾向态度与道生、慧观等京师佛教的对立，应当作为南北朝时期南北相异学风形成的根源得到关注。而且无论前者还是后者，都在佛经研究专门化上都起了很大的作用是毋须争论的。像这样，僧侣阶层社会性的凝聚在一起，将对佛经的专门性研究作为他们的领地的话，与此相对应，一般知识阶层对佛教的理解逐渐低下，以致世人的一般理解水平与僧人的专门研究领域之间产生巨大的距离且无法遏止。中国佛教在思想上的孤高超然性应该就是从这个时期萌芽的吧。

如此的话，当时佛教已经进步到需要专门性研究这一点，从何可知呢？如果根据《喻疑》(《出三藏记集》卷五)所言，慧导不信《大品》，昙乐非《法华》，彭城僧渊诽谤《涅槃》，舌根销烂，这显示出慧导、昙乐、僧渊等人对教理研究抱有怎样的真挚。道生立"善不受报"及"顿悟"义，招致纷然与夺之论，又在未见到《大般涅槃经》之前，早早就提倡"阐提成佛"之说，因此招致教团的摈斥(《出三藏记集》卷十五)，也是佛教教理飞跃进步的证据。不难想象，佛教摆脱接受、咀嚼的阶段，被中国人吸收，开始向教理的组织、建设前进。如此，佛教教理向专门化的方向前进，教团逐渐凝结，同时在被格义培养起来的南朝名流的思想性外护之下僧侣的社会地位也越来越安全，共同加速了释经的专门化。

五、疏 释 时 代

(一) 科文

所谓佛教专门化的疏释时代的释经样式是怎样的呢？在被称为梁代三大法师之一的法云那里可观察到典型的释经样式。被认为是法云弟子记录的《法华义记》，是因讲经之妙独步当时，而被时人称为"作幻法师"的法云的释经(《续高僧传》卷五)。因法云又尤其擅长《妙法华经》，实际上据此将之视为梁代典型的经释亦无不可。从法云的《法华义记》看，从道生时已开先例的玄谈和科经，到这个时候已经非常巧妙发达，科经的玄妙达到极致。玄谈分为大意和广释。在"叙大意"中，讲佛陀一生的说法中《法华经》的地位、《法华》一经的宗要以及解释"法华"的经题。"辩广释"中，明因三义、果三义，更力言因果双说乃此经之正宗所在。虽然玄谈诸门分别还未出现，但经宗用语彻底术语化、五时判教中《法华》一经在佛教中地位的确定，已不待言，但要说法云《法华义记》的最大特色，无疑还是在于巧妙的科经，采用序、正、流通的三段法、施以对照式的形式整美的分科是法云一门极力夸耀的地方。《义记》中曰:"自'安乐'以前,开三显一,以明因义,自'涌出'之后,开近显远,以明果义",主张以内容为基准的科段,同时又言"今一家所习,无大小,例为三段",并用以形式为基准的三段法。但序、正、流通的三段法乃法云一家所颇为得意之处,作为释经分科的形式当时还未成为教界普遍性的说法,这从"今一家所习"的语句中可以探知。但法云之法华乃从僧印所受,僧印又是受之于庐山慧龙(《法华文句》卷一)。僧印将法华分为四段,初、后名之为序、流通(吉藏《法华义疏》卷一),据说慧龙同时采用序、正、流通的三段说和依据内容的二段说两种方法(《法华文句》卷一)。如此,则三段法是从北齐慧龙的时候开始,因为他分别使用了三段法和内容上的二分法,所以其弟子僧印将两种方法结合,(内容上的二分)作为正宗二段,之后法云着眼于三段法和二段法在分科基准上的不同之处,首先根据形式上的三段法分大段,然后根据内容将正宗分二分,相应地,序、流通也根据内容二分,这应该就是今天看到的法云的三分六大段说的产生经过吧。因此将法云的科经技巧总结为形式整美、对照平行,也是我自己根据以上内容所想见的。慧龙、僧印、法云的科经如下表所示:

慧龙:

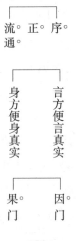

134

僧印：

序
开三显一明乘方便乘真实
开近显远明身方便身真实
流通

法云：

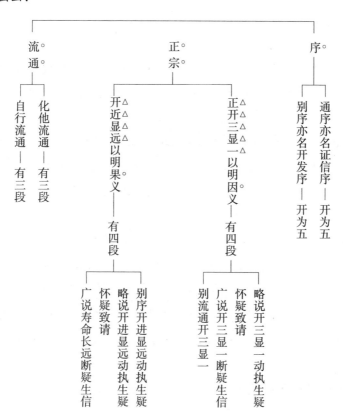

序。
- 通序亦名证信序 —— 开为五
- 别序亦名开发序 —— 开为五

正宗。
- 正开三显一以明因义 —— 有四段
  - 略说开三显一动执生疑
  - 怀疑致请
  - 广说开三显一断疑生信
  - 别流通开三显一
- 开近显远以明果义。—— 有四段
  - 别序开进显远动执生疑
  - 略说开进显远动执生疑
  - 怀疑致请
  - 广说寿命长远断疑生信

流通。
- 化他流通 —— 有三段
- 自行流通 —— 有三段

将上表与经文的起尽指示并观的话，可见僧印继承慧龙并向前推进了一步，法云则在继承慧龙、僧印之后，将之综合大成。与法云同时代的智藏将《涅槃经》分为序和正宗二分,而据言法云对《涅槃经》却取三段说,分为序、正、流通(灌顶《涅槃经疏》卷一),可见"一家所习之云"的传言不误,法云的释经样式是一贯为三段说的。这实际上可认为是由慧龙、僧印等次第相传的法华学者创始的。这个推定即使不中恐亦不远,就三段法的起源,即使是与之相似的名词在当时佛教之外亦见不到用例,且传译的释经论部也找不到类似的例证。大概随着科经的流行,从序分、由序、序说、缘起、正宗、正说、开宗、嘱累、付嘱、流通等当时常用的科经用语中整理、选择,形成最后的结果就是这三段法吧。不用说"序分"之名从诸经的品名最初多为《序品》上可以得到暗示;"流通"之名,毫无疑问是将经典特有的付嘱流通之说分为独立的一段;"正宗"之名想来是宗要诠义的倾向兴起之后,正说一经宗要的部分被重视,因此而考虑的称呼。《法华经》此三段别然分明,这大概就是认为三段说先在法华学者中间出现的理由吧。总之,这种序、正、流通的三段说绝不是科经样式的原始形态,最初实行的是以实际内容为基准的科判,之后随着着眼点向宗要的转移,生发出以形式为基准的科经方法,最后再归结到三段法,做此断言,当不会错。只是当时序分、正宗分、流通分等"分"的字样还未出现,必要的时候用"段"字,在《十地经论》传译之后受其影响开始使用"分"字。

如上所述,法云出于形式美的考虑,对照着分出序、正、流通三段,每段各自又节为数段,因此一经大分为二十四段,其中有勉强以类似"如是"、"我闻"等短语分为一段的,也有如"化他流通"中六品半才为一段的情况,难免出现粗细实质上的不统一。加之其他一字一句的分节科判,极端说的话,感觉上释经就是所谓的科经。且这不是法云一人的倾向,而是当时建康义学普遍竞相效仿之处,因此最终才有北方昙鸾对此弊风的慨叹。《法华文句》在叙述科经的历史时亦云:

> 佛赴缘作散华贯华两说,结集者按说传之,论者依经申之,皆不节目,古讲师但敷弘义理,不分章段,若纯用此意,后生殆不识起

尽。(中略)天亲作论以"七功德"分序品,"五示现"分方便品,其余品各有处分,昔河西凭、江东瑶取此意节目经文,末代尤烦,光宅转细,重雾翳于大清,三光为之戢耀,问津者所不贵,昙鸾云细科烟扬杂砺尘飞,盖若过若不及也。

就这段文字而言,北齐道凭根据菩提流支翻译的《法华论》对经文进行节目并非不可能,但小山法瑶殁于刘宋,不可能知道《法华论》。因此难以赞同科经在《法华论》传译之后开始,但说科经在刘宋兴起,梁代已堕入烦杂,必定是接近真相的吧。虽然"末代尤烦,光宅转细"是(隋代)智颙(或灌顶)的评论,但北魏昙鸾对"细科烟扬"的嫌恶,恐怕是其萧梁时期来到南方接触到建康的一般学风之时自己率直的感受,他察觉到细科的倾向江南较北地更盛。

(二)玄谈

其次作为疏释时代另一不可忽视的经疏是现存萧梁宝亮奉武帝敕命撰述的《大般涅槃经集解》七十一卷。但关于梁武帝敕撰《涅槃经集解》一事,梁《高僧传》和唐《高僧传》的说法有不同。梁《高僧传》(卷八)称天监八年宝亮奉敕撰《涅槃义疏》十余万言。唐《高僧传》(卷一)则言武帝敕建元僧朗注《大般涅槃经》,成七十二卷。那么到底是宝亮、僧朗各自奉敕作涅槃经疏呢,还是就同一事实的不同记录呢?如果是同一事实的异传的话,当然应该信任作于梁代的慧皎《高僧传》,而摈斥唐代道宣的说法,但是否是同一事实的异传则难以抉择。就现在《大正藏》(第三十七卷)中所存的《大般涅槃经集解》七十一卷看看,此集解有梁武帝序,据此序这是宝亮奉敕撰的《涅槃义疏》。但就此问题还有值得怀疑之处:

(1)武帝在序中赞宝亮之德,敕宝亮撰涅槃义疏[1],直接理解此序的意思的话,只可认为是宝亮奉敕自己撰作了义疏,而很难理解为编辑诸说。据《高僧传》所言也是如此。不过,像僧肇的《注维摩》那样集

---

〔1〕《大般涅槃经义疏序》中言:有青州沙门释宝亮者,气调爽拔,神用俊举,少负苦节……以天监八年五月八日,敕亮撰大涅槃义疏,以九月廿日讫。

罗什、僧肇、道生之说而归于僧肇一人名下，也不是不可能，但如现存的《涅槃经集解》那样，集合数十位法师之说而署名为宝亮的涅槃义疏，真的妥当吗？不得不有如此的疑问。

（2）就集解的体裁论，宝亮之说与其他诸说保有同等的地位。特别是宝亮并没有成为取舍诸说的标准或者始终一贯采用他的说法。若说是奉敕所以要公平无私地会通诸说，那么如果有其他有力的反证的话，这就不能作为否定其他观点的根据。

这样的话，唐代道宣的说法难以摈斥的理由是什么呢？

① 道宣的说法是本于隋费长房撰《历代三宝纪》（卷十一），费长房又称是本于《宝唱录》。宝唱乃梁代人，多次奉诏参与翻译，他记录当时的事，在资料价值上必定不会劣于《高僧传》。

② 道宣所言僧朗撰《涅槃经疏》为七十二卷，现存的《涅槃经集解》为七十一卷，较之《高僧传》言宝亮撰义疏十余万言，《集解》与僧朗的注甚为相近。

③ 道宣所言僧朗，在《大唐内典录》（卷四）及《历代三宝纪》（卷十一）里称法朗，“法朗”在宋、元、明三本（藏经）内作“慧朗”。而在《涅槃经集解》中慧朗之说占有特殊的地位，除去明骏，其他的场合基本上慧朗之说都置于诸说之末，尤其是在列举诸说之后称“慧朗别述曰”，根据于诸说之外另述慧朗的意见这点来判断，慧朗的地位与其他诸人不同。

虽然在内容上就僧宗与慧朗的关系、慧朗与明骏的关系、僧亮的地位等可考究的点尚有很多，但现存《涅槃经集解》非宝亮撰，而是慧朗或依道宣所称僧朗的著作，我想如此断言并不为过。但要赞成这是奉敕撰，还有难以解释之处。武帝下敕让宝亮撰《涅槃经》义疏的同时，又让慧朗撰集解，这殊不可解。从其他的一些方面也可以推定慧朗的集解并不是奉敕撰。《历代三宝纪》中曰：

大般涅槃经子注经七十二卷

右一部七十二卷，天监年敕（宫本作“初”）建元寺沙门释法郎

（三本作"朗"）注。见宝唱录。[1]

这其中，"天监年敕"，宫内省本作"天监年初"，更为合理，但大概道宣所见为"天监年敕"的版本，故在《续高僧传》中记录为"敕撰"吧。因此现存的《涅槃经集解》被认为是梁武帝下敕撰，而从《高僧传》可知武帝下敕撰述的是宝亮，武帝的序也这样说，于是将之（武帝序）冠于卷首，如此自然就忘了集解的作者是慧朗，而归于宝亮了吧。现存《集解》卷首所冠武帝的序言，有：

　　　　大般涅槃经义疏序（明骏案：谨写。皇帝为灵味释宝亮法
　　师制）

一句，从按语可推知明骏已经知道将此序言置于卷首的不妥当。由这一点可知明骏是慧朗之后的人，书中散见的明骏的说法开始是旁书于《集解》之旁，之后同正文混同。因此可知现存的其他各处，明骏的修改之处亦不会少吧。关于《集解》的撰者是宝亮的问题，《佛教大词汇》[2]对此就有疑问，之后佐佐木宪德在《六条学报》上发表《集解》的研究文章，遗憾的是无法看到后者文章的完成。

　　讨论释经样式却反复纠缠于《集解》的编撰者，是因为该书卷首《序》中有"要义八科分别"的名目。《集解》在列举了十法师的名字之后，曰：

　　　　此十法师经题序今具载，略标序中要义、八科如左：

　　　　释名第一　　　辩体第二　　　叙本有第三　　　谈绝名第四
　　　释大字第五　　　解经字第六　　　覆教义第七　　　判科段第八

　　详细列举十法师的序，又根据这些序分析揭示出上面的八科观点，可是如上所述的玄谈分科在法云的《义记》中尚未出现，在后代却非常

---

[1] 《历代三宝纪》卷十一，《大正藏》第49册，第99页。

[2] 凡七册。日本龙谷大学编。系为纪念净土真宗宗祖亲鸾六百五十周年忌日而编纂者。真宗本派本愿寺之佛教大学（今龙谷大学），于明治四十一年（1908）着手编纂，至大正三年（1914）发刊（凡三卷），昭和十年（1935）再刊。其内容搜罗详备，除真宗之有关项目外，广泛记述各宗教义制度之内容、变迁，及佛、菩萨、鬼神等之器具与伎乐、动植物、人名、寺庙等。其收辞目二万三千项、图片一千五百余帧。昭和四十七年加项目索引一卷复刊之。——《佛光大辞典》

流行，因此也就欲知此八科分别是何人所创。我对《涅槃经集解》的内容并未做充分的了解，很遗憾现在未能就此下明确的定论，但循着分科的次第及十法师序的大致叙述顺序，解释"大般涅槃经"经题时分为释名、释大字、释经字三项，且在"覆教义"中统括判教，与宗要相关的义项也均未设置，因为有这些不完备不成熟之处，将其视作梁代慧朗的意见并无不合适之处吧。后来玄谈兴盛起来、达到诸门分别程度的先驱，在慧朗的八科分别及法云《法华义记》的"二智义"和"索车义"中都可以见到。二智义分为以下五重：

　　　　然此品初正明因叹二智彷佛开宗，故今且略述二智，凡有五重
　　　　解释名义第一　　覆明体相第二　　　明名有通别第三　　　明
用有兴废第四　　释会五时经故辩二智不同第五
类似论题的分类法为法云及梁代学者普遍采用，可能《集解》的编者慧朗将之运用到对"序"的分别分析中了。而梁代作为疏释的隆盛时代，对形式整美是如何的绞尽脑汁，从判科段第七中可以看到。

　　接着再考察疏释时代促使佛经解释显著进步的原因是什么。如前所述，对佛典的专门研究从东晋末期开始萌芽，道安在樊沔十五载，每岁常讲《放光经》(《出三藏记集》卷十五)，他特别重视《放光般若》是众所周知的，南北朝以后，在诸部经典中热别擅长一两部的倾向非常显著，佛经的专门性研究迅速进步为对佛教中特殊经典的专门研究。齐中兴寺僧印，虽学涉众典，而专以《法华》著名，讲《法华经》二百五十二遍(《高僧传》卷八)，是其中最显著的一例。又如法云师事的宝亮，据传其讲《大般涅槃》达八十四遍，《成实论》十四遍，《胜鬘》四十二遍，《维摩》二十遍(《高僧传》卷八)。导致讲经似这般兴盛，是因为南朝王室雅好佛理，沉溺其中。毋庸置疑，以梁武帝注经、齐文宣王抄经为首，及其他王室的各种保护奖励，促进了讲经的一大进步。齐文宣王永明中请二十法师弘宣讲授。梁武帝不时于宫中延请学僧、听讲，天监末年下敕于庄严寺建八座法轮，讲者五僧以年腊相次。梁皇太子亦延请十僧入玄圃两夏讲经不止。

这样的结果是出现梁代僧旻《众经要抄》八十八卷、智藏《义林》八十卷、简文帝《法宝联璧》二百余卷等的大型编纂,这些成果不可能不对释经义学的发达进步产生强大的刺激。由于时代的好尚,佛典解释极于精致巧妙,至于竞相得意于形式美的和谐,这正促成南地释经的特色,失却厚重之风、远离真挚的修道精神亦正是其弊病所在。智藏为反抗武帝欲自任僧纲统率的企图,大喝"佛法大海非俗人所知"(《续高僧传》卷五),这显示僧界社会势力壮大使它自身也沾染了严重的世俗气息的同时,其内心对于整个王室都醉心于其中的佛教义学,僧界有自身是权威性存在的自负。因此梁代的佛教虽然在释经的形式的层面达到了顶峰,但同时也在某种意义上清谈化,不能自度亦无益于社会,忘记了禅定的实修,偏于慧学一端,这一流弊无论如何都必须加以匡正。

(三)北地的释风

那么同时期北地的佛教又是如何呢?北魏有菩提流支的传译,被认为在译经史上产生了巨大的影响。菩提流支等传译之前的释经倾向,可以从敦煌发现的零星经疏中窥知,也即《大正藏》第八十五卷"古逸部"中所收录的北魏景明正始年间所写《法华》、《胜鬘》、《维摩》等经疏,虽然这些写本皆残缺卷首,无从得知其玄谈、序题是如何叙述的,但经典正文的解释呈现出科判简约的释风,非常质朴,确为事实。因卷首欠缺故也无法判明经的大科段如何,但《胜鬘经疏》根据《胜鬘经》结尾经文本身列举的十数种经名,将一经的始末分为十四段[1],征于此,认为北地最初的科经亦是以内容为基准当不会错。然而只有《维摩义记》(NO.2768)在这一点的相关内容上有值得注意的问题。在该疏卷末后记以及尾题(奥题)之后,有如下对科判的概括性描述:

景明原年二月二十二日比丘昙兴于定州丰乐寺写讫

---

[1]《大正藏》卷八十五收录敦煌发现的《胜鬘经》注疏三种,分别命名为《胜鬘义记》(NO.2761)、《胜鬘经疏》(NO.2762)、《挟注胜鬘经》(NO.2763),与横超描述相符的是《胜鬘义记》,而非横超文中自称的《胜鬘经疏》。根据末尾的题记,《胜鬘义记》写于正始元年。

维摩义记

诠文始终凡有三段明义,一明序说,二明正说,三明流通说。序为兴致之由,正宗为于现在,流通为于未来,故有三焉。(以下略)

从矢吹庆辉的《鸣沙余韵》中看此处,尾题之后的科判与尾题前的释文笔迹完全一样,因此在此《义记》写出的景明年间,在北地必定已经完全知晓序、正、流通的三段说。北魏景明原(元)年当南齐末年,即法云的法华师僧印去世的第二年。由此,梁代的法云称"一经三段"乃一家所习,而当他刚三十四岁时在北地抄写的《维摩义记》中就早已使用三段说,这给人非常异样的感觉,使人产生三段说的起源莫非在北地的想象。但也有不能得出以上意见的理由。首先这一科判与《义记》的作者并非一人,再则科判的类型是对南方特色的发挥。认为《义记》与科判的作者并非一人的根据是,《义记》的作者在解释了经文、写完尾题之后,再叙述经的科判,无论如何都不自然。"景明原年写讫"之后的内容并不是对他人叙述内容的抄写,而就是写主昙兴附记的自己的观点亦未可知。而且这一科判在最后还有少许解释经题的文字,如果是同一作者的话,在这个位置叙述这样的内容,不太可能。除了外部形式的理由之外,更根本的内容方面的理由是,科判与义记并不相合,广略四段的内容在义记中看不到。因此,可认为义记与科判的作者必定不是一人。我进一步推定这一科判可能是从南方传来。它非常注重形式的整美。图示如下。

正说两段分"略开"与"广演"的广略科法是南地释经的常例,对应于略开的四段,广开亦分四段,这样的对照平行法亦是南方学者喜欢使用的方式,《涅槃经集解》智秀、昙纤、法安、明骏等的科判以及前述法云的科判都是这方面的例证。只就这些分科而言,虽不能说细密,但喜好双美的南方倾向还是可以充分显现出来。

如前所述,景明元年所写《维摩义记》卷末的科判或是从南方输入,考虑到这种影响而将其排除在外的话,其他的《法华》、《胜鬘》、《维

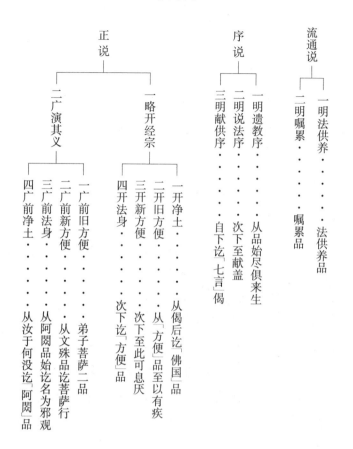

《摩》等疏,即使存在一定的分科,基本上都是以内容为基准的大科,且非常简单,但根据一句句的经文释显其意的态度,与法云的分析经文、以纲目的形式细加科判相比,其实在地释风最为坚实。在这些注疏问世之后,有了北魏时期菩提流支等传译的世亲佛教。世亲佛教首先传入北魏,有地理方面的原因,太武帝攻略了北凉的凉州,打通了通往西域的道路,之后(孝文帝)又从平城迁都洛阳,占据了东西交通的要道。由此,北魏的佛教在接受世亲等人的新思想、教理得到丰富的同时,因菩提流支的译经中有很多归于世亲名下的释经论,这给北方的释经方向带来了某种特异性。在这种特异性中,释经不以讲说为目的而是实践修道的资粮,以及表征理解之方法的发达,都是特别有深意的地方。

菩提流支等人传译的经论很多,其中《楞伽经》、《十地经论》、《净土论》对后世影响最大。对《楞伽经》的研究也好,对《十地经论》、《净土论》的研究也好,北方佛教徒的目的不是讲经制疏,完全是为了获得修道的指针,因此虽然著述、讲经不似南方一样兴盛,但充满宗教情感的运动正在它们中间孕育。虽非菩提流支传译但被认为受其激发的四卷楞伽的研究与禅宗的关系、昙鸾《净土论》的注解与净土教的交涉,都是众所周知的,《十地经论》的研究亦非只是为了满足知识欲,也可以发现像慧光一派那样作为严格的戒律主义者的十地经论研究者。从这个意义上来说,北魏的佛教,比起形式华丽的南方佛教,胜在实质性的坚实,有观点认为作为宗教的佛教的生命是从北魏传承到隋唐的。

北魏的佛教之所以有如此的力量,根本原因在于,体验了太武帝苛酷的灭佛,又受到比起耽溺于思辩的游戏更注重现实生活的道教思想的影响,且北方民众的民俗性格普遍是实际主义的,对南方势力强大之名家豪族标榜的理论思索并无兴趣,菩提流支的传译不外是从外部给予其呈现的机缘罢了。事实是,北魏的释经虽不流行单一的讲说,但新加入的世亲佛教使教理得到丰富,道宠、慧光等人在以此为中心的探求上投注了热情的努力,这就要求对新旧经论在思想上进行整理会通。因此和南方释经的玄谈相似,不再限于一经一论而是从整体的立场上对教理进行组织理解的趋势开始涌动。据《续高僧传》道凭传(卷八),"京师相传,凭师(道凭)法相,上公(法上)文句,一代希宝",这不正好证明前面所言的情形吗。同样据道凭传所言,他"势贵豪家,全无游止,而乞食自资,少所恒习","兼以心缘口授,杜绝文相",可以作为显示与南方佛教不同之北方佛教的刚健一面的一个例证吧。

接下来不得不提一下受菩提流支译经影响的表征理解的方法。如前所述,菩提流支传译的经典中,有《十地经论》、《无量寿经论》、《法华经论》、《金刚般若经论》、(《胜思惟梵天所问经论》、《大宝积经论》)等大量的释经论,多数据称是世亲所作。但从这些论来看,释经的形式并非一定,尤其还有唯识思想的表现方面也有深浅不同的观点,是否真的皆是世亲所作还有可以研究的余地，但以新的唯识思想的立场来解释旧《华严经》中相当于《十地品》部分的《十地经论》毫无疑问唤起了当时学界极力的关心，因此《十地经论》的研究在释经史上也有巨大的贡献。但就科判而言的话，《十地经论》首先诵归敬偈，接着称"十地法门，初地所摄八分"，将讫于初地为止的经文科为八分：

> 一序分、二三昧分、三加分、四起分、五本分、六请分、七说分、八较量胜分

"说分"又分别为"住"、"释名"、"安住"，解释"法云地第十"时，亦言"此地中有八分差别"：

> 一方便作满足地分、二得三昧满足分、三得受位分、四入大尽分、五地释名分、六神通无上有上分、七地影像分、八地利益分

虽然似这般将十地种种分科，但一看就可知将"序分"到"请分"放入初地，"地影像分"、"地利益分"入第十地并不妥当，即使据其他方面，也不能否认分科的基准尚未能确立。因此很难说北魏的佛教徒能从《十地经论》的科判中对科判的新面貌有所发现。如此说来，要说可以从《十地经论》中就释经的倾向态度学到什么的话，最大的收获当是学会以表现象征之意来理解看起来单纯平实明白之经文的叙述说相，以致后来研究《十地经论》的《华严经》研究者将此尊奉为不可回避的方法。这方面的例证这里毋须再赘述，多少读过一些华严经疏的人对此都有感受。

总之，认为释经的关键在于为实践修道提供资粮，与竞于思辩、讲经之妙的南方释经有对立的风格上的差异，同时由于从思想上对新旧经论进行整理，法相研究开始抬头，还学会了在释文中利用象征解释的方法，这些可以确信是北方释经最值得称道的功绩。虽然作为疏释的特征的细密分科在北方还未达到南方的程度，但就其已采用科经这一点，现仍将其归入疏释时代。

六、玄 谈 时 代

接着疏释时代而来的是什么呢？隋代在政治上是南北统一的时

代,从佛教史也可以看作是南北学风综合统一的时代。在释经史上这个时代玄谈的部分异常地发达,因此这里称其为玄谈时代。玄谈时代共通的特色不用说是对玄谈的异常重视。分而言之,释经的发达主要表现在以下几个方面。

(一)玄谈的独立。疏释时代的玄谈,从别行的经序、注经序发展到与疏文合并,同时在内容和分量上都有增大,重视解题的意义。与这种玄谈相比,这个时期的玄谈新加入了唯识思想,论题的种类向更多元的方向延伸,庞大的分量不允许其继续与疏文共行,这些原因导致玄谈开始别行,吉藏的游意、玄论,智颛的玄义等,都是例证。智颛的《法华玄义》与解释文句的《法华文句》,同样都有十卷,与注经时代的注经序的分量相比较,足以了解这一时期对玄谈是何等的重视。又以表示深远幽微之意的"玄"字来命名题目,亦可以察知学者们对玄谈的关心。

(二)玄谈的分科。本来玄谈的内容总体上尚未到分科的地步,但随着玄谈的研究开始多元,分科立题开始变得必要。净影寺慧远的经疏玄谈常分为经分齐、释经题、科判几个部分,虽然也有如《观经义疏》、《温室经义记》那样分为"五要"、"六要"的情况,大体还是简单。但他还作有可视为其他玄谈之类集的大部《大乘义章》,决不能说他轻视玄谈。吉藏细分了三义、四门、五门、六门、十重,智颛确立了"五重玄义"的框架。本来玄谈是从作为经典解题的序起源,解释经题是其根本任务,对疏释时代以来的释经者而言,明了经的宗要、确定该经在诸经中的地位是不可或缺的课题,玄谈时代将其固定为释名、明宗、判教等名目,在诸名目立题之外,又根据教理内容出现经体、经用等重大的研究课题,同时还注意到经的会处、化主、徒众的比较、传译及译经的缘起、经的部党等内容。

(三)释义的方法。在释义方法上,除了沿袭前代疏释和表征两种方法之外,吉藏又提倡依名、因缘、显道、无方四种释义,智颛则力说因缘、约教、本迹、观心四种释。释义的方法也暗中指示了释经者的意图所在,由此生发出的释义的标准及方法比疏释、表征等更进一步,解释经文必须经过对自身的反省熟虑。

（四）三段的科段。序、正、流通的三段法到这个时期已经被学者们普遍承认和采用。吉藏、智顗等皆依据此方法，如吉藏在《法华义疏》（卷一）中说一经三段的十义，以证明应该依据三段说之原因所在。三段说作为定说被广泛应用，除法云影响感化大之外，作为科经形式其自身亦有特别精华之所在。

不过（净影寺）慧远在《涅槃经义记》（卷一）中称，诸人多以三分科判此经，而自己则认为"此经始终，分别有五"，"准依《胜鬘经》等，三分科文（序、正、流通），实有道理"，"此经判文不得同彼，以第五分非流通故，又诸论者作论解经，多亦不以三分科文"，灌顶的《涅槃经疏》亦以五门分科，这是由于《涅槃经》不具备最后以说嘱累流通完结的体裁，原因无外乎学者们都认为《涅槃经》的《后分》并未传来。因此，即使对于慧远来说，也认为将含有嘱累流通文字的经典科为三分，是理所当然的，其《无量寿经义疏》、《温室经义疏》、《维摩经义记》等皆用三分科段，在《维摩经义记》中他还认为即使是"流通之文外国不来"的《华严经》，也是如此。这些都是三分法完全定型的证据。细分的科段在这时期亦更加详细，除沿袭"略说"、"广说"等用语之外，还使用标、释、结及总、别等词。但之前北地常用之大段、子段的方法开始逐渐消失，这是因为隋代学者多是南方出身吗（关于此可参见矢吹氏《鸣沙余韵解说》第32页等）？

（五）博引与批判。在解释经文的时候，引用异说、证以其他的经论，虽在早前的注释时代也能见到，但在疏释时代这点并不发达。然而到了玄谈时代，博引其他的经论显释经文自不必说，罗列其他学派的学说以辨明异同，就每个问题都对诸家异释进行列举、批判的风气非常盛行。博引搜集不单只是为了旁证己说，还为了评破诸说、标榜只有自己的说法才是正确的。换言之博引和批判是为了破邪显正的目的使用，这背后是自己在对学说抱有绝对自信的情况下综合批判古今的异说，存有打造整体的体系性学说的气概。这真可看作是自主见地的巅峰时代。作为这一倾向的必然结果，当时的义学之士未止步于对本宗信仰的某经某论的解释，他们对经论的解释跨越极大的范围，这不外是以自己所拥有的体系学说为基准，对其他经论拥有的思想地位进行指点。疏释时代亦有立足于《成论》解释《涅槃经》、根据《地论》讲《华严经》的风气，但没有出于破邪显正的目的博引异说而批判之。吉藏论辩"关内义"与"山门义"、"新三论"与"旧三论"的相异之处，进而又与山门义中的中假师严格区别的态度，是显著的一例。

以上就玄谈时代释经的特色，列举了五项。为何特别到了这个时期玄谈得到飞跃的发展呢？就这个问题，必须列举的原因有两点，一是南北两地相异学风的结合；一是真谛的南地译经与菩提流支等的北地译经相碰触，要求有统一新旧经论的思想体系。

首先就第一点而言，南方梁代的释经，有像法云《法华义记》中《方便品》的"二智义"、《譬喻品》的"索车义"等对一经的要义进行分科详说，也有《涅槃经集解》那样将《序》分为不同的名目分别概括，南方玄谈的发达是自然的趋势。梁代的琰法师著《成论玄义》十七卷，陈代宝琼作《成实玄义》二十卷、《文疏》十六卷、《大乘义》十卷（《续高僧传》卷七），就是例证。我们都知道智𫖮对《法华经》的科判，与吉藏一样，受惠于法云《法华义记》之处甚多，就是玄谈立题的释名、辩体、明宗、论用、判教五重，也有受惠于法云之处，将其与前面提到的《法华义记》的"二智义"中的"五重"相对照，就一定会同意的吧。同时期北方则盛行大乘义章的撰述。据《续高僧传》，魏洛阳道辩著有《小乘义章》六卷、《大乘义》五十章，以昙无最的《大乘义章》、慧光的《大乘义律章》为开端，北齐法上撰有《大乘义章》六卷、隋代慧远有《大乘义章》十四卷、灵裕有《大乘义章》四卷，现存慧远的《大乘义章》无疑是所有中间杰出的一种。类似玄义和大乘义章的盛行，南北学风接触之后，玄谈越来越受重视、内容上越来越丰富是自然的。

第二点是就译经而言，前有北魏菩提流支传译《十地经论》，带动北地华严经研究的兴盛，后有陈代真谛接着传译《摄大乘论》及世亲的释论(《摄大乘论释》——译者注),两相作用,南北学风的接触,要求在梁代主要经典《法华》、《大品》、《涅槃》等之外新加入《华严经》的再认识、《地论》《摄论》的异同,以及对新旧佛教进行综合批判。这种整体性的佛教问题,或如北地以单独的大乘义章的形式进行研究,或是以玄义、玄论的形式在经疏的玄谈中加以论述。慧远以大乘义章的形式,吉藏与智颛以玄谈的形式,无外乎是他们各自继承了南北相异的学风。

就这样,隋代完成了政治权力上的统一国家,同样佛教统一大成的趋势也日渐清晰。加之文帝网罗南北的人才置二十五众,炀帝搜举名德延请至四道场及日严寺等,梁建康的义学与北齐邺城的义学差不多都集中到长安,还有像静嵩、昙迁那样为逃周武法难去往南方,偶然得到真谛的译经后又北归的,在这些原因的相互影响之下,长安成为义学的中枢。但现在先将思想体系之幽玄宏远这一问题放在一边,不能不对作为玄谈时代第一人的智颛的释经态度加以特书。

确立了玄谈中五重玄义、七番共解框架的智颛,在论述中广引开善、庄严、光宅、数人、成论人、中论师、地师、摄师等,网罗南北新旧的教理自不必论,他用意周到、识见高迈以至为万世之下人们所叹服之处,是其将释经的目的置于修道之下作为根本基础。吉藏在标示其解释《法华经》所依据之处时,称一用关河叡、朗旧宗,二依龙树、提婆通经之大意,三采《法华论》之纲领解释法华(《法华论疏》),将之与接下来看到的智颛的十义相比较,深浅可以就自知了吧。《摩诃止观》(卷七下)称"今有十意融通佛法。一明道理;二究教门纲格;三得四悉昙意开融经论矛盾;四单复具足无言穷逐,破谬执塞着;五对当行位;六于一法门纵横无碍成章;七开章科段;八帖释经文;九翻译梵汉;十一一句偈如闻而修入心成观"(以上取大意)。紧接着又言"唯翻译名数未暇广寻,九意不与世间文字法师共,亦不与事相禅师共,一种禅师唯有观心一意,或浅或伪,余九全无。此非虚言,后贤有眼者当证知也",这虽然有可能不是智颛的原话而是执笔的灌顶记录下来的,但像前述所言十意智颛在解释《法华》的场合就确有实施,上面所引并不只是自赞之言。将文字法师、事相禅师一脚踢开,显示智颛的止观双修,是在南方讲经北方禅修各偏一偏弊风难救的慨叹中发端。前述十意最后有观心的方面,因缘、约教、本迹、观心四种释中也有观心的方面,这一定痛烈地刺激金陵学界,唤起他们觉醒。虽有失于些许冗漫的忧虑,为了体会智颛释经的抱负和信念,再引用下面的文字。《摩诃止观》(卷十上)云:

> 夫听学人诵得名相,齐文作解,心眼不开,全无理观。据文者生,无证者死。夫习禅人唯尚理观,触处心融,闇于名相,一句不识。诵文者守株,情通者妙悟。两家互阙,论评皆失。

据文者生,无证者死,这一喝真有剜人肺腑之感。南讲北禅之中,尤其刺中江南学风的要害。从"南方习禅者寡,发见人微,北方多有此事"一句看,虽然讲禅两偏都要破斥,但暗示南方的讲经必须以北方的习禅来匡正。讲禅兼学以体验证悟是修道的极致,若已达到这个目的的话,讲经也仅仅拥有第二义的价值。关于圆顿止观,《摩诃止观》中有"如此解释,本于观心,实非读经安置次比。为避人嫌疑,为增长信,幸与修多罗合,故引为证耳"之言,对讲经的意义有了完全颠倒的变化,就其语句本身看有些言重,但可以理解为是出于警醒而故作夸张之辞。如此则可以说佛教中释经的意义至此已达于极致,但智颛对这样的时代教学的批判亦所来有自。他的老师慧思虽然之后终于南岳,原来也是北方的修禅者,与拘泥于文句的讲经者之流俨然易趣,法云凭之以"讲经之妙"成名的《法华经》,对慧思而言也只是实践修道的指针。短篇《法华安乐行义》实际上有从慧思的体验中迸发出的法华经观,不是通过释经最终成为一种智力游戏、而是以身体来诠释佛经的信念,从慧思传承到智颛。在这个意义上,若要充分认识智颛的博大还必须先认识慧思的精深。

北方的学者中,好尚习禅、对讲经持虔敬态度的适当例证,可举慧远一人。一直以来,从北齐的慧可、僧稠开始就有喜欢静处山林的风习,在邺都的僧人比起讲经也勤于习禅,慧可到达邺都之时,当地有擅定学、拥徒侣千人的道恒禅师。因此以博学竖难称雄地论学的慧远,据传也一夏学定,以己证问于僧稠,且"讲说之际,每至定宗,未有不赞叹禅那者"(《续高僧传》卷八)的说法,其注目之处亦不仅限于慧远一人,反映了北地佛教的大势。又据慧远传,他在讲前,令大众诵般若波罗蜜咒,限五十遍,以报四恩,这种山林、习禅、持律、行持的倾向态度,与古时东晋道安、(庐山)慧远等人的行仪相应,是戒定慧三学中逐渐消失的东西,而此实为北方佛教坚实的根源。

七、论 释 时 代

隋朝统一南北之学,根据敕命置涅槃众、十地众、大论众等二十五众,被认为是促进了众学的并行研究,唐代玄奘的大部传译再次使长安的学风为之一转。从释经史上的特征看,可将此一时代称之为论释时代。如果就之所以如此称呼的时代性特征说,可举如下两点。

(一)对新译的信赖。据说玄奘三藏不允许讲说旧翻之经(《续高僧传》卷二十五法冲传),玄奘本人确信自己翻译的纯正,所以其门下自然对此也抱有绝对的信赖。从而对新译的信赖变成对旧译的疑惑不信,站在必须以新译为标准对旧译经论进行修正的立场上,要求对佛教教理的再批判。就此就有了与反对意见的激烈对抗,但无论如何玄奘译经的准确性问题成为规定释经学者态度的首要线索。立场不同的旧译系学者与新译系学者,互相之间费尽心思搜集对自派有利的文证,努力会通不利的文证理证。举例来说,《胜鬘经》的《一乘章》中有"若如来随彼所欲而方便说,即是大乘,无有三乘"一句,吉藏等前代法师顺应该经的一乘思想,解之为"佛随小欲方便为说二乘法也。二乘是权,入一乘故。大乘为实,谓无二乘"(《胜鬘宝窟》)〔1〕,窥基等新译学者则将其会通,称"即是大乘,无有三乘。是如来随众生意欲为方便说,故一乘非真了义,乃权说"(《胜鬘经述记》等),这与之前的解释正相

---

〔1〕 以上引文乃根据横超原文翻译,《胜鬘宝窟》原文为:佛随小欲方便为说二乘法也。下会入中,即大无二,摄权入实。二乘入一。

反。像这般相互交锋以致于到了留意句读位置等的程度，伴随着权实思想激化而来的会通是由玄奘新译掀起的论释时代的一大特色。但还是有无论如何也难以会通之处，为了将其最终解释为佛陀说法的前后不同，新译以来到了以"说时如何"来仔细斟酌拣选各种经典的地步。就二种思想相互间根本立场的差异，这只是权宜的解决办法，（争议）无法停止。在译语方面，由于梵语知识的普及，在译经时对旧译语一一批评改正，在弄清楚八转声、六合释等梵语语法书中使用的术语的正确涵义和用法的同时，进一步编纂单行的多种音义书，这些也是基于对玄奘等的翻译的信赖而产生的。

（二）依论释经。先时北地《十地经论》的研究盛行，吉藏为法华经论作疏时也标榜依论释经，但这依然是玄谈时代的释风，充满自主的见解。然而玄奘所译的经论中，以五足、发智、婆沙、俱舍、顺正理、显宗、入阿毗达磨等小乘论开始，直至瑜伽论、显扬论、集论、杂集论、摄大乘论、成唯识论等大乘论，传译了大量的大小乘论典，为此有必要为钻研论部进行大量的努力。而且一直以来除了世亲对《摄论》的释之外，解释经的论很多，但针对论的论释却很少见，玄奘所译中有最胜子的《瑜伽论》释，世亲、无性的《摄论》释，护法的《百论》释等，对论部的解释也已经给予指南，尤其是有护法对与世亲唯识学相关的诸说进行取舍评议之后作成的《成唯识论》十卷，以此对摄取诸经诸论的方向进行约束，留给中国学者自由发挥自己意见的余地就很少了。因此唐初的诸学者在思想内容上摆出依论释经的态度，一心随顺印度诸论师的高判就是理所当然的了。他们涉猎小乘诸论、网罗大小乘诸派之说，尝试弄清楚它们之间的次序关联并大量传译小乘诸论，毋宁说是因为作为新大乘论的唯识思想自身学说的性质倾向决定的。因而在释经的形式方面，先置归敬偈（法藏等）、尊重教起教兴、辩能诠的教体与所诠的宗趣等都被视作释经论的影响，关于经文的科判，玄奘所译亲光之《佛地经论》依据教起因缘分、圣教所说分、依教奉行分，与此相同或类似的名字法相宗的系统尤其多地使用。除去以形式为基准的三分科经，窥基《法华玄赞》的境、行、果,法藏《华严探玄记》的信、解、行、德及十事五对的因果等,都采用以内容项目为基准的科判。其他一般遵循如《法华经论》及《华严经论》等释经论的解释,被认为是解释的权威,运用印度发达的逻辑学因明,也不外是依论释经的一个方面。

这就是唐初释经学界的大势,上面两点贯彻的根本观念是,信赖传译的正确,并由此认为相比于听任此土人师的解释,毋宁听从印度论师的规范指南。我们日本国最澄的《守护国界章》中引法相宗德一的话:

> 夫传佛经教任四依大士,天亲是初依菩萨,何背圣情可随凡情,乖天竺本,依大唐末,岂弘法人哉!(《守护国界章》卷中之中第十一章)

虽然时代较晚,但暗里吐露了法相宗学者胸中萦绕的真信念,我将唐初新译全盛的时代称为译经史上的论释时代也是本于此。而且这一倾向非法相宗独有,对法藏等华严宗学者也如此看待,但对法藏而言,无论如何都要与法相宗抗衡,不可否认他对此扬弃的意图很强烈。众所周知,虽然法藏的十宗判是以窥基的八宗判为基础,讨论从小乘到大乘的思想阶段,从而排列出的,但法相宗的立场却达不到华严宗的第十位。而且法藏还以夸张的口吻宣称,他从三藏地婆诃罗那里听说天竺那烂陀寺有戒贤、智光二大德论师,各宣说瑜伽、中观的学说,这也是为了与法相宗学徒对三藏玄奘及印度论师中瑜伽派学者有绝对信赖的依论释经主义的对抗。虽然法藏对论释学风的省察、作为华严经学者对表征理解的方法的推进、对古代的学风的再认识等方面的倾向非常显著,但是对论释时代特殊的学风虽然有对抗的意图,依难免除,大概归根结底这还是属于论释时代吧。出现这种以译者与论师为至高准则的时代,有前面所述如玄奘所传中有大量的论部、瑜伽思想自身的性质以及对玄奘翻译抱有的自信等原因,但同时,玄奘在十七年大旅行中见闻印度西域各地,亲自师从彼地的大论师,基于对此的信赖,初唐时期不仅是佛教界,朝野上下对玄奘的大旅行亦赞不绝口,人们普遍对印度西域的文物燃起憧憬渴仰的念头也一定对释经的释论大势有煽动之功。

如果稍微夸张地评价的话,交通路线的发达、东南文物的接触等问题在异国起源的佛教经典的解释态度中也有反映,可说是将加强巩固的中国化佛教学大势经过印度西域的洗礼重新回到世界性的国际性的佛教。无论如何,对待释经的根本精神从玄谈时代到论释时代迎来了一次激烈的转变,不得不说是佛教学史上有意味的事实。

八、宗 释 时 代

紧随论释时代而来的,我希望姑且名之为宗释时代。这一时期大致指向中唐以后到宋代之间,与论释时代的界限不太明确。但之所以叫宗释时代,因为与以自主见地解释经典的玄谈时代不同,与遵循仰视印度论师的论释时代也不同,它尊重师资相承的关系,绝对依凭师释、祖释,不可忽视的是"宗"的意思从当初学派学系的"宗"向宗派性教团的"宗"的转移。因此相比于开显经的真意,这个时代的主要着眼点在显扬祖意祖释,不是直接解释经典,而是为了敷衍祖师的解释,对祖师的疏释进行再解释。换言之,开始出现一种称为"末疏"的东西,例如慧沼、智周以下的法相宗学人解释窥基的疏、湛然以下唐宋的天台宗学者解释智顗的疏、宋代华严学者以法藏的疏为解释对象,皆是此类。也有像澄观那样对自己的《华严经疏》再作《随疏演义钞》的情况,但他述作华严经疏的旨趣,是由于慨叹于法藏弟子慧苑未尽经旨、背反师说,为了显扬法藏的正义。但如果要考虑从论释时代向宗释时代转移的过渡性阶段,可以从玄谈和科文中找到痕迹。法藏的《华严经探玄记》首先在玄谈的开始安置归敬偈与总序,又将释经的玄谈开为十门。在开头安置归敬偈,原是模仿《十地经论》、《佛地经论》等印度的释经论,玄谈的十门分别则是从体会了《华严经》尊十之意的其师智俨的《孔目章》"十门料简"中生发出来的。这些总序、归敬偈及十门分别等原封不动地被澄观继承,可说是显示了玄谈的过渡性阶段吧。澄观自己还作《华严经疏》的科文十卷,科判也有十例,也值得注意,天台宗的湛然作科文对智顗的主要著作三大部进行标示,法相宗的诠明也对窥基的

《上生经疏》作科文。制作单行的科判大概也是宗释时代的产物，它是从完全严格地遵从祖意、不容谬释的意图中产生，从对经的科文进而转向疏的科文，这已经是宗释时代的一个标示。而且玄谈时代对理事、体宗用等词的使用，恐怕是华严学徒开始使用的遮情表德的释法，与密教独有的浅略深密的释义法，都为这个时代初传的密教学者喜好使用。释经的用语与所释的思想内容有密切不离的联系亦值得注意。

那么为何唐初论释的学风会转而导向宗释的壳中封闭起来呢？在学问性方面显然三乘家一方与一乘家一方之间有不可逾越的鸿沟，在宗教性方面，净土教及禅宗等着眼于信仰体验的教团发达，传译方面除了密教以外没有崭新活泼的经典的传译，思想上陷于停滞，以及释经的大势在隋及唐初的玄谈、论释两个时代达到极致，要从内容和形式上超越它们被认为几乎不可能，由此对这些前辈的敬畏的念头自然地使宗派性宗团性的气氛自然凝结起来。这对佛教而言结果是喜抑或是悲呢？日本佛教几乎完全继承宗释时代，问题不在于所谓八家九宗十三宗等的宗释割裂之得失，这从我们镰仓的佛教就可以看出来吧。事实上是教团作为社会性的事实兴盛地存在，在思想上佛教游离于现实社会之外，而且作为人失去了社会人的自觉，在专业佛教徒的哲学最高峰与一般庶民低俗的佛教思想理解之间产生悬隔，通观中国释经史，这不正是佛教悲剧性的命运吗？

（王磊　译　李迎新　校）

中唐以前两京地区的东塔宗[*]

——兼及《宋高僧传》之编撰

王 磊

（中山大学哲学系）

一、引 言

五世纪上半期,《十诵律》、《僧祇律》、《四分律》、《五分律》等几部广律先后被传译。之后直到唐初,除了《五分律》较为沉寂之外,其他几部广律皆在不同的地域有各自的传承。道宣在《续高僧传》"明律篇"最后的"论"中称:

> 自律藏久分,初通中夏,则萨婆多部《十诵》一本,最广弘持……澄一江淮,无二奉矣……其次传本,则昙无德部《四分》一律,虽翻在姚秦,而创敷元魏……有宋文世,弥沙塞部《五分》一本,开译扬都,觉寿所传,生、严其笔,文极铺要,深可弘通,郢匠辍斤,流味无日,可为悲夫![1]

《僧祇律》则主要在关中流行。《洪遵传》讲洪遵于隋长安讲《四分律》,初时听者稀少,殆因"关内素奉《僧祇》"[2]。与洪遵同卷的关中

---

* 本文系国家社会科学基金重点项目"中国佛教解经学专题研究"（13AZD031）的阶段性成果。

〔1〕 道宣撰、郭绍林点校:《续高僧传》卷二十二,中华书局,2014年,第885页。
〔2〕 《续高僧传》卷二十二,第840页。

律师灵藏,也是"僧祇一部,世称冠冕"〔1〕,可知洪遵传所言非虚。如此,关中、山东、江左等地区都有各自盛行的戒律传统。

但到隋末唐初,形势为之一变。在河东、河北以外的其他地方,《四分律》逐渐取代《十诵》《僧祇》,成为僧团戒律的主流,唐代以后,在僧团的戒律传承上,《四分律》就一枝独秀。但同时,在四分律宗的内部,又因解释时所依据经论的不同,分为南山、相部、东塔三派。南山以道宣为始祖,相部传自相州日光寺法砺,东塔的创始人是西崇福寺东塔院的怀素。在发展的过程中,此三派的势力亦此消彼长。宋代以后,南山律宗成为主流,以至于后世人们提到律宗的时候,往往特指的是南山律宗,相部、东塔的传承则早已断绝。

一直以来,我们了解唐代的戒律史,最重要的参考文献是北宋初年赞宁负责修撰的《宋高僧传》(以下简称《宋传》)〔2〕,此书的"明律篇"成为宋代以后人们了解唐代佛教戒律史的主要参考文献。我们对唐代戒律史的认识框架,正是构建在《宋传》的基础上。比如对东塔宗历史的叙述,在《宋传》之后,可以说所有的文献都是参考了它的记载。如日本僧人凝然在介绍律宗历史时,讲到东塔,所举诸位传东塔的僧人皆是《宋传》中明确提到学习东塔新疏的僧人〔3〕。即使是现代学者,在研究唐代戒律史时提及东塔历史,仍然是复述《宋传》的记载〔4〕。可以说目前我们对唐代东塔宗的认识,仍基本停留在《宋传》的程度。

但是就僧史著作而言,《宋传》实在算不上优秀,它的记载存在很多问题。首先是具体的史实描述。根据赞宁的上表,《宋传》从开始编

〔1〕《续高僧传》卷二十二,第835页。
〔2〕《宋高僧传》虽然署名是赞宁撰,但根据该书修成之后赞宁的上表和《大宋高僧传序》可知,此书非赞宁一人独撰,乃成于众手,故书中各篇,并不能确定撰者何人。因此本文提及宋传具体篇目,只言某传编撰者。不过虽然不完全负责各传具体的撰写,作为编纂的总负责人,在入传人物的选择以及相关人物的评价等方面,仍然还是能反映赞宁个人的意志。
〔3〕凝然:《律宗纲要》,《大正藏》第74册,第16页。
〔4〕如佐藤达玄:《四分律宗の展开》,《印度学佛教学研究》第21卷第2号,1973年;杨曾文:《佛教戒律与唐代律藏》(《中国文化》1990年第3期)、温金玉:《中国律学源流》(《中华佛学学报》第12卷,1999年)。

纂到最后完成,前后仅六年时间。为了尽快完成,《宋传》里大部分僧人的传记都是抄撮他们的塔铭碑志,再杂以其他的一些记载混编而成。[1] 更严重的是,在抄撮时经常出现错误,如对原文裁剪不当,辞不达意的情况偶有出现,对引据的史料有很多误读。又因为时间仓促,材料收集不全,有些僧人虽然有碑志塔铭,《宋传》却不曾利用,称其生平不详,只以个别佛教文献中记载之一二佚事充数。

除了基本史料的错误之外,编纂者赞宁的身份对《宋传》叙事模式的影响更值得关注。作为此书的主要编纂者,《宋传》实际反映了赞宁以及他身处的南山律宗对唐代佛教史的看法。"明律篇"的编纂过程,可以看到他作为宗南山律的律师对唐代戒律史的一种重新塑造。当然在一些情况下,这种塑造并不是有意为之。突出南山律在唐代戒律史上的地位,而刻意淡化甚至是贬低相部、东塔二宗的地位,是"明律篇"非常鲜明的特色。比如在入传人物的选择上,南山的律师在人数上远超东塔、相部二宗。在人物的评价上,也明显偏向南山律师,如在持戒的问题上,在道宣的传记中借善无畏之口称赞道宣是"秉持第一"[2],而在怀素传中则特意强调怀素自称"律行多缺"。《宋传》的这种叙述,给读者造成了一种错觉,让人们认为在唐代的戒律史传承中南山占绝对的主导地位,东塔相部则无关轻重。

因此,我们必须跳出《宋传》的框架,对唐代的戒律史重新认识。一方面是重新检讨《宋传》对史料的运用。《宋传》所依据的史料,有相当一部分现在还能够见到,将《宋传》的记载和这些原始史料进行对读,可以纠正其在史实叙述上的错误。同时,经过几十年的发掘,还有很多《宋传》没有利用的新材料重新问世,这些新材料,可以填补《宋传》唐代戒律史叙述中刻意遮蔽的部分,使我们对东塔、相部二宗的历史有更深入的了解,进而重新认识唐代的戒律史。本文希望循着这个

---

[1] 赞宁:《进高僧传表》,《宋高僧传》,第1页;陈垣:《中国佛教史籍概论》,上海书店出版社,2002年,第32页。

[2] 赞宁撰、范祥雍点校:《宋高僧传》,中华书局,1987年,第330页。

思路,对中唐以前东塔的历史重新评估和书写。

二、《怀素传》与早期东塔宗

(一)《怀素传》疏解。怀素是东塔宗的创始人,我们要了解东塔宗,自然应该从怀素开始。目前关于怀素的主要文献是《宋高僧传》的《怀素传》。不过就如前面对《宋传》的评论,这篇传记在材料的使用上非常不谨慎,对所依据的原始材料存在非常严重的误读。要了解唐代东塔的历史,我们首先需要对《怀素传》所依据的史料及相关记载做一番正本清源的工作。

《怀素传》篇幅不长,不过这不长的篇幅,依据叙述的内容,也大致可以分为三个部分,这三个部分又分别依据了不同的史料。传记一开始是对怀素生平的介绍,从他出生、受戒出家、平生著述一直到最后的圆寂。这种叙述的模式,以及叙述语言的风格(如对其圆寂时祥瑞的描写),都与当时墓志、塔铭的写作模式极相似,而《宋传》在编纂时确实利用了大量的僧人碑志、行状等材料,《怀素传》的这个部分当是节录自怀素的碑志塔铭[1]。

根据金石目录,怀素的碑志主要有以下两种。南宋人陈思编《宝刻丛编》在卷七"京兆府长安县"下著录有怀素律师碑一方:

> 唐西崇福寺怀素律师碑
>
> 唐国子司业崔融撰,安国寺沙门行敦集王羲之书。怀素,西崇福寺僧也,姓范氏,长安人。碑以开元六年二月立。(《集古录目》)

从最后的注释可知陈思此条是采自欧阳棐编《集古录目》[2]。南宋末年无名氏编《宝刻类编》卷三又著录有怀素塔铭:

> 崇福寺怀素塔铭

---

[1] 《宋传》中很多僧人传记都采取这种叙述方式,而且很多最后还特别说明撰写碑志者是何人,明显是节录碑志成文。怀素传虽然对撰碑之事只字未提,但有参考却是无疑的。

[2] 丛书集成初编本,第 200 页。

苏味道撰，元鼎（原注：一作韦鼎）书。开元十四年立。京兆。[1]

此二碑，一为崔融撰，一为苏味道撰，僧人去世之后，让不同的作者既撰塔铭，又作碑文，在唐代是普遍的情况。《宋传》只言怀素俗龄七十四，法腊五十三，而不及卒年，陈垣根据《开元释教录》"贞观十九年出家"的记载，推算他卒于武周万岁通天二年（697）[2]。但他的碑立于开元六年（718），塔铭则立于开元十四年（726），可知他去世之后很多年才立碑、立塔铭。崔融所撰碑立在长安县，怀素生前所处西崇福寺在长安街西休祥坊，正属长安县，碑可能就立于他生前所住寺院。塔铭也在京兆，可能是立于塔所。但此二碑均已亡佚，崔融所撰碑文宋代仍存，宋人潘自牧所撰类书《记纂渊海》卷一八三、一八四摘录了碑文中几句文学性的话语。[3] 除此之外，我们对两块碑的具体内容并不了解。对怀素生平的了解，目前能依靠的材料主要还是《宋传》。

虽然取材自怀素的碑文塔铭，但这部分的记载，可商榷之处很多。这里先指出一点，其他留待下文再谈。传文中称怀素"受具已来，专攻律部。有邺郡法砺律师，一方名器，五律宗师，迷方皆俟其指南，得路咸推其乡导，著疏十卷，别是命家。见接素公，知成律匠。"据《开元释教录》，怀素贞观十九年受具出家，而法砺贞观九年就已经去世[4]，怀素在受具后何以能够见到法砺？这一不实的记载不似是《宋传》编纂时所伪造，而可能是承袭自塔铭碑文。这大概是撰写碑文塔铭之人为了彰显怀素而假托。这种借某一人物之口授记一位僧人的行为在佛教中非常常见，据传佛陀在降生之后就被预言将来会觉悟成佛。《宋传》的道宣传也有类似的例子，传文中记录了道宣与善无畏的一段佚事，但这也犯了时空错位的毛病，赞宁显然发现了这一错误，但他并没有因此放

---

〔1〕《石刻史料新编》第一辑第二十四册，第 18439 页。据北宋朱长文《墨池编》（《四库全书》本），塔铭的书者元鼎，是怀素的孙弟子。

〔2〕陈垣：《释氏疑年录》，广陵书社，2008 年，第 49 页。

〔3〕参见陈尚君：《全唐文补编》卷二二，中华书局，2005 年，第 268 页。

〔4〕《续高僧传》卷二十三，第 860 页。

弃这段记载,而是在传记末尾的系词中解释说这可能是另一位我们不知道的善无畏。

在介绍了怀素的生平之后,《怀素传》着重介绍了怀素的戒律思想,主要着眼于他创立的东塔宗与当时并存的南山、相部二宗的差异。唐代四分律三宗中,怀素的东塔最后出,他对旧有的相部、南山二宗都提出了异议。怀素提出自己的新见解,主要通过对《四分律》的疏解来完成。根据《宋传》的叙述,怀素对《四分律》的疏解是以说一切有部为宗旨,与相部宗《成实论》不同。[1] 相对相部法砺的《四分律疏》,怀素的疏解被称为"新疏"。在这个部分,《宋传》还直接引用了怀素自己对南山、相部二宗的破斥,"相部无知,则大开量中得自取大小行也。南山犯重,则与天神言论是自得上人法也",无知、犯重,都是非常严厉的批评[2]。这部分的叙述显然参考了怀素自己的著作,不过这段直接引用,原话不见于怀素现存的著作中,《宋传》可能另有所本。在现存据传怀素所撰的《四分律开宗义记》中,我们可以找到类似的叙述。

《怀素传》最后一小部分与怀素本人无直接关联,但因涉及怀素之后其所作《新疏》的传播,所以《宋传》采录是没有问题的。但是这段记载又出现了非常严重的错误。如果说前面怀素与法砺的记载是他们沿袭了别人的错误,这一部分则彻底暴露了《宋传》抄撮史料时的随意态度,这段珍贵的史料因他们的随意疏忽被张冠李戴,面目全非。

我们先来看《宋传》的记载:

> 大历中,相国元公载奏成都宝园寺置戒坛,传新疏,以俸钱写《疏》四十本,《法华经疏》三十本,委宝园光翌传行之。后元公命如净公为素作传。[3]

---

[1] 唐代圆照在《贞元续开元释教录》中也如此区分东塔与相部。(《中华大藏经》第65册,第207页)

[2] 显然,赞宁所代表的南山一系对怀素的批评非常在意,在《道宣传》的末尾,赞宁特意以系词的方式对怀素的批评做了回应。

[3] 《宋高僧传》,第335页。以下所引《怀素传》内容均出于此,不再出注。

元载《旧唐书》有传[1]，代宗大历年间他担任宰相，正是权力达到顶峰之时，这样一位重要的人物亲自设立戒坛、舍俸写新疏，积极地推广东塔宗，自然对东塔的传播有极大的推动。[2]《宋传》的这段记载也因此被后世的研究者不断征引，以证明东塔宗在中唐时期的广泛影响力。但元载长期在长安，为何要施舍俸禄在成都的寺院抄写《新疏》？是不是《宋传》的记载有误？要弄清楚这个问题，我们必须找到这段记载的来源。这段话的史料来源，《宋传》直接给了提示。在前面所引的那段话之后，紧接着的一句话是：

> 韦南康皋作《灵坛传授毗尼新疏记》，有承袭者，刊名于石。

其辞酉丽，其翰兼美，为蜀中口实焉。

《宋传》对元载的记载，就是出自韦皋的《灵坛传授毗尼新疏记》（以下简称《新疏记》）。但以往的学者在引述《宋传》这段记载时，似乎都不曾注意到这句话。大概因为韦皋在历史上不以文章闻名，大家对他的文章不熟悉，所以不知《宋传》这句话的具体所指，在理解上出现了偏差。比如现在通行的中华书局点校本《宋高僧传》，在此句的断句标点上就出现了很严重的错误。点校者对此句的标点是：

> 韦南康皋作灵坛，传授毗尼新《疏记》，有承袭者，刊名于石。

根据此标点，点校者认为这里是在叙述元载之后韦皋也为传播怀素东塔而设置戒坛，但这样理解的话，则紧接其后的"其辞酉丽，其翰兼美"

---

[1] 根据《旧唐书》，天宝初年，玄宗下诏求明庄、老、文、列四子之学者，元载策入高科，授新平尉，自此步入仕途。肃宗时，李辅国秉政，元载由户部侍郎、度支使并诸道转运使拜同中书门下平章事，成为宰相。肃宗晏驾，代宗即位，元载又迁中书侍郎、同中书门下平章事，加集贤殿大学士，修国史，又加银青光禄大夫，封许昌县子。之后十来年，元载一直把持朝政，权倾一时。直到大历十二年以贪渎赐死。（《旧唐书》卷一百一十八，第3409—3413页）

[2] 根据《旧唐书》和《通鉴》的记载，元载笃信佛教。他任宰相时，和当时的朝臣王缙、杜鸿渐等人积极地推行佛教。《通鉴》卷242记载：始，上（代宗）好祠祀，未甚重佛。元载、王缙、杜鸿渐为相，三人皆好佛……载等每侍上从容，多谈佛事，由是中外臣民承流相化，皆废人事而奉佛，政刑日紊矣。（《资治通鉴》，中华书局，1956年，第7196—7197页）

一句就漫然无归,不知所属了。[1]

无独有偶,在目前韦皋传世的文章中,我们确实发现了这篇《新疏记》,在《全唐文》收录的韦皋文章中,有一篇《宝园寺传授毗尼新疏记》[2],当就是《宋传》提及的《灵坛传授毗尼新疏记》。据此文,这篇《新疏记》作于贞元十八年(802),此时韦皋任成都尹、剑南西川节度使[3],他作此文主要是记录他自己在成都宝园寺推行怀素新疏和法华经疏的事迹。文章作成后刻成石碑,置于宝园寺。该碑南宋时尚存,王象之《舆地碑记目》卷四载:

> 韦皋宝国寺记　正元中记
>
> 段文昌元和中律师铭　共为一碑,见在府学。[4]

这里的《韦皋宝国寺记》,指的就是《新疏记》。“国”乃“园”字之误,“贞元”避宋仁宗讳作“正元”。根据王象之的描述,此碑当时存于成都府学,但原石在之后的某个时间被毁。后来的金石著作,虽然仍著录此碑,但都是根据王象之的记录。[5] 幸运的是宋代袁说友等人编纂《成都文类》时全文收录了此文[6],标题作《宝园寺传授毗尼新疏记》。明代所编《全蜀艺文志》也全文收录,标题与《成都文类》同[7],清代编《全唐文》,又再次收录。

读过韦皋的《新疏记》之后,我们可以确认无疑《怀素传》对元载一

---

〔1〕 现在通行的《宋高僧传》整理本乃范祥雍先生点校,他在点校时,多用唐人碑志史料对勘,为我们阅读《宋传》提供了很大的便利。不过因范氏本人并不专研唐代佛教史,对唐代佛教不熟悉,标点时出现了一些讹误,除本文指出的这一处,其他尚有数处,读者在阅读时须留心。

〔2〕《全唐文》卷四五三,中华书局,1983年,第4630页。

〔3〕 根据《旧唐书》韦皋本传,德宗贞元元年韦皋“拜检校户部尚书,兼成都尹、御史大夫、剑南西川节度使”,之后直到去世,前后在蜀二十一年。(《旧唐书》卷一百四十,第3822—3826页)

〔4〕 粤雅堂丛书本《舆地碑记目》,《历代碑志丛书》第二册,第41页。

〔5〕 南宋末《宝刻类编》、清代编《四川金石志》、《成都金石志》(两书均见《石刻史料新编》第三辑第14册)等,均以王象之的记载为准。

〔6〕 袁说友等编、赵晓兰整理:《成都文类》卷三十六,中华书局,2011年,第693—695页。

〔7〕 周复俊编撰:《全蜀艺文志》卷三十八,四库全书本。关于《全蜀艺文志》的编者,一说是杨慎,且此观点更为学界接受,但四库本题名周复俊,故此处仍之。

事的记载确实是来自韦文。《宋传》所记载的在宝园寺建戒坛、舍俸禄写《新疏》等事，都可以在韦文中找到。但是，这些行为都是贞元年间韦皋在成都所为，与元载并无关系。韦皋在成都期间，异常亲近佛教，他现在存世的文章中好几篇都与佛教有关，且都作于其任职成都期间。从这些文章看，他本人非常积极地参与各种佛事活动，如贞元二十年以俸钱建宝历寺。[1] 贞元十八年，他以自己的俸钱"缮写《新疏》四十本，兼写《法华疏》三十本，命宝园律大德光翌总而行之"[2]，而他的《宝园寺传授毗尼新疏记》，正是为了记录这一段事迹。显然，《宋传》犯了张冠李戴的错误，误将韦皋之所为安在元载身上，但自《宋传》出，后之论东塔者，皆只知有元载，而不复知韦皋于《新疏》传播之功。[3]

（二）《新疏》之创作与东塔宗。韦皋的文章纠正了《宋传》的低级错误，但韦文的价值不仅于此，它还有很多关于东塔的信息是《宋传》所未提及的。韦皋写这篇《新疏记》，主要是为了记录贞元十八年他在成都宝园寺舍钱写怀素《新疏》的事迹，在记录此事之前，他花了很大的篇幅介绍《新疏》作成的过程以及作成后传播中的一些细节，其中元载也扮演了重要的角色。而这些内容，多数未见于《宋传》。

除了韦文，关于东塔《新疏》还有一种重要的文献未为前人所道及者，是初唐著名才子王勃为怀素《开四分律宗记》所作的序言。王勃的文集在宋代就已经散佚，此序因被《文苑英华》收录而得以流传至今[4]。该序言中道及的很多《新疏》创作细节，可以与《宋传》及韦文对观。以下就以这两篇文章为线索，对从怀素到贞元年间东塔的历史，尤其是《新疏》作成和传播的历史做一些钩沉。

1. 怀素作《新疏》。《宋传》在介绍怀素生平时，关于他创作《新

〔1〕 韦皋：《宝历寺记》，载《成都文类》卷三十六，第 696 页。

〔2〕 《成都文类》，第 695 页。

〔3〕 杨曾文《佛教戒律与唐代律藏》一文，对《怀素传》韦皋一句的断句正确，但是他没有将《怀素传》的记载与韦皋的文章相对比，所以在叙述上仍然延续了《怀素传》的错误。

〔4〕 《文苑英华》卷七三六，第 3831—3832 页；清代蒋清翊注《王子安集注》卷九，上海古籍出版社，1995 年，第 279—288 页。此序提到怀素时称"西京太原寺素律师"，但现存的《英华》明隆庆刻本"素"误作"索"，现行诸本《王子安集》皆从此刻本辑出，此误亦沿袭未改。

疏》一事，只有以下简单的一句话，"咸亨元年（670），发起勇心别述《开四分律记》。至上元三年（676）丙子归京，奉诏住西太原寺傍听道成律师讲，不辍辑缀。永淳元年（682），十轴毕功。"这里提到了几个时间点，根据王勃《四分律宗记序》，多有可以订正之处。首先，关于怀素从弘济寺迁入西太原寺的时间，《宋传》称是在上元三年，在此之前他在邺郡从法砺学习《旧疏》。但据王勃《序》，"咸亨之祀〔1〕，椒房谅阴。舍槐里而构庵〔2〕园，因金穴而开银地。伽蓝肇建，号曰太原。明阳所及，咸收时望。自价隆康会，誉重摩腾，竺法猷之苦节，支道林之远致，将何以发明禅宇，光应纶言？律师乃以道众羽仪，释门栋干，粤自弘济，来游太原。经行得人，于斯为盛。"〔3〕可知怀素从弘济寺迁入太原寺当是在咸亨元年即太原寺创立之时〔4〕，而非《宋传》所言上元三年。

在迁入西太原寺之后，王勃的序言接着说道，怀素"既而惧六和之紊绪，悼三聚之乖宗。稽法令（当作领）之疑问，讨惠猷之旧业。纲维近护，吞含觉明。原始要终，探赜索隐，芟夷疣赘，剪截骈枝，收绝代之精微，诘往圣之纰缪，葭灰屡变，槐燧骤迁。开遮持犯之异同，废立止作之轻重。故以该象牙之扇，穷贝叶之图，钻研刊削，五载而就，名曰《开四分律宗记》，凡十卷三十七万六百三十言。"据此，怀素的《开宗记》，创作时间共花了五年。从他迁入西太原寺的咸亨元年算起，大概在上元三年前后完成，而非《宋传》所言的永淳元年。王勃于此未明言，序言的写作时间也不明确，但根据杨炯的《王勃集序》，王勃去世于上元三年〔5〕，其为怀素书作序的时间只可能在此之前，而不可能晚至永淳元年。又据王勃年谱，他咸亨二年自蜀地归京，上元二年往交趾省父，当年八月就已经到淮阴，他为怀素书作序只能是在此期间，我判断他的

---

〔1〕《王子安集注》"祀"作"时"。
〔2〕此字，明刻本《英华》为（上竹下巷），注曰"一作巷"，《王子安集注》作"庵"，今从之。
〔3〕《文苑英华》卷七三六，第3831—3832页。
〔4〕《长安志》卷十，光绪十七年思贤讲舍刊本；崔致远《唐大荐福寺故寺主翻经大德法藏和尚传》，《大正藏》第50册，第281页。
〔5〕《文苑英华》卷六九九，第3609页。

这篇序言应该创作于上元二年前后。

《开四分律宗记》的卷数，王勃《序》称是十卷，《宋传》言"十轴功毕"，当是十卷。但北宋时期高丽义天编《新编诸宗教藏总录》，他所见到的《开宗记》，却是二十卷。[1] 镰仓时期日本僧人凝然的《云雨钞》一书在列举《四分律》疏钞时，亦有怀素《开宗记》，在书名后凝然以小字注曰"开为二十卷"，他所见的本子与义天所见卷数相同[2]。现在《卍续藏经》中所收录的《四分律开宗记》，虽称是十卷，但目录中，每卷又拆分为本、末两卷，总数正得二十卷，这应该就是凝然所谓的"开为二十卷"，义天所见的二十卷本子是否也是如此？《宋传》称怀素的《新疏》"一家新立，弹纠古疏十有六失焉，新义半千百条也"，他弹纠的古疏就是法砺《四分律疏》。怀素指出此疏十分中六分皆有过失，并由此提出大量的新义。

但怀素对《开四分律记》并不满意，又将其引申扩展为《开四分律宗拾遗抄》。王勃《序》称："律师又以为仲尼述《易》，申妙典于《系辞》；元凯谈经，托余文于《释例》。爰因多暇，更辑旧章，牢笼秘密之宗，发挥沉郁之旨，名曰《开四分律宗拾遗钞》，凡十卷四十余万言。"韦皋的文章也提到怀素在完成《开宗记》之后，"犹惧玄源未畅，妙理或遗，引而申之，作《开四分宗拾遗抄》，轴盈廿，言成百万，足使迷云开而圣旨明，邪网坏而群心定。"书名与王勃《序》一样，但"轴盈廿"，卷数多出十卷，字数也多了一倍多。《宋传》在罗列怀素著作时，也提到他有《新疏拾遗抄》二十卷，卷数与韦皋的记载相合。至于卷数和字数的差异，我想大概可以这样理解。王勃写序是在上元二年，根据前面的推算，此时《开四分律宗记》也才刚刚完成，而《拾遗抄》的创作则是在这之后，到王勃写序时，时间尚短，大概此书尚未完成，韦皋文章则记录的是此书最终完成时的情况。

---

〔1〕《新编诸宗教藏总录》卷中。义天在《总录》各卷之前皆注明是"海东有本现行录"，书中所录各种章疏义天均见到了原本，非得于见闻。

〔2〕《大日本佛教全书》第105册，第45页。

《开四分律宗记》作成后在汉地就逐渐亡佚了，但在日本却有保存。卍续藏经中收录有传怀素撰《四分律开宗义记》[1]，这应当就是《宋传》提到的《开四分律记》。不过《拾遗抄》在后世却少有人提及，除了上面三种文献，汉地的经录皆未提及怀素有此种著作，要知道更多的信息，我们还须依靠日本和高丽记载。九世纪末来唐的日僧圆珍从汉地带回的经论中，就有《开四分宗拾遗抄》十卷，标明属东塔一宗。义天《新编诸宗教藏总录》中，又有"《拾遗抄》一卷……怀素述"[2]。义天见到的《拾遗抄》已仅止一卷，可知当时此书已大部散佚了。

义天北宋时见到的《拾遗抄》就已是仅剩一卷的残本，如今更是连这一卷也见不到了。《拾遗抄》原书虽已亡佚，不过在当时其他僧人的著作中有对此书的徵引，比较集中的是在相部宗僧人定宾的《四分律饰宗义记》。定宾是唐代相部宗的著名僧人，但《宋传》并未为其单独立传，只是附见于怀素传。而和他有关的文字其实只有一句：

> 开元中，嵩山宾律师造《饰宗记》以解释之（按：指怀素新疏），对砺旧疏也。[3]

如果只是以字面的意思理解，定宾造《饰宗记》是解释怀素的新疏，他当与怀素是同一立场，但事实并非如此。和定宾同时代的鉴真，曾谈及定宾作《饰宗义记》的旨趣。据鉴真所言，"爰有定宾律师，三藏洞闲，操诸疏家，唯法砺疏，雅合宫商状，然文义其（甚？）难，随文作《饰宗义记》九卷"，"将问砺疏学者，因于后世，倘遇智人反徵，更何能对？

---

〔1〕《卍续藏经》第一辑第六十六套第四册。

〔2〕《韩国历代文集丛书》第23册，首尔：景仁文化社，1999年，第58页。

〔3〕《宋高僧传》，第335页。虽然高僧传对定宾的文字寥寥，但他在唐代佛教史上实有重要地位，已经有学者做过专门讨论，如师茂树：《相部律宗定賓の行狀・思想とその日本への影響》，《戒律文化》2，2003年，第95—112页；Antonino Forte（富安敦），"On the Origins of the Great Fuxian Monastery 大福先寺 in Luoyang"，*Studies in Chinese Religions*，1：1，46‐69.

是故今福先宾律师作《饰宗义记》，大破素疏"。[1]　可见，定宾作《饰宗义记》主要正是为了破怀素新疏，扶法砺旧疏。鉴真与定宾是同时代人，请鉴真东渡的两位日本僧人荣叡、普照，更是在洛阳亲从定宾受戒[2]，鉴真对定宾的叙述应该是可信的。《宋传》称是"解释"，该表述在语义上是不严密的。根据凝然的记载，定宾还有《破迷执记》一卷，也破怀素新疏。[3]

《破迷执记》久已亡佚，《饰宗义记》卷二到卷十现在则仍然存世，确实如鉴真所言，定宾在此书中，很多地方都先引述怀素的说法，再破斥之。一般怀素的说法，定宾并不指明是出自何书，都以"崇解"、"崇云"的方式标注[4]，不过卷三、卷四有三处地方明确提到《拾遗抄》。卷三在解释下口食、仰口食等语词时，最后称"崇《拾遗抄》大有破斥，无暇繁言"，卷四的两处则涉及《拾遗抄》的具体内容。第一处曰：

> 《拾遗抄》云：夫论二空无相，非凡所觊，岂有身念位中已得成就？又人空者，声闻所修（广说乃至）此违入道次第，亦乖大小宗途。今详：身念引起无相，谁言身念即是无相。又复法空出自《成实》，龙猛菩萨亦有明言。[5]

第二处曰：

> 《拾遗抄》云：斯等皆欲配数相当，而不寻究是非道理。然十一支道，意旨全殊。谓是逆观十二缘起等。今详：若言逆观十一，

---

〔1〕　鉴真在世之时，弟子思讬就曾为其作传，称《大唐传戒师僧名记大和上鉴真传》，但此传现在已经亡佚，只有部分佚文散见于后世的著作中。这里所引鉴真对定宾《饰宗义记》的介绍，就是佚文中的一部分。可见真人元开撰、汪向荣校注《唐大和上东征传》之附录。（中华书局，2000年，第111—112页）

〔2〕　宗性：《日本高僧传要文抄》卷三"荣叡传"抄引《延历僧录》，《大日本佛教全书》第101册，第67页。

〔3〕　凝然：《律宗纲要》卷下，《大正藏》第74册，第16页。

〔4〕　在《饰宗义记》中，在引述各种说法时，常出现"崇云"、"崇解"等词，这里的"崇"，指的就是怀素，因为定宾所引述"崇"的说法，大都可以在《四分律开宗义记》中找到，有些地方还将崇与《拾遗抄》并称，显然崇指的就是怀素。而之所以用"崇"指代怀素，大概是因为怀素所居西太原寺改称崇福寺。在唐代墓志中，我们可以见到以"崇福疏"指称怀素《新疏》的情况。

〔5〕　《四分律疏饰宗义记》卷四末，《卐续藏经》第一辑第六十六套第一册，第100页。

何因不说顺观十二。〔1〕

在这两处,定宾都引了《拾遗抄》的说法,"《拾遗抄》云"以下到"今详"之前,都是在引述《拾遗抄》的观点,而"今详"以下则是定宾对《拾遗抄》的破斥。除这三处之外,定宾书中还有数处地方引用或提到《拾遗抄》,但书名都略作《拾遗》。

2. 元载命如净删节《拾遗抄》。对于怀素之后《新疏》的传播情况,韦皋一文提供了很多的信息。讲完怀素,韦皋将大量的篇幅给了元载。元载没有在成都舍钱写疏,但在韦皋的叙述中,元载于《新疏》传播中扮演的角色远比此重要,他成为怀素之后东塔得以向外传播的关键人物。大历年间,正值权力顶峰的宰相元载,对《新疏》情有独钟,立志要大力推扬。他要推行怀素的《新疏》,但是怀素的二十卷《拾遗抄》过于繁复,使僧徒望而却步。因此元载在推行《新疏》之前,先让荐福寺僧人如净对怀素的《拾遗抄》进行了删削。

> 然而学者尚以神分于广用,目倦于勤求。道将得而心疲,理未究而意殆。广文所以存义,文繁而义亡,简言可以趣寂,言约而真契。大历中,故相国元公以大臣禀教,授嘱弘持。虑水杂甘露,味亡纯正,爰命荐福寺大德如净,以为:"素公之疏传矣,五师之旨明矣。意已得而象可忘,鱼其获而荃奚设?将删彼证谕,独留精真,使理契惟一,行归无二,法筵清众,匪劳而着功,其文弥冥,其道弥广,不亦善欤!"大德乃归心契冥,精启圣意,故繁而必削,简不遗真。可以趣玄踪,足以端觉行。

"删彼证谕,独留精真",也就是将《拾遗抄》中论证性的文字删除,只保留精华,重新形成了一个精简的文本。如净在《宋传》中有传,但《宋传》对他的记载主要集中在大历末年金定四分律疏一事,在这次金

---

〔1〕《四分律疏饰宗义记》卷四末,第103—104页。

定中如净是主要的主持者。[1] 除此之外，对其生平经历，我们知道的并不多。元载让怀素删削《拾遗抄》一事，在《宋传》中也未提及。

删削之后，元载"由是上闻，俾施行乎天下"，可见元载推行的正是如净删削之后的节本。韦皋在后文提到"荐福新疏，精而易行"，荐福寺是如净居住的寺院，怀素未曾在荐福寺住过，韦皋所指无疑就是如净删节的东塔新疏。元载所在的代宗时期，上距怀素的高宗时期已经几十年的时间，韦皋的贞元年间更是长远，都与韦皋所称"精义初传"不符，这里指的只能是如净删削后的新本。韦皋在宝园寺抄写传播的也是如净删削之后的"荐福新疏"。所以据韦皋的描述，在唐代东塔的历史上其实存在两个"新疏"。怀素的四分律疏相对法砺的相部疏是新疏，如净删节之后的荐福新疏则是东塔宗内相对怀素疏的新疏。

如净删削怀素注疏，在东塔一宗的历史上必定是非常重要的事件，但遗憾的是，除了韦皋此文，我们未见其他文献如僧史和经录对此事有任何记载。更为奇怪的是，《宋传》的编纂者既然参考了韦皋的文章，为何在怀素或如净的传记中对如此重要的事件也只字不提呢？只因他们对韦皋的文章又产生了误读。韦皋《新疏记》中"爰命荐福寺大德如净，以为素公之疏传矣五师之旨明矣……不亦善欤？"一段，"以为"以下一段话的主语是元载，可以看作是他对如净的付嘱。"素公之疏传矣，五师之旨明矣"一句，"传"应该作流传、传播解，此句主要是想表达元载对怀素新疏的推崇，《怀素传》的撰者却将"爰命荐福寺大德如净以为素公之疏传矣"断为一句，将"传"理解为传记，认为是元载命如净为怀素个人作传记。所以《怀素传》称"后元公命如净公为素作传"，在《如净传》中，又再一次强调"盖以国相元公载笃重素公，崇其律教，乃命净为新疏主作传焉"[2]。在传世文献和金石碑录中我们都没有发

---

[1] 这一事件，在唐代戒律史上有重要的意义，此事实际反映了中唐以后南山、相部、东塔几宗的权力博弈，反映了各宗消长的趋势。金定之经过，可参阅圆照：《贞元续开元释教录》。

[2] 《宋高僧传》，第365—366页。

现如净为怀素所做的传记。他们的这个错误记载正是源于对韦皋文字的误读。也正是因为这个误读,所以怀素和如净传记中对如净删削《拾遗抄》一事都只字不提,以致于埋没了东塔宗传承史上非常重要的一个环节。

而《宋传》将成都宝园寺写新疏一事也挂在元载名下,显然也是误读了韦皋的文章。因韦皋的文章根据时间顺序先讲元载,之后话锋转到韦皋本人,而《宋传》的编撰者显然没有注意到前后主语的变化,认为这所有的行为都是元载所做,故而将元载和韦皋张冠李戴。

元载为了传播新疏,命如净删节怀素的《拾遗抄》,韦皋贞元年间在成都宝园寺抄写的也是如净删节之后的荐福寺新疏,可见如净删节之后的本子,是广泛流通的,但奇怪的是,这个新疏除了在韦皋的文章中提及之外,不见任何记载。现存的四分律疏,也没有一种明确的提到是怀素撰、如净删节的。如净删节之后的新疏到底是何模样,还不得而知。[1]

3. 建新疏戒坛。如净的荐福新疏完成之后,"元公由是上闻,俾施行天下",戒律的传播主要的手段当然是建立戒坛。据韦皋的记载:

> 元公由是上闻,俾施行乎天下。坤隅三府,各置律坛。斯蓝也,炳异徵奇,著于前昔。复建坛宇,俟兹弘畅。属精义初传,编录犹少,将使函丈请益,被文究真。皋镇守方隅,军务之暇,躬览圣教,永思弘益。夫博以冥要,世儒犹病,简以邻道,真乘所先。故曰苾刍清净,令法久住。胡可以繁文而挠其静正。则荐福新疏,精而易行,信矣!

"坤隅三府,各置戒坛",坤属西南方位(据后天八卦),也就是说西南的

---

〔1〕 有一种猜测是,目前《卍续藏经》中所收录的《四分律开宗义记》就是如净删节过后的《拾遗抄》。《续藏经》收录《开宗义记》只注明作者,但无任何序跋,前面提及的王勃《序》亦不见踪影,不知撰述原委。但有证据显示,定宾在《饰宗义记》中批评《拾遗抄》的观点,在现在的《开宗义记》中却与定宾的立场相合,而与《拾遗抄》相左。这可能是如净在删节的时候根据定宾对《拾遗抄》的破斥而对怀素的观点有所修正。而《宋传》所言怀素撰《开四分宗记》则可能在《拾遗抄》作成后已不传,而如净将《拾遗抄》删节后,又重新以《开宗义记》名之。但这种猜测还需有更坚实的证据支撑。

三府都设置了新疏的戒坛,这里的三府当指的是当时位于京兆西南的山南西道、剑南东川、剑南西川三处方镇,此三镇在唐代合称"三川"。韦皋作此文时,人在成都,正属剑南西川。他舍俸写疏的宝园寺,根据碑文,是当地著名的寺院,正所谓"炳异征奇,著于前昔"。且"复建坛宇,俟兹弘畅",元载在此地的戒坛正是设立在此寺,韦皋也选择在该寺舍俸传写新疏。而韦皋文章中提到的光翌律师,也是东塔律师。"彼翌上人者,往亲学于荐福,性聪行贞,仪度可则,又于庄严寺贞操大德院,听授法华,同契三昧。"通篇而论,这里的荐福就是指如净,而非泛指荐福寺。光翌早年曾亲从如净学东塔律疏,他入蜀的时间可能就是元载在宝园寺建新疏戒坛时。

韦皋之后该寺的戒坛仍然在持续运作。根据王象之《舆地碑目记》,刻有韦皋《新疏记》的石碑,碑阴还刻有《段文昌元和中律师铭》,此《律师铭》在当时金石目录中还有著录。《宝刻类编》卷五有《宝园寺故临坛大德智浩律师碑》[1],据《类编》提供的信息,此碑乃"段文昌撰,萧延庆书、萧佑章篆额",元和九年立于成都。作者、时间都可以和王象之提供的信息相对应。韦皋在《新疏记》中明确提到"其后有学履操精全,可传其道者,并刊名贞石,以示归宗",这位智浩律师的碑铭就刻在韦皋《新疏记》的碑阴,他应该也是宝园寺临坛授戒传《新疏》的律师。而且元和上距贞元不远,这位临坛大德智浩有可能就是光翌的门人。此碑证明了到元和年间宝园寺传《新疏》的活动仍在持续,只是在此之后的情况暂时就不得而知了。

除成都外,《新疏》在西南地区的传播还能在《宋传》中发现一些痕迹。《宋高僧传》卷六有梓州慧义寺神清传,这位神清就是《北山录》的作者。传中称神清"年十三,受学于绵州开元寺辩智法师……(时)则大历中也……岁满,慧义寺依如律师受具戒,夏习尸罗,依学新疏"[2],显然神清受戒的慧义寺是传怀素新疏的。慧义寺所在的梓

---

〔1〕《历代碑志丛书》第1册,第745页。
〔2〕《宋高僧传》,第121页。

州,就是剑南东川节度使的治所所在。慧义寺在当地也是著名的寺院,杜甫、王勃、李商隐等人都有关于此寺的作品。[1] 神清大历中十三岁,二十岁受戒时当也在大历中或稍后,此寺传授新疏之戒坛很可能和宝园寺一样也是在元载推行新疏时所建。据《宋传》,神清的著作,除了《北山录》,还有《新律疏要诀》十卷,可知他对新疏还有专门深入的研究。神清受戒、受学于慧义寺,最后也终于慧义寺。

怀素作《新疏》、如净删节《拾遗抄》、元载建戒坛,以上这些独一无二的记载,显示韦皋《宝园寺传授毗尼新疏记》一文确实是我们了解中唐以前怀素新疏传布历史的重要文献。韦皋作《宝园寺传授毗尼新疏记》在贞元十八年,上距大历才三十来年,且他作此文也是为了记录自己传播新疏的功德,自己出俸钱写新疏,他对新疏的来历应该也很了解。《新疏记》中很多内容涉及元载,韦皋作为元载同时代的人,且和元载本人有过交往,他对元载的记载也是值得我们信任的。据《旧唐书》,肃宗即位之后,以"载智性敏悟,善奏对,肃宗嘉之,委以国计,俾充使江、淮,都领漕挽之任",而韦皋自称"昔尝莅职屯田,佐元公于淮右"。在元载任宰相之前,他们就已经有交往。而且据韦皋碑文,元载在淮右时期就表现出对佛教的狂热兴趣,韦皋本人对佛教的兴趣,部分也是受到元载的影响。

《宋传·怀素传》注意到韦皋的文章,并引述了韦皋的记载。但遗憾的是,因种种原因,编撰者并未能很好地利用这一重要文献,在转引时,出现了两处严重的错误,致使最后的记载与韦皋原文相去甚远。人为地为东塔宗的历史覆上了一层迷雾。

二、两京地区的东塔传承

怀素于高宗时期完成《四分律》的注疏,韦皋的文章重点介绍了代

---

[1] 据《古尊宿语录》的《大随开山神照禅师行状》,此寺宋代成为护圣寺的下院,更名竹林院。全唐文第九百二十卷收录唐昭宗龙纪元年(889)《护圣寺钟铭》,就是关于梓州护圣寺的。

宗时期宰相元载为传播新疏所做的努力。但从怀素到元载之间的几十年,东塔的传承状况又是如何呢? 这很难从传统的佛教史文献如僧传中得到答案,但在出土文献中却有很多意外的发现。通过对这些出土文献的梳理,我们可以大致勾勒出自怀素的东塔新疏创作之后,其学说是如何在当时的西京长安逐渐传播开的,又是如何向外传播扩散到当时另一佛教中心东都洛阳的。通过这种探讨,我们也跳出对东塔《新疏》的文本历史的考察,而将关注的焦点转移到当时东塔作为一个僧团组织的传承。

将关注的重心集中在两京地区,一方面是因为这一地区既是唐代的政治和文化中心,也是佛教中心,东塔最初也是在这里开创,并逐渐向外辐射。且两京地区因处于中心地位,文献记载较为集中,加之近年考古发掘的各种金石文献,史料的丰富便于我们讨论的展开。

西京的东塔传承。我们还是从怀素说起。怀素创立了东塔宗,但是对他的弟子、门人我们却知道不多。前面提到为他书写塔铭的元鼎,据宋人所言是他的孙弟子,这是目前我们所能确认的怀素的唯一的直系弟子。除此之外,我们对怀素一系的传承几无所知。怀素去世之后,他生前所处西崇福寺,就未见到有传新疏的律师,而当时长安的另一所重要寺院大荐福寺则成为当时长安传播新疏的一个中心。

从目前的材料看,荐福寺在怀素新疏作成之后,很快就成为传播新疏的一个重要寺院。《金石萃编》收录了一方墓志,志主是唐大荐福寺故大德思恒律师。[1] 根据墓志,思恒律师俗姓顾氏,吴郡人。曾祖、祖、父三代在周、隋、唐皆为官。思恒幼年出家,受业于持世法师。"咸亨中,敕召大德入太原寺而持世与薄尘法师预焉。律师(思恒)深为尘公所重,每叹曰:兴圣教者,其在兹乎? 遂承制而度。"则思恒是在随师迁入太原寺之后受度出家。此太原寺就是怀素所住西太原寺,也即之

---

[1] 《思恒律师墓志》,《金石萃编》卷七十七。墓志题名作"唐大荐福寺故大德思恒律师志文(并序)",作者鄠县尉常□□。此文也见于《全唐文》卷三百九十六。《全唐文》作者名无缺字,作"常东名"。

后的崇福寺。而据墓志后文,思恒开元十四年(726)去世,时年七十六,则其生年是高宗永徽二年(651),二十岁受戒时是高宗咸亨元年(670)。这一年正是太原寺兴建之年,思恒受戒之年恰是寺院建成当年,可知其随持世法师迁入太原寺也是在咸亨元年。持世和薄尘当是首批入住太原寺的僧人,而思恒则是在寺内首批受度的僧人,他们的入住、受度是为了充实新寺院的僧众。与持世法师一起迁入的薄尘法师,之后还参与了地婆诃罗的译场。地婆诃罗在太原寺译经,薄尘曾与道成、圆测等人担任证义之职[1],崔致远在《法藏传》中也提到他,应该是当时比较著名的僧人,其传记在《宋传》中附见于《圆测传》。

思恒受具之后,"经八夏即预临坛,参修素律师新疏",他还直接参与了怀素新疏的修撰,毫无疑问是东塔创立的重要人物。怀素《开四分律宗记》的创作开始于咸亨元年之后,而且此时二人都在西太原寺,思恒参修怀素新疏是完全可能的。不过虽说是参修,但估计他更多地是在怀素门下学习。思恒当时刚刚受戒,才二十来岁,对戒律的理解也不可能精深,当时他可能一直跟随怀素学习戒律,而根据中古时期佛教经疏的创作过程,怀素的新疏应该也是边讲边完成的,而且初稿很可能就是他的弟子们听讲的记录,思恒的"参修"从这个意义上理解可能更为妥当。也就是说,思恒就是怀素的弟子,也是目前我们从文献中知道名字和具体经历的怀素的唯一一位弟子。《宋传》的怀素传提到怀素的另一位弟子秀章,《宋传》及其他佛教史文献均无提及,但有资料显示他曾经参与了义净的译场,日本高野山藏宋元祐五年刊本《一切有部苾刍尼毗奈耶》卷一的译场列位中,有:

翻经沙门西崇福寺大德律师秀璋证义[2]

这里的秀璋当就是怀素的弟子秀章,思恒也参与了这次翻译。

思恒作为怀素最早的弟子之一,还帮助他修撰新疏,之后也穷一生之力宣传新疏。据墓志描述他一生讲新疏八十余遍。但这八十余遍,

---

[1] 智昇:《续古今译经图记》,《大正藏》第55册,第368页。
[2] 他田温:《中国古代写本识语集录》,东京大学东洋文化研究所,1990年,277页。

却主要是在长安的另一所寺院大荐福寺所讲,这使荐福寺成为当时传播新疏的一个中心。在思恒之后,荐福寺的东塔代有传承。墓志中未曾言及思恒迁住大荐福寺的具体时间。据《长安志》,大荐福寺原为襄城公主宅,公主薨后市为英王宅。文明元年(684),高宗崩后百日,立为献福寺,度僧二百以实之,目的是为高宗追福。武周天授元年(690),改名荐福寺。〔1〕 此寺是为高宗追福的寺院,所在的开化坊紧挨朱雀大街,北边与皇城也只隔一个兴道坊,寺院占地半坊,寺名前还带一"大"字,是等级很高的寺院。〔2〕 从思恒的经历判断,他从崇福寺迁居大荐福寺当在此寺建成之后不久,或者就是在该寺初建成时。

在思恒的墓志中,提到他有一位弟子智舟,而且也是墓志中唯一提到名字的弟子。这位智舟律师的墓碑也在清末被发现,原石现存于陕西泾阳太壸寺〔3〕,宣统《泾阳县志》著录了碑文。〔4〕 该碑全称《唐上都荐福寺临坛大戒德律师之碑》,作者韩云卿。根据碑文,智舟是荐福寺临坛大德,大历四年终于长安,归葬于父母之乡泾阳,皇帝还下旨在他立塔之处建泾川佛寺。清末发现的墓碑应该就是立于智舟的塔所〔5〕。此碑在

〔1〕 宋敏求:《长安志》卷七。

〔2〕 骆天骧撰、黄永年点校:《类编长安志》卷五,中华书局,1990年,第135页。宿白:《试论唐代长安佛教寺院的等级问题》(《文物》2009年第1期)一文根据所占坊地的大小将唐代的寺院分为数个等级,大荐福寺在第二等级,处在它之前的第一等级的几所寺院均为隋代所置,故在唐代长安所建寺院中,荐福寺已算是第一等级。唐代两京寺院寺名前带"大"字是其地位尊崇的标志,此一点可参见 Antonino Forte(富安敦),"Daiji 大寺(Chine)",Hōbōgirin 法寶義林. Dictionnaire encyclopédique du bouddhisme d'après les sources chinoises et japonaises, VI(1983), 682 - 704.

〔3〕 曹旅宁:《唐〈上都荐福寺临坛大戒德律师之碑〉读记》,《碑林集刊》第13辑。

〔4〕 [宣统重修]《泾阳县志》卷二"金石",第27页。陈尚君《全唐文补编》又据《泾阳县志》移录了碑文全文,见《全唐文补编》卷四八,575—576页。但将碑文拓片与《泾阳县志》著录文字相比较,《泾阳县志》的著录有数处错误,这些错误《补遗》亦仍之未改,知其亦未参照拓本。

〔5〕 不过文献显示,长安也曾立有一块相同内容的碑。骆天骧《类编长安志》卷十"石刻"收录了一块《唐荐福寺德律师碑》(《类编长安志》,第312页),根据此书提供的信息,此碑全称"上都荐福寺临坛大戒德律师碑","韩云卿撰,韩择木八分书,史惟则篆额,大历六年立"。除了碑题中的"上都"误作"上郡",其他信息均与泾阳发现的智舟律师碑信息完全一致,就碑文内容而言可确定是同一块碑。但骆天骧著录的这块碑却立于景风街仁王院,此院乃荐福寺之下院,在长安。这两块碑之所以一在京兆,一在泾阳,大概和前面的怀素的情况一样,一块立在他生前所住的寺院也就是荐福寺,一块在塔所。

唐代就开始有拓本流传,日僧圆珍就曾求得此碑拓本带回日本[1]。宋代以后的金石文献也有著录,如《宝刻丛编》、《宝刻类编》等,只是他们均将此碑题名中的"戒"字错置于"德"字之后。智舟在泾阳的塔所被天子赐名,他的丧事用度,也都是公给,可见他在当时僧团中也有很高的身份地位。

根据墓碑,智舟终时,"享年八十有七,僧腊六十□□。大历四年十二月,示疾于长安"[2]按照佛教的惯例,二十岁受具足戒,此处"六十"下所缺两字,可能为"有七",即享年八十七,僧腊六十七。再根据他的卒年,可推算出受戒是在武后长安二年(702),当时思恒应该已经从崇福寺迁居荐福寺,智舟是在荐福寺受戒于思恒。

智舟作为东塔传承的重要人物,是否有关于东塔的著作,碑文中对此只字未提,但并不是全无线索。唐末来华巡礼求取经书的日本僧人圆珍,在福建、浙江等地取得多种与东塔相关的戒律著作,其中有一种《弘调伏录》八卷。《智证大师请来目录》在此书后标注"泾阳"二字。在圆珍的另一种著作《授决集》中,多处提及一种名为《泾阳记》的著作,此书就是《弘调伏录》的别名,圆珍进一步解释道:"呼《弘调伏录》为《泾阳记》,即解《开四分宗记》之记也。"[3]可知此书是解释《开四分宗记》的。根据《请来目录》的体例,常在书名之后以二字地名(州县、寺院)指称作者,此处的泾阳当也是代称《弘调伏录》的作者,而与泾阳有关又是东塔宗人的,基本可断定是智舟无疑。他的老师思恒参与了《开四分宗记》的创作,他再进一步解释老师的作品也在情理之中。只是这种著作在中土文献也不见任何踪迹。

智舟的弟子,我们也有发现。近年在洛阳发现了一方比丘尼墓志,

---

〔1〕《日本比丘圆珍入唐求法目录》,《大正藏》第55册,第1101页。

〔2〕《全唐文补编》在著录时,直接作"僧腊六十。大历四年……"。但据拓本,在"六十"下、"历四年"前有三字的空格,"历"前一字可根据大历年号补全。《补遗》此处也是延续了《泾阳县志》的旧误。

〔3〕圆珍《授决集》卷下"过去七佛决五十一",元和四年(1618)比叡山宝幢院刊本。

题名作《有唐东都临坛大德玄堂铭》[1],志主是一位比丘尼,法号行严,是一位宗崇福疏也就是怀素新疏的东塔律师[2],墓志中提到她在从安国上座受戒之后,从学于一位"泾阳阇梨"。这位泾阳阇梨当就是智舟。智舟是思恒弟子,又是荐福寺临坛大德,一定也宗崇福疏,且其恰与泾阳有密切关系。行严宗崇福疏,她受学的泾阳阇梨肯定也是宗崇福疏。智舟终于大历四年,行严于肃宗乾元元年前后受戒,从学于智舟完全可能。而且智舟与朝廷关系密切,亦符合行严墓志中"国德"的身份,有充分的理由认为行严从学的泾阳阇梨就是智舟,这与圆珍直接以"泾阳"代称智舟正相合。

另一位荐福寺的东塔僧人,就是前面提到受元载之命删节《拾遗抄》的如净。他的生卒年不详,但建中二年(781)尚在世。此时距思恒去世的开元十四年已六十多年,从年龄判断他可能并未亲从思恒学习过,而是他的再传弟子,或极可能也是智舟的弟子。如净之后,我们知道有成都宝园寺的光翌和智浩。根据以上的信息,荐福寺一系新疏的传承谱系,可如下图所示:

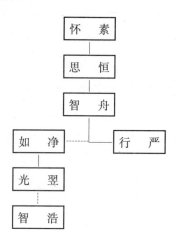

---

[1] 毛阳光:《洛阳新见唐代流散墓志汇编》,国家图书馆出版社,2013年,第474页。

[2] 高慎涛《洛阳新出〈有唐东都临坛大德(行严)玄堂铭〉及相关问题考释》(《中国典籍与文化》2014年第3期)一文,在解释"崇福疏"一词时,引《新编诸宗教藏总录》,将崇福疏解释为崇福寺僧神楷所作《维摩诘经疏》。高氏全然未注意志主律师的身份,且对唐代戒律史不熟悉,故有此误。

在东塔宗成立之后,思恒律师作为参与新疏创作的僧人之一,在荐福寺大力宣扬新疏,延绵几代,香火不断。这一传承谱系也是中唐以前长安东塔宗传承中目前唯一可考的。这其中思恒是亲身参与新疏创作的,智舟也被尊为"国德",如净更是依元载之命删节《新疏》,从下文我们知道行严是东塔从西京向东都传播的重要人物,这些都向我们显示这一传承谱系在东塔宗历史上的重要性,而当时东塔在长安的佛教中也有重要的地位。

到代宗时期,长安东塔的中心,又有向大安国寺转移的趋势。大安国寺在长乐坊,北边紧靠大明宫。寺院面积占全坊三分之二左右,和大荐福寺规模相当。此寺是睿宗景云元年(710)为纪念继位舍旧宅而建,在长安的大寺中建寺较晚,但因有皇家的支持,迅速成为长安重要的寺院[1]。在盛唐时期此寺已经是长安的戒律中心之一,很多著名的律师都曾住在此寺[2]。代宗时期大量东塔的僧人从荐福寺迁居安国寺,当也是他们借以进一步扩大本宗影响力的举措。

文献中明确提到从荐福寺迁入大安国寺的东塔律师有如下两位。如净在大历末年转入大安国寺。前面已经提到如净受元载之托删节怀素《拾遗抄》,他当时还是荐福寺的僧人,那时候他在东塔内部应该已经具有一定地位。大历十三年,朝廷下旨命长安的两街临坛大德聚集在大安国寺,金定四分律疏,根据新、旧二疏,共同商量出一个折衷的本子流通。如净是该事的主要主持者,正是在这期间他转入大安国寺。金定开始时的上表中他仍然还是荐福寺临坛大德,但在建中二年金定完成时的表奏中他已经是安国寺临坛大德[3]。还有一位藏用,不空抽调僧人入大兴善寺时,他也在抽调名单内,当时他是荐福寺的僧人,但之后的某个时间他也迁入大安国寺。大历十三年金定四分律疏他也

〔1〕 宋敏求:《长安志》卷八。
〔2〕 小野胜年:《中国隋唐长安寺院史料集成·解说篇》,法藏馆,1989年,第71页。
〔3〕 圆照:《贞元续开元释教录》卷中,《中华大藏经》册65,第207—210页。

有参与,当时他已是大安国寺的僧人[1]。贞元年间他又以大安国上座的身份参与嵩山会善寺的戒坛活动,而这个戒坛在代宗以后与东塔宗关系密切(具体的讨论请参见下文)。虽然在《宋传》藏用本传中并未言及他具体宗哪一派,当也是东塔无疑。

根据入唐求法僧圆珍的记载,在大历时期的长安,还有一位僧人可能与东塔有密切的关系,就是章敬寺的有则法师。在圆珍的《授决集》卷下"过去七佛决第五十一"一条中,引用了《开四分宗记》,但此书不是怀素的作品,在此书之下有小字注曰"又呼城都记,即有则法师述也",是有则法师所作。[2] 但从这个书名,我猜测此书当是怀素一书的疏解,圆珍在引用此书之前还引用了解释《开四分宗记》的《泾阳记》。在《智证大师请来目录》中,著录有《四分开宗记》八卷,后注明"城都"二字[3],当就是授决集里提到的《城都记》,《请来目录》此书前后所列都是与东塔有关的注疏,足证此书也是东塔的章疏。

这个有则法师在《宋高僧传》中不见踪影,但其他文献有提到了他。《不空表制集》有"谢恩命令有则法师于兴善寺开讲表一首并答",此表乃兴善寺沙门法高等上于大历十三年四月十五日,表中称"伏奉今月四日敕,令章敬寺有则法师于当寺讲《金光明经》"[4]。《全唐文补遗》第三辑也收录了有则法师所作的墓志铭两通,这两通墓志均作于大历十二年,墓主人是当时的两位宦官周惠和第五玄昱。[5] 在这两通墓志中均有"章敬寺沙门有则述"的字样,可知大历末年,法则住章敬寺。《表制集》提到他在兴善寺讲《金光明经》,他本人确实对《金

---

〔1〕 《贞元续开元释教录》,第210页。

〔2〕 小野胜年在《入唐求法行歴の研究》(法藏馆,1982年)一书中提到了圆珍的这条记载,但是他将这句话翻译为"すなわち師の述に則する"(第82页),将有则的"则"视为动词,这是明显错误的。在解释"城都"一词时,他也注意到《宋传》怀素传关于宝园寺的记载,但是和其他学者一样,他也照样全盘接受了《宋传》的记载,未能发现其中的问题。

〔3〕 《大正藏》卷五十五,第1106页。

〔4〕 圆照集:《代宗朝赠司空大辨正广智三藏和上表制集》,《大正藏》卷五十二,第859页。

〔5〕 吴钢主编《全唐文补遗》第三辑,三秦出版社,1996年,第111、112页。

光明经》有很深的研究，义天《新编诸宗教藏总录》在《金光明经》的注疏下，注明有"疏十卷，有则述"〔1〕。另日本平安时代僧人藏俊的《注进法相宗章疏》中还记录了有则有《妙法莲华经辨》十二卷〔2〕。这些是我们目前所知关于有则的所有信息。有则住在长安的章敬寺，他和前面提到的思恒、智舟等人是否有关系，则有待新的资料。

圆珍称有则之书为《城都记》，和《泾阳记》一样，此书之作成当与城都也就是成都有密切的关系，可能有则法师创作此书时正是住在成都，但这是他到长安之前还是之后，则不得而知。而此书之创作于成都和前面提到的宝园寺光翌传《新疏》之间是否又有某种关联，光翌可能就是有则的弟子？在新的资料出现之前，只能进行一些猜测。

从西京到东都。从怀素创立东塔，到唐代中期，长安的东塔宗僧人依托大荐福寺和大安国寺，在京城已经有很大的影响力，智舟被尊为国德，如净更是受宰相元载的垂青。此时他们也开始考虑如何将本宗的影响力扩展到长安以外的地方，首先自然是东都洛阳。

但是文献显示，洛阳是相部宗的重要势力范围，前面提到的相部重要僧人定宾，就是洛阳大福先寺的僧人。定宾开元年间曾奉诏监护善无畏的丧事，日本僧人普照、荣叡来唐也从他受戒〔3〕，他在当时僧团有很大的影响力，他所处的大福先寺之后很长一段时间一直是洛阳重要的律学中心〔4〕。但是安史之乱的爆发，使东塔宗僧人看到了可乘之机。安史之乱使洛阳的佛教遭受了严重的打击。寺院毁废，僧人亦四散，僧团组织遭到毁灭性的破坏。当时洛阳佛教的惨状，从下面的文字中可见一斑。张彦远《三祖大师碑阴记》称"洛阳当孽火之后，寺塔皆为丘墟"〔5〕，招圣寺慧坚禅师曾住洛阳圣善寺，"属幽陵肇乱伊川，

〔1〕《大正藏》卷五十五，第1170页。
〔2〕《大正藏》卷五十五，第1140页。
〔3〕东野治之：《鑑真》，岩波书店，2009年。
〔4〕師茂樹：《相部律宗定賓の行狀・思想とその日本への影響》。
〔5〕《全唐文》卷七九〇。

181

为戎凭凌我王城,荡爇我佛刹,高阁随于烟焰,修廊倏为煨烬"〔1〕,当时"虏寇方壮,东郊不开",慧坚"以菩萨有违难之戒,圣人存游方之旨,乃随缘应感,西至京师,止化度、慧日二寺"〔2〕,像他这样因战乱逃出洛阳的僧人并不在少数〔3〕,可见当时洛阳佛教之情状。

正是在这种状况下,安史之乱之后突然有数位东塔的僧人先后来到洛阳传戒。如东都安国寺故临坛大德澄空,是长安功德寺尼净因的弟子,"宗崇福疏,读诵精通"。之后因"洛中法事尝缺,共难其人。盖求者多而让者寡。师以疾辞之而不免,皆旧德之所与也",到洛阳传法。"法事尝缺,共难其人"正是安氏乱后洛阳佛教萧条状况的真实写照,澄空贞元九年(793)圆寂于洛阳,僧腊三十四,则受戒于肃宗上元元年(760),此时正是安史之乱尚未平息之时,可能在安史之乱平定之后不久(极可能是在代宗大历年间)她就从长安来到洛阳传播东塔新疏,最后终于洛阳。〔4〕智舟的弟子行严也是在长安受戒学律,她终于贞元十二年,僧腊三十九,则其受戒在肃宗乾元元年(758)前后,永泰元年(765)她也到了洛阳,在圣善寺"创建荒院,聿成道场"。圣善寺在安史之乱前也是洛阳著名的寺院,前面提到的慧坚禅师当时就住在此

〔1〕 据《旧唐书》回纥列传,广德年间,洛阳在安史之乱平定之后,又遭回纥兵的劫掠。东都士女"皆登圣善寺白马寺阁以避之,回纥纵火焚二阁,伤死者万计,累旬火焰不熄"(中华书局标点本,第3541页)。圣善寺在此次劫掠中受到极大的破坏,慧坚禅师碑铭中提到的高阁随于烟焰可能指的就是这次惨祸,"为戎凭凌我王城",指的也是回纥。唐末黄巢之乱,圣善寺又再次被焚。《唐阙史》卷下最后有"东都焚寺"条,称:"巢贼陷落之前年,(圣善)寺僧见白鸥鸣吻上有青碧霏纳裕,冲天汉如筒如幢,其围合抱,是日秋霁,天无纤云,斯气也,自卯至酉而后销散。烟中隐隐如有物上下,观者如睹,竟不能谕。粤二年,烬灭于贼燹。"
〔2〕《全唐文补遗》第4辑,三秦出版社,1997年,第10页。
〔3〕 灵山寺慧照禅师,安史之乱前在洛阳逗留,"属士马骚动,飞□怀罩,至□□善积等寺"(《灵山寺故大德禅师塔铭》,《全唐文补遗》第4辑,第5页)。下文提到的乘如,也是在安史之乱的时候从洛阳南投荆汉。
〔4〕 梁宁《唐东都安国寺故灵坛大德(澄空)塔巾铭》,《全唐文补遗》第4辑,第5页。行严的塔铭也是梁宁所撰,可能他与当时洛阳的东塔宗僧人关系非常密切。

寺,而经战乱之后,此寺已成荒院,行严也参与了重建。[1] 她到此处的一个重要目的就是传播东塔宗疏,其墓志中言当时"学徒日归,益见存诱,恒于说听,曾不虚席。尔来宗疏所通之地,进修有闻之士,皆溢源分支,自我所广",明确提到她对"宗疏"的传播之功。

这些僧人都是在洛阳之外的寺院受戒,在安史之乱之后,他们看准时机,将本宗的势力扩展到东都。戒律的传播离不开戒坛,东塔要在洛阳发展,就必须有自己的戒坛,而文献显示,嵩山会善寺的戒坛就和东塔宗的关系密切。

会善寺在唐代是嵩山著名的寺院之一,它与禅宗的北宗关系密切。同时又是洛阳重要的戒律中心。在该寺残存的碑刻中有一方唐代的戒坛碑,该碑阴阳两面的两篇碑文对我们了解唐代会善寺与律学的关系有很大的帮助,碑文的文字透露这个戒坛和东塔宗有密切关联。该碑碑阳刻大历二年乘如律师重兴会善寺戒坛事迹,碑阴刻贞元年间陆长源撰《会善寺戒坛碑记》。碑阳的文字内容,分为上、中、下三个部分。上、中部刻大历二年朝廷准许设立会善寺戒坛的中书门下牒,下部刻有代宗的手敕御笔二十四字,故有些金石文献也将此碑著录为代宗御书碑[2]。《金石萃编》卷九十四的《会善寺戒坛牒》著录的就是此碑,《萃编》卷九十五又有《会善寺戒坛碑》,文字与《戒坛牒》相比,除了没有代宗手敕二十四字外,完全一样,且卷九十四中缺失的部分文字,此处不缺,应该是王昶将此碑的两个不同拓本误当作不同的两块碑而分别著录[3]。现结合二处著录的文字,将戒坛牒文移录如下:

〔1〕 关于圣善寺的历史,陈金华《圣善寺考论》(收录于李四龙、周学农编:《哲学、宗教与人文》,商务印书馆,2004 年,第 471—510 页)一文有详细的研究。据陈金华的研究,安史乱后,圣善寺的重建是在张延赏的支持下,由澄沼禅师主持完成,重修的时间在 770 年左右。行严到洛阳的时间正在此前不久,根据墓志的描述,她应该参与了重修的过程,之后也一直住在该寺。

〔2〕 常盘大定:《支那佛教史迹踏查记》,龙吟社,1942 年,第 328 页。

〔3〕 从目前金石文献的著录看,此碑传世的拓本确实分为两截和三截两种。《中州金石记》所著录的就是两截本(《石刻史料新编》第一辑第 18 册,第 13778 页),完整的三截本拓本在国家图书馆有收藏(《北京图书馆藏中国历代石刻拓本汇编》第 27 册,中州古籍出版社,1989 年,第 62 页)。

会善寺戒坛牒

河南府登封县嵩岳会善寺戒坛牒

清□东都白马寺僧崇光敬爱寺僧□□

同德寺僧重进　　奉国寺僧法□

香谷寺僧□恕惠深安州龙兴寺僧□□□河南副元帅黄门侍郎平章事王缙奏□安国寺僧乘如□前件寺戒□□大德一行禅师□故临坛大德元同律师□□创造殿宇幽□□□严净受戒之所洛城推最□□□□□沦残庸院□凉更属艰□□□□□不有修葺□愧先贤望□前件□律大僧七人主持扫□有□□□□□建方等道场常讲戒律□□□□□□□安宁

中书门下　　牒

牒奉　　敕宜依牒至准

敕故牒

大历二年十月十三日牒

中书侍郎平章事元载

黄门侍郎平章事杜鸿渐

黄门侍郎平章事王缙

兵部尚书平章事李使

检校侍中李使

检校右仆射平章事使

中书令使

　　根据碑文的内容,这是大历二年长安大安国寺沙门乘如律师向河南府副元帅宰相王缙递状,申请复兴一行禅师、元同律师之前兴建的会善寺戒坛。碑阴陆长源的戒坛记在追溯戒坛历史时,也首先提到一行禅师和元同律师,这应该就是会善寺戒坛的初创。但此戒坛在安史之乱中受到严重破坏,乘如上表中"□□沦残庸院□凉更属艰□"一句当就是表现战乱后会善寺和戒坛的破败之状。乘如修葺戒坛的要求经王缙上奏朝廷,得中书门下牒依敕准奏。此事发生在代宗大历二年,此时正是安史之乱之后东塔向洛阳扩张之时,乘如的这个举动值得我们注意。

《宋高僧传》卷十五有乘如传记,但显然此传在撰写时未能参考乘如的塔铭墓志,传文记事简略,对其生平及其他行事,未置一词,所记录之事虽也关于戒律,但与本文讨论的内容却无关系。但事实上他的塔铭尚存,里面的很多信息都是《宋传》未曾提及的。此塔铭碑曾立于嵩山嵩岳寺,阴阳两面均刻有文字。此碑刻成之后流传不广,且很早就已残缺不全。宋代的金石文献曾著录此碑,从他们的著录看,此碑当时就已经断为数块。[1] 可能因此赞宁等人在编撰《宋传》时未能参考。1922 年,日本学者常盘大定在嵩岳寺考察时,在该寺四天王殿的檐下见到一块残碑,称唐萧和尚铭。常盘称此残碑不久之前才从土中掘出,故尚无金石家注意。[2] 这块残碑就是乘如塔铭的一部分,萧和尚就是乘如。民国金石学家陆继辉在《八琼室金石补正续编》稿本中首次著录了此残石的文字,题为《乘如和尚塔铭残石并阴》。[3] 但常盘大定发现的及陆继辉著录的只是碑的上半截。陆继辉的父亲陆增祥在《八琼室金石补正》中也收录了一块残石,定名为《安国寺僧残碑》[4],经过比对证明这块残碑其实就是乘如塔铭的下半截。根据陆增祥的说明,"右碑在会善寺。仅存下截,十六行。复裂为三,且多残损",可知塔铭的下半截在会善寺。陆心源《唐文续拾》收录的《会善寺残碑》、《会善寺时居士残碑》也是此塔铭的一部分,就是陆增祥所言裂为三石中的一石。

日本学者内田诚一根据这些金石文献的著录,以及自己的实地考察,对该碑阴阳两面的文字都做了复原[5]:

---

[1] 内田诚一:《王維の乘如禪師に寄せた詩とその周邊(上)》,《中國詩文論叢》第 25 集,《〈萧和尚灵塔铭〉新考》,《王維研究》第 5 辑,第 260—261 页。

[2] 常盘大定:《支那佛教史迹踏查記》,第 331 页。

[3] 《续修四库全书》第 900 册,第 144 页。

[4] 《八琼室金石补正》卷 65。

[5] 内田诚一:《王維の乘如禪師に寄せた詩と周邊(中):乘如禪師の人物を中心に》,《中国詩文論叢》,第 26 集,2007 年。《〈萧和尚塔铭〉新考》,《王維研究》第 5 辑。

碑阳[1]：

    1. 唐故临坛大德乘如〈下阙〉

    2.（空行）

    3. 大师号乘如姓萧梁武帝六代〈下阙〉

    4. 皇朝太子洗马大师神龙年中七〈下阙〉

    5. 以律藏为生□□□□□子□〈中阙〉   毕竟空□归我〈下阙〉

    6. 学于   大照长老人莫得而知〈中阙〉   可于远迩未尝知倦〈下阙〉

    7. 故□□□馁实甚□身有□时服〈中阙〉   敬而接细侣画力而卫法

    8. 门居临坛之首卅八年□□□□〈中阙〉山之祸□述引是旋奉〈下空〉

    9. 恩诏追赴上都为安国西明两寺〈中阙〉佛事者〈下阙〉

    10. 代宗多可其奏行年八十一大历□□□〈中阙〉   旦日于上都安国寺趺坐如

    11. 上都巳□夏六十有一门人哀〈中阙〉   姑以建中元年二月廿五日葬

    12. 于嵩岳寺中塔之西兄曰时和□〈中阙〉   矣授官主之印盖已久〈下阙〉

    13. 矣叹曰大师舍我而〈中阙〉铭曰〈下阙〉

    14. 秉律大师   深达〈下阙〉

    15. 法忍之资   大师〈下阙〉

---

[1]   据陆继辉：《八琼室金石补正续编》，上部有额，作"萧和尚灵塔铭"，篆书。

碑阴〔1〕:

1.（空行）

2. 和尚法讳乘如俗姓〈下阙〉

3. 度于东都奉先〔2〕寺勤求佛事〈下阙〉

4. 殊胜之域世问心地于　　寂公虚〈下阙〉

5. 玄宗以其行密道高特　诏为临坛大德且统释门等济众〈下阙〉

6. 归会冤憎者解以释憾尝以念佛功德为击蒙因缘易简□愿故若男若〈下阙〉

7. 坐或行耳无辍听非天浅深善诱悦可众□孰能化人成俗至于奉前佛以〈下阙〉

8. 以弘教虽委身险艰竭己衣食皆不之倦□□□□天宝末羯胡□□饮马洛川悉索闻　人胁从为□

9. 和尚振锡箕颖南登江汉因依而行获全忠义智是不一姓时〈下空〉

10. 肃宗即位之明年也闻而嘉之征还长安亲同其道　　和尚启说三之奥旨会不二之妙门诠经〈下阙〉

11. 立与□随趣定惠而得将舍对　　上益称叹因留内道场安置及〈下空〉

12. 代宗御极礼有加焉于对□之时纳付嘱之□佛教有因循舛駮者咸得奏请以革之正法载行旷劫繄

13. 赖寻以嬴老恳请闲居优　诏许之遂宴安国寺大历十三年三月三日示有□微疾沐浴趺坐谓门

14. 弟子日法性无住世相不留缘报寄形形尽□□□□□而□享年九九之数僧腊六十有一同俗奔

15. 赴哀震京师佛日以之昏霾禅林以之摧折词毕恬□□□□□□门人等号泣罔间穷恋靡集乃相

〔1〕　据《八琼室金石补正续编》,碑阴有额,作“皇唐两京/故临坛大/德乘如和/尚碑阴记”,字径寸余,分书。

〔2〕　“先”,《八琼室金石补正续编》作“光”。

16. 约曰我居士　和尚之仁兄也东山未旋〈中阙〉有姪栎阳县主簿曰〈下阙〉

17. 和弱岁与　和尚常居中岳虽生灭之理塔庙之仪孰敢专达遂权厝于山北寺将有俟焉居士名时

18. 护起身塔于嵩岳不忘本也　和尚昔与已齐友爱之心犹切以建中元年正月十七日自山北寺迁

19. 之游而数公蕴崇德馨迭居台辅莫不随其清河房公绾博陵崔公涣太原王公缙弘农杨公琯为支许

20. 堂□□□□上乘如何一朝空慕遗□〈中阙?〉□净叹我□殊挹定水之〈中阙?〉□□之峻极者矣良辅昇〈下阙〉

21. 　　建中元年龙集庚申仲秋

根据塔铭及碑阴的文字可知,乘如俗姓萧氏,是梁武帝萧衍的六代孙。他大历十三年(778)圆寂于大安国寺,享寿八十一,僧腊六十一,则其生于武后圣历元年(698),二十岁受戒时为开元五年(717)。其受戒于东都奉先寺[1],玄宗时已经成为临坛大德,传授戒律。同时他还从神秀的弟子普寂参禅。安史之乱爆发后,他避难于江汉,肃宗即位,召入长安,代宗大历十三年终于大安国寺。可惜塔铭残缺,不能得到更多的信息。

近年我们又发现了一方他侄女的墓志,从中可以知道更多关于乘如家族的信息。《全唐文补遗·千唐志斋新藏专辑》中收有一方《唐故兰陵郡夫人萧氏墓志铭并序》,志主萧氏就是乘如之兄萧中和的女儿,墓志中称:

> 父中和,庐州慎县令。瞡官遁迹,不乐机事。蹈道嵩少,与烟霞为侣。时季弟居士有重名于当世,幼弟释门大长老,为象教之津梁。[2]

这里中和的幼弟释门大长老,指的就是乘如。季弟居士,就是乘如塔铭中提到的萧时和。根据乘如塔铭和萧氏的墓志,我们可以大致复原乘

---

〔1〕此寺在高宗武后时期是洛阳非常著名的寺院,有很多关于它的研究。可参见温玉成:《略谈龙门奉先寺的几个问题》,《中原文物》1984年第2期;富安敦:《龙门大奉先寺的起源及地位》,《中原文物》1997年第2期。

〔2〕《全唐文补遗·千唐志斋新藏专辑》,三秦出版社,2006年,第288—290页。

如家族的世系［表一］：

表一

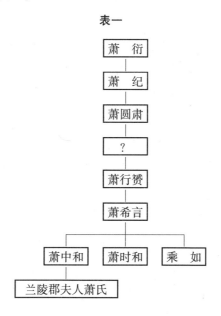

乘如是临坛大德，是传律的律师，但乘如所宗为何律，因塔铭残缺，不得而知。但他开元五年在洛阳受戒，当时洛阳是否有东塔的传播是值得怀疑的。当时洛阳相部盛行，他可能也是从相部律受戒出家。但是安史之乱后到长安，却有资料显示他开始传东塔戒律。前面提到的比丘尼行严，墓志中称她"受大戒于安国寺上座，其族父也"，结合诸多材料，此处的族父当就是指乘如。

和乘如一样，行严俗姓亦是萧氏。至于她的家族世系，墓志只提及她的父亲司农主簿萧谊，这个萧谊在其他墓志中也有出现。《全唐文补遗·千唐志斋新藏专辑》中收录了一方萧放墓志，志主萧放的父亲也是萧谊，且也官至司农主簿。[1] 萧放卒于建中四年（783），年四十二，行严卒于贞元十二年（796），年六十五，则萧放生于天宝六年

───────

〔1〕《唐故河南府兵曹参军赐绯鱼袋兰陵萧公（放）墓志铭》，《全唐文补遗·千唐志斋新藏专辑》，第 348 页。《千唐志斋新藏专辑》还收录有萧谊撰写的墓志一方，《有唐故东都郡司士参军崔府君（晞）墓志铭》，崔晞葬于天宝四载十一月廿九日，撰写墓志时萧谊任洛阳县尉。（第 203 页）

189

(742),行严生于开元十四年(732),二人年龄相差 10 岁。父亲同名同官,二人年龄又相仿,可以判断他们是姐弟无疑。在行严的墓志中,也的确提到她是有弟、妹的。

萧放墓志对其先代世系有较详细的记载,称自己是长沙王七代孙,曾祖憬,湖州司马,祖元祐,鄹州京山县令,祢谊,终司农司主簿。故可知行严亦是长沙王之七代孙。长沙王就是梁武帝萧衍之兄萧懿。据《新唐书·宰相世系表》,萧氏有"齐梁房",北齐丹杨尹萧顺之有十子,长子萧懿,第三子萧衍。懿字元达,后封长沙宣武王,其有七子,第七子明,明曾孙文憬。文憬一系之传承,《宰相世系表》列举如下:[1]

文憬,湖州司马		
	元祚,萍乡侯	
		诚,司勋员外郎
		谅,汝州刺史
	元礼,湘州刺史	
		諴,虢州刺史
		谖,鄂州刺史
		诠,大理评事

表中提到的萧元祚、萧元礼,最近都发现了墓志。[2] 根据萧元祚的墓志,他的父亲名"憬",而不是《世系表》的"文憬"。[3] 行严曾祖名萧憬,与元祚之父同名,官衔也同。行严祖名元祐,与元祚等人一样,名中皆带一"元"字,《世系表》中文憬之孙辈,名之用字皆

〔1〕《新唐书》卷七十一,第 2279—2281 页。
〔2〕 萧元祚《大唐故袁州萍乡县令萧府君讳元祚字元祚墓志铭并序》、萧元礼《大唐故赠银青光禄大夫使持节相州诸军事相州刺史兰陵萧府君墓志铭并序》,两墓志拓片均载赵君平、赵文成编:《河洛墓刻拾零》,北京图书馆出版社,2007 年,第 287、227 页。萧元礼的夫人张氏死后曾葬于龙门,其瘗窟即为龙门 1850 号窟(刘未:《龙门唐萧元礼妻张氏瘗窟考察札记》,《中国国家博物馆馆刊》2012 年第 5 期),可知萧氏一族笃信佛教。
〔3〕 萧懿之子萧明,在元祚墓志中则作"渊明"。萧渊明曾短期担任南梁皇帝。相关资料可见《梁书》卷六。《宰相世系表》称"明",或是唐代为避高祖李渊讳故有改称"明"的情况。

带"言"旁[1],萧放之父萧诒亦相同,可知萧放之曾祖憬,就是萧元祚的父亲萧憬,也就是《宰相世系表》中的文憬。大概因为官位不显,宰相世系表文憬诸子不载元祐,萧放墓志也可补世系表之缺。[2]

显然萧放、行严皆属萧氏齐梁房,为梁武帝萧衍兄萧懿之七代孙,结合萧放和萧元祚的墓志,从萧懿至行严的世系清晰可知(表二)。而乘如亦属齐梁房,为梁武帝之六代孙。从世系上判断,乘如恰为行严之族父,与行严墓志的描述一致。

表二

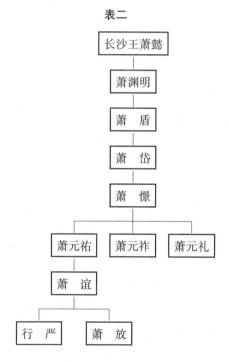

行严受戒于乾元元年,乘如之应召入京在肃宗即位之第二年即至

〔1〕 据《新唐书宰相世系表》,萧诠等人有兄弟纂,但已经有墓志可证明这是《新唐书》的错误,诠与纂乃祖孙关系。见赵超:《新唐书宰相世系表集校》,中华书局,1998年,第69页。
〔2〕 根据萧元祚的墓志,他是萧憬的第五子。萧憬之子,《宰相世系表》收元祚、元礼二人,再加此处萧放之父元祐,共得三人,即使元祚为其少子,尚缺二人。

德二年(757)，行严受戒时乘如已经入京。行严称为其授戒的是大安国上座。根据目前的材料，至迟在永泰元年(765)，乘如已经是大安国寺上座[1]。且在担任安国寺上座的同时，他还兼任西明寺上座。塔铭中称他在安史之乱后，"恩诏追赴上都为安国西明两寺"，后面的文字残缺，可猜测紧接之后的是"上座"二字。圆照还曾经为乘如编过文集，题名为《翻经临坛大德西明安国两寺上座乘如集》[2]。但在表奏中，乘如大多时候都仅自称大安国寺上座，最后也在安国寺圆寂，他与安国寺的关系更为密切。

行严受戒时，乘如尚未就任大安国寺的上座，但行严墓志中却称受戒于大安国寺上座，大概是因为行严终于贞元年间，墓志可能是以叙述者当时的认知来记录，虽然为行严授戒时乘如不是安国寺上座，但这是他最重要的身份，所以行严墓志的撰者仍以此身份称呼当时的乘如。总之，代宗时期的萧姓安国寺上座，而又满足行严族父这一标准的，无疑就是乘如。行严从其受戒，又宗崇福疏，显然乘如当时也是传崇福疏的东塔僧人。那么我们有理由相信，由他主持的会善寺戒坛也是志在传播东塔宗。

乘如作为安国寺的上座，之所以会到嵩山主持戒坛，一个原因当然是他和嵩山的密切联系。据乘如塔铭碑阴记，乘如与兄长萧时和弱岁常居中岳，他受戒也是在东都洛阳奉先寺。在安史之乱逃难之前他应该一直居于洛阳和嵩山。而他终于长安大安国寺，最后还是回葬嵩山嵩岳寺，以示"不忘本也"，可知他一生都和嵩山有密切的关系，由他来主持会善寺的戒坛，自然是不错的选择。

---

〔1〕 永泰元年求重新翻译《仁王经》的上表中，乘如的系衔已经是大安国寺上座。（《贞元续开元释教录》卷上，《大正藏》第55册，第751页）永泰元年的前一年即广德二年(764)，不空上表求抽调僧人入大兴善寺，名单内有东都敬爱寺沙门乘如，此时他已经从江汉入京，大概安史之乱从洛阳南逃时乘如是大敬爱寺僧人，广德二年时其僧籍仍属大敬爱寺。广德二年乘如仍隶籍大敬爱寺，第二年则已经是大安国寺的上座，乘如就任安国寺上座就在这段时间之间。不空虽然希望抽调他入大兴善寺，但不知何故他并未应召，却成为安国寺上座。

〔2〕 《贞元续开元释教录》，《大正藏》第55册，第765页。

另外其背后可能还有元载的支持。碑阴记称他与当时台辅诸公房琯、崔涣、王缙、杨琯等人的关系就如同东晋时期的支道林和许询。房、崔等人在肃、代两朝都居宰相之位。其中乘如和王缙的关系更是密切。王维、王缙兄弟二人都对佛教极其热衷,王维曾在长安寄诗给乘如及其兄萧居士,此诗还被刻在乘如的塔铭碑上。[1] 而且值得注意的是,王维、王缙母为博陵崔氏,乘如兄中和的妻子亦为博陵崔氏[2],他们两家是否存在一定的亲属关系,值得注意。乘如在肃宗即位的第二年,从避难的江汉地区被召入京,被肃宗重用,可能就有王缙的功劳。大历二年乘如重兴戒坛的要求也是经王缙上奏朝廷,一方面是因为王缙当时身任河南府副元帅,他们二人的私交当也有很大的原因。而王缙和元载又关系密切,据《旧唐书·元载传》:

> (载)与王缙同列。缙方务聚财,遂睦于载,二人相得甚欢,日益骄纵。

大历十二年元载获罪,王缙也同时受到牵连。元载被赐死,王缙被贬绌,可说二人是同进退。可能也正是通过王缙的关系,元载和乘如得以认识。乘如到长安之后成为当时长安最重要的皇家寺院大安国寺的上座,可能就是元载的安排,同时再让他以大安国寺上座的身份回到嵩山传播东塔新疏。他到长安后的改宗新疏是否也是因为元载?不过如果乘如和元载有这样的关系,他碑铭中提到多位朝廷大臣的名字,却不见元载,这大概与当时的政治局势有关。乘如碑铭作于建中元年,上距元载被赐死的大历十二年才两年时间,可能政治风波尚未完全平息,故在碑文中对元载避而不提。

乘如以安国寺上座的身份主持大历二年的戒坛,在此之后的很长一段时间,会善寺的戒坛和安国寺就建立了密切的联系。在大历二年会善寺戒坛牒碑的碑阴,刻有贞元十一年陆长源所撰的会善寺戒坛碑

---

[1] 内田诚一:《王维の乘如禅師に寄せた詩とその周邊(上)》。
[2] 《唐故兰陵郡夫人萧氏(鲍宣妻)墓志铭》,《全唐文补遗·千唐志斋新藏专辑》,第289页。

记,碑记全文收录于《金石萃编》卷一百三。这方碑记在回溯了会善寺戒坛的历史之后,主要记录了贞元年间戒坛的盛况。当时德宗皇帝下诏"申命安国寺上座藏用、圣善寺大德行严、会善寺大德灵珍、惠海等住持,每年建方等道场,四时讲律"。

藏用在《宋高僧传》有传,提供的资料也不多,没有提到具体的事迹,他主持会善寺戒坛一事传中一字未提。和乘如一样,藏用也是大安国寺上座。不空抽调僧人入大兴善寺时,藏用也在名单之中,他当时是荐福寺僧人,这应该是他到大安国寺之前所处的寺院。[1] 乘如、藏用都以大安国寺上座的身份执掌会善寺戒坛,可见自大历二年乘如重兴戒坛之后,会善寺的戒坛一直在大安国寺的掌控之下。除藏用外,这次主持戒坛的还有乘如的弟子行严,这更可以印证此戒坛与崇福新疏即东塔之间的关系。从乘如、藏用同处一寺且行严与乘如的师徒关系,我们可以明显看出贞元年间的设置与大历二年的承袭关系,此时的会善寺依然是传布怀素新疏的一个中心。

陆长源碑记中提到的其他两位僧人都属会善寺。灵珍的具体情况不明,不过在敬爱寺临坛大德比丘尼法玩墓志的弟子题名中,有她的名字,她可能也是一位比丘尼。[2]《宝刻丛编》卷四洛阳县著录有一方《灵珍禅师塔铭》,根据《金石录》提供的信息,此塔铭乃"唐徐岘撰并正书",立于元和八年八月[3],从时间上判断,可能就是会善寺大德灵珍,他可能和当时洛阳很多的律师一样,也兼习北宗禅,故塔铭冠以禅师之号。惠海的塔铭已经发现,他生于河东,后游洛阳,贞元七年奉敕临坛,终于元和八年,他的塔铭题名是《唐嵩岳会善寺敕戒坛院临坛大律德塔铭》,可见会善寺戒坛院临坛大德是他非常重要的身份。[4]

贞元之后,会善寺戒坛一直延续。据圆仁的记载,"大唐太和二年

---

〔1〕《代宗朝赠司空大辨正广智三藏和上表制集》卷一,《大正藏》第52册,第830页。
〔2〕《大唐东都敬爱寺故开法临坛大德法玩禅师塔铭》,《八琼室金石补正》卷六十六。
〔3〕《宝刻丛编》卷四,第82页。
〔4〕《八琼室金石补正》卷六十九。

以来,为诸州多有密与受戒,下符诸州,不许百姓剃发为僧,唯有五台山戒坛一处、洛阳终山琉璃坛一处,自此之外,皆悉禁断。"〔1〕此处的洛阳终山琉璃坛,学者们认为"终"是"嵩"之误,这琉璃坛指的就是会善寺的戒坛。〔2〕全国禁止私度,而会善寺戒坛在开许之例,可知此戒坛在当时佛教界之地位。而且它还一直是传东塔新疏的重要戒坛。根据《宋高僧传》的记载,直到五代时期,依然有宗崇福疏的僧人在会善寺戒坛受戒。后唐东京相国寺僧人贞峻,"年满于嵩山会善寺戒坛院纳法,因栖封禅寺,今号开宝律院,学新章律疏"。〔3〕开宝寺是宋初一所非常重要的寺院,与皇室关系密切,贞峻在这样的寺院学习新疏,益可知当时新疏的传播并未衰落,赞宁称"今东京三疏并行"是不错的。

结　语

怀素、思恒、智舟、如净、乘如、行严、藏用、韦皋,这一连串的名字,将中唐以前东塔在两京地区传承的图景呈现出来,这种呈现可以填补《宋高僧传》关于唐代戒律史所未曾着墨的空白之处。同时,通过对《怀素传》的分析,对怀素的诸多不实记载也足以使我们对《宋高僧传》的材料使用提出质疑,提醒我们在使用其他人的传记时也应该更加小心。

从怀素创立之时,经过数代东塔宗僧人的努力,到代宗时期,东塔已经在当时全国的佛教中心两京地区得到了很好的发展。但需要指出的是,这种发展的背后离不开政治力量的支持,元载更是其中的关键人物。在他的大力推行下,东塔得以从两京向其他府、州扩展。而随着这些政治力量的瓦解,尤其是大历十二年元载的被处死,东塔宗的历史在中唐以后迎来了一个巨大的转折点。〔4〕

---

〔1〕 圆仁撰、白化文校注:《入唐求法巡礼行记校注》,花山文艺出版社,2007 年,第54 页。

〔2〕 小野胜年:《入唐求法巡禮行記の研究》(一),法藏馆,1964 年,第245—246 页。

〔3〕 《宋高僧传》卷十六,第 401 页。

〔4〕 这也是为什么本文将讨论的时间范围限定在中唐以前,中唐以后的东塔历史,须另外撰文详细讨论。

黄檗僧东渡断绝考：
十八世纪江户幕府的唐僧招请[*]

吴　疆

（美国亚利桑那大学东亚系）

从 17 世纪晚期到 18 世纪早期，由隐元所创立的黄檗宗在日本取得了快速发展。这种发展的基础，是中华文明的号召力以及中国僧人的存在作为一种"本真"理念的象征。然而，在 18 世纪，能够胜任万福寺住持工作的合格中国僧人，出现了严重短缺。尽管幕府支持招募中国僧人，即所谓"唐僧招请"，但大多数都以失败而告终。公元 1723 年以后，再也没有中国僧人到达过日本。公元 1784 年最后一任来自中国的方丈大成照汉圆寂以后，日本便再无中国僧人了。"唐僧招请"的失败，加速了黄檗宗在 18 世纪晚期的衰落。

本章广泛搜集了《华夷变态》、《舶载书目》、《和汉寄文》、《唐通事

---

[*] 本文由陕西师范大学卢中阳和西北大学赵飒飒译为中文。原文为 Jiang Wu, *Leaving for the Rising Sun*: *Chinese Zen Master Yinyuan and the Authenticity Crisis in Early Modern East Asia* (Oxford, 2015)第七章。原题为：《"本真衲僧何处觅："十八世纪江户幕府的唐僧招请与黄檗僧东渡的断绝》。本文曾在台湾大学日本研究中心"黄檗宗与十七世纪的东亚文化交流"国际学术研讨会(2015 年 10 月 2 日~10 月 3 日)上宣读，并得到徐兴庆和刘序枫先生的指正，这里一并致谢。文中增补了 2015 年九月我在中国国家图书馆所找到的关于铁船和尚东渡招请的史料。根据中文行文习惯，个别术语采取灵活的译法。比如英文 authenticity 是原书的主要概念，在本文中作为哲学概念或译为"本真"，一般所指或译为"真实"，"真正"，"本来"，"真伪"，"可信"，"有根据"等。China 根据语境译为"中国"、"中华"等。根据原书凡例，中日旧历年代已转化为公历，月日标记仍为阴历。

会所日录》《通航一览》等文献,以及长崎历史文化博物馆和万福寺文华殿档案馆所珍藏的稀世史料,将重点讨论 1715 年以后幕府政策的重大变化。根据这一政策,一个关于"何为本真"的新标准被应用于招募来自隐元宗派的真正中国禅师中。幕府规定,未来招募的中国僧人必须在来日本之前就已经获得了法嗣传承的资质,并且要展示《语录》来证明他们禅悟体验的成就。这条新的规定彻底改变了以前招募完全没有正式传法的中国年轻僧人的做法。在日本的中国僧人想尽一切手段寻找到这样的候选人。最后,终于有一位有名望的黄檗山住持仲琪道任同意带领一干年轻僧人前往日本。然而,将他们从中国偷渡到日本的各种尝试,最终都因为雍正时期浙江地方行政长官李卫的阻挠而功亏一篑:李卫抓捕了这些僧人并将他们遣送回黄檗山。这一事件凸显出,在面对万福寺法嗣传承的腐败时,幕府更新了它对于"本真"原则的承诺。此外,这一章还将探讨中国僧人大规模移民的终结与由于日本 1715 年发布的新条例及中国雍正统治时期收紧贸易监管所造成的中日商业贸易衰落之间的关系。

一、幕府对待中日贸易的新政策

(一)对待中国政策的改变

正如我在研究中所强调的,隐元在日本取得的成功是在多种因素作用下的特殊历史事件。因此,为了了解隐元所建立之黄檗宗的衰落,必须对当时的历史背景进行考察。隐元到达日本时,正值江户幕府热衷于创建一个以日本为中心的世界秩序的时期。然而,在 17 世纪晚期和 18 世纪早期,中国和日本都完成了向帝国模式的转变:清政府最终于 1683 年征服了台湾,此后又解除了对台湾实施孤立期间的沿海"迁界令",从而导致了到日本长崎进行贸易活动的中国船舶数量大幅增加。在 1684 年,仅有 24 艘中国船舶到达长崎。而到了 1685 年,船舶数量一跃升为 85 艘,之后 1686 年是 102 艘,至 1688 年达到顶峰,共计有 193 艘[1]。

---

〔1〕 Ōba(大庭脩), *Books and Boats*, p.25.

到达长崎的中国船舶数量剧增,迅速引起了幕府的注意。同时,清政府占领台湾,还导致了武装走私和日本沿海海盗的增加。

在此期间,日本金银产量的衰减,也限制了日本提供足够的货币进行贸易的能力。货币供应的短缺,促使幕府采取限制对外贸易的政策,并通过了一系列措施以减少贸易额和控制来自中国的居民。例如幕府在 1688 年建立了唐人屋敷,并规定了中国船舶到达长崎数量的上限。幕府收紧对中国的政策,以 1715 年"正德新例"的发布而到达高潮。根据这一新例,将每年中国船舶数量的上限限定为 30 艘、贸易额为 6 000 贯目的银两(每贯目等于 8.72 磅)。此外,幕府还建立了一套登记系统,要求所有交易船舶申请贸易许可证———一种由幕府颁布的"信牌"。这种登记系统只允许那些拥有贸易许可证的中国船主在长崎进行贸易〔1〕。

管控的新政策不利于中国贸易和中国人。很显然,新一代的幕府官僚已经做好了准备,以面对来自中国的外国人,并收紧他们对贸易和移民的规则。正如许多学者所提出的那样,在这一段时间里,幕府重申"武威",改变了以前"宥和"的态度,即默许在法律上从宽处罚中国的罪犯,从而变得越发"强硬"。新建的唐人屋敷,贸易量的配额和船舶的数量都是固定的,中国商人和水手都被置于严密的监视之下。

从儒者政治家新井白石(Arai Hakuseki)的著作中,可以看出这种态度上的变化。新井白石是 17 世纪末和 18 世纪初日本主流知识分子和政策制定者之一。中井凯特(Kate Wildman Nakai)指出,作为一个儒家学者,白石怀有对"本真"这一信念的执着追求。他宁愿极力坚持中国原始的儒家价值体系,也不愿意使"儒家的主张折中地适应日本不同的知识和政治环境"〔2〕。他将本真的中华文化的理念用于个人品格的培养和文学作品的创作当中。在他看来,本真的文字必须为中国人所理解。他说:"无论如何,所作诗文唯唐人读诵通晓为务。其故

---

〔1〕 Nakai, *Shugonal Politics*, pp.106 - 117.
〔2〕 见 Nakai, *Shogunal Politics*, pp.92 - 94.

也,文字乃中土所出,当其所然为中土之本色。"〔1〕因此,中国人的意见决定着什么才是本真。他还打算将他所认为的本真的中华理念应用于政治领域,并试图根据这些改造德川统治。但这并不意味着他会在日本的利益上做出让步而采取对待中国贸易的优惠政策。相反,正是在他的推动下,《正德新例》才得以颁布。

在他作为幕府大老的任期内,由于大量中国商人和水手的涌入,在长崎发生了一些与中国居民有关的刑事案件。他们中的一些人甚至袭击日本人和日本官员。白石在听到长崎奉行报告中国居民在长崎犯下罪行的时候,感觉到很凝重。因此对过去几十年来对待中国移民从宽处理的政策,进行了如下评论:

> 唐人所以如此,盖由于贞享、元禄以来务柔远人,告诫我国人勿与外国人为敌。奉行所之部下或受唐人凌辱,如拔刀稍有伤害,即被斥退,遂形成外国人为所欲为之流弊一至于此也。余阅此后曰:"我国优于万国,自古号称尚武。今受侮于此等商船,国体固所不容。"〔2〕

在接下来的评论中,白石提出了一个解决方案:

> 倾我国所产应为万代宝货之金银,以易来自远方止是一时珍奇之物,为货利之事以致损我国威,实属不当。〔3〕

白石的话印证了日本对外贸易态度上的转变。虽然这些对中国贸易政策的转变,已经有许多学者进行过研究,但是却很少有人注意到在这种严格的政策下,日本新成立的黄檗宗也受到了影响。因为为了保持万福寺中国人的主导地位,需要不断地有中国僧人的到来,而这些僧

---

〔1〕 "與佐久間洞巖書"(享保六年1721 十一月),《新井白石全集》卷四,第30页。原书引自中井的英文翻译,见 Nakai, *Shugonal Politics*, p.93.此处参考的日文原文及现代日译翻译为现代中文,见桑原武夫编:《新井白石集》,筑摩书房,第319页。
〔2〕 *Told around a Brushwood Fire*, p.245. 此处中文转引自周一良《折焚柴记》(北京大学出版社,1998)译文,第173页,条135 長崎貿易新令(2)。
〔3〕 *Told around a Brushwood Fire*, p.247. 此处中文转引自周一良《折焚柴记》(北京大学出版社,1998)译文,第175页,条135 長崎貿易新令(4)。

人主要是通过中国商船穿越大洋到达日本。根据新政策,长崎的三座唐寺和万福寺邀请的中国僧人将受到有关凭证和身份的严密检查。此外,幕府还要求万福寺加强寺院的纪律和法嗣传承,以保持自身的法脉传统和本真的理念。

(二)法嗣传承的腐败与"代付论争"

隐元圆寂以后,幕府继续对万福寺给予支持,使黄檗宗在隐元去世后的头一个五十年获得了快速发展。在第二任方丈木庵时期,万福寺得到巩固和拓展,这都得益于日本弟子与幕府官员和地方大名的亲密关系。(木庵有 46 位法嗣,但只有 3 位是中国人。)这些日本弟子中,潮音、慧极和铁牛,由于他们对传承隐元在日本影响中的杰出贡献,而被尊为"黄檗三杰"。例如,木庵的弟子铁牛道机(Tetsugyū Dōki)赢得了幕府老中小田原藩主稻叶正则(Inaba Masanori)(1623—1696)的皈依,后者在 1688 年接受了铁牛的传法。在青木重兼(Aoki Shigekane)(1606—1682)的帮助下,他在江户建立了瑞圣寺,这座寺庙成为万福寺在江户的地方代表(触头)。他结识了第四任仙台藩主伊达纲村(Date Tsunamura)(1659—1719);伊达是正则的女婿。木庵的继承人慧极也成功使得第三任长州大名毛利吉就(Mōri Yoshinari)(d.1694)皈依。万福寺还获得了来自僧侣企业家的经济支持,如高泉性潡的日本弟子了翁道觉(Ryōō Dōkaku)(1630—1707);了翁成功地运营一家医药作坊。这家作坊销售一种包治百病的药品,名叫"锦袋円",其灵感就来自中国的处方[1]。

然而,腐败也开始出现,尤其是在法嗣传承领域。强调佛法的传承是隐元宗派的基石。然而,因为需要传承新的教义以及扩大弟子的数量,法嗣传承的规则并没有得到严格遵循。尤其是当隐元的法嗣倾向于把法脉在没有进行仔细筛选和审查的情况下便传给他们的日本弟

---

〔1〕 了翁利用获利对万福寺给予经济支持,并在江户兴建了图书馆。英文方面的深入研究,见 Groner, "Ryōō Dōkaku." 在这里我想感谢该文作者为我提供参考,并且将其未发表的文章寄给我参考。

图一　东京瑞圣寺山门，2011 年 3 月吴疆摄

子,法嗣传承中的问题便出现了。如果我们看一下黄檗宗诞生之地的中国佛教,我们就会发现这个问题并不是个案。

　　正如我在《僧诤与禅悟：17 世纪中国禅宗的重构》一书中所指出,明末清初,当法嗣传承迅速增长的时候,法嗣传承作为一种扩张方式,这一机制便已经存在着一个内在的问题。隐元和他的师父费隐通容通过向弟子传法,大大地扩大了自己的影响力。例如,费隐有超过 70 个弟子,而隐元有 33 个弟子,密云的另一个继承人木陈道忞有超过一百个法嗣。这种做法造成了一个严峻的问题,因为法嗣传承不再与禅悟体验的精神成就相联系,而是简单地成了自我宣传和扩张的机制。接下来的争论便是关于法嗣传承的泛滥及其与禅宗宗旨的关系,这种争论在 17 世纪左右主宰了中国的佛教界[1]。在日本江户时代,法嗣传承的泛滥这一问题在隐元死后立即显现。例如,幕府接到报告,说在江户黄檗宗的法嗣太多,以至于黄檗宗的寺庙都无法容纳,他们不得不租住民宅才能留在城市里[2]。

〔1〕　见拙作《僧诤与禅悟》(英文本),第 187—244 页。
〔2〕　伊达:《日本宗教制度史料类聚考》,第 211、409 页。

1696 年 6 月 7 日(阴历),江户时代的大老柳沢吉保(Yanagisawa Yoshiyasu, 1658—1714)会见了第六任万福寺住持千呆性侒,虽然他支持中国僧侣,但是他也注意到黄檗宗的腐败问题,并打算对其进行改革。吉保明确指出对于新的黄檗宗这是一个严重的问题。他哀叹由于许多僧人通过与有势力的庇护人联系起来以便获得名望和利益,从而导致万福寺修行戒律的衰落。更为重要的是,由于法嗣传承的松弛,很多人都声称自己得到了黄檗宗的法嗣传承。在该月 20 日,吉保再次邀请千呆到他的住所讨论这一事件。他用毛笔写下这样一段话:"近年黄檗门派,弃己躬下之大事,专趋世谛,衒法射利,大辜负衲僧本怀。"他指出问题的症节在于法嗣传承的过滥而没有一定之规。他说,黄檗僧人已经失去了"真参实悟"的传统,"以'冬瓜印子'为究竟,称嗣法知识者成群成对,不知几数。"此外,他们还"公诳列侯大人,私竞法系优劣"。吉保指责这些黄檗僧人是"拾名遗实"〔1〕。

在万福寺内部,法嗣传承的问题同样引发了激烈的争辩。其中最著名的是关于已退位的后水尾天皇法嗣传承问题的争论。后水尾天皇(Emperor Gomizunoo)(1596—1680)是一位才华横溢的文人,同时也是一个艺术和诗词爱好者。他对宗教的教义同样非常重视。他虽贵为天皇,但权力却在幕府的掌控之下。他被迫娶了德川家康的孙女源和子(Minamoto no Masako)(1607—1678),他在京都的一切活动都被所司代所监督。1627 年,"紫衣事件"期间,江户幕府正式取消了后水尾授予妙心寺和大德寺高僧的尊号,并且流放了 6 位名僧。在 1629 年,后水尾突然宣布退位表示抗议。在退位后的生活中,他结识了隐元和新黄檗宗〔2〕。

根据黄檗宗的溯源,1667 年后水尾天皇通过隐元的日本弟子龙溪

---

〔1〕 《敕賜護法常應錄》,卷 3,第 2 部分,原文无页码。另感谢刘序枫教授见告,驹泽大学电子贵重书库库尚保存 1705 年抄本,本文所引在第十六册,与万福寺文华殿藏本不同。

〔2〕 他也是一位剧作家。见 The Emperor Go-Mizunoo-In's Kocho。另见林观潮:"隱元隆琦と日本皇室"。关于后水尾皇帝与德川幕府的关系,见 Butler, Emperor and Aristocracy in Japan, pp.226-235. 后水尾皇帝与紫衣事件,同见 Baroni, Obaku Zen, pp.166-177.

接受了隐元法系的法嗣传承。由于龙溪在 1697 年大阪海啸中的早逝,后水尾成了龙溪唯一的法嗣。然而,他作为一位退位天皇的身份地位,决定了他不能像正常禅师那样将龙溪的法脉传授弟子。据高泉所说,后水尾因此委托高泉代表他寻找合适的法嗣,高泉然后将天皇的法脉秘密传给了日本僧人晦翁宝㐭(1635—1712);以前晦翁是龙溪的弟子。高泉的做法在万福寺内部引起了激烈的争论,因为它明显地违反了不能通过"代付"传承的基本原则,这一原则由黄檗宗的精神教父费隐通容所制定。这一事件表明,这场争论已经触及如何保持法嗣传承的本真这一传统的精神内核。

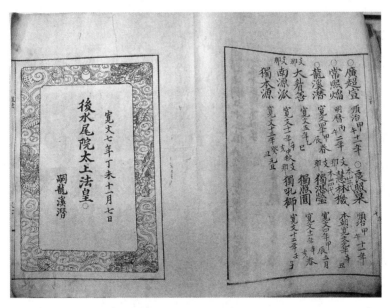

图二 《黄檗宗鉴录》中后水尾法皇的特殊地位。
吴疆 2013 年七月摄于万福寺文华殿

在对万福寺的研究中,我查阅了大量专门记载这一辩论的手稿。在这些争论的文章中,核心议题是如何强化隐元的师父费隐通容在其富有争议的著作《五灯严统》中所罗列的严苛戒条。这些戒条被称为"径山祖训",该祖训在独湛性莹的文章《代付驳论》中做了概括:

《严统》曰：从上佛祖相传，靡不面禀亲承，必有源流表信。又曰当机契证，亲承记莂者，方谱传灯。其余遥嗣者、代付者，一概删削不存[1]。

这里"遥嗣者"和"代付者"在他弟子的争辩文章中界定得非常清楚：

遥嗣者，因阅古人语录有所发悟，遂嗣其法……代付者，有知识迄于临末，不曾付嘱于人，其法既绝，后有法眷或当代名知识惜其无嗣，以其遗下衣拂代付其徒[2]。

看来从后水尾天皇到日本后继者的传承就是一个明确的"代付"的例证。然而，高泉反驳说，他代表后水尾天皇传承是一个特例，他的行为符合费隐的"祖训"，因为费隐所反对的是"妄代"。高泉的支持者南源性派辩称，由于高泉得到了后水尾圣谕，所以基于"信"和"义"的原则，代表皇帝进行传承就是合法的[3]。由于大多数万福寺的高僧都支持高泉，同时又得到了幕府的支持，因此这一事件以支持高泉作为代理人的传法行为而告终。然而，这场辩论后，正如海伦·布洛尼（Helen Baroni）所指出的那样，法嗣传承的精神原则被严重削弱了[4]。

（三）幕府对黄檗宗的改革

在德川纲吉（Tsunayoshi）统治下，文学的价值和仁慈的美德受到重视，他个人也因为对待狗的特殊同情而被称为"犬公方"（狗将军）。元禄时代文艺复兴的出现很大程度上都归因于他的文化政策。柳沢吉保正是体现这些文化价值的典范。这不仅是因为他倡导这些价值和招募了一大批像荻生徂徕这样的文人门客，更是出于他本身也是一位文

[1]《代付论集》，无页码。独湛引用的部分来自《五灯严统》，《新纂大日本续藏经》80：543，n.1567.
[2]《遥嗣代付》，《代付论集》，无页码。这篇文章是一个匿名作者所作，可能是独湛或他的追随者。
[3]《天德和尚解惑篇》，《晦翁嵩和尚嗣法辩论》，第10页。
[4] 这一事件的总结，见 Baroni, *Obaku Zen*, pp.176–180.

人,在卸任之后建了六义园去追求他的文学兴趣。尤其重要的是,在其妾饭冢染子(Iitsuka Someiko)(1676—1723)的影响下,他喜欢上了禅[1]。他自称"全透"居士,并且非常喜欢与中日的佛教僧人交流。他对于禅的兴趣以及与僧人参禅的对话收录于《勅赐护法常应录》中[2]。他游说幕府对禅宗以及高泉、千呆和悦峰等中国僧人给予资助。他向高泉请教佛法,并且帮助其获得紫衣。当万福寺住持千呆和悦峰访问江户时,他还邀请他们到他的寓所[3]。

根据《勅赐护法常应录》,柳沢吉保1692年第一次见到高泉性潡,并且与他谈论了禅宗公案[4]。1692年,他还接见了另一位黄檗僧人,即小仓福聚寺的住持日本僧人法云明洞。1696年,他见到了万福寺的住持千呆,并与之讨论了万福寺的新规。我们在下面将详细说明具体的细节[5]。

吉保与千呆也有着广泛的接触和联系。千呆俗世来自福州长乐县陈家,他在中国17岁时受戒于即非。后来他跟随即非来到日本,1658年被培养成崇福寺住持,1665年成为即非的法嗣。1695年他被推举为万福寺第六任住持。1698年获得了紫衣。(《黄檗文化人名辞典》,第183—184页)

1696年6月20日,千呆到吉保的寓所拜访他。千呆首先告知了高泉的圆寂和他的继任,同时也表达了他对吉保的仰慕。通过翻译和笔谈,他们讨论了万福寺当前的时事。吉保对万福寺的腐败表示遗憾。

---

〔1〕 她的著作《故紙録》和《松蔭日記》(ca.1714)在女性文学中占有一席之地。见岛内:《柳沢吉保と江戸の夢》,第174—188页。

〔2〕 柳沢将他的书呈递给了灵元天皇,灵元天皇为这部著作做了序。见《柳澤吉保公参禪録》,第9页。见岛内:《柳沢吉保と江戸の夢》,第221—232页。

〔3〕 这些联系,见辻善:《日本佛教史》,第九卷,第500—535页。以及Bodart-Bailey, "Councilor Defended."

〔4〕 他与高泉的谈话,见《敕賜護法常應録》,卷1,第2部分。这一事件也记录于柳泽吉保:《樂只堂年録》,卷32,第252页。

〔5〕 这些事件亦记录于《松蔭日記》。见《柳沢吉保側室の日記》,卷6,第66—68页。千呆的访问和万福寺的新规定,见卷26,第306—307、314—316页。这些规定的细节,见下一部分。他与中国僧人联系的梗概,见Bodart-Bailey, "Councilor Defended."

他因此建议千呆加强法嗣传承的实践,并给了他七条新的法规。这七条法规获得了幕府老中的认可,并以千呆的名义发布。

这七条法规如下:

宗门条规

黄檗门庭日以浩繁,故间有乱统之辈而法弊转多。自不专究己躬下事,惟趋势利,取笑傍观。因兹不得不立规条,晓示各派儿孙,所谕件件,各宜体悉。

• 大法授受,必须择其见地品行为要。纵承印可,不登本山秉拂提唱者,不许登名位。倘有实行老德,不能提唱者,本山许任版首,以登名簿[1]。

• 后生晚年未开堂者,不许着红色法衣。但传衣之人为一寺住持者,或有升座说法,或秉炬等,不妨着之。

• 得法后,若还衣法者,一宗摈出。或本师在世,参学游方,他师不得附嘱,使负恩义。或师资未相见,不许附嘱,以违祖训。各须知之。

• 传法人不得赁屋住街市,炫耀见闻,卖弄道法,减人信心。

• 未开堂,不许立四版首。併各处小庵院,虽授戒法,宜应寂静,不可集众混动。

• 得法尼僧,除木兰色袈裟外,不许着色衣。受嘱居士所着之服,须黑色,莫使华丽。

• 不可滥付俗士尼女。又居士时虽受嘱,及剃染,不许将所嘱混大僧,登名位。大凡晚年出家者,各宜谦让守分。

以上规则共七条,必须人人遵守,个个力行,不特法门有幸,实不负国王大臣受嘱之心也。如有中间违背者,当摈逐,再不许入众。切嘱切嘱。

---

[1] 版首(或为班首)这一术语在中国指的是一个中国禅寺寺院管理者的四个职位(四大护法)。这四个职位是"首座"、"西堂"、"后堂"和"堂主"。我要感谢北京的广化寺的定明法师,他于2014年2月22日在一封邮件中向我解释了这些职位。

元禄九丙子年六月晦日

黄檗第六代千呆安立〔1〕

在这些规定中,很显然,幕府主要想通过规定法嗣的传承,以达到保持黄檗宗教义与修行实践的纯正和本真的目的。这些新规定产生了许多的问题。首先,除了通过师父私人认可获得法嗣传承外,还要在万福寺举行一个公开的仪式,以证明个人成就的真正精神境界,并且需要候选人亲自出席。否则,他将不被看做是正式认可的法嗣。这种做法被称为"秉拂提唱",在后来的材料中又称为"登檗显法"〔2〕。如果候选人无法出席,可以找一位年长官员代表他去万福寺。其次,候选人必须保持和维护自己的法系,之后不能再改变。否则,如果他背弃了他的传承,就将面临被驱逐的处罚。此外,法嗣传承中两个有争议的做法,即遥嗣和代付,按照隐元提倡"面禀亲承"的师父费隐的严格规定,被明确禁止了。最后,法嗣传承成了僧人与女尼,以及俗家弟子与僧侣,身份地位的标志。决定他们在黄檗宗中身份地位的是,接受法嗣传承的顺序而不是在僧侣中的剃度资历。

黄檗宗发布新规,明显是为了解决万福寺法脉传播的混乱问题,这些混乱很大程度上起源于中国不受限制地颁发"源流"(这是明清时期流行的传法证书,近现代又称"法卷")的实践。这些新规遏制了法脉传播不受限制的趋势,尤其是针对俗家弟子和女尼。对于僧人而言,他们不得不去万福寺举行公开的仪式以宣布他们佛法的传承,并且提供证据接受审查。否则,他们将不被认可,更不能在万福寺登记。

在1680年代,独湛和高泉关于退位的后水尾天皇法嗣传承的激烈争论之后,这些新规特别重要的一点是重申了法嗣传承的规则。这些新措施从而也显示了幕府恢复法嗣传承的本真以及男性僧人权威的

---

〔1〕 《祠部職掌類聚》第二册《寺社御条目》,第75—76页。也参考了辻善抄本:《日本佛教史》,第九卷,第514—516页。《敕賜護法常應録》,卷3。这些版本的内容是相同的,错字和异体字进行了改动。

〔2〕 关于登檗的规则,见大槻:《黄檗宗鑑録》,第73—77页。

意图。

在纲吉之后,幕府进一步加强了对黄檗宗的监管。同样,在 1722 年 7 月 25 日,黄檗宗在江户的两座"触头"(宗派代表寺庙)瑞圣寺和海福寺,也发布了针对乱统之辈的新规。幕府重申住在江户的黄檗僧侣应该隶属于这两座代表寺庙。没有这种隶属关系,他们将不被允许住在江户。其他一些具体事务,如募集资金、典礼上供餐、俗家弟子和僧人的游方、晚上诵经等,也都有明确的规定〔1〕。

二、唐僧招请的一般程序

(一)无法嗣传承的唐僧招请

另一项重大改变影响了招募中国僧人到日本的程序。这项改变大约发生在 18 世纪初,正当幕府对中日贸易进行严格控制之时。自从德川吉宗(Tokugawa Yoshimune)(1684—1751)1716 年掌权,就开始推行享保年间的改革,对黄檗僧人进行行政监督,尤其是中国僧人在继任了万福寺住持以后,更是被置于严密监视之下〔2〕。对招募中国僧人进行更为严格的管理,主要是为了响应万福寺建立的唐僧招请的寺规。这个寺规是在一小撮中国僧人垄断唐寺住持职位的情况下,对僧人真正的禅悟体验与法嗣传承要求放松的一种产物。

在新规则实行以前,万福寺采取了很实用的方法,即从中国招募新人。这种方法并不强调资历、精神修养、文学上的成就或者候选人的法嗣传承。相反,在日本的中国僧人喜欢邀请没有任何法嗣传承的年轻僧人,这样当年轻僧人抵达日本后,便可以给他们传承黄檗法脉。在实践中,大部分候选人都是通过与已经在日本的中国僧人之间的个人关系而被招募,具体过程是通过往返于大陆和长崎的中国商人的斡旋得

---

〔1〕 伊达:《日本宗教制度史料類聚考》,第 211、409 页。

〔2〕 自从隐元 1673 年圆寂,万福寺住持继承的惯例就已经形成:候选人必须是中国人,而且曾经服务于长崎的三座中国寺庙。这一惯例被幕府将军所接受,并且得到了政府的支持。吉宗的改革,见 Chang, "Identity and Hegemony."

以实现。这些僧人会首先从日本致函中国名寺,询问他们的熟人推荐
在发出邀请时还未接受法嗣传承的年轻僧人。投递信函和运送候选人
到日本的任务,都是由中国商人承担。招募这些刚出家的僧人的目的,
是在长崎对他们进行培养,然后提供隐元一派的法嗣传承。这确保了
新到者不会带来其他派系的法嗣传承,以及因此而造成的混乱和纷争。
以前有两位僧人曾发生过类似的问题。一位是道者超元,他先于隐元
到达日本,但却是隐元的同门师兄弟亘信行弥的法嗣。(我已经在原
书前面的章节中对他进行过简单的介绍)。虽然他们的宗派很接近,
但是道者却被迫辞去了在兴福寺的职务回到中国。

另一起事件是1677年到来的曹洞宗僧人东皋心越。他也被称为
心越兴俦,是一位曹洞宗学养深厚的禅师,也是一位古琴演奏家。黄檗
宗僧人威胁他,如果他不改变其法脉传承,就将他逐出长崎,而不管他
多有才华,东皋不得不妥协。后来他在一份文件中讲述了整个事件的
经过,以澄清他的法嗣传承。在这份文件中,他说当他1677年1月13
日到达日本后,唐通事第一次登船检查货物和乘客。在了解东皋是被
兴福寺邀请后,那些通事便问了他许多基本的信息,如什么时候受戒?
在哪里接受的法嗣传承? 东皋坦言他是曹洞宗觉浪道盛(1592—
1659)的法嗣,那些通事便很不高兴。他们说:"南京寺只要请住持之
僧,那个要汝(船长)请付法的和尚来。"为了能够在长崎登陆,东皋被
强迫改变他的法嗣传承。经过考虑后,他被迫妥协。作为权宜之计,他
举行了一个仪式,并认兴福寺住持澄一为师。然而,他在私下里筹划让
万福寺住持木庵澄清他的法嗣传承。当水户藩主德川光圀愿意在他的
领地内收留他时,才最终摆脱了这一困境[1]。东皋事件清晰地展示
了招募没有法嗣传承僧人的规则,是为了实现保持隐元法嗣传承的
纯洁。

---

〔1〕 见东皋心越,《日本由来两宗明辨》,陈智超编,《旅日高僧东皋心越诗文集》,第
89—90页。这份文件有许多版本,陈智超的版本最完整。见《黄檗文化人名辞典》中他的传
记,第162—163页。

我们还可以从《华夷变态》、《通航一览》和《唐通事会所日录》等文献记载中,看见这些传统程序是如何被执行的。例如,在《华夷变态》中,我们发现跟随一艘中国船舶来到日本的中国僧人的检查记录如下。1693 年 8 月,79 番船,由于一场风暴漂流到对马岛后,最终安全到达长崎,将 7 名日本渔夫和 32 岁的中国僧人圣垂方炳带上岸。(他后来被称为独文方炳(1656—1725),1719 年成为万福寺第十一任住持)(《黄檗文化人名辞典》,第 282—283 页)。圣垂方炳俗家来自福建泉州安溪县的一个刘姓家庭,并受戒于开元寺良范和尚。(万福寺第二任住持木庵曾在此修行)根据长崎唐通事的检查报告,在这一年的夏天,长崎的唐寺福济寺正在物色两位来自中国的僧人,邀请函已经发往了大陆。僧人彝庵响应号召提前到达。然而,第二位候选人方炳的同门方煜生病了,方炳的师父玄朴宗檀就说服他代其前往。从方炳的师父宗檀与东澜属于同一派系来看,方炳与福济寺的住持东澜似乎有着一定的关系,他应该叫东澜师叔。方炳离开开元寺,然后北上从宁波登船前往日本,随身带着玄朴给东澜的信作为身份证明。

方炳一到,长崎的唐通事立即提交了一份报告,并翻译了方炳的誓书。在这份报告中,他们特别强调经过检查方炳没有法嗣传承。在方炳的誓书(口词)中,他必须就他法嗣传承的身份做出以下承诺:"倘或嗣法在身,暂以掩蔽妄言,日后露出圭角等情,一凭国规施行,再无异言,立此日后为证,竟无他意。"[1]

(二) 招请程序的常规化

在官方的审查文档中包含关于法嗣传承的调查和证词,有些显得非同寻常,因为在正常情况下宗教无关贸易和政府事务。这表明邀请中国僧人的程序已经被常规化并且得到长崎当局的官方认可。幕府包

---

〔1〕《華夷變態》,卷 20,中册,第 1605 页。也见于《通航一覽》,卷 250。许多《華夷變態》与《和漢寄文》中的记录都被纳入到《通航一覽》中,卷 209。中国学者孙文注意到这些关于中国僧人的记录,但没有充分考虑到他们与万福寺的联系。见孙文:《唐船风说》,第 136—138 页。

揽了万福寺和长崎中国寺院的宗教事务，将其纳入常规管理程序，并要求长崎奉行和唐通事按照已经建立起的协议，检查来日僧人的身份。

这里有一些关于宗教事务是如何成为长崎当局行政职责一部分的例子。比如后来成为万福寺第十二代住持的杲堂元昶（1663—1733），在《华夷变态》中有一份关于他到来时的检查报告（觉书）。（传记见于《黄檗文化人名辞典》，第 118 页）这份报告记载，杲堂于 1721 年从宁波出发，乘坐 22 番船到达日本。邀请函由兴福寺发出，1718 年经由中国商人锁沛公带到中国。锁沛公在 1717 年是 33 番船的船主。他与中国商人程益凡一起在杭州潮鸣寺拜见了杲堂，并将信交给他，劝其赴日[1]。

1722 年从宁波起航的 1 番船（船主何定扶，船副丘永泰）为崇福寺住持道本带来了另外两个僧人。他曾请求丘永泰邀请其在中国的三个徒弟让东、去疑、日文中的两个来日本。由于三人中的一个已经圆寂，另一位患有重病，剩下的一位又忙于寺院事务，丘永泰不得不去福州的鼓山寺（又称为涌泉寺）求助于卉木和大成（《黄檗文化人名辞典》，第308—309、204—205 页），因为他们是道本同一宗派的法孙。他们同意前往，并于 1721 年末 12 月 25 日离开宁波。他们一到达长崎，当地的官员就不得不在他们的检查报告中再次声明说，这两位僧人受戒于临济宗，但是仍没有接受法嗣传承[2]。

其俨道徽和尚，后来俗称为大鹏正鲲，万福寺第十五代住持（《黄檗文化人名辞典》，第 213—214 页），1722 年 7 月乘坐吴子明船主的船从宁波启程来到长崎。他也必须递交他的誓书。在这份文档中，他告诉长崎当局，他俗家来自泉州晋江县一户王姓家庭，今年 32 岁。他 16岁时受戒于泉州开元寺明心和尚。1720 年 8 月，吴子明把福济寺住持全岩广昌（1683—1746）的邀请函带给他。（《黄檗文化人名辞典》，第185—186 页）他的师傅有些犹豫和不愿意，故 1721 年 3 月才批准他赴

---

[1]《崎港商說》，《華夷變態》，卷下，第 2907—2908 页。
[2]《崎港商說》，卷3，《華夷變態》，卷下，第 2927 页。

日。他离开泉州到上海，在那里搭乘了吴子明的船[1]。与其他到达的中国僧人一样，他必须声明尚未接受过法嗣传承，但是属于临济宗无安（无安的身份还不清楚）的法脉。为显示他来日本的诚意，他还补充说，他甚至不敢要求许可回中国[2]。

1723 年，万福寺第十三任住持竺庵净印从上海启程乘坐第 17 番南京船来到日本。这艘船的船主是李淑若，他也是 1719 年第 10 番船的船主。1722 年，兴福寺的住持呆堂刚到日本一年多，便请求船主沈玉党在他回国的时候把一封邀请函带回中国。沈玉党把信给了 1721 年 20 番船的船主钟觐天，钟觐天把这封信转给了竺庵[3]。

（三）《和汉寄文》中的记载

在松宫观山（Matsumiya Kunzan）（1686—1780）编辑的一份稀世材料《和汉寄文》中，保留了许多的邀请函，解释了邀请中国僧人到日本的传统流程[4]。

第一封信，日期为 1702 年，是由当时万福寺的住持千呆性安（1636—1750）发出。千呆其时已作过七年的住持，这封信是写给当时福清的中国黄檗住持檗翁明径（1642—1724）的。显然，千呆是希望加强日本万福寺和中国黄檗寺的直接联系，因为二者都是隐元所建，有着相同的法脉源流。这封信的目的是招募四位年轻的僧人赴日本。千呆表示，日本政府已经批准了这项计划。他请求明径拣选道德和文学素养出众的僧人。最基本的要求是他们已经接受具足戒，并愿意承担旅行带来的风险。在未来，千呆承诺他们中的一些人将接受法嗣传承，并

---

　　〔1〕 大庭修声称，全岩已经把情报提供给了 1729 年浙江巡抚李卫派来的间谍朱来章。Ōba, *Books and Boats*, p.235. 吴子明好像是一个模范的商人，他与商人伊敬心一起协助抓捕了走私者，所以在 1732 年受到日本当局的奖励。见《增补长崎畧史》，第 154 页。

　　〔2〕 《崎港商說》，《華夷變態》，卷下，第 2944—2945 页。

　　〔3〕 《華夷變態》，卷 37，下册，第 2980 页。确定船号和船主的一个有用的参考，见纸屋敦之：《唐船風説書データベース1674—1728》。

　　〔4〕 根据大庭修的研究，松宫是江户时代中期一个兵学学校的著名学者。他师从北条氏如（1666—1727）。这个资料大约编撰于 1726 年，当时观山正在长崎奉行所当差。它包含了大约 150 份中文文献，并伴有日文翻译，其中包含 7 份关于中国僧人来日本的文献资料。见大庭修：《唐船進港回棹録》，第 367—376 页。

可以继任万福寺住持的位置[1]。

看来千呆从未见过明径，但他知道明径刚刚继承了中国黄檗寺的住持。他告知他和隐元所创建的万福寺已经获得了日本幕府的大量资助：他不仅被授予了受人尊敬的紫衣，而且幕府拨付公家资金修缮万福寺。千呆暗示，幕府青睐黄檗宗胜过其他教派。他所担心的事情是来日本的中国僧人会越来越少。他特别赞扬了对外国人并无偏见的日本贵族和平民。根据千呆所说，这些日本人想要的仅仅是文化的价值和忠诚[2]。

在千呆信后附录之明径的回信中，明径表示千呆的信以及礼物已经通过一个俗家弟子、可能是一个高姓的船主投递。在礼貌性的开场白和习惯性的问候后，明径通过抱怨黄檗和中国整体上道德沦丧，含蓄地拒绝了千呆的提议。他说，虽然他已经担任十多年的住持，但他仍然不能复兴寺院。仅在一年前，才对破旧的大门和其他设施进行了修缮。在他回复这封信的时候，主殿、仓库和方丈室已经修好。预计明年年初，修复法堂和回廊的项目将完工[3]。

第二份相关文档是崇福寺住持大衡申请两位被邀请的僧人到来，日期是 1709 年 5 月[4]。大衡明确表示，经幕府批准，邀请函已经于1707 年发出。这封信是写给福州的鼓山寺，在那一年由返回中国的唐船投递。显然，鼓山寺选派了一个名叫别光（《黄檗文化人名辞典》，第327—328 页）的僧人去继任大衡，还选派了另一个僧人智胜作为别光的随从。他们从南京乘坐 44 番船来到长崎（船主：游三官）[5]。与

---

[1] 千呆的信见《和漢寄文》，在大庭修：《享保時代の日中関係資料》，第 1，第 189—190 页。这封信也见于《通航一覧》，卷 209，第 357 页。

[2] 有关明径壁立的传记，见《黄檗山寺志》，《中国佛寺志》，第 3 编，第 4 册，第 188—190 页。

[3] 《和漢寄文》，在大庭修：《享保時代の日中関係資料》，第 1，第 191—192 页。这封信也见于《通航一覧》，卷 209，第 358—359 页。

[4] 《和漢寄文》，在大庭修：《享保時代の日中関係資料》，第 1，第 196—198 页。

[5] 在福建用"三官"或"一官"等名字是当地的一种习惯。使用"官"表示对人的一种敬称，见王振忠：《契兄、契弟、契友、契父、契子》。

他们一起,还有一封鼓山寺恒淘和尚的回信,以及一份邀请函的原件;这份邀请函原件将作为官方批准的证据。在这份申请的最后,大衡谦卑地请求批准他们登陆和留在寺院[1]。

在《华夷变态》中,从南京出发的 44 番船的记录,证实了这份申请书的内容。据《华夷变态》所述,船主的全名是游汝曦[2]。崇福寺的这封信两年前就到了鼓山寺。别光和智胜 3 月 9 日离开上海。然而,他们的第一次东渡尝试由于风暴而失败[3]。从宁波启程的 1710 年第 47 番船,也载来了福济寺邀请的中国僧人。这也是通过游汝曦完成的,一年前他将信函递送给了鼓山寺[4]。另外,很多报告中还简要记录了邀请其他几位中国僧人的尝试:1711 年从宁波启程的第 6 番船带来了一个僧人。邀请函由兴福寺住持悦峰道章(1686—1707)发出,由 1709 年第 24 番船船主程益凡带给钱塘慈云寺栢亭和尚。栢亭的弟子桂国元昉(即旭如莲昉)响应了征召[5]。1711 年他到达后,很快就被任命为兴福寺住持。作为回报,桂国请求增加商人程益凡(那一年第 39 番船的船主)15 贯目的贸易额[6]。

所有这些记录表明,17 世纪末和 18 世纪初,邀请中国僧人的惯例已经被万福寺和幕府行政官员所采纳。

三、绝望中的万福寺唐僧招请

(一)幕府的政策变化

这个招募中国僧人的系统被万福寺所操纵。长崎的唐通事在 18 世纪早期似乎据此工作得很好,但是它的问题仍然是显然易见的:万

---

〔1〕 别光在《長崎市史》中被简要地提到,见《長崎市史》,卷 4,第 2,第 381 页。别光的供述,亦见《通航一覽》,卷 209,第 361—362 页。

〔2〕 游汝曦的贸易许可证在一场关于日本信牌的诉讼中,被迫转移给了庄运卿,这一事件被记录在《信牌方记录》,收入大庭修《享保時代の日中関係史料》,第 1,第 53 页。(感谢刘序枫教授见告。)另见大庭修:《唐船進港回棹錄》,第 25 页。

〔3〕《華夷變態》,卷 34,卷下,第 2633—2634 页。

〔4〕《華夷變態》,卷 34,卷下,第 2675 页。

〔5〕《華夷變態》,卷 35,卷下,第 2687 页。

〔6〕《唐通事會所日錄》,卷 8,第 244 页。

福寺只想继续中国人垄断寺院住持这一事实，不惜忽视他们所招募的中国僧人精神上的修行资质。因此，他们坚持要求招募那些没有法嗣传承的年轻和尚，在他们到达后便可以给予法嗣传承。

然而，日本人对这一别出心裁大为不解，他们质疑这些被邀请僧人的禅悟修行的本真性，并对这种做法进行尖锐的批评。1711 年上任的长崎奉行大冈清相（Ōoka Kiyosuke）（1679—1717），在他的《崎阳群谈》的一份笔记中记下了这一异常现象。在介绍完三座中国寺庙后，他解释了邀请中国僧人的现状。这里特此将这份笔记翻译如下：

> 六七十年前（大约在 1650 年代），因为中国没有统一，如果给予邀请并提供丰厚的待遇，杰出的僧人愿意来到日本以逃避祸乱。然而，近年来因为中国国内安定，已无弃国远渡的理由，高僧不愿渡海来此。因此，重金请托回国的中国商人，不论任何僧人均请来。不断重复的结果是，近些年，没有任何优点和美德的僧人也漂洋过海。不仅如此，在他们的弟子中接受法嗣传承的也非常少见。人们听说，他们只关注于来到这里的是中国僧人，并且宣称他们没有法嗣传承。然而，当唐寺提出后继住持申请时，奉行所交代中国商人办理，却听说遭到商人的窃笑。我们确实应该对此事好好考虑。因此我将其记录在此。此外，根据万福寺的提议，万福寺住持都是选自（长崎）唐三寺的中国僧人[1]。（原文为和文）

如果清相在其担任长崎地方官的任期内注意到这一现象，他一定会将此事向幕府抱怨[2]。幕府似乎对这些指控做出了反应，从而改变了其政策。虽然关于这一改变的原始幕府文档还未发现，但是法令的一些内容却在一些资料中被记录下来。例如，在 1724 年 7 月万福寺

---

〔1〕《崎陽群談》，第 18 页。此处感谢刘序枫教授修改译文。
〔2〕 我怀疑政策的变化可能与深见玄岱（或叫高玄岱）（1639—1722）有关，他是隐元弟子独立性易俗家弟子，他对中国僧人和他们的行事很了解。从 1709 年起，他就是供职于幕府的一个儒士，他与新井白石交好。他与中国僧人以及白石的联系，见《深見玄岱の研究》，第 107—115、296—320 页。英文的简要介绍，见 Ōba, *Books and Boats*, pp.138‑139.

呆堂写的一封信中,他明确表示他接受了命令〔1〕。我在万福寺文华殿档案馆查阅的档案中,诸如日期为 1761 年 9 月《本寺请唐僧一件》,也揭示了所建议的改变细节。

这些文件显示,第八任幕府将军吉宗本人对这件事情很感兴趣,并通过发出特别命令,直接干预有关中国僧人的招募〔2〕。吉宗在 1716 年掌权,是一位野心勃勃的统治者,以江户时代中期政治和经济改革而闻名于世。由于他具有幕府应如何统治的远见卓识,他在文化和宗教领域也颇具影响力。他似乎对隐元的禅宗教义没有特别的兴趣。然而,在参观江户的黄檗宗罗汉寺期间,他决定建立新的唐僧招请条例〔3〕。

1724 年 7 月 6 日,幕府给两个黄檗宗的代表寺院(触头)瑞圣寺和海福寺下达了如下命令:

> 近年,长崎的兴福寺、崇福寺和福济寺从中国招募的唐僧都没有法嗣传承。他们寄居于长崎的三座寺庙中,并在那里接受法嗣传承。然后,他们成为黄檗山万福寺的住持。从今以后,凡接受隐元法脉法嗣传承以及获得学识与道德义能的僧人,要经过万福寺特别的检查。审议后,再去中国把他们招请到长崎,并使他们先成为兴福寺、崇福寺和福济寺的住持,万福寺住持出缺后,再让他们担任万福寺的住持,这是前年的命令(1722)。黄檗一派的僧人需要讨论此事,并迅速邀请中国有能力的僧人前来〔4〕。

(二) 万福寺的回应

在江户的两座黄檗寺庙(瑞圣寺和海福寺)两天后将幕府的命令

---

〔1〕《和漢寄文》,第 276 页。

〔2〕 Ōba, "A profile of the unruly shogun Yoshimune," *Books and Boats*, pp.120–145.

〔3〕 许多资料都曾提到他在罗汉寺参观一事。然而,很少记录是什么促使他做出这一决定。1695 年,德川纲吉批准建立天恩山五百罗汉寺,该寺由创始僧人松云元庆(1648—1710)雕刻了一组五百罗汉的雕像。在江户罗汉寺是黄檗宗的主要寺庙之一,它以五百罗汉的雕像带有中国的风格而闻名。它作为幕府将军批准的寺庙,幕府将军经常光顾这里。铁眼一直被尊为寺庙名义上的创始人。具体细节,见 Screech, "The Strangest Place in Edo."

〔4〕 这条法令,见《長崎市史》,卷 4 下,第 165 页。亦见木村:《黄檗派における中國僧渡来斷絶の經過》,第 114 页。法令原文见《本寺請唐僧一件》(1761)。

传递给万福寺。这份法令明确规定，日本政府现在想改变已经成为惯例的万福寺住持继任的做法，并只能邀请已经获得隐元法嗣传承的高僧。

毫无疑问，幕府为唐僧招请树立起了障碍，这直接影响到宇治和长崎的中国僧人。这项改变给万福寺带来了严峻的挑战，并引发了一系列绝望中的努力去满足幕府的新期望。他们尝试从福清黄檗山招募一位名叫仲琪道任的资历深厚的中国僧人，因为他符合幕府的新要求。当时万福寺的住持杲堂元昶 1726 年第一次写信给长崎唐三寺的住持，请求他们帮助招募符合幕府新需要的资深僧侣。

幸运的是，所有这些文档都是现存文献，我们将在下面对其进行详细分析。我们掌握的第一封信是当时万福寺住持杲堂元昶所写。这封信前文已经提到过，是寄给长崎唐三寺住持的，即崇福寺住持伯珣照皓、兴福寺住持竺庵净印和福济寺住持大鹏正鲲（1691—1774，以前被称为其俨道徽）。在这封信中，由于幕府改变了住持继任的惯例，杲堂元昶表达了在他之后选择下一任住持的担忧。正如前面所提到，以前万福寺的住持是从长崎唐三寺中挑选。因此，当新的中国僧人来到长崎，他们必须是一个以前没有接受法嗣传承的年轻人。然而，幕府现在要求未来万福寺的住持应该已经接受隐元法脉的法嗣传承、并且在中国已经是具有一定名望的禅师，而不是到达日本后接受法嗣传承。杲堂非常担心，后悔他在中国时并没有听说过任何隐元的弟子。他打算写信咨询三座著名的中国寺院，并敦促长崎唐三寺的三位住持，如果他们与中国寺院有私交，希望能做同样的事情。杲堂进一步说明，如果有推荐的候选人，他的语录，作为修行成就的证明，必须首先提交并接受审查。只有证明这个人是一个真正的禅师后，才会发出正式的邀请函[1]。一枚丁银和一束霜桔纸将被带给候选人作为礼物。

第二封信是杲堂元昶写给唐三寺的正式咨询信，这三座寺庙是杭

---

〔1〕《和漢寄文》，大庭修：《享保時代の日中関係資料》，第 1，第 273—277 页。

州的灵隐寺和福严寺以及福清的黄檗寺。由于两国的僧人交往并不频繁，所以在信的开头，杲堂元昶简单地回顾了一些万福寺的历史。他描述了在日本隐元佛法传播的起源，以及隐元获得的荣誉。一个重要的事实是，隐元之后所有的继任住持都来自中国，其中也包括他自己，他1722年冬天成为第十二任住持。以后的住持有的携带法嗣传承而来，有的则不是，只是后来在日本接受付法。他承认，近年来只有那些在中国没有接受付法的人才被允许留下来。然而，1724年7月，幕府的新法令规定，在他以后住持将只能选自在中国就已经接受隐元法脉的僧人。此外，候选人还应该在道德和文学上具有一定的修养。根据新规定，候选人应该首先暂住在长崎的唐三寺。当万福寺住持一职出现空缺后，他们便可以继任。在这里，这一规定新的重点是放在了对付法严格的理解。正如杲堂解释说，候选人必须有法嗣传承，且这种传承一直可以追溯到隐元。即使有着密切关系的隐元旁系法脉也不能适合。因此，如果一个候选人的传承来自费隐通容的法嗣而不是隐元，虽然非常接近，也不能满足幕府的期许。对于他们道德和文字的资质，期望是他们通过出版的《语录》已经树立了自己的地位。三枚丁银和两束霜桔纸被作为礼物送给他们[1]。

长崎的三位住持也联合致信给福清的黄檗寺表达了同样的请求。更具体地说，他们阐明候选人必须已经成为一名禅师，并能够登堂开法。除了要求他们有《语录》外，三位住持还要求候选人的出身和年龄等详细信息，以应对未来幕府可能的检查[2]。

这一系列的最后一封信是长崎唐三寺的中国住持回复杲堂的，向其报告他们发出询问信之努力的一些细节。虽然签着三位住持的名字，但可能是竺庵净印起草的。这封信显示前此引用的杲堂最初的信件早在1726年4月27日之前就已经到达长崎。他们相互传阅这封信，并另起草了单独的一封信去解释这件事。这封信的草稿曾被长崎

[1] 见《日本大清書翰並辨疑偈》。
[2] 《和漢寄文》，大庭修：《享保時代の日中関係資料》，第1，第280—281页。

奉行和寺社奉行的官员审阅。根据这封信，寄给福清黄檗寺的信首先由 1 番船的船主柯万藏递送，这一船只已经于 5 月 11 日被派遣离港。（柯万藏是唐僧招请之努力中至关重要的人物，他发挥的作用将在后面进一步做出解释。）寄给福严寺和灵隐寺的信被委托给来自宁波的 2 番船的船主尹心宜，这艘船预计 1 个月内离开[1]。

呆堂也写了一封信给中国黄檗寺的住持，日期是 1726 年 3 月，做出相似的请求。他的信由柯万藏（31 番船）带到中国。柯于 1727 年返回日本，并带来了仲琪禅师愿意来日本的消息[2]。正式的邀请函之后被寄给了仲琪。

四、一个真正的希望：来自黄檗的仲琪禅师

（一）谁是仲琪禅师？

呆堂和在日本的其他中国僧人都在翘首企盼着候选人，因为他们知道满足幕府的新期望是多么的困难。例如，呆堂坦言，即使他已经去过很多地方，但他在中国从未遇到过隐元的法嗣。这种对于幕府新期望的担忧，正如我在《僧净与禅悟：17 世纪中国禅宗的重构》一书中所揭示的那样，无非反应了中国禅宗的衰落。正如我所指出，禅宗的复兴是 17 世纪一个特有的宗教现象，隐元正是在禅宗复兴的全盛时期来到日本。禅僧复兴了具有古代风格的自发式的机锋问答，例如在举行上堂仪式时棒喝往复，禅语问答。一个有能力的禅师经常会编集《语录》以记录他们的交流。隐元的禅学教义被日本贵族所接受，因为它复活了禅宗本真的精神理想。然而，我还指出，这种自发的禅风并不能自我维持，在 18 世纪早期禅宗衰落下去。因此，即使获得付法，禅僧也不太关心他们的精神素养，他们对编集和出版《语录》也不感兴趣。然而，

---

〔1〕《和漢寄文》，大庭修：《享保時代の日中関係資料》，第 1，第 284—285 页。尹心宜是 1721 年从宁波来的第 22 船的船主。这是他第一次担任船主出海贸易，他的贸易许可证由赵树三船主转给他，因为他生病了不能亲自前来。《崎港商說》，卷 3，《華夷變態》，卷下，第 2907—2908 页。

〔2〕《長崎市史》，卷 4 下，第 169 页。

幕府的新规定反映了日本政府对招募来自中国的真正禅僧重新燃起了兴趣。幕府因此希望万福寺成为禅宗理想的真正代表。在现实中,在18世纪中国,很少有僧人执行过上堂仪式以及出版过《语录》,即使他们名义上接受了付法。因此,从中国招募真正禅师的简单任务,对在日本的中国僧人来说成为了巨大的挑战[1]。

经过这些绝望中的住持的不懈努力,确实取得了一些成绩,但由于中国政府的干预无果而终。根据大庭修的研究,我们现在知道了一位来自中国黄檗寺的名叫仲琪道任的高僧,他曾经被推荐为候选人。然而这位僧人的身份一直没有被学者澄清。

根据《黄檗寺志》,仲琪俗家来自福建莆田的一个任姓家庭。他从黄檗寺第八任住持清斯真净(或为明净)处接受传法。他被立为黄檗寺第十三任住持。他在寺志中简短的传记,并没有揭露出他一生中的重大事件,只是给出了他圆寂的日期,即8月28日,但并没有交代是哪一年。(如果我们接受他在去日本之前就已经逝世的谣传,那么他圆寂的这一年就是1728年。这一点可从李卫雍正六年十一月三日给雍正的奏折中得到印证。)从这个传记判断,当邀请函从日本到达后,他一定已经在1726年或1727年从住持位置上离任[2]。显然仲琪是最佳人选,因为他确实是一位真正的禅师,他的《语录》已被收集和出版。不仅他的一些弟子后来成为黄檗住持,而且因为他能够开坛授戒因而甚至被称为戒律大师[3]。

幕府新的程序要求这些中国候选人提供他们的《语录》,以证明其精神素养。事实上,幕府的文件中提到仲琪的《语录》已经呈递给了长崎奉行,之后又呈送给了幕府。虽然他《语录》的标题在黄檗著作的目录中被记录下来,但是这本书却早已亡佚。2013年夏季,我在研究过程中发现了由吉永雪堂转录的这一著作删节版的手稿。这部手稿的题名是《黄檗

---

〔1〕 见吴疆:《僧净与禅悟》(英文版),第245—264页。
〔2〕 有关仲琪的传记,见《黄檗山寺志》,第190—192页。
〔3〕 若育际位的传记提到仲琪是一位戒律大师,见《黄檗山寺志》,第205页。

仲琪禅师语录广目辑要》，由他的弟子净偲编辑，共分为四卷，包括在上堂仪式上他的法语、"小参"、来往信函和诗词。这部著作似乎还有一个序言，可惜吉永并没有转录。因为包含了一首庆贺仲琪70岁诞辰的诗词，所以这部著作一定在他70岁诞辰之后才被编辑成书的[1]。

现有关于招请仲琪的资料显示，幕府绝对是认真对待他的。很明显，仲琪是隐元直系法脉的法孙，拥有四卷的《语录》。看来不仅是他被邀请，6个年轻僧人也应邀陪他一起到来。

一份1727年9月名为《福州黄檗和尚招请须知》的手稿，提供了8位计划漂洋过海的僧人的详细清单。（这份清单于1726年8月被送到长崎。）另一份文件名为《日本大清书翰并辨疑偈》，也给出了更为详细的清单。把这两份清单合在一起，虽然有一些小的差异，我们仍然可以得到一个推荐候选人的完整清单[2]。

唐僧招请名单

名　字	身　份	年　龄	籍　贯
仲琪道任	福州黄檗寺住持	73岁	福清
炯微际煊	福州龙华寺住持、仲琪法侄	45岁	福清
佛持际真	仲琪法侄	46岁	仙游
见山智高	仲琪法徒	48岁	福清
云岩元岫	仲琪法徒	56岁	福清
海舟际汇	班首	62岁	福清
戣敏	仲琪弟子	33岁	福清
雪浪衍高	班首、仲琪弟子	30岁	福清
达文方谛	仲琪弟子	36岁	仙游

〔1〕　见《黄檗仲祺禪師語錄広目辑要》。
〔2〕　《福州黄檗和尚招请須知》。一份1755年9月兴福寺致长崎奉行后藤惣左卫门的报告显示，仲琪已经70岁了，而炯微已经成了福清龙华寺的住持。还有另外7个僧人，总共9人。见《長崎市史》，卷4，第173页。

（二）仲琪禅师被捕的传言

17 世纪晚期到 18 世纪早期,中日贸易的蓬勃发展与幕府采取的紧缩政策,在中国也引起了清廷的注意。在 18 世纪,中日之间的贸易带有半官方的性质,因为清廷需要日本持续的铜料供应以铸造新货币[1]。虽然中日之间没有建立起正式的外交关系,但是康熙皇帝仍然采取了宽松的贸易政策。然而,他也密切关注日本。1701 年,他派一个杭州织造名叫莫尔森的官员到长崎做间谍。他伪装成商人,6 月 4 日从上海出发,10 月 6 日返回宁波[2]。康熙对待贸易的务实政策在其解决信牌争议的时候得到充分的证明,这种贸易许可证是由幕府发行并在上面印有日本朝代的年号。1714 年,《正德新例》发布后,信牌在中国商人中炙手可热,引发了纷争。一些有妒忌心理的中国商人没有从日本当局获得信牌,因此被剥夺了贸易的权利,于是便在宁波官府衙门起诉那些获得信牌的幸运者。他们控告那些获得信牌的商人,因为他们携带具有外邦朝代年号的官方文件,违反了有关忠诚的中国法律。这一事件通过奏折上报给了中央政府,并呈送给了康熙皇帝。在一个以中国为中心的世界里,用外国朝代年号被认为是严重违反了天朝的权威。然而,1717 年在康熙的授意下,允许继续在中国使用这些信牌,并称他们只是发行的一个贸易凭证,并不是一个官方文件[3]。但是,到了康熙的继任者雍正皇帝登基后,他便开始控制浙江地区的贸易。

稍后我们将详细解释这一变化,因为它有效地阻断了日本从中国招募高僧的努力。在日本一边,由于不知道中国新的政策变化,幕府正郑重对待资历深厚的候选人仲琪的邀请,并为其登陆做准备。令人惊

---

　　〔1〕 与日本的铜料贸易被纳入清政府的铜政管理,在云南的铜矿得到开采后,这种铜料贸易便大幅下降。

　　〔2〕 雍正皇帝在 1728 年 8 月 8 日回复李卫的奏折中提到了这次任务。《宫中档雍正朝奏折》,卷 11,第 56 页。具体细节,见松浦章:《江户时代唐船による日中文化交流》,第 77—97 页。这一事件也在郭蕴静的《清初日本观与对日政策》中也有讨论。亦见 Iwai, "International Society."

　　〔3〕 松浦章:《江户时代唐船による日中文化交流》,第 98—121 页。关于贸易信牌以及康熙裁定的争论,见 Ōba, *Books and Boats*, pp.29 – 32, 114 – 119. 亦见 Schottenhammer, "Japan — The Tiny Dwarf?"

讶的是,幕府政府从将军到长崎奉行,都深入地卷入了整个过程。在得到来自中国的有利反馈之后,吉宗政府知道高僧仲琪和炯微与其他一些僧人一起,已经同意来日本。他们的《语录》已经被收集上来,并呈交幕府将军批准。幕府决定以对待隐元同样的仪式性礼节来欢迎这些僧人。两位长崎的政府官员(代官)高木勘兵卫和高岛作兵卫命令柯万藏(31 番船船主)带邀请文件和礼物去中国,并安排他们将来住在兴福寺。同时下拨了 64 贯 500 目,作为修复庙宇和为他们兴建僧舍的经费[1]。然而,1729 年,坏消息传来:谣言说,船长柯万藏和一行 9 位僧人,其中包括仲琪禅师,在普陀山即将起航时,被中国当局逮捕。柯万藏在杭州被起诉,他和他的整个家族被流放[2]。之后,遭逮捕的包括仲琪在内的所有僧人,被迫返回他们在福建的寺院。

在接下来的几年里,前后矛盾的传闻亦到达日本:一个船主说仲琪禅师已经过世,还有人说清政府已经同意了仲琪赴日的请求。郑恒鸣/明 1730 年到达后声称,仲琪已经去世,其他的僧人已经获得许可到来;魏弘丹 1731 年到达后说,仲琪已经被允许到来,他的随从人员聚集在他的房子里,正准备起航。郑恒鸣/明再一次报告说,仲琪确实已经过世。幕府听到后很是沮丧,因此下令禁止柯、魏二人在日本贸易[3]。

从中国方面来观察这一事件,仲琪的旅行计划实际上是在清朝对中日贸易控制的收紧的情况下被破坏的。中国方面的资料显示,一群黄檗僧人与想要偷渡他们到日本的中国商人一起在普陀山被抓。此外,雍正皇帝直接参与了决策。这群僧人被逮捕一事发生于 1728 年冬季。

(三)黄檗僧人的拘留与释放

康熙皇帝的继任者雍正皇帝也对日本的贸易十分关心。他委托浙

---

〔1〕 一系列文件被《長崎市史》转载,见《長崎市史》,卷 4 下,第 169—178 页。尤其 1755 年兴福寺致后藤惣左卫门的报告总结了幕府邀请中国僧人所采取的行动。《長崎市史》,卷 4 下,第 173—176 页。

〔2〕 这个结果在 1755 年兴福寺致长崎奉行的报告中提及。见《本寺請唐僧一件》。

〔3〕 《長崎市史》,卷 4 下,第 166—167 页。亦见大庭修:《唐船進港回棹錄》,第 54 页,以及 *Books and Boats*, p.227. 亦见《通航一覽》,卷 209,第 371 页。

江巡抚李卫进行调查,李卫出色地完成了这项工作。李卫 1725 年成为浙江巡抚,在 1714 年幕府执行贸易新规之后。从 1728 年 8 月到 12 月,李卫提交了五份奏折报告他的发现。通过这些奏折,我们了解到,雍正对与日本贸易的蓬勃发展以及幕府对收集中国的情报感兴趣全部知晓。李卫的这些报告足以使雍正警觉,他命令李卫采取行动去阻止这些人的非法活动。正如我们下面将要看到,李卫采取的一项措施对万福寺产生了深远的影响。李卫抓捕了一群打算偷渡到日本的人,这群人中就包括很多来自中国黄檗寺的僧人。

得到了雍正的批准后,李卫进行了秘密调查,并导致了多次抓捕事件的发生。在他 1728 年 8 月 8 日与 10 月 17 日递交的奏折中,他报告说已经发现一些商人打算偷渡一批具有丰富实践知识的学者去日本。然后他指出其中一些人的名字,包括商人、医生、马医以及武举、秀才和举人等。尤其他提到日本努力从中国招募骑马射箭、军事谋略、占星术、海战、医药和具有治疗马匹方面的医技、法律知识等方面的人才。幕府将军甚至要求中国商人从越南带大象到日本[1]。

在一份 1728 年 11 月 3 日递交给雍正皇帝的奏折中,浙江巡抚李卫报告说在普陀山抓捕了一些来自黄檗寺的僧人。根据这份报告,这些僧人由柯万藏带领,他就是从长崎传递邀请函给黄檗寺的船主[2]。然而,柯是一个名叫魏德卿的中国商人代理人。柯也是一个频繁往返于中日之间进行贸易的船主[3]。魏是来自厦门的一个商人,二者的关系并不清楚。在 1728 年 12 月 11 日的另一份奏折中,李卫引述他们

---

〔1〕 李卫的奏折,见《宫中档雍正朝奏折》,辑 11,第 53—56、555—556 页。幕府确实聘请了很多这种人为政府服务。关于一些为幕府工作的有名气的中国人以及大象的到来,见 Ōba, *Books and Boats*, pp.213 - 226, 201 - 202.
〔2〕 见大庭修:《唐船進港回棹錄》,第 58 页。
〔3〕 柯万藏经常在长崎进行贸易。他是 1718 年第 8 号船,1714 年第 39 号船,1720 年 25 号船以及 1723 年第 10 号船的船主。由于卷入在中国贸易信牌的争论,他有五年的时间没有来日贸易。似乎他必须放弃他的信牌,只是后来又发还给他。见《崎港商說》,卷 1,《華夷變態》卷下,第 2789—2790 页。在 1720 年从南京来的第 23 号船的报道中也曾提到他。《崎港商說》,卷 3,《華夷變態》卷下,第 2888—2889 页。《崎港商說》,卷 3,《華夷變態》卷下,第 2890 页。《華夷變態》,卷 37,卷下,第 2972 页。

被捕后的供词说,二者有商业纠纷,由于一些原因柯亏欠魏1 300两白银,他想获得一个信牌赚钱,以偿还他的欠债。看起来好像帮助万福寺招募中国僧人是柯牟利的一个手段。事实上,由于他努力招募中国僧人,日本当局已经为他提供了一份信牌。魏也贡献了300两用于柯到福建的差旅费[1]。

对于逮捕这一群人,李卫报告说,他之前已经发现他们计划9月中旬从普陀山起航。所以派人到普陀等候他们。在10月9日,柯万藏带领僧人壁峰一行9人由陆路从福建到达宁波。然后他们更换了名字以避免被发现,并假装成去普陀山的香客。他们在10日离开镇海港。镇海要塞一个名叫李成基的把总,事先受千总王国材的委派,尾随他们到了普陀。他与定海要塞把总何有娇一起,当这9个人一到,就全部抓捕了他们[2]。

李卫审问了涉案的商人和僧侣。现在可以明确的一点是,仲琪实际上在他们启程前不久就已经过世了,他并没有在这群前往日本的僧人之中。根据李卫的报告,壁峰和尚来自福清的黄檗寺,他是仲琪的法嗣。由于在日本的是一座福建的寺庙,并且这些中国僧人已经获得邀请,本来仲琪应该带领这群人去日本,但是在那年夏季他过世了,因此柯和魏考虑带他的法嗣去日本。因为计划有变,壁峰并不是日本人所想要的人选,所以他们计划先带壁峰和随行僧人住在普陀山,下一步柯和魏起航前往日本报告情况改变,并请求许可。尽管如此,李卫还是沾沾自喜地报告,他们在前往日本之前全部被抓。经过调查,李卫发现柯万藏已经获得了信牌作为回报,这一信牌价值八千两白银。如果他们可以成功带领这些僧人到达日本,将会得到更多的回报[3]。

在1728年12月11日呈送给雍正的一份奏折中,李卫再次报告了

---

〔1〕《宫中档雍正朝奏折》,辑12,第57页。

〔2〕任鸿章:《近世日本と日中贸易》,第271—277页。亦见大庭修:《唐船进港回棹录》,第53—62页。用英文做的详细的调查总结,见 Ōba, *Books and Boats*, pp.228–240.

〔3〕《宫中档雍正朝奏折》,辑11,第674—675页。

他所审讯商人钟觐天的供词。他提到有一个来自厦门名叫郭裕观的商人也带了一些僧人去日本。具体的细节已经不清楚，但是很可能这些僧人也是被万福寺所邀请[1]。

李卫认为这些僧人前往日本严重违反了法律。然而，当雍正皇帝看到他的报告的时候，展示了对这些僧人的宽容，并试图将僧人与其他罪犯区别对待。他这份奏折后面批示道："向来日本敬佛好僧，常延内地僧人。朕所悉知似此等。察其来历，若非匪类，当宽一步。恐伊国闻之疑畏其余。所奏甚是，知道了，当事事留神，慎密为之。"[2]

雍正对待僧人的宽容是可以理解的，他与禅宗的关系世所共知。在我以前的专著《僧净与禅悟》中，我发现雍正自称是一位开悟的君主，他阅读了大量的禅宗文献，甚至自己撰写了具有论战性质的《拣魔辨异录》参与佛教的僧净。他与许多僧人有联系，尤其是禅宗，他对佛教团体中的寺院事务也很了解[3]。

李卫的奏折对于解决仲琪是否赴日的秘密也有很大帮助[4]。虽然李卫没有提到所有 8 位僧人的身份，但是我们可以假设在列表中被推荐的大多数候选人都在这群僧侣当中。进一步调查《黄檗寺志》的记录，会发现至少炯微和尚已经准备前往，他与同寺的僧人举行了告别仪式[5]。在黄檗住持碧远实存（或者叫普存，1682—1753）的传记中，顺便提到在碧远 1727 年 3 月继任后，炯微和其他一些和尚决定应邀东渡日本。为了与黄檗僧众进行告别，他们要求由新任住持碧远实存登

〔1〕《宫中档雍正朝奏折》，辑 12，第 57 页。钟觐天是中国商人钟圣玉的儿子。他的船是 1727 年第 20 号船，于 1727 年 21 日到达长崎。郭裕观的身份未知，但可能是中国商人郭利魁的亲戚。见大庭修：《唐船进港回棹录》，第 56 页。

〔2〕见 1728 年 11 月 3 日李卫的奏折。《宫中档雍正朝奏折》，辑 11，第 676 页。刘序枫教授发见，雍正八年（1730）三月十日，李卫上奏雍正，建议选派品行优秀僧人赴日，"以彰圣朝宽大之治。"雍正朱批："甚是。"《宫中档雍正朝奏折》，辑 15，第 844—845 页。

〔3〕我已经在我的《僧净与禅悟》第 6 章中系统研究了雍正与禅宗的关系。《僧净与禅悟》，第 163—186 页。

〔4〕僧人壁峰的身份未知。在吉永雪堂编撰之大鹏正鲲的按年代顺序编排的传记中，阐明 1744 年仲琪曾陪伴大鹏到过江户。我不知道吉永是根据什么提出这一说法的。见《黄檗大鹏正鲲禅师略年谱》。

〔5〕他的名字在《長崎市史》中错印成了"炯征"，见《長崎市史》，卷 4 下，第 169 页。

堂举行一场特殊的仪式。碧远的送别辞透露，炯微是他的法侄，其他陪伴炯微的僧人均来自寺院的西堂。他的话表明，炯微已经从隐元的师兄弟那里获得法嗣传承，并且可能担任西堂的职位，即寺院的一个重要职位。

当仲琪接到邀请函后，可能起初他并不想去。在 1727 年 2 月仲琪对呆堂邀请的答复中，仲琪关于谁最终赴日做了一个矛盾的建议，暗示他可能不会前往。在赞扬了隐元在日本取得的成就等书信礼仪和客套问候之后，他说了下面一段话：

> 任继席黄檗已历多年，嗣后退隐双峰，怡情丘壑，于前岁为众坚请，复进方丈。兹合山公议，以任为隐祖孙，会堪以应命。自愧福缘浅薄，素末惬于舆情。道德凡庸，又何当乎重担？兼之年华老迈，长往维艰，所以口相商，犹豫不决。第念祖宗法系，彼此攸同。国命殷勤，坚辞非义，爰是选择法侄炯微。此人学行优长。于甲申岁应龙华之请，现居方丈。令其前往，乃领班首数辈，同诣大邦。遵隐祖成规，主席三年，推贤继世，俾佛法弘敷，灯传无既矣[1]。

这里暗示了仲琪以自己年事已高为借口拒绝了邀请，但是举荐了炯微替他前往，这通过参考《黄檗寺志》中炯微的离开时的记载得到确认。在同一部寺志中，仲琪的传记从来没有暗示过他曾接受来自日本的邀请。为什么壁峰最终被选定，这仍然是一个谜。很明显，他和炯微是两个人，正如李卫所暗示的，壁峰是仲琪的法嗣。

（四）唐僧招请的最后尝试

万福寺的僧人对雍正在位期间收紧控制深有感触。尝试邀请仲琪失败以后，几年后出现了一个新的希望。早在 1728 年 2 月，船主尹心宜带回一个消息，福严寺明遇的法弟一位叫铁船的僧人将到来。遵循隐元的先例，他将被允许在长崎登陆，并且先在兴福寺落脚，新的僧舍

---

[1] 仲琪的回信，见《日本大清書翰並辨疑偈》，无页码。

因此是为他准备的〔1〕。

然而,邀请铁船也不是一帆风顺。1735 年,船长沈杏村带来了铁船的答复,并要求获得信牌以及更多的旅行补助。1736 年竺庵净印请求邀请铁船〔2〕,幕府批准了从中国邀请一位新住持到万福寺的计划。看来,一些僧人和从中撮合的中国商人把这看成是一个牟利的机会。他们日益膨胀的要求引起了幕府的怀疑,发给船长沈杏村的信牌,因铁船无法来日又被幕府收回。然而,在 1742 年,为了支持铁船的到来,又将信牌归还给他。长崎唐三寺的中国僧人继续申请新僧人的到来。1739 年,兴福寺监寺和僧大伦和尚与崇福寺和福济寺的住持一起提交了一份申请。从 1755 年到 1757 年,有更多的申请提交,但都没有成功。

除了招募铁船,竺庵也尝试邀请其他两位僧人。根据《舶载书目》第 43 卷,1735 年,万福寺住持竺庵给在中国的两位同门写了一封正式的信。在他的信中,1723 年抵达日本的竺庵净印,高兴地通知他的朋友,在居住兴福寺 12 年之后,他最近已经被幕府任命为新一任的万福寺住持。然而,兴福寺留下的空缺,竺庵想让嘉兴春潭寺的心鉴继任,并让杭州净慈寺的道源陪他一起前来。此外,崇福寺邀请了福州闽县雷堂寺一位叫默机的僧人,福济寺也邀请了一位中国僧人,但是并没有提到具体名字〔3〕。

竺庵的信表明,在他离开中国之前,他就认识这些僧人。在赞扬日

---

〔1〕 见《長崎市史》,卷 4,第 2,第 168 页。
〔2〕 但是 1739 年 12 月 16 日,竺庵被召集到京都所司代的衙门,被迫从他的职位上退下来。注:我于 2015 年 9 月 15 日在北京中国国家图书馆发现了稀见的铁船禅师语录。该语录题为《如皋西方一苇度禅师语录》,又称为《一苇铁船度禅师语录》和《一苇度禅师语录》。原版由僧实英乾隆十五年(1750)编辑出版,民国二十四年(1935)重印。其中保留了万福寺住持旭如连昉(1664—1719)的邀请函,节录如下:

　　扶桑日边领承王命,大唐国里访求禅师,只希拨转船舷,蚤此邀迎椰栗,肃投诚恳,曷胜瞻恋。右端 启上。
　前龙潭现住宝岩铁船度公和尚大禅师莲座,
　名勒正幅。
〔3〕 《舶载书目》,卷 43,册 29,第 23—25 页。亦见兴福寺存档的一份关于邀请这两位僧人的报告。见《長崎市史》,卷 4 下,第 178 页。《本寺請唐僧一件》,无页码。

本人的虔诚、高雅以及吹嘘在日本舒适的生活的同时，他试图说服心鉴到来。对于详细的行程计划，他说有一个亲戚叫费汉英，不仅可以传递竺庵的邀请函，他还可以安排他们的行程计划。竺庵暗示，雍正统治时期对贸易法规的收紧，使得在那个时期前往日本并不容易。

这封信的内容也得到了其他材料的证实。在一份兴福寺递交给长崎奉行的申请中，写着竺庵的名字，他请求允许邀请前面提到的两位僧人。这一努力的中间人是中国商人钱泰来。他们被允许在 1735 年到来，但是由于负责船主费汉英的去世，他们的行程被无限期地推迟了[1]。然而，这并不意味着幕府对唐僧招请失去了兴趣。即使到了 1768 年，幕府仍然努力筹集资金邀请中国僧人。为了实现从中国寺庙邀请中国僧人的目的，规定长崎会所 1768 年以后，每年要从唐船寄进银中预留 18 贯 900 目，直到总值达到 120 贯为止[2]。

结　　论

这些尝试唐僧招请的失败，必定使幕府官员非常沮丧。1740 年，第一位日本僧人龙统元栋被任命为万福寺住持，可能就是反复失败带来的结果。所有这些尝试表明，幕府的确希望不断有中国僧人来到日本。然而，幕府关于真正继承人必须来自隐元法脉的要求，以及雍正统治期间严格的外交政策，使得这些尝试取得任何成果都变得十分困难。

万福寺中国僧人到来的断绝，标志着在江户文化广泛受到中国影响的时代已经结束。在 18 世纪末，黄檗宗开始显现出显著衰落的迹象。池田定常（Iketa Sadatsune）（1768—1832）1827 年编撰了一份江户黄檗寺院的目录（《江户黄檗禅刹记》），在这一目录的序言中，他如此哀叹黄檗寺院的衰落。

　　今夫江户之盛，堂宇鳞比，教禅角立，但黄檗一派寥寥不振，国
　师诸师所开创，遗事故实寝已残阙，其楼阁联额僧塔碑碣之类，或

---

〔1〕　见《長崎市史》，卷 4 下，第 178 页。相关资料保存在《本寺請唐僧一件》中。
〔2〕　《增補長崎畧史》，第 197 页。

烧失,或仆断,殆将湮晦者,吾身犹能传诸后昆,乃曳藜诸刹。[1]

显然,由于没有中国僧人的到来以及缺乏黄檗宗宗教改革的新灵感,隐元及其在日本创立的宗派在 18 世纪末失去了它的动力。然而,这并不意味着日本幕府任其衰落,没有认真地支持过黄檗宗。相反,本文展示了幕府通过强调中国僧人真正的禅悟修行,衷心期望能够重振这一宗派。吉保和吉宗都曾参与制定规则以振兴黄檗宗。他们正确地看到,"本真"的精神理念可以通过招募具有正统法嗣传承的僧人以及《语录》中显示的真正的禅悟体验得以重建。虽然如此,但是他们的努力并没有取得积极的成果。

没有新的到来者,在日本仅存的中国住持,即使他们年事已高而且患有疾病,也必需轮流担任万福寺的住持,以满足幕府的要求,即保持中国僧人在万福寺象征性的存在。在这种中国僧人短缺的情况下,被中国僧人把持了一个世纪之久的住持职位,不可避免地转移给了日本高僧。起初,日本住持和剩余为数不多的中国高僧互相轮替着担任这一职位。但是到了 18 世纪末,在最后一位中国高僧于 1784 年过世以后,所有继任的万福寺住持都成了日本人。随着白隐禅的兴起,这些日本住持也获得了修习禅宗的新方法。这种禅被认为是纯粹和本真的,并不是具有中国风格的杂糅。

黄檗禅和白隐禅直接的联系仍有待进一步探索。1713 年,白隐 29岁时,他跟从黄檗宗的僧人慧极学习过。这一件事对白隐产生怎样的影响?我们不得而知。当最后一位中国住持大成照汉(1709—1784)圆寂后,1786 年格宗净超(Kakushū Jōchō)(1711—1790)继任,由于他曾于 1749 年左右在白隐门下学习,所以他把白隐禅介绍到了万福寺。应该指出的是,慧极首先跟从中国僧人道者超元而不是隐元学习。基于这些联系,日本学者李家正文相信,在万福寺传播的禅法实际上并不是隐元的。而是从道者到慧极,从慧极到白隐,又从白隐到第 22 任住

---

[1] 《校注江戶黄檗禅刹記》,第 4 页。

持格宗〔1〕。

第 33 任住持良忠如隆（Ryōchū Nyoryū）（1793—1868），师从白隐的弟子春丛绍珠（Shunsō Shōju）（1751—1839）学习，并从卓洲胡仙（Takujū Kosen）（1760—1833）处获得法嗣传承，他把黄檗宗带回到主流的临济教义〔2〕。显然，黄檗宗再也没有像隐元这样的中国高僧出现，便不可能再如一些日本人所想象的那样维持一个"纯洁"和"本真"的教义。在幕末和明治早期，因为失去了德川家的经济支持，黄檗的衰落是不可避免的，在强烈的民族主义的背景下，对于急于"脱亚入欧"的日本人来说，万福寺的中国特色甚至成为了一种难言的尴尬。

（卢中阳、赵飒飒译）

引 用 书 录

一、论著

1. Baroni, Helen. *Iron Eyes: The Life and Teachings of Obaku Zen Master Tetsugen Doko*. Albany：SUNY Press, 2006.

2. Butler, Lee. *Emperor and Aristocracy in Japan, 1467－1680: Resilience and Renewal*. Cambridge, Mass.：Harvard University Press, 2002.

3.《本寺請唐僧一件》，写本，万福寺文华殿档案馆，1761 年。

4. 陈智超编：《旅日高僧东皋心越诗文集》，北京：中国社会科学出版社，1994 年。

5. 伊达光美：《日本宗教制度史料類聚考》，东京：岩松堂，

---

〔1〕 李家正文：《黄檗三傑慧極道明禅師伝》，第 145—146、217—222 页。亦见 Baroni, *Obaku Zen*, pp.79－80.

〔2〕 幕末和明治的过渡时期黄檗宗的概况，见 Mohr, "The Japanese Zen Schools and the Transition to Meiji," pp.179－185. "Emerging from nonduality," pp.254－256.

1930 年。

6.《代付論集》,未标页码的写本,江户时代,万福寺文华殿。

7. Groner, Paul. "Ryōō Dōkaku 了翁道觉(1630—1707), Ascetic, Philanthropist, Bibliophile, and Entrepreneur: the Creation of Japan's First Public Library,"第一部分收入《山家学会纪要》(9)(2007):第1—35 页;第二部分收入《多田孝正博士古稀記念論集》刊行会编辑,《仏教と文化》,第 1—33 页,东京:山喜房佛书林,2009 年。

8.《宫中档雍正朝奏折》,台北:故宫博物馆,1977—1978 年。

9. 林雪光编著:《黃檗文化人名辭典》,京都:思文阁出版,1988 年。

10.《舶载书目:宫内厅书陵部蔵附解题》,大庭修编,大阪吹田市:关西大学东西学术研究所,1972 年。

11.《晦翁嵩和尚嗣法辩論》,写本,万福寺文化档案馆。

12. 隐元隆琦编:《黃檗山寺志》(1652 年编定;1824 年道暹修订),《中國佛寺史志彙刊》,台北:明文书局,丛书 3,卷 4。

13. 石村喜英:《深見玄岱の研究》,东京:雄山阁,1973。

14.《黃檗仲祺禪師語錄广目辑要》,未标日期写本,万福寺文华殿。

15. Jiang Wu(吴疆), *Enlightenment in Dispute: The Reinvention of Chan Buddhism in Seventeenth-century China*(《僧净与禅悟:17 世纪中国禅宗的复兴》). New York: Oxford University Press, 2008.

16. 林春胜、林信笃编,浦廉一解说:《華夷變態》,东京:东洋文库, 1958—1959 年。

17. 纸屋敦之:《唐船風說書データベース1674—1728 年》,东京:纸屋敦之研究室,2010 年。

18. 大冈清相著:《崎陽群談》,东京:近藤出版社,1974 年。

19. 木村得玄校注:《校注江戶黃檗禅刹記》,东京:春秋社,2009 年。

20.《勅賜護法常應錄》,5 卷,写本,万福寺文华殿。

21. 松浦章:《江戶時代唐船による日中文化交流》,京都：思文阁出版, 2007 年。

22. 李家正文:《黄檗三傑慧極道明禅師伝》,东京：大蔵出版, 1981 年。

23. Nakai, Kate Wildman. *Shogunal Politics: Arai Hakuseki and the Premises of Tokugawa Rule*. Cambridge, Mass.: Council on East Asian Studies, Harvard University: Distributed by Harvard University Press, 1988.

24.《長崎市史》,卷四,佛寺部,1923 初版,大阪：清文堂出版, 1981 重印。Ōba, Osamu 大庭修; Joshua Fogel, tr. *Books and boats: Sino-Japanese relations in the seventeenth and eighteenth centuries*. Portland, Maine：MerwinAsia, 2012. 本书为《江戶時代の日中秘話》的英译。

25. 大庭修编:《唐船進港回棹錄;島原本唐人風說書;割符留帳》,《近世日中交涉史料集》9,大阪：关西大学东西学术研究所, 1974 年。

26. 吉永雪堂编:《黄檗大鵬正鯤禪師略年譜》,1923 年。

27. 任鸿章:《近世日本と日中貿易》,东京：六兴出版,1988 年。

28.《日本大清書翰並辨疑偈》,18 世纪,万福寺文华殿,未标页写本。

29. 福井保解题:《祠部職掌類聚》,《内閣文庫所藏史籍輯刊》13, 京都：汲古书院,1982 年。

30. 岛内景二:《柳沢吉保と江戶の夢：元禄ルネッサンスの開幕》,东京：笠间书院,2009 年。

31.《柳澤吉保公参禪錄》,永庆寺,1973 年。

32. 孙文:《唐船风说：文献与历史》,北京：商务印书馆,2011 年。

33. 桑原武夫编:《新井白石集》,筑摩书房,1970 年。

34. *Told around a Brushwood Fire: the Autobiography of Arai Hakuseki*. Trans and with an introduction and notes by Joyce Ackroyd, Princeton UP and University of Tokyo press, 1979. 此为新井白石所著《折たく柴の記》之英译。

35. *The Emperor Go-Mizunoo-In's Kocho*. Translated into English by A.L. Sadler, publication site unknown, 1922.

36. 辻善之助:《日本佛教史》,卷九,江户时代,东京:岩波书店, 1944—1955 年。

37. 林复斋编:《通航一覽》,1800—1859 年,8 卷,东京:国书刊行会,1912—1913 年。

38.《唐通事會所日錄》,《大日本近世史料》3,东京:东京大学出版会,1955—1968 年。

39. 大庭修编:《和漢寄文》,《享保時代の日中関係資料》1,大阪:关西大学东西学术研究所,1986 年。

40.《五灯严统》,《新纂大日本續藏經》80:543,n.1567。

41. 正亲町町子著、增渊胜一现代语日译:《柳沢吉保側室の日記:松蔭日記》,龍ヶ崎市:国研出版,1999 年。

42.《增補長崎畧史》,长崎丛书,卷 2,东京:原书房,1973 年。

二、期刊论文

1. Bodart-Bailey, Beatrice. "Councillor Defended: *Matsukage Nikki* and Yanagisawa Yoshiyasu," *Monumenta Nipponica* 34. 4 (Winter 1979): 467−478.

2. Iwai, Shigeki. "International Society after 'The Transformation from Civilized to Barbarian'" Trans. Joshua A. Fogel. *Sino-Japanese Studies* 19 (2012), article 1. http://chinajapan.org/articles/19/1.

3. 木村得玄:《黄檗派における中國僧渡來斷絕の經過》,《禅とその周辺学の研究:竹貫元勝博士還暦記念論文集》(京都:永田文昌堂, 2005), 第 105—118 页。

4. 林观潮："隱元隆琦と日本皇室：桃蕊編を巡つて",《黃檗文華》2002－2003（123）：31－55.

5. Mohr, Michel. "The Japanese Zen Schools and the Transition to Meiji: A Plurality of Responses in the Nineteenth Century," *Japanese Journal of Religious Studies* 25.1－2（1998）：167－213.

6. Mohr, Michel. "Emerging from Nonduality: Kōan Practice in the Rinzai Tradition since Hakuin." *The Koan: Texts and Contexts in Zen Buddhism*, ed. Steven Heine; Dale S Wright. New York: Oxford University Press, 2000.

7. 大槻幹郎. "Ōbaku shūkanroku no seiritsu josetsu" 黃檗宗鑑錄の成立序說, *Zen to sono shūhengaku no kenkyū*, 61－94.

8. Screech, Timon. "The Strangest Place in Edo: The Temple of the Five Hundred Arhats," *Monumenta Nipponica*, 48.4（Winter, 1993）：407－428.

9. Schottenhammer, Angela. "Japan — The Tiny Dwarf? Sino-Japanese Relations from the Kangxi to the Early Qianlong Reigns," *Asia Research Institute Working Paper Series* No.106, National University of Singapore.

10. 王振忠："契兄、契弟、契友、契父、契子—〈孙八救人得福〉的历史民俗背景解读",《汉学研究》18：1（2000）：163－185.

三、博士论文

Chang, Yu. *Identity and Hegemony in Mid-Tokugawa Japan: A Study of the Kyōhō Reforms*. Ph.D. diss., University of Toronto. 2003.

叶燮与佛教

廖肇亨

（中研院文哲所）

一、前言：问题之所在

以《原诗》一书享誉中国文学批评史的叶燮,字星期,号己畦,康熙九年(1670)进士。晚年定居吴江横山,世称横山先生。关于《原诗》一书的研究汗牛充栋,近年蒋寅先生更倾注多年心血,重新笺注《原诗》,为后学指引迷津。鉴于《原诗》一书的崇高声誉,其作者叶燮固非无名之辈,然研究者于其生平、交游等细节,却多在含糊朦胧之间。蒋寅先生《原诗笺注》一书后附叶燮简谱,颇便于翻览检索,可惜在叶燮年谱部分,举凡佛教相关部分,蒋先生多未注明。今观叶燮文集,晚年心曲尽付空王,佛教似亦不容轻轻看过。是以不揣浅陋,撰就此文,就教海内外方家。

叶燮之父叶绍袁于明清鼎革之际,剃发出家,叶燮亦随其父寄居僧舍[1],晚年又留连山寺,其弟子沈德潜(1673—1769)形容叶燮与佛教之宿缘时说:"四岁,虞部公授以《楚辞》,即成诵,稍长,通《楞严》、《楞

---

〔1〕 叶绍袁出家的经过,具载录于其日记《甲行日注》当中。叶绍袁道:"(顺治二年〔乙酉〕八月二十五日),甲辰,微雨。四更起栉沐,告家庙辞之。同子世佺(云期)、世侗(开期)、世倌(星期)、世伓(功期),往圆通庵。"叶仲韶(绍袁):《甲行日注》,沈云龙选辑:《明清史料汇编》(台北:文海出版社,1967—1969年),第3集,第6册,卷1,页2925。叶世倌即叶燮。

伽》,老尊宿莫能难"、"晚岁时,寓萧寺中,藜羹不糁,不识者几目为老僧。有治具蔬食招往论文者,辄往,而富家豪族欲邀一至,不可得。曰:'吾忍饥诵经,岂不知屠治儿有酒食耶?'"〔1〕沈德潜之言固不无夸大之嫌,四岁儿颂《楚辞》尚可说,"通《楞严》、《楞伽》,老尊宿莫能难"则显为夸饰之词。然曰叶燮晚年俨然老僧,则为实录。今考其文集,晚年类如"如老僧之在退院"〔2〕之说法屡不一见,当为实录。叶燮自言其父"喜释氏言,著《楞严汇解》、《金刚经》、《参同契》"、"暮年薙发为浮屠于杭之皋亭山"〔3〕,叶燮虽然没有佛典相关著作,但综观叶燮《己畦文集》与《诗集》全书,其中访寺赠僧篇什亦为数不少。本文从其家世背景、友朋交游、以及其诗文著作等不同角度,尝试探索佛教在叶燮内心所扮演的作用,希冀对认识叶燮生平及其著作特质有所帮助。

二、坚定佛教信仰的家庭背景

叶燮之父叶绍袁薙发披缁入道机缘固然在于明清鼎革,不过其出家以前已能疏解内典,内学造诣自非等闲。尤有甚者,其一瓣馨香,始终在万历三高僧之一、号称德洪觉范后身的紫柏真可身上。其自撰年谱诉说对于紫柏真可孺慕之情不知凡几,紫柏真可屡屡入其梦中。其曰:"(十一月上浣),梦紫柏尊者过余,余趋迎入秦斋,师南面凭几坐,余拜几下。师为书二语,遂寐。忘其上句,下句云:'日看孤松淡淡闲'。余家庭中,故有一松,先大夫手植也。征绎语意,似不当为小草之出。而山林趣况,或亦未死。未几,为四子世侗入郡学,从郡返至江干,适余初度日,诸友醵金寿,余不敢虚诸友意,受之,佐刻藏经。因过接待,招提寺主希白为展师遗照,幸一瞻礼,恍如梦境。"〔4〕"(崇祯十

〔1〕 沈德潜:《叶先生传》,《归愚文钞》,卷16,收入潘务正、李言点校:《沈德潜先生诗文集》(台北:文海出版社,1967—1969年),第3册,页1398、1399。
〔2〕 叶燮:《好石说》,《己畦文集》卷3,收入《丛书集成续编》(台北:新文丰出版社,1989年),第152册,页677。
〔3〕 叶燮:《西华阡表》,同前注,卷14,页770—771。
〔4〕 〔明〕叶绍袁编、冀勤辑校:《午梦堂集(下)》(北京:中华书局,1998年),页858。

二年己卯),五十一岁。四月,梦内人如生存日,余对之语曰:'我已薙发,法名开山。'内人云:'此昔昆山一禅衲名也。'余曰:'若尔,不应更袭前人。余曾梦达观大法师,法语指示,当字梦达以表之,仍俟紫柏再来授名可耳。'寐,心异之,自念夙因,幸或未泯。然紫柏行藏出处,不甚了皙。塔铭是憨山所撰,试一寻考,而铭载《径山志》中,简志,方启卷目,则第一行书云:'开山第一代国一祖师某',恍然'开山'二字在上。祖师,昆山人也。余钝根拙性,六情纭扰。西方大圣,慈航不倦。岂三生石上,固有旧因缘在哉!"〔1〕"(十三年庚辰,五十二岁)余丁未年,同袁若思寄居莲花峰下寺中,自秋徂冬,迨今三十四载。青山如昔,故人已非,即余已成白首矣。怆然感伤,欲写一二韵语记之。是夜,舟中即梦作一绝,云:'相寻林壑过幽栖,三十年前识旧题。证得无生真法忍,数声啼鸟尽菩提。'山寺故为紫柏炼魔场,当非偶也。"〔2〕以上所述梦境其实颇有可述,且俟来日。晚明文人于梦颇有会心,观叶绍袁自撰年谱,不难得知:梦对于加强叶绍袁的佛教信仰,具有决定性的作用。透过梦境,叶绍袁认定其与佛教实属天授,其一意归心紫柏真可似亦出自于某种特殊心理故有以致之,并非如汤显祖、董其昌亲炙有得。

叶绍袁之妻为著名的闺秀诗人沈宜修,其佛教信仰更为虔诚。叶绍袁曾经就沈宜修虔敬佛教信仰历程如是说道:

> 君由是益弃诗,究心内典,竺乾秘函,无不披觏。《楞伽》、《维摩》,朗晰大旨,虽未直印密义,固已不至河汉。戊午(1618)以后,儿女累多,禅诵之功或偶辍也。家奉杀戒甚严,蚬螺诸类,未尝入口;�蠕虽微,必护视之。湖蟹甚美,遂因绝蟹不食,他有血气者又更无论。儿女扶床学语,即知以放生为乐。〔3〕

沈宜修弃诗学佛固然与其家庭生活有关,特别是夫家对其学诗颇有微词,佛教成为最重要的心灵慰藉。其虽于内学未必有深刻的造诣,但其

〔1〕〔明〕叶绍袁编、冀勤辑校,《午梦堂集(下)》,页858。
〔2〕〔明〕叶绍袁编、冀勤辑校,《午梦堂集(下)》,页861。
〔3〕叶绍袁:《亡室沈安人传》,收入《午梦堂集》(上)之《鹂吹集附集》,页226—227。

家庭之中弥漫着浓厚的佛教色彩殆无疑义。除此之外,叶燮之姊妹叶小鸾、叶小纨皆为知名的闺秀诗人,可惜年寿不永,叶绍袁为此问乩扶鸾,《窈闻》与《续窈闻》书中载之甚详。例如其记叶小纨之事云:

> 余问亡女叶氏纨纨,往昔因缘,今时栖托。师云:"天下最有痴人痴事。此是发愿为女者,向固文人茂才也。虔奉观音大士,乃于大士前,日夕回向,求为香闺丽质。又复能文,乃至允从其愿,生来为爱,则固未注配佳偶也。少年修洁自好,搦管必以袖衬,衣必极淡而整。宴尔之后,不喜伉俪,恐其不洁也。每自矢心,独为处子。嘻!亦痴矣!今归我无叶堂中,法名智转,法字珠轮,恐乱其心曲,故今日不携之归耳。"(按:无叶堂者,师于冥中建设,取自法华无枝叶而纯真实之义。凡女人生具灵慧,夙有根因,即度脱其魂于此,教修四仪密谛。)[1]

叶绍袁长女叶小纨勤奉观音大士,某种程度也是来自父母的熏陶。从《窈闻》与《续窈闻》等作品,不难探知,叶绍袁的家庭始终弥漫着浓厚的佛教氛围。虽然,叶燮自身的著作中几乎无一言道及,但对于叶燮而言,佛教信仰始终就如空气一般,始终环绕左右。

三、叶燮的释门交游

晚明清初虽然号称佛教复兴,不过客观来说,叶燮晚年之际明清佛教界的高峰已过,与国变前后丛林诸山魁硕并峙的盛况不可同日而语。不过叶燮少时随其父亦尝亲炙丛林尊宿,例如时有"散圣"之目的雪峤圆信。其赠庐山开先寺住持颢庵一诗曰:

> 昔梦庐山隔汉峰,此游亲面任从容。君家瀑布三千丈,挂在藤床八尺节。

> 昔年曾见雪公来余童时曾随先大人至径山,便踏凌霄峰下苔雪公构精舍在峰下。一片孤云亲驻足,万山拜舞法王台。雪公室中挂"孤云驻此中,

---

[1] 见氏著《午梦堂集上》,页519。

万山拜其下"联。

> 从来散圣别禅宗,巨擘唯推此一公指雪师。我到庐山无别识,
> 原来两世有家风。[1]

颐庵上人不详谁人,然此诗侧重于先人遗泽,今观全诗诗意,与颐庵上人几无交涉,而在缅怀先哲。雪峤圆信与密云圆悟同时受法龙池幻有,诗书亦见重当世,清世祖于雪峤圆信颇致推重之情,为丛林一时人望之所归。[2] 少年时期随同父亲往谒禅林巨擘雪峤圆信的强烈冲击,始终停留在叶燮心上。综观叶燮集中,叙及诸山长老子孙处不少,例如嗣法曹洞宗寿昌派天界系觉浪道盛[3]的石濂上人[4](石濂大汕)[5]、临济宗金粟派木陈道忞[6]法孙心壁上人[7]、临济宗三峰派下灵岩继

---

〔1〕 叶燮:《开先寺住持颐庵上人雪峤大师嗣法孙留余止宿,余酤酒独酌,与颐庵谈至夜分,漫拈以赠》,《己畦诗集》,卷4,页900。

〔2〕 关于雪峤圆信其人及其思想,参见廖肇亨,《第一等偷懒沙门:雪峤圆信与明末清初的禅宗》,《中边·诗禅·梦戏:明末清初佛教文化论述的呈现与开展》,页239—272。另外陈垣也曾注意到顺治帝对于雪峤圆信情有独钟,详参陈垣,《清初僧诤记》(北京:中华书局,1962年),页64—68。

〔3〕 觉浪道盛,别号杖人,闽浦张氏人。生于明万历壬辰年,卒于顺治己亥十六年,世寿六十八,僧腊四十九。幼习举子业,年十五入赘,十九因大父坐亡,有疑,遂生出尘想。求庆源孤舟樖公出家不果,疑益切,偶于街次闻猫声有省,落发于栖邑,遍谒诸方,东苑和尚因付寿昌源流。年方三十,与焦太史、周海门诸大居士提唱金陵。国变,因《原道论》事件入狱,门下逃禅文士甚众,以方以智、倪嘉庆(1589—1659)、髡残石溪(约1612—约1692)最为人知,其生平详见刘余谟,《洞上正宗二十八世摄山栖霞觉浪大禅师塔铭》,《天界觉浪盛禅师全录》,《嘉兴藏》,册34,页685—686。觉浪道盛系明末清初杰出的曹洞宗僧人,目前关于觉浪道盛的研究,最有系统的研究应推荒木见悟著:《忧国烈火禅》(东京:研文出版,2000)一书。另外参见荒木见悟著、廖肇亨译《觉浪道盛初探》,收录于《中研院文哲所通讯》第9卷4期(1999年12月),页95—116;谢明阳:《明遗民庄子学的定位论题》,《台湾大学文史丛刊》(台北:台湾大学出版委员会,2001),册115,页45—96;杨儒宾:《儒门别传—明末清初《庄》《易》同流的思想史意义》,收入钟彩钧、杨晋龙编:《明清文学与思想中之主体意识与社会——学术思想篇》(台北:中国文哲研究所,2004年),页245—290;拙著:《明末清初丛林论诗风尚探析》,《中研院文哲所集刊》,第20期(2002.3),页263—301。

〔4〕 关于石濂大汕的研究,虽然历有年所,目前以姜伯勤,《石濂大汕与澳门禅史——清初岭南禅学史研究初编》(上海:学林出版社,1999年)一书最为深入而全面。陈荆和则有重要的拓宇之功,参见陈荆和编,《十七世纪广南之新史料》(台北:中华丛书委员会,1960年)一书。

〔5〕 叶燮:《赠石涟上人》,《己畦诗集》卷4,页898。

〔6〕 木陈道忞(1596—1674),号山翁,广东潮州潮阳人。曾参雪峤圆信,后嗣法密云圆悟,历主浙江的灵峰寺、云门寺、广润寺、大能仁寺、万寿寺、山东的法庆寺等,两度主持天童寺。清顺治十六年(1659),奉诏入京,与学士王熙等辩论佛儒优劣,顺治帝赐号弘觉禅师。著有《北游记》、《布水台集》以及语录等。

〔7〕 叶燮:《大林寺心壁上人以山居诗相示次韵以赠》,《己畦诗集》卷4,页902。

起（1605—1672）[1]一脉的三峰硕揆、具德弘礼[2]法嗣可绍上人[3]、律宗千华派下碧天净律师、贤首宗子孙西怀了德（弘方德、海印弘）等净侣。叶燮之所以对法脉源流拳拳致意，一方面是缅怀夙昔，另一方面也相当反映了当时江南一带的丛林风气。

笔者原拟就叶燮法门师友详加考索，限于时间与篇幅，只能先就部分释门人物加以叙述。

心 壁 上 人

《庐山志·卷9·心壁》叙其生平曰："字超渊，云南人。临济下第三十三世天岳昼嗣。康熙三十一年壬申秋主洪州憩云庵，十月徇众请主开先寺，重新殿宇，广置赡田，立丛林共住规约十条：一敦本尚德、二安贫乐道、三省缘务本、四奉公守正、五柔和忍辱、六威仪整肃、七勤修善业、八直心处众、九安分小心、十随顺规制。康熙四十二年癸未，天子南巡至杭州，江西巡抚张志栋趋觐行在，奉命躬赍御书《般若心经》一卷送寺供奉。四十六年丁亥秋，江西巡抚郎廷极恭送敕赐御书秀峰寺额并东宫书'洒松雪'三字扁额到山。渊精心禅悟，博学能诗，尝自庐山只身返滇，有《万里省亲图》，时人题和甚多，与宋牧仲往来唱酬尤频。郎廷极称其格调在大历、元和间。有《漱玉亭诗集》、《秀峰寺志》"[4]

轮 庵 硕 揆

轮庵硕揆为文震亨之子，自陈垣《明季滇黔佛教考》一书标举以来，成为明清鼎革遗民逃禅的代表人物之一。《云南通志》叙其生平曰："轮庵和尚名同同，一作超揆，吴县人。相国文文肃弟震亨之子也。少为诸生，名果，字园公。明亡祝发为浮屠。善诗文笔札，工书画山水，

[1] 继起弘储，俗姓李，扬州兴化人。早岁出家，师事汉月法藏，为其嗣法弟子，其后十坐道场，以苏州灵岩寺为最久。明清之际，遗民多往归之，当时目之为"浮屠中之遗民"。生平详见全祖望：《南岳和尚退翁第二碑》，《鲒埼亭集》（台北：华世出版社，1977），卷14，页176—177。

[2] 具德弘礼，嗣法汉月法藏，久住杭州灵隐寺，号称中兴灵隐。

[3] 叶燮：《始入庐山过万杉寺晤可绍上人具德禅师嗣法孙》，《己畦诗集》卷4，页900。

[4] 《中国佛寺史志汇刊》，第2辑，第16册，页0943~页0944。

多写平生游历之名山异境，故能独开生面，不落时蹊。常住云南大理府，著有《寒溪集》，纪明末轶事甚多，有《鼎湖篇》一首，凄悲虽不如梅村《永和宫词》，而命意正大则较为过之。有序云：丁丑戊寅间，先公受知烈皇，遵旨改撰琴谱，宣定五音正声，被诸郊庙大祀。上自制《五皇建极》、《百僚师师》诸操，令先公付尹紫芝内翰翻谐钩剔。时司其事者内监琴张。张奉命出宫嫔褚贞娥等礼内翰为师，指授琴学，颁赐上方珍物，酒果缣葛之属。又屡赏御书，极一时宠遇。迨闯贼肆逆，烈皇殉国，诸善琴嫔御相率投池死。内翰恐御制新谱失传，忍死抱琴而逃，南归谒先公于香草垞，言亡国事甚悉。从此三十九年不复闻音耗。癸亥秋，余在寒溪，内翰忽来相见，如梦寐，意欲祝发从余学佛，为赋此篇以赠。诗云：鼎湖龙去秋冥冥，惊风吹雨秋山青。白头中翰泪凝霰，叫霜断雁栖寒汀。烈皇御宇十七载，身在深宫心四海。一朝地老与天荒，城郭依稀人事改。当年删定南熏曲，内殿填词征召促。琴张好学宜干清，先公屡赐金莲烛。雅乐推君独擅场，望春楼下拜君王。高山一奏天颜喜，奉敕新翻旧典章。昭仪传命何谆切，予赍先颁女儿葛。上林避暑抚丝桐，温语贞娥道秘诀。流泉石上坐相邀，薇省风清玉佩摇。神武门前亲执戟，永和宫里薄吹箫。如意初伤泪沾臆，那堪又报河南失。钿蝉零落葬田妃，池水苍茫尚凝碧。寒食花飞不见春，冬青冢树斫为薪。煤山一片凄凉月，犹照疆场血化磷。世间万事须臾梦，老臣别有西台恸。四十年来寄食艰，何人再听高山弄。鉴湖南去云门外，古寺松篁景晻霭。维舟无意忽相逢，恍惚梦魂同晤对。夕阳影里话前朝，天寿诸陵王气消。留得闲身师白足，满头霜鬓影萧萧。住大理时又著有《洱海丛谈》等书。"[1]

原 志 硕 揆

《三峰清凉禅寺志·卷2》叙其生平曰："原志，字硕揆，盐城孙氏子。父升任侠，为人所害，抆血报仇，告祭父墓。顺治三年，年二十三，祝发海州佛陀寺。壬子主三峰。辛酉主灵隐。丁卯和硕康亲王命僧天

---

〔1〕 龙云、周钟岳纂修《（民国）新纂云南通志》（民国三十八年铅印本）卷260。

来赍衣钵到山请说戒。已巳圣祖南巡,幸灵隐,赐帑金,明日诣行在谢恩,传旨留候,至二鼓召对,敕赐御书云林寺额。住灵隐凡十二年。癸酉再主三峰。丁丑六月示微疾,书偈坐脱,年七十。康熙三十六年赐谥净慧禅师。著《七会语录》、杂著、尺牍、诗偈、《借巢诗集》。嗣法弟子练飞量、明岩照、青雷震等三十人。若庚辰进士沈近思亦自三峰□□而玉成者也。塔在虞山中峰。王泽宏、翁叔元并为铭。钱陆灿为行状。旧志参府县志。"〔1〕

除此之外,另以贤首宗西怀了德为例,就叶燮之法门因缘略窥一端。盖叶燮虽然与佛门中人往来无间,但观其集中,题赠西怀了德作品独多,至少有《山居杂兴和永定弘公韵》(诗集卷八)、《信宿永定讲寺漫赋五言近体四首赠海印弘公》、《再迭前韵》、《和海印弘公除夕韵》(以上俱收入诗集卷十)等诗作,又应西怀了德之请,作《永定寺大悲殿记》(文集卷七)、《古永定讲寺微密诠法师塔志铭》(文集卷十六)两篇长文。就叶燮文集观之,谓题赠西怀了德之作品数量远过其他僧人,当不为过矣。是以叶燮言二人"订方外交"〔2〕、"与弘公订交廿年"〔3〕,两人契若支、许,洵非虚言。

西怀了德与叶燮订交论契始于何时,观两人曾同从三峰硕揆、寂叟仁震参禅,叶燮年辈长于西怀了德,颇称忘年之交。从叶燮为永定寺大悲殿撰写的碑记一文,不难看出叶燮对西怀了德其人的评价极高,其曰:

> 康熙二十八年,诠公之法孙宏方德法师,博贯教藏,妙行庄严,为诸方首。念其师未竟之绪,与里诸善信复营建大悲阁,仍阁址也。善士郑栟与其子焊倡率为众姓先,有节妇顾氏捐赀首倡,康熙三十一年某月日殿落成。凡殿中所宜有者,咸次第具,于是修礼大

---

〔1〕《中国佛寺史志汇刊》,第39—41册,页0086。
〔2〕叶燮:《古永定讲寺微密诠法师塔志铭》,同前注,卷16,页793。
〔3〕叶燮:《信宿永定讲寺漫赋五言近体四首赠海印弘公》第一首下自注,《己畦诗集》,卷10,收入《丛书集成续编》,第152册,页952。

悲忏法以告终事。[1]

宏方德,即西怀了德。叶燮对西怀了德"博贯教藏,妙行庄严"留下深刻的印象,或许透过西怀了德,对发心兴复永定寺的微密真诠(1604—1654)之事迹也有一定的认识。

在佛教史上,西怀了德最值得称颂的成就在于编成明清华严宗最重要的传承史料——《贤首宗乘》一书,此书现存上海图书馆。成就《贤首宗乘》最重要的关键人物是西怀了德,其弟子转净上修曾编纂其生平,收入《贤首宗乘》增补部分,其曰:

> 法师名了德,字弘方,别号西怀,吴郡人,朱姓,父仲襄,荫袭指挥,母叶氏。师年十三,父病,祷周孝子祠,刲臂肉羹以进。及父亡,遂怀出世想,皈永定省已师薙染。时慧开法师主猊座,见而器之,曰:"此子发上品孝心,出家必为好僧。"命听讲,师默求智慧,礼拜甚勤,三年遂有入处。年二十,受华山见月律师戒,参三峰硕揆和尚,领狗子佛性语,目不交睫者三昼夜,闻香板声,焂然憬悟,呈所得,和尚深契之。遭三藩不靖,归吴门,值杯度际明法师启常期讲席,往听《楞严》、《起信》、《华严悬谈》等经论,凡六寒暑,昼听夜习,祈寒暑雨不少辍,又听慈氏德风法师《楞伽》、慧大师《圆觉》。岁丙辰(1676)秋,大师迁化,受记莂,讲《法华》一期,将阐《大疏》,谓《华严》宗旨圆融无碍,而行布一门,必资《唯识》,因谒普德次大师,请讲《唯识》。三年贯穿疏论,胸次洞然,师曰:"未也,能解而无行,何由证入?"将缚茆于西霞,以修禅观,会剃度师病,促归。先是,师有母养于兄,至是兄殁,师遂奉母入华顶,奉侍之余,专修观行。仁叟和尚赠有"鬻薪买米供慈母,挥尘谈玄继父风"之句。三载母殁,仍回寺,本师亦寻归寂。时山门后殿创造未半,师徒手拮据,补故益新,丹垩金碧,从地涌出,成两世未竟之业。启讲《华严》一期,即谢院事,掩关修净土,日课弥陀三万六千声,

---

[1] 叶燮:《永定寺大悲殿碑记》,《己畦文集》,卷7,页710。

增至六万八万乃至十万八千,莲池后一人也。师与人接,默然终日,如枯木之兀寒岩;叩而有应,则滔滔汩汩,如众流之注溟渤。尤矜细行,躬劳苦,食粗衣敝,仁心利物,蜎飞无损,病苦必周,真慈悲为室者也。善行草书,工诗,皆弃而不留。所著有《法华略疏》十卷、《贤首宗乘》七卷、《永定寺志》三卷。传法二人:天钧复、念石卓。师生于顺治庚寅(1650),寂于康熙丁酉(1717),世寿六十有八,僧腊四十有九。至壬寅(1722)冬,奉遗命茶毗启龛,双趺俨然,毛发齿爪与殁时无异,时距入灭已六年矣。虞山钱秋水铭云:"化肉身为金刚,孰证明丙丁光。"且曰:"师之戒精学粹,为当世法幢,孰知其潜修密行,积厚坚固,能自证于身后者,有如是耶?"塔于邓尉妙高峰祖莹之侧。[1]

西怀了德生平目前仅此一见,可谓弥足珍贵,以其为上图本《贤首宗乘》之编纂者,至关重要,是以全文照录。观此得知:其为苏州人,生于顺治庚寅(1650),寂于康熙丁酉(1717),世寿六十有八,僧腊四十有九,其入道因缘在于祷免亲疢,在永定寺薙染出家,剃度师为省已法师,依止慧开空朗,为雪浪洪恩四传弟子。又从见月读体受具足戒,随三峰硕揆习禅,其晚年专修净土,亦一时风气所趋。晚年以"教宗贤首,行在净土"一句括之,当无大过。综观此处叙及其生平从学诸师,若慧开空朗、慈世德风、杯度际明,次哲成贤等人,其传记多收入《贤首宗乘》一书当中,其一瓣馨香在贤首教观,自不难想见。文中叙及之仁叟,乃指仁叟寂震,其塔铭即由叶燮撰就,收入《己畦文集》卷十六。叶燮与西怀了德两人同时受教于仁叟寂震,关系之密切又可见一斑。观转净上修此处引用虞山文人钱中枢[2]所撰之塔铭,笔者尚无缘经眼全文。

---

〔1〕 释上修编:《贤首宗乘续补》,页 2a—3b。

〔2〕 钱中枢,字秋水,常熟县学生,与兄良择字玉友,俱以能诗名,有"虞山二钱"之目。无子,女适海宁查祥,遂依女以居。少精于禅,暮年嗜尤笃,注《楞严经》八卷,皆手录。所著诗曰《未焚游草》、《悟余草》、《存性草》。又《常熟续文献》十卷,壮年所著也。年八十七卒于宁,返葬常熟。见金鳌等纂修:《海宁县志》(台北:成文出版社有限公司,1983 年),卷 9,页 1357。

其知识结构在贤首教观外，又结合禅、唯识、净土，亦令人联想到雪浪洪恩，可谓家风不坠。

西怀了德著有《法华略疏》十卷、《贤首宗乘》七卷、《永定寺志》三卷。除《贤首宗乘》一书外，余者今皆不知何往。《卍续藏》93 册云栖系普德勔伊一脉之雪墩智一编《法华科决》一书后尚收有西怀了德跋文一篇，文中对于贤首法统拳拳致意，其于本门家风致力精诚，不难想见。

叶燮又受西怀了德之托，为作其师微密真诠塔铭。关于这点，叶燮如是说道：

> 顺治初年，苏郡李御史模、常熟钱宗伯谦益，首倡迎师办复永定讲席，起瓦砾荆榛为金绳帝网，铃铎风幡，无不灿炳，皆师以不思议功德开无量法门者矣。师开法始金陵，终苏都，应道场十二处，登座说法二十余处。世寿五十一，道腊三十。人但知师为永定中兴之主，而实贤首中兴继序之文孙也。[1]

钱谦益为永定寺募缘之文尚见收于《有学集》，且其文字与《贤首宗乘》多所雷同。微密真诠受法碧空性湛（1563—1636），碧空性湛曾在南京天界寺，故微密真诠得以与金陵士人交接，深获赏识，得主金陵鹫峰寺，后又应吴地士人之请，兴复永定寺，作为弘扬华严教学的根据地。《贤首宗乘》的编者西怀了德同时也编有《永定寺志》，惜今不传。其于永定寺流传故实熟若指掌，从《贤首宗乘》中，确实略可窥见永定寺踵事增华的历程于一斑。例如其谓慧开空朗（1623—1676）"是时永定初兴，诸色未备，师每事不惜胼胝，同其甘苦，均其劳逸。主法十有四年，而永定规模遂底于成"[2]，转净上修谓西怀了德"时山门后殿创造未半，师徒手拮据，补故益新，丹垩金碧，从地涌出，成两世未竟之业"[3]。历经三代锐意经营，永定寺成为吴地壮丽伽蓝。西怀了德曾

---

〔1〕 叶燮：《古永定讲寺微密诠法师塔志铭》，《己畦文集》，卷16，页793。
〔2〕 释了德编：《贤首宗乘》，卷7，页15a。
〔3〕 释上修编：《贤首宗乘续补》，页3a。

如是描述微密真诠与永定讲寺的关系曰：

> 法师名真诠,号微密,湖广孝感人也。少立志出家,父母强之娶,不可。投大观山金台寺虚中庆和尚披剃,受具足戒于金陵普提场天佑律师。五夏阅大藏,偏参百城。于凤山、石头二大师门下,并得其心要,后得法于天界寺碧空湛师。碧师为雪浪门人,师亲承之下,闻一悟十,机辩不穷,如洪钟赴响,无不快足。金陵宰官方拱干、吴国琦等,请主鹫峰法席,为教家丛席之冠。顺治(1644—1662)初年,吴郡檀护沈几、宋学显、吴滋等,迎师恢复永定废寺。寺建于萧梁天监二年,吴郡太守顾彦先舍宅为寺,名曰"永定",递陈、隋、唐、宋、元、明,寺屡兴废不一,至顺治初年,其寺之建已千二百有余岁。师贯花飞锡,插草倡缘。画氎聚沙,假形像而说法;冰床雪被,罄衣钵以命工。诛锄草茅,粪除瓦砾。树宝殿于栋折榱崩之后,如涌灵山;焕金容于风饕雨虐之余,似来兜率。辛勤奋筑,次第经营,永定法席,以仍为创,千余年古刹,一旦中兴,皆师以不思议力开无量法门也。[1]

叶燮晚年经常往来永定寺,与西怀了德融洽无间。叶燮曾经自述晚年心境曰:"吾一身之外无毫发足系恋,倘获长逝于削成万仞、雪岭天半、丹崖翠壁、古刹名蓝之间便当埋"[2],心情似乎于俗世已无眷恋,十分洒落。又曰:"我是逃禅行脚师,胸无一物可时宜"[3]、"浮踪一榻借禅关,架上莲花壁上山"[4]、"敬礼优波尊,希空诸所有"[5]观此,其暮年归心空王之倾向清晰可见。叶燮少年时曾一度寄食僧舍,晚年又一意参禅礼佛,或许可以说,佛教既开启了叶燮生命自觉的视野,也是临终归去的方向。

---

〔1〕 释了德编:《贤首宗乘》卷6,17a—18a。
〔2〕 叶燮:《将远游奉别诸同仁》,《己畦诗集》,卷9,页947。
〔3〕 叶燮:《上巳后三日遇胡存仁方伯于虎埠精舍示赠邹郎作和之》,《己畦诗集》,卷9,页947。
〔4〕 叶燮:《宿慧庆山房》,《己畦诗集》,卷9,页947。
〔5〕 叶燮:《宿积善律院次少陵赞公房韵四首之四》,《己畦诗集》,卷9,页942。

四、叶燮佛教观初探

如前所述,叶燮虽然没有佛教经典相关的著书,但佛教知识十分精确而丰富,与开口乱道之野狐禅不可同日而语。其曾言:"昔日西江吸一口,至今不尽长波浏"[1]这虽然是禅林套语,但不难看出:叶燮虽然没有出家,也未列名《居士录》当中,但佛教在叶燮心目当中的分量与重要性断非他者可比。

叶燮晚年一意参禅礼佛,不过客观来说,叶燮之学问主张仍以批评家为本色当行。关于佛教与诗文之道的关系,其曾言:

> 世出世法,本无二法,法法皆然。即诗文之道亦尔。然诗不能无大同而小异,世谛之诗不可有俗气、书生气;出世谛之诗不可有禅和气、山人气。论诗者于世、出世法似乎相反,然畅达胸臆,不袭陈言,要归于不染气习,无二谛也。(中略)余乃知世、出世法即诗见异中之同,岂非法尔如然乎?[2]

此处,诗成为贯通世、出世法的重要媒介,重点是"不染气习"——也就是一空依傍,挺立天地。这样的说法基本来自于禅宗论式,即使对佛教不甚熟稔的人也不难一眼看穿。不过叶燮的法门师友,包括律、禅、教,虽以禅门为最大宗,但不拘一格,例如律宗千华派见月读体法嗣碧天净、定庵基,贤首教家南方系子孙西怀了德。总体而言,叶燮虽然少年曾经亲炙过某些丛林尊宿,但并未留下太多影响的痕迹,从叶燮诗文中看出叶燮主要修持禅观。叶燮曾自叙其学佛历程曰:

> 忆诗十五六,庄诵《首楞严》。妙奢三摩地,错向文字诠。浮沉四十载,七处纷纠缠。侈口析真妄,杀活竿头黏。近知黜耳目,八识根现前。不婴世网剧,安从解牢衔。世尊问圆通,灰心第一圆。[3]

---

[1] 叶燮:《赠绍宗开士》,《己畦诗集》,卷4,页892。
[2] 叶燮:《庐山心壁上人诗序》,《己畦文集》,卷8,页728。
[3] 叶燮:《山居杂诗》,《己畦诗集》,卷1,页860。

十五六岁曾诵《首楞严》，其时正是叶燮读书于圆通庵之年。故此诗之圆通亦有双重涵义，一谓佛法圆通，一谓开眼契机于圆通庵。从诗中"浮沉四十载"，此诗或作于"二弃草堂"落成伊始，回首前尘有感而作。撇开叶燮个人生命发展史不谈，全诗其实类似于习禅心得。晚明以来，《首楞严经》颇为流行，禅门以之为修行指南亦风行一时，叶燮此诗正是体现此等风气的绝佳例证。叶燮又就中峰明本的禅法说道：

> 中峰国师名幻住，自其行脚以至于坐道场，其行止皆不离幻以为义。中峰为禅宗中兴鼻祖，然深于教典，如《般若》、《圆觉》、《楞严》，各有发明，以授其弟子天如禅师。按《般若》六如，以幻为首；《圆觉》世尊告普贤、普眼两大菩萨，深发明幻义；《楞严》则观音大士圆通得如幻三昧。然则幻之时义，千佛正印无不于此发明。中峰国师以幻住而居幻，又何疑乎？虽然，世尊云："知幻即离，不作方便"，幻既离矣，可住幻而居幻耶？虽然，离幻亦幻矣。即居而离，幻于何有？《圆觉》之远，离亦复远，离则居幻，离仍未尝不离；幻也，何不可之有？[1]

这段相当拗口文字相当程度证明叶燮的佛学造诣，借着对于中峰明本思想的掌握，叶燮也适时地披露他对佛典的造诣。禅法通透，又深于教义，虽是叶燮对中峰明本的赞誉，或许施之于叶燮亦无不妥，是以叶燮亦与贤首教家西怀永德相视莫逆。深究这段话，其实并无深意，只是要说明参透如幻三昧，世、出世间两端亦能通达无碍。

从佛教思想史的角度来看，中峰明本除了因教说禅之外，更广为人知的是提倡净土，在净土思想史，中峰明本具有重要的一席之地，但叶燮对当时已颇为流行的净土法门几乎不曾一顾。对于念佛往生、极乐净土之类的观念，叶燮毫不以为意。而是侧重于大乘菩萨的深心悲愿与儒者用世施济的情怀并无二致。其曰：

> 昔我先师孔子之言曰："夫仁者，已欲立而立人，已欲达而达

---

[1] 叶燮：《禾郡幻居庵碑记》，《己畦文集》，卷1，页860。

人。"盖尽天下之人共有一欲,而圣人在我,惟有一仁人之欲。以仁者之欲推之,则立人达人,包举已尽。极之为博施济众,尧舜犹或难之,然理终不诬也。佛之教,以度生为本愿,其意欲使凡有生者,尽厌我欲,与其欲而后止。然既登佛果,则退而处乎寂灭。度生之事,自任之菩萨。而观世音菩萨则至仁之人也。然在儒者则谓之仁,在菩萨则谓之悲。儒者以仁应天下之欲,极形容之,则曰其仁如天;菩萨以悲应有生之欲,无象可形容,而极其量,则曰大。〔1〕

这样的说法并不新鲜,儒家与佛教虽然理论的立足点有所不同,但对于世间众生的关怀与救度并无异同。佛教的大悲心与儒者之仁都从正视世间苦难出发。叶燮虽然对于中峰明本推崇有加,但并未完全重复中峰明本的道路。叶燮基本的立场应该还是儒家,但是一点也不排斥佛教,特别是认为救世济人即是贯串儒佛的重要关目,随着年纪的增长,叶燮对于佛教越发觉得亲近。不过其信仰的基本涵义与以禅为中心的架构并未有太大变动。

五、结　语

在中国文学批评史上,叶燮已因《原诗》一书留下不朽声名。但学界对于叶燮生平的认识仍多有余蕴未发,其与佛教之交涉即是一例。虽然叶燮也曾说过"余儒家,言不谈福报"〔2〕,不过整体来说,佛教在叶燮的生命仍然占有重要的比重,尤其是晚年。叶燮曾经形容当时的佛教曰:"今天下佛法,亦少衰矣。非现大人相如优婆离尊者为如来纲纪以率之,恐将来裨贩如来者不少。"〔3〕,此固然是为了提振律宗而说,却也与当时佛教大致趋势若合符节。本文从叶燮的家族、法门交游、佛教观等面向出发,尝试探究叶燮与佛教的关系。从明清佛教史的

---

〔1〕　叶燮:《永定寺大悲殿碑记》,《己畦文集》,卷7,页710。
〔2〕　叶燮:《大觉庵募造水陆圣像引》,《己畦文集》,卷21,页825。
〔3〕　叶燮:《积善庵改建律院碑记》《己畦文集》,卷7,页711。

角度看,叶燮虽然在佛教史上没有过于显赫的资历或著作,但或许正因如此,反而可以视之为一个寻常奉佛士人的信仰型态。叶燮的信仰型态其实主要渊源于晚明万历以来盛极一时的佛教风气。综观晚明以来的佛教趋势:教家以华严为中心,临济宗金粟派、三峰派论争,而曹洞宗寿昌派也挺立其间,宝华山隆昌寺的南山律宗千华派一系逐渐掌握东南地方佛教的权威性,在叶燮的诗文集中都有具体而微的反映。本文主要在于探究叶燮佛教信仰的渊源,发掘清代士人与佛教信仰之间的关系,或许对于认识叶燮的内心世界不无裨益。至于叶燮文学理论与佛教的关系,仍有待未来进一步的探索。

现代化叙事中的临济以及《临济录》[*]
——一种方法论的省察

何燕生

（武汉大学/郡山女子大学）

大约一百年前，一位日本学者来到位于河北正定的临济寺进行实地考察，他回国后在自己的著作里这样叙述当时亲眼目睹的临济寺的状况：

> 临济寺只存有一座殿堂。看起来，寺僧是靠农业糊口，殿内被用做放置东西的地方了。本尊释迦和左右二大弟子像，似乎是明代的作品。两侧虽有看似是达摩和临济的木像，但不值得一看。释迦前面和其侧面放有小小的关帝像。墙外不远处，有一座好像是金代的塔，其形态完全不同于前三者，保存完好，被称为清塔，相当气派。塔前有一口明天顺年间铸造的梵钟，因钟楼荡然无存，所以梵钟被倒放在地。倒放在地的梵钟，并不仅限于临济寺，其实到处可见。

学者名叫常盘大定，为了实地考察中国佛教史迹，常盘曾先后五次访问中国，足迹遍布中国佛教主要名山大刹。后来，常盘陆续将这些考察的成果结集出版，其新颖的研究方法和来自中国佛教"现场"的信息，给

---

　　* 本文日文版曾于 2016 年 5 月 13 日在京都花园大学召开的"临济录国际学会"上宣读，中文版有所删节。

当时日本学界带来了不小的冲击。这段文字,即见于他有名的《支那佛教史迹踏查记》一书[1]。据该书所收参访日记,常盘到访临济寺是1921年10月24日,当天,一行除临济寺外,还考察了附近的隆兴寺(即大佛寺)、天宁寺、广惠寺和开元寺,并都留下了文字记录[2]。上述常盘关于临济寺现状的文字描述,多少流露出了一些伤感。然而,临济寺破壁残垣的"惨状",似乎并没有给这位慕名远道而来的日本学者带来失望,恰恰相反,让他更加坚信这才应该是一代祖师临济禅师的真正住地。

> 临济寺本来是地处临近河北镇州城东南隅滹沱河侧之地的一座小禅院。临济四喝之雷声虽然响彻四百余州,但他所住之地,也不过此区区一座小禅院而已。所谓小禅院,作为大禅师的住地,反而更加相称。从塔的位置等方面观察,我当时认为,现在的小殿很可能是当年七堂伽蓝的一部分而已。然而,现在回想起来,也许只有临济寺才是依照往年作为小禅院的形式被继承下来的。对此,有必要对附近的情况进行考察。如果是以小禅院的形式被继续下来的话,这个破垣残壁的小殿,其实是以厚重的历史作为背景的。遗憾的是,我当时对此并未觉察出来!

这里提到的所谓"临济四喝"的说法,见于《临济录》、《人天眼目》(卷1)、《景德传灯录》(卷12)等相关文献。常盘接下来依据相关文献资料,扼要地介绍了临济义玄作为一代祖师的宗风特色。常盘实地"踏查"临济寺,目睹临济寺的"惨状",不仅没有产生失望,反倒对临济义玄的禅学增强了"自信",其最大依据,显然不是他亲眼所观察到的当时的"事实",而是来自由历史的积淀而形成的文本中的"叙事"。文本告诉常盘,临济当年虽然住在这座区区小院,但其"四喝",却响彻"四百余州"。凭着这样的"信念",常盘呼吁日本佛教徒应该对临济塔和柏林寺的赵州塔给予足够的重视,认为"临济和赵州两位和尚的遗德

---

[1] 《支那佛教史迹踏查记》,龙吟社,1938年,第54页。
[2] 同上书,第50页。

就镶嵌在这些幢塔上,而这些石塔和石幢,都拥有历史,沿着这些历史回溯上去,与当时社会焕然一体的那种精神,将会再一次地打动今人的心弦。"

常盘关于临济寺的"踏查记",字里行间流露着他作为佛教徒的一种挥之不去的"宗教情结"。他认为临济精神迄今依然回荡在他目睹的残垣破壁的临济"小禅院",因此,他呼吁应该亲临"现场",从"遗迹"中去"感受"临济精神。"宗教情结"与"理性的学术"之间,在常盘关于临济寺的"踏查记"里似乎显得界限模糊。难怪他最先出版中国佛教史迹考察成果时的书名是《古賢の迹へ》(至古贤之迹)[1],时隔18年之后才改为《支那佛教史迹踏查记》。因此,常盘关于临济寺现状考察的叙事,不能不说带有一种浓厚的价值取向的倾向。在常盘大定的心目中,临济既是生活在唐末的一位"历史人物",同时又是一位"古圣先贤",是一位临济宗的"祖师",而后者在他心目中的位置似乎更为突出,更为重要。尽管在宗派上,常盘大定属于日本净土真宗,与临济宗并不相关。

我们知道,常盘的学术专长是中国佛教史,并不是禅宗学者。常盘考察临济寺的目的,主要是为了对中国佛教史迹现状进行全面把握,通过临济寺的实地"踏查",为他对中国佛教研究的"宏大叙事"提供准备而已[2]。不满足于文本叙事,强调应该走出研究室,到"现场"进行实地考察,去"发现"历史,是常盘大定中国佛教史研究的特色之所在。一般说来,常盘的这种研究,与那些整天坐在研究室的安乐椅上,一味地埋头于文献的梳理与分析的研究相比,不论在态度上还是在方法上,无疑应该更为谦虚、公允和客观——至于这种研究在常盘那里是否取

---

〔1〕 金尾文渊堂,1921年。

〔2〕 常盘记述他考察中国佛教史迹的动机有两个,一个是社会的,一个是个人学术上的,而后者被放在了第一。如他说:"第一是希望仅仅基于文献上考察的支那佛教史,可以通过亲自踏查实地,以尽可能地变成自己的东西。比如昙鸾,比如临济,比如天台,或者比如慧远,比如法融,比如居讷。希望亲自走访这些千古高僧大德的遗址,以唤起对他们活生生的灵魂的怀念。"常盘不满足于文献上的梳理,认为只是文献上的研究并不能变成"自己的东西",不能达到真正意义上的理解。

得了成功,则是另一个问题。而且,据管见所及,常盘似是第一位以学术考察为目的亲自到访临济寺,并且试图结合对临济寺的"遗迹"考察,从学术的角度介绍临济义玄禅师的日本学者。

　　然而,回顾近代以来关于临济和《临济录》的研究,我们不难发现,这种试图将"遗迹"与"文本"相结合的研究范式,似乎并没有形成主流,而是把"文本"作为唯一选向的"文本研究"范式一直以来占据着临济研究的学术市场,并且在方法论上逐渐形成为一种较为强势的话语权。而且,令人饶有兴趣的是,这些试图从"文本"中解读临济禅的研究成果之间,似乎可以看到普遍存在着一种所谓"现代化叙事"的学术倾向。比如,临济有名的"喝佛骂祖"的言行,在胡适历史学视域里被解读为一种"方法",认为临济的"喝",旨在破除偶像,并非反对理性;临济的"无位真人"、"无依道人",在铃木大拙、柳田圣山等人的禅学研究中被看做是一种渴望"自由"的呐喊者形象,甚至被理解为试图摆脱传统"体制"的近代理性主义者。曾几何时,临济"喝佛骂祖"的言行,在这些研究中似乎变成了一种仰望"自由"和"人性解放"的近代式理想人格追求的先例了。至于《临济录》,情况似乎也不例外。比如,在柳田圣山、衣川贤次、冲本克己等人的文献学研究中,我们可以看到《临济录》被层层解构,或者被系谱化,甚或被"一分为二",化约为"原来的"与"后来的",或者被断定为"真实的"与"虚构的",等等,变得面目全非[1]。面对这种状况,我们甚至不禁要发出这样的质问:临济到底是谁? 还有《临济录》存在吗?

　　本文以下拟对近代以来关于临济及其《临济录》的研究中表现在方法论上的一些倾向进行反省性检讨。其中,具体拟以胡适和柳田圣山的研究作为主要讨论对象。胡适虽然涉及临济和《临济录》的文字不是很多,但问题意识十分鲜明,而且胡适似是汉语禅学界最早从学术

───────

〔1〕　比如衣川贤次的研究有《临济录札记》(《禅文化研究所纪要》第 15 号,1988 年)、《临济录テクストの系譜》(《东洋文化研究所纪要》第 162 号,2012 年)等论文;冲本克己的研究有《〈临济录〉における虚構と真実》(《禅学研究》第 73 号,1995 年)。

的语境论述临济禅的学者。至于柳田圣山,虽然在临济义玄思想的论述方面,我们可以看到他在很大程度上受到过先前的铃木大拙等人相关研究的影响,但并不是"照着讲",而是"接着讲",体现了柳田本人的一种问题意识。柳田对《临济录》中出现的"普化"这位符号性人物给予特别的关注,同一时期还对一休的《狂云集》进行研究,在柳田的笔下,临济、普化和一休,似乎构成了柳田版"现代化叙事"的一种符号——禅思想的"原型"。

一、作为一种"方法":胡适历史学视域中的临济禅学

从目前已经出版的著述看,胡适关于禅宗的研究,主要集中在唐末五代之前的初期中国禅宗史方面,而且多以个别人物和个别问题的研究为主要对象,对于所谓"五家分派"之后的禅宗,甚少涉猎,并未留下专题性的研究。这主要与当时胡适本人的问题兴趣以及国际禅学研究的时代背景有关。尽管如此,胡适一直以来抱有试图建构"中国禅学史"的愿望,因此,他对于中国禅学史的整个发展情况及其特色,持有自己的看法,而关于临济禅的论述,则反映在这类文章之中,从中我们可以侧面地了解胡适关于临济禅理解的情况。

依年代顺序看,胡适最早论述临济的文字,见于《中国中古思想小史》一书。[1] 据胡适本人记述,《中国中古思想小史》是民国二十年(1931)至二十一年(1932)他在北大的讲义提要。在该讲义第12讲《禅学的最后期》中,胡适把临济义玄视为"破坏偶像"、"喝佛骂祖"禅风的重要代表人物之一,并从《临济录》中引用相关文字予以论述。但该文的叙述比较简要,而具有系统性的论述,则见于《中国禅学之发展》一文。该文是1934年12月胡适应邀在北京师范大学举行的讲演稿,讲演共分四次。翌年(1935)发表在《师大月刊》第18期。在以《中

---

〔1〕 胡适著《中国中古思想史长编》(上),收入《胡适作品集21》,(台湾)远流出版事业股份有限公司,1986年。

国禅学的方法》为题的第四次讲演中,胡适这样论述临济的"方法"。

> 在九世纪中年,出了两个大和尚:南方的德山宣鉴(没于865年,唐懿宗咸通六年)和北方的临济义玄(没于866年,同上七年)。他们的语录,都是很好的白话文学;他们不但痛骂以前的禅宗,连经连佛一齐骂:什么是释迦牟尼,什么是菩提达摩,都是一些老骚胡,十二大部经典也是一堆揩粪纸,德山自谓必无一法,只是教人做一个吃饭、睡觉、拉屎的平常人。义玄教人"莫受人惑,向里外求,逢着便杀;逢佛杀佛,逢祖杀祖,逢罗汉杀罗汉……始得解脱。"后来的禅门,不大懂得这两个大和尚第二次革命的禅机——呵佛骂祖禅。
>
> 平心而论,禅宗的方法,就是教人"自得之",教人知道佛性本自具足,莫向外驰求,故不须用嘴来宣说什么大道理。[1]

胡适在这里将德山宣鉴与临济义玄相提并论,认为他们二人是九世纪中叶禅宗出现的"两个大和尚"。所列举的临济言说,见于《临济录》。胡适指出,德山与临济的这种禅机,是禅宗的"第二大革命",但它们并不太被"后来的禅门"所理解。在胡适看来,德山也好,临济也好,他们的这种"禅机",其实就是禅宗的一种"方法",目的在于"教人'自得之'","教人知道佛性自本具,莫向外驰求",所以,"不须用嘴来宣说什么道理。"

在胡适看来,禅宗的"方法"有五种[2]。一是"不说破",指人人都有佛性,不必向外驰求,无法可求,也无涅槃可证,所以,"一经说破,便成了'口头禅'。"二是"疑",指要会怀疑,"因为怀疑才自己去思索一想,若完全赞成,便不容怀疑,无疑却不想了。"三是"禅机",指一种

---

[1] 柳田圣山编《胡适禅学案》,中文出版社,1957年,第511页—512页。

[2] 其实关于禅宗的"方法",胡适在撰于1932年的《中国中古思想小史》中列举了三种,分别是"不说破"、"禅机"和"行脚"。在《中国禅学的发展》中列举了五种,即在原来的三种之外,加上了"疑"和"悟"。在后来的英文论文 Chan(zen)Buddhism in China its History and Method(Philosophy East and West Vol.Ⅲ,No.1,April 1953)中则回到了三种。尽管在数目上不见一致,但内容相同,感谢友人小川隆教授的指教。

"暗示",比如"打、笑、拍手,把鼻……等等"。这种"暗示",又有"所答非所问,驴唇不对马嘴的话头。"四是"行脚",即指寻师访道,胡适将其比做"学校的旅行"、"学生的转学","好像师大的学生,转到清华、再转到中央大学,直到大觉大悟而后已。"五是"悟",指"从'不说破'起说到'桶底脱了!'"即"完全觉悟彻通"。从胡适对禅宗"方法"的论述中我们可以看出,临济的"方法"至少属于其中的第一"不说破"和第三"禅机"[1]。

胡适认为,禅宗的"方法",其实是一种"禅学运动",是"革命的"。什么革命呢?是"反印度禅打到印度佛教的一种革命"。胡适揭示禅宗"方法"的目的,在于他认为禅宗"这一派人的方法与教学方面多少有点启示",所以,对于师范大学的学生来说,"有大家一听的必要。"[2]

胡适的这种观点,在大约时隔20年后用英文发表的"Chan(zen) Buddhism in China its History and Method"中继续得到阐述,立场更为明确。该文被收入由柳田圣山主编的《胡适禅学案》一书。这里,我们参照中文译文看看其中关于临济的论述吧。首先,胡适指出说:

> 就在宣鉴在湖南四部教禅的同时,与他同代,可能是他门人的义玄,亦在北方(今之河北西部)民间展开他的临济派。此派在其后的两个世纪,成了中国禅最具影响力的一宗。
>
> 义玄的伟大之处,似乎在于他把知性的解放视为中国禅的真正使命。[3]

胡适在这里同样地对临济义玄予以高度的肯定,认为临济义玄所开创的"临济派",在其后的两个世纪,成为"中国禅最具影响力的一宗",并

---

[1] 《胡适禅学案》第513页—519页。不过,作为临济的"方法",胡适在前述《中国中古思想小史》第12讲《禅学的最后期》中,简要地提到了"四料简"、"四照用"、"三玄三要"和"棒喝"等。

[2] 《胡适禅学案》,第506页。

[3] 《胡适禅学案》,第673页。以下引用参照了小川隆从英文原文日译的《胡适〈中国の禅——との历史と方法论——〉》,《驹泽大学禅研究所年报》第11期,2000年。

且指出,义玄的伟大之处,在于他把"知性的解放视为中国禅的真正使命"。为了说明这一点,胡适从《临济录》中引用了如下几段。

"达摩大师从西土来,只是觅个不被人惑的人。"

"山僧无一法与人,只是治病解缚。"

"夫真学道人,不取佛,不取菩萨罗汉,不取三界殊胜;迥然独脱,不与物拘。乾坤倒覆,我更不疑;十方诸佛现前,无一念心喜;三涂地狱顿现,无一念心怖。"

"是你面前用处与祖佛不别。只么不信,便向外求。莫错!向外无法,求亦不得。""汝欲识得佛祖么? 只你前面听法的是!"〔1〕

这些都是我们所熟知的作为表达临济义玄禅学特色的言说,胡适把它们理解为"知性的解放",而这种"知性的解放",是"中国禅的真正使命"。而且,胡适认为,临济义玄和德山宣鉴试图用"白话"表达的一切,其实就是"中国的禅",是蜕化变质过的禅,因此,在这个意义上,胡适说,这"根本算不得是禅"。

胡适指出,禅在中国思想史上经历了由早期的"危险思想",到后来的"大胆怀疑"以及"明白直说"的时期,而"自神会、马祖,到宣鉴和义玄等大师以明白无误的语言说法,并未使用字谜一样的文词、姿势或动作。"胡适认为,这是"禅宗教学方法的发展",是这些禅师们为了不使对禅的理解落入"口头禅"的危险,而发明出来的"一套新的教学方法":"运用许多奇怪、有时似是疯狂的姿势、言辞或动作去传达一种真理。"而在胡适看来,临济义玄就是使用这些技巧的"第一人"。理由是临济是一位"用棒打发问者",或者"对之发出震耳欲聋的大喝著名的大师"。因此,胡适指出说,临济义玄的"临济宗,在其后 100 年间发展出来的一套取代直说的奇特教学方法中,扮演了一个最为突出的角色,说来也许不是一件偶然的事情。"〔2〕

---

〔1〕 《胡适禅学案》,第 672 页。
〔2〕 引自《胡适说禅》,东方出版社,1993 年,第 264 页—265 页。

基于这样的观点,胡适反对把这种"教学方法"以及与此相关的一切"疯狂技巧"理解为"不合逻辑"或者"反理性"。他认为,在所有这些看似"疯狂混乱"的表面之下,存在着一种"明白而又合理的、可以称之为困学的教学方法"。关于这种"困学"的教学方法的目的,胡适解释说,是"让学者透过他自身的努力和逐渐扩大的生活体验去发现事物的真相"[1]。

据胡适认为,虔诚的佛教徒们则持相反的理解,把它们视为一种"既非自然论,亦非虚无说,更非打破偶像"。他们认为,"那些伟大禅师所指的东西,并非这些白而粗鄙的言词所示的意思;他们所用的是禅的语言。而禅是'超越人类理解的境域之外的!'"。这里所谓的"虔诚的佛教徒",从本文开头部分可知,其实具指的是铃木大拙。

> 我的学识渊博的朋友——前日本京都大谷大学教授铃木大拙博士,近30年来,一直都在做着向西方人士解说和介绍禅的工作。经过他不倦的努力,加上许多谈禅的著作,他已成功地赢得了一批听众和许多信徒,尤其在英国。

> 作为他的一个朋友和研究中国思想的历史学者,我一直以热烈的兴趣注视着铃木的著作,但对他的研究方法,却也一直未掩饰过我的失望。他使我最感失望的是——根据铃木本人和他弟子的说法:禅是非逻辑的,非理性的,因此,也是非吾人知性所能理解的。[2]

胡适接着引用铃木大拙所著《禅的生活》(Living by Zen)的相关论述,并进行批判。如他说:

> 我所绝对不能同意的,就是他否定我们有理解和衡量禅的能力。所谓禅,果真那么不合逻辑、不合理性、果真"完全超越人类理解的限域之外"吗?我们的理性或唯理思维方式"在衡量禅的真伪方面"果真无用吗?

---

〔1〕 引自《胡适说禅》,东方出版社,1993年,见第264页—第265页。
〔2〕 同上书,第248页。

胡适的态度非常明显。他说他是历史学家,用历史学的眼观来看,禅是可以理解的。

> 禅学运动是中国佛教史中一个不可分割的部分,而中国佛教史又是中国整个思想史中一个不可分割的部分。我们只有把禅放在它的历史背景中去加以研究,就像中国其他哲学流派都必须放在其历史背景中予以研究、理解一样,才能予以正确理解。

> 拿"非理性"去解释禅的人,其主要的毛病就出在他们之故意忽视此种历史的方法上。[1]

铃木大拙是否"故意"忽视历史的方法,姑且不论,但至少从上面引述的《禅的生活》等文字可知,铃木大拙确有不少认为禅是"非理性"的言论,甚至将禅进行神秘主义化。

胡适与铃木大拙之间关于禅的讨论及其不同立场,不是本文所要讨论的议题,这里,值得我们注意的是,胡适用近代学问方法的历史学解读中国禅学的历史及其方法,认为临济义玄的"喝"等肢体语言和看似粗暴的行为,其实是一种"新的教学方法",即"困学"的教学方法,目的是让学人自己通过自身的努力,去发现事物的真相,并不是像铃木大拙所说的那样,可以笼统地概括为"非逻辑"、"非理性"。

总之,以上通过见于胡适两篇文章所涉及的临济言说的分析可知,临济义玄禅学,在历史学家胡适的笔下,成为了一个现代化叙事的对象。在胡适看来,临济自始至终是一位历史人物;其禅学,是中国佛教史中的一个"运动",是一个可以解读的对象;作为中国思想史中的一个"不可分割的部分",其禅学的出现,并不是一个孤立的事件;它的形成自有其历史背景和思想脉络,我们可以用历史学的眼光去研究它。胡适认为,临济的伟大之处,在于他把"知性的解放视为中国禅的真正使命",临济的"喝"等粗暴性言行,其实是一种"新的教学方法",目的在于让学人自己通过自己的努力,去发现事物的真相。胡适用"困学"

---

〔1〕 引自《胡适说禅》,东方出版社,1993 年,第249 页。

一词来表达这种方法。因此,作为一种"方法"的临济禅学,在胡适的历史学叙事中被合理地表述出来了。尽管从佛教徒的眼光来看,胡适这种历史学的禅学研究似乎缺乏同情心的理解,铃木大拙最不能认同的,似乎也是这一点。

最后顺便一提,关于《临济录》,胡适也曾发表过自己的看法,比如在前述《中国中古思想小史》第12讲《禅学的最后期》中,指出现今流行的《临济录》与德山宣鉴的语录之间有相似之处,"几乎使我们疑心他完全因袭德山的思想"。其实,胡适的这种说法,从他作为阅读参考书所列举的忽滑谷快天《禅学思想史》看,很可能受到了忽滑谷氏的影响。比如,忽滑谷在该书中具体论述了德山宣鉴与临济义玄二人的禅风之间有六个"相似点"(《禅学思想史》第572—575页,玄黄社,1925年)。然而,尽管如此,作为一种"方法"的临济禅学的叙述,并不见于忽滑谷氏的《禅学思想史》,应该属于胡适独自的主张。

二、作为一个"自由"的呐喊者:柳田圣山的临济想象

在日本的禅宗研究史中,柳田圣山可谓是一位划时代的人物。其著名的《初期禅宗史书之研究》,第一次把禅宗研究从传统的重视"体验"的"护教式"研究中独立出来,开辟了相对客观的禅宗历史研究的新路径——"禅宗史"。对于以铃木大拙为首的重视"体验"的禅学研究路向,柳田常常示以"同情心的理解",但他并不完全采纳。柳田向往以胡适为代表的"研究型"的近代历史学禅学研究,但作为临济宗的僧侣,他的笔下仍然流露着宗派上的偏好。柳田试图用历史学的眼光观察禅宗各个不同阶段发展、演变的历史及其特征,但他"重唐轻宋",认为宋代禅是唐代禅的"异化",是一种"体制化"了的禅,不足可取。柳田的禅学研究,充满着鲜明的自我个性。而这种鲜明的个性,其实也反映在他关于临济的研究上。柳田一方面反对把临济义玄视为一宗一派的祖师,主张应该把临济义玄从传统宗派观念中解放出来,作为一个

"历史人物"来看待,还其本来面目,同时,在另一方面,柳田又对临济义玄充满着想象,并且将其人格进行理想化,甚至视为偶像式的存在。

柳田关于临济和《临济录》的研究,已出版的专著有《临济ノート》(春秋社,1971年),注释和解说类以及现代日语翻译类有《训注临济录》(其中堂,1961年)、《临济录》(佛典讲座30,大藏出版社,1986年)、《无の探求 中国禅》(佛教の思想7,与梅原猛合著,角川书店,1969年)、《禅语录》(世界の名著18,中央公论社,1978年)、《临济录》(中央クラシックス,中央公论社,2004年)等。柳田在一篇关于《临济录》的"解题"中曾这样叙述他对《临济录》一书的感想:

> 《临济录》这本书,对于我来说,已经成为不可替代的座右铭式的书籍了。因为有了这本书,我终于渐渐地从战后二十余年的荒凉沙漠中走了过来。临济是我名副其实的精神食粮。如果说我也拥有可称之为思想和人生观的话,那么这些都是来自于本书。近来,与其说是沙漠,倒不如说是迷惑在思想的迷宫之中。然而,我常常通过返顾本书,以决定自己的方向。[1]

从"座右铭式的书籍"、"精神食粮"、"思想"和"人生观"这些词语,我们不难发现,临济和《临济录》在柳田心目中所占的重要位置。临济和《临济录》,对于柳田来说,已不仅仅是学术兴趣和宗派信仰层面的问题,而且是他个人人生观的问题了。

基于这样的认识,柳田强调应该把临济义玄视为一个活生生的历史人物,返回到临济所生活的时代去把握临济的"原思想"。他认为,后世的人们对临济的思想有一种"极端的理想化"或者"神格化",而他自己的工作便是解构这些被神话化了的东西。在柳田看来,从宏观的人文历史视野审视,临济的禅学是无限自由的,有着独自的个性和高度。临济比起作为临济禅的祖师,不如作为一个活生生的人更为彻底,他才是最为大声疾呼人的价值的人物。因此,柳田强调,阅读《临济

---

〔1〕《临济录》(佛典讲座30),大藏出版社,1986年,第9页。

录》，需要有一个明确的态度，即不能把它作为临济宗的圣典，而是把它看做一位"宗教人的言行录"。柳田认为，只有这样，我们才能从这本书中"倾听到亲身经历唐末严酷历史的一位自由人的呼喊。"柳田把这种"自由人的呼喊"称之为"绝对无条件的人的价值"，而《临济录》就是高扬这种价值的语录，《临济录》之所以被称为"语录之王"，其理由也许就在这里。以下我们来具体看看柳田的论述[1]。

关于临济义玄禅学的特色，柳田这样概括说：

> 临济禅的特色，在于它是一个在野的自由人的佛教，一个彻头彻尾的赤裸裸的宗教。它极其理所当然的，只关乎人存在的问题。这种说法，看起来十分奇妙，其实，临济说过无依道人、无位真人，这就是指的自由人。正如铃木大拙先生曾经所指出的那样，无依与无衣相通，所以，这正是赤裸裸的意思；无位是指不从属于阶位、任何应该依从的权威和阶级，意指只是一个人……他常向人称呼"大丈夫汉"，就是指一位独立的男子汉的意思。[2]

柳田对《临济录》中用词的出现频度进行过统计，结果发现"不""无""总不""皆无"这些否定词最多，而"人"是继这些否定词之后使用频率最高的词语，有 196 次之多。[3] 柳田指出，"人"在汉语里具有一般意义，也曾经过历史的演变而形成不同的含义，在佛教指众生，在西欧指人文主义等，然而，在《临济录》中，则是一个带有特殊问题的词语。柳田列举三个用例进行论述。第一例是"是你即今目前听法底人"，第二例是"即今识取听法底人"，第三例是"唯有道流目前现今听法底人"。柳田认为，这几处出现的所谓"听法底人"，实际上就是指"眼前每一个人当下都是佛，都是祖，都是绝对的理想人格。"[4]

关于佛教主体性问题，临济之前的佛教学人用"法性""真如""佛

---

〔1〕 以上见前揭《临济录》（佛典讲座 30），第 283 页—285 页。
〔2〕 同上书，第 301 页。
〔3〕 同上书，第 315 页。
〔4〕 同上书，第 317、318 页。

性""如来藏""心性""真性"称之,而与这些概念相比,临济则从现实具体的人去把握,柳田认为,这在佛教史上,"是第一次,同时也许是最后一次。"[1]他回顾禅宗史上关于"人"思想的论述,指出神会和宗密提出"知之一字众妙之门"的说法,用"知"来说明人的内在本质,但这太过于抽象化,过于哲学化,不如临济开发的"人"更为"具体"和富有"主体性",而且也是最具"活动性"的。《临济录》中未曾使用过"见性"一词,这正是临济所继承的马祖——百丈——黄檗一系的思想特色,而这一派系,从来不强调"见性"和"知"。[2]

柳田还指出,临济的这种"人"思想的独自性,还表现在"祖佛"一词上。柳田认为,一般使用较多的是"佛祖"、"佛"、"祖师",而"祖佛"一词并不多见,这很可能是由临济新造的词语,意思就是指当下眼前听法的每个弟子,除此之外,更无二人,临济又称其为"活祖"。[3] 而更为鲜明地表达这一思想的,柳田认为是所谓"赤肉团上有一无位真人"的说法。"无位真人",就是指临济说法的对象,因此,他既不是一种内在的原理性的存在(法性),也不是一种理想的可能性的存在(佛性)——"不是别的,就是现在听临济说法的人。"[4]

基于这样的理解,一方面,柳田批判之前日本出版的某些关于《临济录》解释和讲义等书籍的读法不够准确,比如把"你面前"读作"你的面前"等,认为它们未能理解临济的真意[5]。在这些被批判的注解书中,当然包括一直以来被视为权威的、由朝比奈宗源注解的岩波文库版《临济录》。另一方面,柳田不满于通行的《临济录》的内容,认为它不够"真实",未能"真实地"反映临济义玄的思想,因此,需要寻找一个他认为最能反映临济义玄"人"思想的《临济录》的版本。柳田这样表白他的心情:

〔1〕 以上见前揭《临济录》(佛典讲座30),第318页。
〔2〕 同上书,第319页。
〔3〕 同上书,第324页。
〔4〕 同上书,第327页。
〔5〕 同上书,第328页。

　　一直以来，我希望能够接触到生活在唐末的临济义玄其人的气息，倾听他鲜活的声音，我最大的兴趣，在于作为一位历史人物的临济义玄。目前，我认为我的这一愿望基本上得到了实现。我对《祖堂集》、《传灯录》等古老的资料进行了分析，而且还利用了我国圆仁（794—864）的《入唐求法巡礼行记》，以尽可能地接触相同时代的气息。然而，作为历史人物的临济义玄，与宋代改变的《临济录》之间的关系，我们应该如何考虑呢？[1]

为了解决这一问题，柳田认为，必须弄清《临济录》版本的成立情况。

　　关于《临济录》的成立情况，一般以北宋末（宣和二年，1120）福州鼓山圆觉宗演重开的本子视为"祖本"。也就是说，现在通行的《临济录》是在临济义玄离世二百五十年之后成立的著作。在这二百五十年间，其流传情况到底如何呢？既然是"重开"，说明在此之前曾有过一种本子的存在。它是单行本？还是收入丛书之中的本子呢？

　　柳田经过考察推测说，宣和本经过了宋代人的修正，卷首的马防序以及本文的编辑，反映了宋代人的问题兴趣。同时，通过比较《四家语录》和《天圣广灯录》卷十、十一所收临济语录，他认为宗演"重开"时的底本应该是《四家语录》（最初的编辑为北宋初期）所收本，而《四家语录》的底本应该是《天圣广灯录》。也就是说，它们之间的关系是：《天圣广灯录》→《四家语录》→宗演重开本《临济录》。非常幸运的是，宋版《天圣广灯录》保存在京都知恩院收藏的开元寺版大藏经之中，而柳田亲自对它进行了考察。这样一来，经过多年来寻找的"接近临济义玄其人的鲜活的声音"的愿望，最终得以实现[2]。

　　柳田通过对宗演重开的《临济录》与《四家语录》的比较考察，发现重开本在本文中新加了八段文字，而且在排列顺序上也相异。但内容完全一致，中间较长的示众部分，在文章和排列上，并没有什么不同。柳田认为，这新加的八段文字，是宗演依照宋初的《四家语录》本加入

---

〔1〕　以上见前揭《临济录》（佛典讲座30），第10页—第11页。
〔2〕　同上书，第14页—第15页。

进去的,这无疑是宗演的创意,"反映了宋代临济禅的兴趣"。[1] 柳田这样解读"宋代临济禅的兴趣":

> 其实,由宗演重开的《临济录》,一言以蔽之,即是一种格式化。也就是说,一直以一种出奇地落落大方方式而自由地生活的临济的语言,在所谓宋朝禅的体制内被重新解读了。试图将最厌恶格式化的临济的语言进行格式化,是一种勉强之举。

> 即便是最纯粹、高尚而又严谨的思想,一旦被格式化,必定遭到磨钝。自由本身与自由主义,是两码事。最为具体的日常行为,一旦用"大机大用""全体作用"这些语言来概括,便变得平板而毫无内涵,成为一种死语。[2]

> 值得特别留意的是,临济的形象,通过宋人而不断地发生着变化。比如,以这个时期为界限,开始出现了临济的肖像,这事实上使临济的形象发生了大大的转变。有名的表达热喝瞋拳的那个画蛇添足的临济像,其实其原型就产生于这个时期……毋庸讳言,由宗演重开的《临济录》,其实就是与这些互为前后的。[3]

因此,柳田指出,宗演重开的《临济录》虽然成功了,但"重开"是一种"改编",而"改编",是一种"体制化",它带有浓厚的"宋代禅的臭味"。[4] 而且,这种情况还影响到智昭的《人天眼目》。智昭将《四家语录》中不太被人注意的"三玄三要"、"三句"、"四喝"、"四宾主"、"四料简"等部分,视为临济的"家风",进行特色化。圆悟的《碧岩录》,涉及临济的部分,也极其格式化。南宋末期的《无门关》中虽然没有关于临济的文字,但第一则关于赵州无字公案的评唱,就出现了"杀佛杀祖"的句子,这些都是"颇为概念化"的举动。总之,柳田指出,宗演之后,《临济录》逐渐作为古典得到人们的重视,但另一方面,却不知不觉

---

〔1〕 以上见前揭《临济录》(佛典讲座30),第15页。
〔2〕 同上书,第15页—第16页。
〔3〕 同上书,第21页。
〔4〕 同上书,第21页。

地被束之高阁,只有一些被选择出来的定型化的句子,成为脍炙人口的结果了。[1]

以上是柳田关于临济义玄禅学特色以及《临济录》版本情况的大致观点。柳田的这一观点,见于前述他出版的相关著述中,且重述的部分较多。然而,值得引起我们注意的是,柳田同时还把临济义玄与《临济录》所载的普化的"疯狂"相提并论,称如果说普化是"疯狂"的话,那么临济可以说是"疯癫"。"疯癫"一词,其实就是为临济所准备的,"疯癫临济",比起作为临济禅之祖的内涵还要广大。柳田指出,《临济录》的魅力除了在于临济义玄的自由、豪迈、开放的赤裸裸的"人"思想外,还在于该书关于普化的"疯狂"的叙事,如果省去了普化的"疯狂"的叙事,《临济录》的独自魅力将会减掉一大半。在柳田看来,普化其实就是临济义玄所主张的自由理想人格的具体体现者,是临济禅的典型,或者可以说,临济千言万语的教说,可以与普化轻快的一脚相等值。[2]因此,柳田认为,《临济录》所叙述的普化与临济,实质上具有密切关系,并不是一个偶然的巧合,尽管关于普化的记载也存在问题,不同文献之间出现的记载之不同,无疑反映了它们的某种意图。

总之,柳田对临济义玄如此情有独钟,把临济义玄与有着戏剧性的人物普化相提并论,是因为在柳田看来,临济义玄赤裸裸的"人"思想和普化的"疯狂"叙事,其实反映了一种禅思想的"原型"。柳田的这一观点,我们可以从《禅思想——その原型をあらう》(中央公论社,中公新书,1975 年)一书中窥其一斑。该书虽然是一本小册子,但从章名"髑髏の章"、"镜の章"、"轮回の章"、"风颠の章"这些文字,我们不难了解,柳田对于"禅思想"的理解,有他自己的特色。在"风颠の章"中,柳田着重论述了作为"疯癫的临济"和作为"疯狂的普化"的形象,认为

---

〔1〕 以上见前揭《临济录》(佛典讲座 30),第 22 页。
〔2〕 以上柳田的论述,分别见柳田圣山《禅思想——その原型をあらう》(中公新书,中央公论社,1975 年)第 172 页,柳田圣山《临济ノート》(春秋社,1971 年)第 143 页。

他们"破格"的言行,其实就是禅思想"原型"的一种赤裸裸的表达。[1]"无拘无束""自由奔放"的临济和普化的形象,用柳田自己的话说,就是一个"去体制化"的"人"——"无位真人"、"无依道人"。柳田通过对临济的"寻梦",找到了禅思想"原型"的存在。因此,柳田关于临济以及《临济录》的一系列研究,可以说其实就是为了寻找禅思想"原型"的一次思想历程。在这里,我们看到了不同于把临济的"喝佛骂祖"视为一种"方法"的前述胡适历史学叙事的思想史论述的诞生。柳田的临济叙事,有他本人独自的问题意识。

三、结　语

以上,本文主要就胡适和柳田圣山二人关于临济义玄以及《临济录》的研究,从方法论上进行了解读。作为引子,文章开头对常盘大定的临济寺"踏查记",进行了简要的介绍。无论是常盘大定以实地"踏查"为路径的临济寺现状的叙事,还是胡适基于历史学路径而提出的作为"方法"的临济义玄禅学的叙事,乃至柳田圣山基于禅宗史问题意识而对临济义玄禅学的"自由理想人格"的想象和关于《临济录》的"寻梦",其实都深深地打上了时代的烙印。

比如常盘大定实地考察中国佛教的遗迹,是 20 世纪 20 年代的事情。当时中国佛教正处于急剧衰退的状态,寺院破壁残垣,或者有寺无僧,或者僧人素质低下等等,中国佛教满目疮痍的"惨状",常盘在《支那佛教史迹踏查记》一书中都直接或间接地进行了记录。中国佛教急剧衰微的"惨状",其实就是促使常盘亲自到访中国,对中国佛教史迹进行文字记录、实物拍照、碑铭临拓的主要原因之一。常盘曾记述说,"近闻支那的古代文化,在国运急剧下滑的趋势下,不断地遭到破坏,惟愿当下通过同文同种的日本人之手,对其尽可能地给予理解,进行研

---

〔1〕　以上见前揭《临济录》(佛典讲座 30),第 163 页—第 178 页。

究和整理……如果晚了一年,就会遭到多一年的破坏"〔1〕。中国文化的衰微与破坏,需要"同文同种的日本人"来拯救,这是当时日本社会十分常见的一种逻辑。因此,常盘实地"踏查"中国佛教史迹的动机,应该是多层面的,并不只是出于方法论上的反省。也正因如此,关于常盘对临济寺实地"踏查"的方法论上的意义,我们需要结合当时的时代背景去思考和进行评价。

　　胡适着手禅学的研习,也是始于20世纪二十年代。20世纪二三十年代,中国学术界处于学问新旧交替的"改良"时期,对旧学进行"革命",倡导新的学问。胡适从文学方面着手,撰写了著名的《文学改良刍议》,反对八股,倡导白话国语运动。正是因为处于学问新旧交替的"改良"时期,胡适学术研究的"现代化叙事"倾向显得更加强烈,他对禅宗的研究,其实就是为了撰写一部"中国思想史"而展开的,应用性和目的性很强。这是时代的要求,学术上的需要,不仅仅是历史学方法论层面的问题。他介绍禅学的方法,把临济义玄的"喝佛骂祖"视为一种"困学"的教学"方法",其实与当时他所处的中国学术背景不无关系。而且,需要指出的是,胡适论述禅学方法的那篇讲演稿《中国禅学之发展》就是1934年其为京师大学堂(今北京师范大学)学习教育的在读学生撰写的。胡适在演讲中曾明确指出,从七世纪到十一世纪这一派禅宗学人的方法与教学对于学习教育的人来说,多少也该有点启示。〔2〕 因此,胡适把临济义玄"喝佛骂祖"的言行视为一种"困学"的教学方面,我们需要结合当时的话语对象和时代背景去理解,去评价。与此同时,对于胡适始终强调通过历史学的方法论以揭示禅宗的历史,去神话化,从而对日本学者"只是相信,毫不怀疑"的研究态度持批判态度,我们同样也应该结合当时的时代背景去理解,去解释,去评价。

　　与上述常盘和胡适不同的是,柳田圣山是一位科班出身的禅宗学

〔1〕　前揭常盘大定《支那佛教史迹踏查记》,第3页。
〔2〕　见前揭《胡适说禅》,第192页。

者。柳田擅长禅宗文献的梳理,特别是在初期禅宗文献的历史研究方面,取得了许多令人瞩目的重要成果。与此同时,柳田又是一位富有思想个性的禅宗思想史学者,他关于临济以及《临济录》长达二十余年的"寻梦",可以说如实地反映了他在禅宗思想史研究方面的奋斗历程。然而,正如常盘和胡适关于临济叙述带有鲜明的时代烙印一样,柳田关于临济和《临济录》的叙事,我们同样可以从中窥知时代的影子。柳田正式发表关于临济和《临济录》的研究成果,主要集中在 20 世纪六十年代至七十年之间,但开始着手研究,似乎时间更早,可以追溯到五十年代。他回忆自己研究临济的动机时曾说:

> 将临济义玄(?—866)的说法与唐末五代河北这一特定历史地理环境相结合重新进行解释,我的这一秘藏多年的想法和方法,毋庸讳言,由来于我对第二次世界大战中一切为了抬高战意的一种反省……铃木大拙的《临济の基本思想》,执笔于第二次世界大战末期,先在《哲学季刊》上连载,后来至昭和二十四年,由中央公论社出版。现在回想起来,铃木大拙的临济解释,是战后民主主义的第一步,并不是什么临济的思想,但与以前的传统式训读相比,断然新颖,我的临济研究,长期以来受到该书的影响。更者,大大地改变以前的传统式训读的,是陆川堆云的《临济及び临济录の研究》。该书于昭和二十四年由位于长野县冈谷的喜久屋书店出版。喜久屋是作者陆川堆云居士的事业,位于信州味噌工厂的一角。我们反复地阅读这本书,以摆脱战争中的咒符。临济以及《临济录》,是人性解放的一种票据。[1]

类似的文字,还见于柳田其他的著述。柳田说他结合河北的历史地理环境,试图重新解释临济义玄,是出于"对第二次世界大战中一切为了抬高战意的一种反省",阅读《临济录》,目的是"以摆脱战争中的咒符",而且还说,"临济以及《临济录》,是人性解放的一种票据"等等。

----

〔1〕 柳田圣山译《临济录》,中央公论社(中央クラシックス),2004 年,第 1 页,第 7 页。

由此,我们不难知道,柳田关于临济的"自由理想人格"的叙事,批判宋代临济禅的"格式化",重唐轻宋,强调应该把临济义玄视为一个历史人物,还原到唐末的历史语境中去理解,其实,在很大程度上,与当时日本国内的政治和社会环境有着千丝万缕的联系。因此,临济义玄到底是不是一个"自由"的呐喊者,赤裸裸的"人"思想的表达者,不能不说多少也掺杂着柳田对临济的一种想象,就像他评价铃木大拙的临济解释是"战后民主主义的第一步,并不是什么临济的思想"一样。

总之,回顾近百年来关于临济以及《临济录》研究的历史,我们看到了先辈学者所做出的各种努力。本文所讨论的常盘大定、胡适以及柳田圣山三人的研究,仅仅是其中的一部分而已,其他很多重要的成果没有涉及,比如入矢义高的研究。入矢的专业尽管是中国文学和语言学,但出于学问上的兴趣,长期以来也致力于中国禅宗语录的研究,发表了许多具有影响的重要成果。其中,关于《临济录》方面,由他日译注释、收入岩波文库的《临济录》(岩波书店,1989 年)应该属于代表作。入矢关于《临济录》研究的最大特点,在于他发挥自己通晓汉语、俗语以及"语言学"的长处,一反日本长期以来通行的对中国汉文阅读所进行的所谓"训读"的读法,强调从汉语的角度进行阅读,其中特别注意"音读"的重要性。入矢使用这种阅读方法,匡正了迄今在日语"训读"读法上存在的不少的谬误。比如有名的"只你面前听法底是"一语,按照以前的传统"训读",一般理解为"在你面前听法的那个东西便是"。对此,入矢结合汉语注重"音读"的特点,把它读作"就是你,面前的听法人"。这样一来,被视为《临济录》重要思想的"无依道人""无位真人",变成了并不是指一种所谓"绝对性的"、"超越性"存在的意思,而是指当下"你"的意思了。这完全不同于以前的理解。[1] 入矢认为,这样的读法,不仅符合《临济录》的思想,而且也与马祖一系的思想保持着一定的关联性。入矢反复强调指出,阅读古典应该注意三

---

〔1〕 分别见入矢义高论文《临济录杂感》、《禅语のれづれ》(收入入矢义高著《求道と悦乐》,岩波书店,1983 年)、入矢义高译注《临济录》"解说"(岩波文库,1989 年)。

个要素：即"说了什么"（なにが言われているか），"怎么说的"（どう言われているか）、"为什么这么说"（なぜそう言われているか）。[1]因此，这其实不仅仅是一个"读法"上的问题，而是牵涉到对思想是否能够如实理解的重要问题了。所谓"一字之差，谬以千里"，讲的似乎就是这个道理。总之，由入矢所倡导的用汉语阅读《临济录》的读法，在日本禅学研究界掀起了一股新的风气，受到关注。然而，这种读法需要以通晓汉语作为前提，门坎甚高，因此，目前只是被极少数通晓汉语的晚辈学者所继承。其中，花园大学的衣川贤次和驹泽大学的小川隆二人，可以说是最为活跃的人物。二人早年曾一直参加由入矢义高组织的禅语录读书会，对入矢所倡导的读法，可谓耳濡目染，目前又分别在关西的京都和关东的东京主持禅语录的读书会，传道授业，有如"东西呼应"的格局，其成果也陆续地得到了出版。仅就《临济路》研究来说，比如小川隆的《临济——禅の语のことばと思想》（岩波书店，2008年）一书，可以说是通过积极吸收入矢禅学研究方法而取得的最新成果；衣川贤次最近还陆续发表了对河北临济寺实地考察的成果（《禅文化》第234号，以及其后各期），值得关注。然而，他们的研究情况，因不属于本文所讨论的主题范围，故未进行具体介绍。再如"批判佛教"旗手之一的松元史朗基于印度佛学的解读，还有欧美后现代学者的相关研究，都各有特色。汉语禅学界，近年来出版了一些讨论马祖以后禅学的论著，比如杨曾文的《唐五代禅宗史》第八章，专门讨论了临济义玄和《临济录》，在方法论上，也有特色[2]。对于它们，本文也只好割爱了，希望今后有机会进行专文介绍。

---

〔1〕　关于阅读古典的这三要素，据入矢自己吐露，前两个是由他的业师吉川幸次郎平常所强调的。而后者似乎是入矢自己补充的。关于前两者，见入矢义高《吉川先生と中国と私》（收入入矢义高著《自己と超越——禅・人・ことば》岩波书店，1986年）。后者，见前揭《临济录杂感》。不过，入矢以文字的形式强调后者的次数似乎不多，尽管他已意识到了后者的重要性。

〔2〕　杨曾文《唐五代禅宗史》中国社会科学出版社，1995年。

佛教文献研究

《续高僧传》在日本的流传

池丽梅

（日本鹤见大学佛教文化研究所）

　　《续高僧传》的现存文本多达几十种，根据它们的形态、书写内容以及流传地域，大致可以分为中国、朝鲜刊本大藏经系统和日本古写经系统两大类。如此种类繁多的文本，既是佛教汉文大藏经自唐代以来历经千年不断进化的历史产物，同时也是《续高僧传》自原初形态发展至现行本的过程中几经增补、改纂的结果。有关中、朝的刊本大藏经《续高僧传》的文本变迁，笔者业已另文讨论[1]，本篇论文将着重介绍那些自古传抄于日本的写本一切经（以下简称"日本古写经"）中《续高僧传》的现存文本。

　　《续高僧传》传入日本的具体年代不为所知，考虑到《开元释教录》入藏录所收典籍于奈良时代皆已传至日本，天平年间以来的正仓院写经记录也显示，该书在日本的流传可以追溯到天平年间以前[2]。现存最古老的《续高僧传》文本，是附有天平十二年（七四〇）五月一日光明皇后御愿文的"五月一日经"本，有三卷传世：京都国立博物馆藏卷

---

　　〔1〕　池丽梅《〈续高僧传〉的文本演变——七至十三世纪》，收于《汉语佛学评论》第四辑，上海：上海古籍出版社，2014 年，224—268 页。
　　〔2〕　《续高僧传》的写经记录很多，最早的一条为"天平十一年七月十七日"《大日本古文书》编年之七《自和铜二年至天平十三年》，东京：东京大学史料编纂所，1982 年覆刻，87 页）。

277

二十八，东大寺藏卷二十九，正仓院圣语藏卷三十〔1〕。天平写经本固然珍贵，毕竟传世卷数太少，在研究上能够发挥的作用比较有限。在佛教文献学的研究领域，倍受重视的是几乎全卷传世的平安、镰仓时代的古写一切经中的《续高僧传》。

在日本，佛教一切经的书写传统可以上溯到奈良时代，此后历经平安时代，一直延续至镰仓、室町、江户时代。作为整套大藏经传世的日本古写一切经，大多抄写于平安中期至江户时代之间。而这个时期，中朝两国已经有多种刊本大藏经问世，并先后通过公私等各种途径传入日本。长久以来，佛教学者之间形成了某种先入为主的观念，认为平安后期乃至镰仓时代以后的日本古写一切经不过是传抄了某一种来自中国的刊本大藏经，因此不具备任何独特的资料性价值。直到二十多年前，其中的古逸佛典文本引起学者的重视，近年来更是展开大规模的调查和研究，初步证实日本古写一切经在整体上继承的是奈良平安时代的写经传承，若究其源头甚至可以上溯至隋唐时代的写经。

平安、镰仓时代的古写经种类很多，有些可以考察原件，有些可以阅览图片，另外一些可以通过既刊的调查报告书或相关研究获知该传本的现存状况及其概要。据笔者统计，其中的《续高僧传》写本，共有以下十几种，合计一百九十一卷确定所在：圣语藏本乙种写经十二卷（卷一、卷九—卷十二、卷十四—卷二十）；金刚寺本二十八卷（卷十、卷二十一缺本）；七寺本三十卷；兴圣寺本三十卷；石山寺本四卷（卷八、卷十四、卷十六、卷二十二）；西方寺本十卷（卷一、卷九、卷十一、卷十二、卷十四、卷十五、卷十七—卷二十）；新宫寺本十七卷（卷三—卷五、卷八、卷九、卷十一、卷十三、卷十五、卷二十、卷二十一、卷二十三、卷二十四、卷二十六—卷三十）；松尾社本二十四卷（卷一—卷三、卷五—卷

〔1〕 有关五月一日经本《续高僧传》，参照池丽梅《五月一日經〈續高僧傳〉卷二八京都國立博物館藏本 卷二九東大寺藏本 卷三〇正倉院藏本解題》，收于《日本古寫經善本叢刊第九輯：高僧傳卷五·續高僧傳卷二八、二九、三〇》，东京：國際佛教學大學院大學日本古寫經研究所文科省戰略プロジェクト實行委員會，2015年，162—178页。

十五、卷二十一卷二十八）；中尊寺本二十一卷（卷二一卷二十、卷二十八、卷三十）；法隆寺本十五卷（卷二一卷七、卷九、卷十一、卷二十一、卷二十二、卷二十六一卷三十）。其中，中尊寺本、法隆寺本、石山寺本，笔者已另文讨论，本篇论文将重点介绍金刚寺本、七寺本、兴圣寺本。这三种文本，是近年来的《续高僧传》文献研究中，被最为广泛应用的古写本。

如前所述，平安时代以来的日本古写经，其抄写年代并不见得特别久远，但是其中的写经传承颇有渊源，很大一部分乃是奈良时代写经的传抄本。若就《续高僧传》的平安、镰仓时代的古写经本而言，其来源原则上可以追溯到奈良时代自唐引进的长安写经。但是，也有一部分文本，由于受到十世纪以后自大陆传来的刊本大藏经本的影响，文献内容明显存在新旧层次交错的现象，可以说是以日本古写经本为本，以刊本大藏经本为辅的"混合新种文本"。通过《续高僧传》的文本流传状况，不难看出，所谓"日本古写经本"这一统称下涵盖的各种写经，其文本传承的复杂程度，其实远远超出我们当初的设想。在此，让我们首先纵观金刚寺本、七寺本、兴圣寺本《续高僧传》的概况，然后通过对它们的文本特征的掌握，一方面确认日本古写经本《续高僧传》在佛教汉文大藏经史的定位，另一方面则尝试理解日本古写经本的特殊性和复杂性。

一、最为广泛应用的日本古写经本《续高僧传》
——金刚寺本、七寺本、兴圣寺本

日本古写经本《续高僧传》，仅限于平安、镰仓时代的写本，就有十种、一百九十一卷传世。其中，最广为人知的就是金刚寺本（卷十、卷二十一缺本）、七寺本、兴圣寺本这三种，合计八十八卷。观其文献内容、分科、调卷方法与刊本大藏经本中的开宝藏系统本和北方系统本相同，但收录的高僧正传数合计三百八十五人（兴圣寺本三百八十八人）。该正传收录总数，较《续高僧传》序文中记载的"三百四十人"虽多出四十五人,却比现存任何一种刊本大藏经本都少几十人以上。种种迹象显示,在所有的《续高僧传》现存文本当中,日本古写经本的内容更为接近该文献的原初形态[1],它们的来源并非任何中朝刊本大藏经,而是奈良时代以来流传于日本的古写经。

(一) 金刚寺一切经本《续高僧传》

座落于日本大阪府河内长野市的天野山金刚寺是日本真言宗御室派的大本山,其中珍藏着数万件的圣教和约四千五百卷的写本一切经[2]。江户时代以前的写本一切经大约有十六种传世,作为其中之一的金刚寺一切经,其主体部分抄写于平安时代末期到镰仓时代后期之间。金刚寺一切经的现存抄本当中,有众多的平安时代后期至镰仓时代中期的抄写题跋。分析的结果显示,这些抄本分别来自快寻发愿一切经、八田寺一切经、荣印发愿天野宫一切经等既存的一切经。也就是说,所谓的金刚寺一切经,是以既存的一切经的文本集成为主体,增补了缺本、缺卷而形成的一切经[3]。据日本学者上杉智英所言,该一切经收藏于黑漆涂装唐柜三十一盒(其中一盒为后世所增),"金刚寺的写经事业,从题跋来看,始于承元二年(1208)终于文永五年(1268)左右,其间以嘉祯三年(1237)左右最为活跃"[4]。关于金刚寺一切经

---

〔1〕 池丽梅《興聖寺本〈續高僧傳〉—刊本大藏經本と日本古寫經本との交差—》,收于《日本古寫經善本叢刊第八輯:續高僧傳卷四 卷六》,东京:國際佛教大學院大學日本古寫經研究所文科省戰略プロジェクト實行委員會,2014 年,268—299 页。

〔2〕 参照:落合俊典《玄應撰,〈一切經音義〉の敦煌寫本と日本寫本》,2006 年 9 月 7 日—10 日,于南京师范大学主办国际学术研讨会"轉換期の敦煌學—繼承と發展—"的发表原稿。梶浦晉《金剛寺一切經調查の經緯》,落合俊典(研究代表者)《金剛寺一切經の基礎的研究と新出佛典の研究》(2000—2003 年度科學研究費補助金基盤研究(A)(1)研究成果報告書,2004 年,9—16 页)。

〔3〕 大塚紀弘《金剛寺一切經の來歷について》,國際佛教大學院大學學術フロンティア第三回公開研究會發表資料,2008 年 11 月。

〔4〕 上杉智英《金剛寺藏一切經本〈集諸經禮懺儀〉卷下解題》,《日本古寫經善本叢刊第四輯:集諸經禮懺儀卷下》,东京:國際佛教大學院大學學術フロンティア實行委員會,2010 年,52 页。

的全貌与特色,可以参考三好鹿雄、梶浦晋、落合俊典[1]等论文。

至于金刚寺一切经本《续高僧传》(以下简称"金刚寺本")的详情,最早公开于2004年出版的《金剛寺一切經の基礎的研究と新出佛典の研究》所收《金剛寺一切經目録(暫定版)》。其中详细地记载了二十七件金刚寺本(除卷九、卷十、卷十五、卷二十一以外;卷二十二有两件)写本的数据概要(244—245页)。几年之后,《金剛寺一切經の總合的研究と金剛寺聖教の基礎的研究》(第二分册,2007年)公开了《金剛寺一切經紙幅一覽》,以及《金剛寺一切經目録》。其中,登载了除卷十和卷二十一以外的二十八卷(包括残卷在内)《续高僧传》的相关数据(437—439页),及其写本概要(410—413页)。据《金剛寺一切經目録》记载,金刚寺本卷二十六附有校对题跋"一交□/嘉禎三年五月十九□"(412页)。

2007年12月1日,在日本国际佛教学大学院大学学术前沿执行委员会主办的公开研讨会"佛典のテキスト學——データベースと日本古寫經一"上,落合俊典教授曾以金刚寺本卷六所收《昙鸾传》为例,指出将日本古写经本应用于相关研究的重要意义(讲演资料集,81—83页)。2014年,该大学的日本古写经研究所文科省战略项目执行委员会刊行的《日本古寫經善本叢刊第八輯:續高僧傳卷四、卷六》,首次公开了金刚寺本《续高僧传》卷四、卷六的整卷书影和全文翻刻,并附有简短的解题(《金剛寺本〈續高僧傳〉解題—卷四玄奘傳を中心に》)。有关的金刚寺本《续高僧传》的性质与定位,可以参见该书中收录的齐藤达也先生的《金剛寺本〈續高僧傳〉の考察—卷四玄奘

---

[1] 三好鹿雄《金剛寺一切經の全貌》,《宗教研究》13—16,1936年;梶浦晋《金剛寺一切經と新出安世高譯佛典》,《佛教學セミナー》73,2001年;落合俊典(2004);落合俊典(研究代表者)《金剛寺一切經の總合的研究と金剛寺聖教の基礎的研究》2003—2006年度科學研究費補助金基盤研究(A)研究成果報告書,2007年。

傳を中心に一》[1]。

(二) 七寺一切经本《续高僧传》

现在座落于爱知县名古屋市中区大须的稻园山七寺,原址在中岛郡七寺村(现在的稻泽市)。该寺中供奉的多达五千余卷一切经,是大中臣安长为了女儿的冥福和国土的平安而发愿,由当时的住持荣艺及其弟子大法师荣俊担任劝进僧,自承安五年(1175)至治承四年(1180)之间书写完成的写本一切经。关于七寺一切经的整体情况,可以参考七寺一切经保存会(编)《尾張史料七寺一切經目錄》,落合俊典《七寺一切經と古逸經典》[2],赤尾荣庆(2000)《古寫經史から見た七寺一切經—書誌學的アプローチを中心に一》[3]等相关论著。据上杉智英《七寺藏一切經本〈集諸經禮懺儀〉卷下解題》[4],七寺一切经收纳于三十一盒(后补一盒)的黑漆涂装唐柜当中,"共有四九五四卷(含卷子本 3 398 卷、折装本 1 556 帖、补写本 19 卷)现存,散逸部分较少"(70 页)。

七寺一切经本《续高僧传》(以下简称"七寺本")的卷四、卷六的

---

〔1〕 SAITO Tatsuya 齐藤达也, 2012: "Features of the Kongo-ji version of the Further Biographies of Eminent Monks 續高僧傳: With a focus on the biography of Xuanzang 玄奘 in the fourth fascicle".《國際佛教學大學院大學紀要》第 16 号,69—104 页。齐藤达也《金剛寺本〈續高僧傳〉の特徵(2)—卷 8 淨影寺慧遠傳を中心に一》,2013 年 1 月 16 日,國際佛教學大學院大學佛教學特殊研究口頭發表資料。2014 年, 齐藤达也先生集结了多年来有关古写经本《续高僧传》的研究成果,《日本古寫經善本叢刊第八輯: 續高僧傳卷四、卷六》(國際佛教學大學院大學日本古寫經研究所文科省戰略項目實行委員會,2014 年)发表了金刚寺本的解题(4—9 页)和卷四的全文翻刻(10—71 页)、七寺本的解题(74—76 页)、兴圣寺本的解题(102—104 页)、《大正藏、古寫經系〈續高僧傳〉各傳記對照表》(301—311 页),以及论文《金剛寺本〈續高僧傳〉の考察—卷四玄奘傳を中心に一》(246—266 页)。
〔2〕 牧田谛亮(监修), 落合俊典(编)《中國日本撰述經典(其之一)》,《七寺古逸經典研究叢書一》,大东出版社,1994 年。
〔3〕 牧田谛亮(监修), 落合俊典(编)《中國日本撰述經典(其之五)、撰述書》,《七寺古逸經典研究叢書五》,大东出版社,2000 年。
〔4〕 國際佛教學大學院大學學術フロンティア實行委員會(編)《日本古寫經善本叢刊第四輯: 集諸經禮懺儀卷下》,東京: 國際佛教學大學院大學學術フロンティア實行委員會,2010 年。

书影已经在《日本古寫經善本叢刊第八輯：續高僧傳卷四、卷六》[1]中全卷公开。据齐藤达也先生的《七寺本〈續高僧傳〉解題—卷四玄奘傳を中心に一》所言,七寺本"全三十卷,卷一另有别本。其中,卷九、卷十一收藏于东京国立博物馆,卷十四、卷十八在京都国立博物馆。卷四、六、十三、二十三为折装本,其他为卷子本,纸本墨书。藏经唐柜(番外一——假一八)内盖上书写的藏经目录显示,七寺一切经当初即包括《续高僧传》全三十卷。其中,卷十三(的题跋)书有'治承三(1179)年大歲己亥八月二日書寫畢……',卷二十一有'安元二(1176)年八月十一日一交了',卷二十三有'安元二(1176)年八月十日一交了',明确记载了这几卷的书写年代。另外,卷六一卷十的题跋为负责该一切经中多数写本校对的道胤的手笔,而荣(永)俊则出现在卷十一、卷十四—二十、卷二十六—三十等卷的题跋当中"[2]。

（三）兴圣寺一切经本《续高僧传》

临济宗兴圣寺派本山兴圣寺,座落于京都市上京区堀川通寺之内上。据《山城名跡巡行志》记载,该寺的前身为文禄年间(1592—1596年)虚应圆耳开创的大昭庵,时至庆长八年(1603)左右,因古田织部的发愿而改额"兴圣寺"。现在珍藏于兴圣寺的一切经,大部分抄写于平安时代(一部分乃镰仓时代的补写),原属海住山寺,庆长三年(1599)十月七日转让于虚应禅师[3]。该一切经移纳兴圣寺后,经由大规模的补修,从以往的卷子本改装为折装本,卷头部分被裁断并帖附新装表纸[4]。这套藏经,收纳于江户时代的皇室、公家、寺院僧侣、一般信徒

---

〔1〕 國際佛教學大學院大學日本古寫經研究所文科省戰略プロジェクト實行委員會(編)《日本古寫經善本叢刊第八輯：續高僧傳卷四、卷六》,东京：國際佛教學大學院大學日本古寫經研究所文科省戰略プロジェクト實行委員會,2014年。

〔2〕 齐藤达也《七寺本〈續高僧傳〉解題—卷四玄奘傳を中心に一》,《日本古寫經善本叢刊第八輯：續高僧傳卷四、卷六》,2014年,74—76页。

〔3〕 石川登志雄《興聖寺と一切經》,京都府教育委員會編《興聖寺一切經調查報告書》,1998年,444—445页。

〔4〕 大山乔平《西樂寺一切經書寫の在地環境について》,京都府教育委員會,1998年,420页。

所供养的经箱（全 492 箱）内，精心保管至今[1]。

为了掌握兴圣寺一切经的来历与现况，京都府教育委员会于 1994 年度到 1997 年度展开了全面的调查。其结果显示，该一切经的总件数为 5 261 帖，主体部分为中原真弘发愿，自长宽元年（1163）四月至嘉应元年（1169）八月，于丹波国桑田郡小川乡西乐寺抄写的一切经[2]。西乐寺一切经，后来转手解脱上人贞庆（1155—1213 年）。承元二年（1208），又随贞庆从笠置山移至海住山寺[3]。元仁二年（1225），海住山寺为贞庆举办的十三周年纪念法会祈愿文记载，贞庆的弟子们发现海住山寺一切经出现缺卷，并给予补写。因此，1225 年以后的海住山寺一切经，包括平安时代末期书写的一切经，以及十三世纪中期也就是镰仓时代的补写这两个重要组成部分，于庆长三年（1598）转手大昭庵（兴圣寺），共同构成了如今的"兴圣寺一切经"的主体[4]。

兴圣寺一切经，是众多的日本古写一切经当中，最早引起佛教文献学者瞩目的写经集成之一。一九七九年，在印度学佛教学会学术大会上，绪方香州先生首次公开了兴圣寺一切经本《续高僧传》（以下简称"兴圣寺本"）的存在，并指出该写本的内容与刊本系统文本大相径庭。大约二十年后，京都府教育委员会刊行的《興聖寺一切經調查報告書》（1998 年）初次公开了该写卷的一张卷首书影、数据、写本概要。赤尾荣庆先生在《图版解说》中指出，"这一套三十卷的写本，没有任何书写题跋，唯有卷第十九尾可见"校了"两字的校对题跋。从本文的笔致和料纸等来看，应该属于当初西乐寺一切经的劝进书写部分。一纸的长度约五〇、〇厘米到五四、五厘米，上面书写着二十七到三十行的本文，这些特征皆符合西乐寺一切经的标准规格。"（上记报告书，455 页）。

---

〔1〕 黑川孝宏《經箱の墨書について》，京都府教育委員會，1998 年，446—447 页。

〔2〕 大山乔平《西樂寺一切經書寫の在地環境について》，京都府教育委員會，1998 年，420 页；赤尾荣庆《西樂寺一切經の特色について》，京都府教育委員會，1998 年，426 页。

〔3〕 川端新《山城海住山寺一切經の時代：海住山寺の歷史》，京都府教育委員會，1998 年，439—440 页。

〔4〕 西山厚《貞慶の十三回忌と一切經》，京都府教育委員會，1998 年，441—443 页。

兴圣寺本各卷的相关数据,详见前述报告书中的《一切经目录》(281—282 页)。2014 年,《日本古寫經善本叢刊第八輯:續高僧傳卷四、卷六》公开了兴圣寺本卷四和卷六的全卷书影,并附有齐藤达也先生执笔的〈興聖寺本《續高僧傳》解題—卷四玄奘傳を中心に〉。

二、《续高僧传》的文本研究及问题所在

现在我们已经基本了解了金刚寺本、七寺本、兴圣寺本这三本日本古写经本《续高僧传》的概况,这一节将主要介绍这几个文本在研究中的应用,及其为我们提示的新的课题。长期以来,《续高僧传》的文本研究一直面对的难关,就是它的最终成书年代不详和历经数次改写、扩增的复杂背景中的众多疑点。依据作者道宣的序文,此书承接南朝梁慧皎的《高僧传》,收录了自梁天监元年(502)至唐贞观十九年(645)为止的一百四十四年间的高僧传记,其中正传的收录人数为三百四十人〔1〕。然而,包括日本古写经本在内的现存所有文本,观其实际收录人数和传记内容,不仅正传远远不止"三百四十人",很多传记明显包含贞观十九年以后的相关记载。由此可知,《续高僧传》的现存所有文本都不可能是贞观年间成立的初稿本,而是经历了不同程度改编之后的增补本。尤其是成立年代较晚的刊本大藏经本,其卷四所收的《玄奘传》中,居然存在作者道宣圆寂之后的史实记载。面对此类自相矛盾的现象,早年就有学者分析,《续高僧传》在贞观年间初稿本成书以后,想必几度经历增补和改编。〔2〕 这一推测,几十年后,因日本古写经本的出现而得以证实。

20 世纪七十年代,日本学者在京都兴圣寺的写本一切经中发现了《续高僧传》的三十卷古抄本,其内容明显比现存的任何一种刊本大藏经版本都要古老,这一重大发现将《续高僧传》的文献学研究推入了新

〔1〕 《续高僧传》卷一,"始岠梁之初运,终唐贞观十有九年,一百四十四载。包括岳渎,历访华夷,正传三百四十人,附见一百六十人"(《大正藏》第 50 册,425 页下段,第 21—24 行)。此处"正传三百四十人"是高丽再雕藏本中的数字,宋福州版以后均作"正传三百三十一人"。
〔2〕 前川隆司《道宣の後集續高僧傳に就いて》,《龍谷史壇》第 46 号,1960 年,20—37 页。

的阶段。首先,最早将兴圣寺本的存在与概要公诸于世的绪方香州先生,虽然没有以论文的形式继续深究,但是他经过全面而细致的比对和调查之后制作的〈《續高僧傳》興聖寺本について：基礎資料對照表〉(一、《续高僧传》资料对照表;二、《法苑珠林》《续高僧传》对照表;三、兴圣寺本收录人名一览)是相关研究的基础资料[1]。随后,藤善真澄先生于一九七九年,发表了兴圣寺本卷四所收《玄奘传》的相关研究[2]。多年之后,伊吹敦先生又在批判性继承先学成果的基础上,根据《续高僧传》相关抄本、刊本、音义书、纲目书的记载,首次对《续高僧传》的文本增补过程做出了整体性的描述[3]。此后,随着兴圣寺本中部分内容的公开,伊吹敦先生进一步以该书的习禅篇为重点开展具体研究[4]。而藤善真澄先生亦于其关于道宣传的专著中展开更为全面的研究,试图通过《玄奘传》的演变来追溯《续高僧传》的成立事由[5]。近年,随着日本现存的奈良、平安、镰仓时代写本一切经的调查研究的全面展开,除兴圣寺本,另外其他几种古抄本《续高僧传》也引起了学者的关注。例如,齐藤达也先生充分地利用了兴圣寺本、金刚寺本和七寺本,以《玄奘传》和《慧远传》为重点展开了全面而细致的研究。

其中,藤善真澄(2002)比对了兴圣寺本和刊本大藏经本《玄奘传》之后,认为兴圣寺本《玄奘传》的祖本成文于贞观二十二年(648)十月左右[6]。藤善先生指出,《续高僧传》于贞观十九年完成之后经过增补,补订本于贞观二十三年(649)完成,而兴圣寺本的祖本就是以该补订本为基础而成立的。另外,根据兴圣寺本中含有永徽年间末到显庆

〔1〕《〈續高僧傳〉興聖寺本について：基礎資料對照表》,http://iriz.hanazono.ac.jp/frame/k_room_f2b.html。

〔2〕藤善真澄《〈續高僧傳〉玄奘傳の成立—新發見の興聖寺本をめぐって—》,《鷹陵史學》第五號,1979年,65—90頁。

〔3〕伊吹敦《〈續高僧傳〉の增廣に關する研究》,《東洋の思想と宗教》第7号,1990年,58—74頁。

〔4〕伊吹敦《〈續高僧傳〉に見る達摩系習禪者の諸相—道宣の認識の變化が意味するもの—》,《東洋學論叢》第58集,1996年,106—136頁。

〔5〕藤善真澄《道宣傳の研究》,京都：京都大學學術出版會,2002年。

〔6〕藤善真澄《道宣傳の研究》,200頁。

年间初（655—656 年间）的记载，还有一处出现了作者撰号"大唐西明寺沙门释道宣撰"，藤善先生推测，兴圣寺本的祖本，应该是显庆三年（658）道宣移住西明寺以后成书的。另一方面，伊吹敦（2005）着眼于《达摩—慧可传》的增补过程，认为兴圣寺本祖本的成书年代为更晚的麟德元年（664）。而齐藤达也先生则推测，兴圣寺本《玄奘传》的成文应该是贞观二十二年（648）以后[1]。

藤善先生和伊吹先生的相关论著发表之际，学界所知的古写经本还仅限于兴圣寺本。现在，国际佛教大学院大学附属图书馆设置的日本古写经数据库中，收藏着金刚寺本、七寺本等书影。供职于该图书馆的齐藤达也先生，将这些古写经本和高丽再雕藏本等刊本大藏经进行全面的比对后指出，金刚寺本的传记收录者数最少，兴圣寺本稍多，最多的乃是再雕本；并且，上述诸本所收的《法泰传》（卷一）、《慧远传》（卷八）、《道仙传》（卷二十五）、《道英传》（卷二十五）、《僧崖传》（卷二十七）在内容上也存在明显差异。他推测，金刚寺本保留了《续高僧传》的最古形态，略加增补之后形成的是兴圣寺本，在兴圣寺本的基础之上增补形成的乃是高丽再雕藏本等刊本。

笔者进行的现存刊本大藏经本和日本古写经本《续高僧传》的调查结果也证实，如同齐藤先生所言，日本古写经本在整体上的确比所有刊本大藏经本都更为接近该书的原初形态[2]；虽然同属日本古写经本，兴圣寺本当中，存在着与金刚寺本和七寺本的明显差异。但是，笔者并不完全赞同齐藤先生所谓的金刚寺本最为古老，其次是兴圣寺本，而高丽再雕藏本等刊本是在兴圣寺本的基础之上增补而成的观点。因为，笔者认为兴圣寺本中存在的与其他古写经本之间的关键差异，尤其是那些唯独与开宝藏系统本（包括高丽初雕藏本、高丽再雕藏本、金藏本）一致的增补和改变，并非作者道宣所为，而是在日本传抄的过程中，由于开宝藏本的介入而出现的变异现象。

---

[1] 齐藤达也《金刚寺本〈續高僧傳〉の考察—卷四玄奘傳を中心に—》、256 页。
[2] 有关各本的收录人数，参见文末附表。

【附表】

分科	日本古写经系统本 (30卷本) 分卷	七寺本	金刚寺本	兴圣寺本	第一类A 初期开宝藏系统本 (30卷) 分帙	分卷	正传数	第二类 北方系统本 (30卷) 正传数	第一类B 后期开宝藏系统本 (30卷) 正传数	第三类 江南系统本 (31卷) 分帙	分卷	正传数
译经	卷一	6	6	6	左	卷一	6	6	6	内	卷一	6
	卷二	4	4	4		卷二	4	4	4		卷二	4
	卷三	3	3	3		卷三	3	3	3		卷三	3
	卷四	1	1	1		卷四	2	2	2		卷四	2
义解	卷五	12	12	12		卷五	12	12	12		卷五	12
	卷六	20	20	21		卷六	21	21	21		卷六	21
	卷七	10	10	10		卷七	10	10	10		卷七	10
	卷八	14	14	14	达	卷八	14	14	14		卷八	14
	卷九	東博	10	10		卷九	14	14	14	左	卷九	14
	卷十	17	缺	17		卷十	17	17	17		卷十	17
	卷十一	東博	12	12		卷十一	12	12	12		卷十一	12

续 表

诸系统 / 分科	日本古写经系统本（30卷本）				刊本大藏经系统本							
					第一类 A 初期开宝藏系统本（30卷）			第二类 北方系统本（30卷）	第一类 B 后期开宝藏系统本（30卷）	第三类 江南系统本（31卷）		
	分卷	七寺本	金刚寺本	兴圣寺本	分帙	分卷	正传数	正传数	正传数	分帙	分卷	正传数
义解	卷十二	東博	15	15	达	卷十二	15	15	15	左	卷十二	15
义解	卷十三	10	10	10（12）		卷十三	12	17	17		卷十三	17
义解	卷十四	14	14	14		卷十四	14	14	14		卷十四	14
义解	卷十五	14	14	14		卷十五	14	15	15		卷十五	15
义解	卷十六	18	18	18		卷十六	18	23	23		卷十六	23
习禅	卷十七	10	10	10	承	卷十七	10	10	11	达	卷十七	11
习禅	卷十八	11	11	13（11）		卷十八	13	13	13		卷十八	13
习禅	卷十九	14	14	14		卷十九	14	14	14		卷十九	14
习禅	卷二十	14	14	14		卷二十	14	14	14		卷二十	14
习禅											卷二十一	20

诸系统＼分科	日本古写经系统本（30卷本）				第一类A 初期开宝藏系统本（30卷）			第二类 北方系统本（30卷）	第一类B 后期开宝藏系统本（30卷）	第三类 江南系统本（31卷）		
分科	分卷	七寺本	金刚寺本	兴圣寺本	分帙	分卷	正传数	正传数	正传数	分帙	分卷	正传数
明律	卷二十一	13	缺	13	承	卷二十一	13	13	15	达	卷二十二	15
	卷二十二	9	9	9		卷二十二	9	9	9		卷二十三	14
护法	卷二十三	6	6	6		卷二十三	6	6	6		卷二十四	8
	卷二十四	5	5	5		卷二十四	5	5	5		卷二十五	10
感通	卷二十五	33	33	33	明	卷二十五	33	33	33		卷二十六	34
											卷二十七	39
	卷二十六	45	45	45		卷二十六	45	45	45	承	卷二十八	45
遗身	卷二十七	10	10	10		卷二十七	10	10	12		卷二十九	12
读诵	卷二十八	11	11	11		卷二十八	11	11	14			14
兴福	卷二十九	12	12	12		卷二十九	12	12	12		卷三十	12
杂科声德	卷三十	12	12	12		卷三十	12	12	12		卷三十一	12
全10科	全30卷	385?	385?	388	4帙	全30卷	395?	405	414	4帙	全31卷	486

注：刊本大藏经系统本

《祖堂集》语法研究琐谈[*]

衣川贤次

（日本 花园大学）

一

《祖堂集》语法的研究目的应该在于完整充分地理解《祖堂集》。而关于"完整充分地理解《祖堂集》"则有两层意思。第一层为正确解读《祖堂集》的内容；第二层为在汉语史领域里对《祖堂集》进行正确的定位。之所以这么说，是因为提到《祖堂集》语法研究时，《祖堂集》作为与敦煌资料相同、值得信赖的唐五代汉语史的重要语料，其中出现了汉语史上新的语法现象，而正确理解定位这些语法现象的这一目的则已经存在。可是为了达到这个目的，必须以"正确解读《祖堂集》内容"为前提。因为如果没有对原文意思正确的理解就不可能进行正确的语法分析。也就是说，《祖堂集》语法研究的目的是完整充分地理解其内容，而实际上完整充分地理解《祖堂集》才是语法研究的前提。研究目的实际上是研究的前提条件的这种逻辑矛盾，导致了语法研究成为难中之难。

要全部理解《祖堂集》里收录的禅宗对话，是一件非常困难的事。我们所整理的由中华书局出版的《祖堂集》，由于存在着许多不确定的

---

[*] 本文译自《花园大学文学部研究纪要》第 44 号（2012 年）。

地方,所以只进行了校对的工作。

　　而提到《祖堂集》的语法研究专著的内容的话,大多为针对词汇、语法的详细分类。比如对动态助词"V+了/却/著/得/过/将/取"的处理方式,由这些动态助词构成补语的句子,汉语语法学中已有了一个意思、功能虚化的阶段性演变模式,而将《祖堂集》的语法代入此模式,便称之为语法研究。也就是说,语法学中已经有了一个"完成·实现→持续→结果补语→趋向补语→能性补语→结构助词"这样的语法演变模式,而虚化的程度也是随着这个演变模式逐渐加强的[1]。如果这样,就变成了动态助词"V+了/却/著/得/过/将/取"在原始阶段都为"完成·实现"之意,而且值得探讨的是这7种表现的微妙差异究竟为何。但是此书作者完全不理会那些语感的不同,只是一味地按照既定模式去生搬硬套地分类、记述。又比如研究《祖堂集》疑问句的专著里,在解释"如何是X?"这种疑问句时,毫无责任地写道:"要求回答者对X作出解释。不过由于禅宗'不立文字'的特点,回答者一般不从正面回答问题"等[2]。令人惋惜的是,摆弄着20万字的《祖堂集》,洋洋洒洒写下300页专业书的人,竟连基本术语的意思都不了解。再比如在另外一本《祖堂集》语法研究书籍中,可以看到以下不当的说明:曾经常被讨论的"特殊判断句式",即譬喻经典中最后出现的"国王者,舍利弗是"等叙述前世因缘的句子,这种"N1,N2 是(也)"与一般的判断句"N1 是 N2(也)"语序不同,所以被称为"特殊判断句式",这是一种受到了宾语置于动词前的"SOV"型语言影响的语言接触现象……[3]。此书著者指出这是由于受到了佛典中出现的将动词置于句末的"SOV"型语言的影响,同时《祖堂集》中的例子有经过高丽人之手的部分(这是一个很严重的误解),所以也受到了朝鲜语"SOV"(汉语是"SVO")型语言的影响。著者明明知道这种句式从中国的先秦时

---

〔1〕　林新年:《〈祖堂集〉的动态助词研究》,上海三联出版社,2006年。

〔2〕　叶剑军:《〈祖堂集〉疑问句研究》,中华书局,2010年。

〔3〕　张美兰:《〈祖堂集〉语法研究》,商务印书馆,2003年。

代就已存在,做出这种分析的原因,不是因为新兴的外来文化时代的胡适西来主义的再次到来,而是因为当时语言研究的流行趋势为"语言接触和方言史",这只不过是追赶流行而已。

换而言之,语法研究的目的并不在于正确理解原文,而是在原文中、就已经理解(此保证并不是绝对的)的部分,进行语言学上的说明分析,并且进行语法范围内的分类。与其说不将没有理解的部分当作研究对象,更不如说是不能将其当作研究对象。对于没有理解的东西,应避而不谈,而对于已经理解的内容才应该进行复杂的语法分析。所以利用语法就能解读《祖堂集》是一种误解。如此考虑的话,语法研究是完全有可能的。当然,若对词义、句义的理解有误,分析说明和语法分类也会随之成为无用之功。

理应如此,然而现在的问题是这些《祖堂集》语法研究书籍中存在着诸多明显不足。若要完整地理解《祖堂集》,只具有汉语学的知识是不够的。因为《祖堂集》作为禅宗史的著作,研究者首先必须具有禅学、佛学的知识素养。而且,如果对《祖堂集》没有准确的文献知识的话,就无法理解及消化文本所包含的信息,从而对文字校订、原文理解,尤其对语法研究也会造成影响。此外还有历史、文学、地理、音韵……总而言之,为了完整地理解一本书籍,必须具有所有必要领域的相关知识。在《祖堂集》的语法研究书籍中所存在的问题,具体来说多由于各方面知识的匮乏而产生了非常多误读。比如某部专著,将《祖堂集》所收作品与敦煌写本进行了比较。这种研究方法本身是可取的,而作者非但没有发现南北语言的特征,还误读了敦煌写本(S.1635《泉州千佛新著诸祖师颂》)中的26个字。尽管可以依照此写本来订正《祖堂集》中的10个字,但是作者却没有进行相关校订工作[1]。

《祖堂集》的语法研究专著究竟是否对《祖堂集》的解读有益?就目前为止所出版的语法研究专著来说,其实并没有起到什么作用。读

〔1〕 谭伟:《〈祖堂集〉文献语言研究》,巴蜀书社,2005年

《祖堂集》时,难解的文章或对话的确使人困惑,若此时有本语法研究书将这些作为对象分析研究的话,对我们来说真是受益匪浅。可遗憾的是没有一本书做到了这点。当然,难解的原因并非都来自语法。但是,将《祖堂集》文章解读也作为《祖堂集》语法研究的目的之一又何尝不可? 此处的语法是指谈话分析的"语法",即从解读说明的语法扩展为解读禅宗语录的文章的语法。

语法研究与训诂学的乖离是必然的。这是指从训诂学(传统意义的小学)迈向语法学(近代语言学)的过程。但是语法学者为什么对传统训诂学所承担的功能草草应付了事,却只热衷于分类? 如果不能理解《祖堂集》就不能进行完善的分类,这是研究的前提,这就是目前《祖堂集》语法研究的现状,也是难题之所在。

二

《祖堂集》语法研究专著的第五本为曹广顺、梁银峰、龙国富所著的《〈祖堂集〉语法研究》,为"汉语史专书语法研究丛书·近代汉语专书语法研究"系列中的一册[1]。

这部丛书的方针主要针对"只是对该书的语法现象进行穷尽性的静态描写,基本上不进行历时或共时的比较研究"。具体地说,"对本书出现的代词、数量词、副词、连词、介词、助动词、助词以及判断句、被动式、述补结构、疑问句、处置式等语法现象进行全面系统的描写"。(7—8页)即将语法的历史研究和理论化放到下个阶段,而将记述《祖堂集》汉语语法这一基础研究做到了极致。太田辰夫先生曾在《〈祖堂集〉语法概说》[2]一文中简洁地从汉语史的视点进行了说明,但是该书却轻易将其舍去,放弃了读者期待的汉语史中的定位这一问题,读后无不感到遗憾和不足(特别是曹广顺执笔的有关句法的后5章)。不过该书对于《祖堂集》出现的有关语法的成分(不是所有的,主要指上

〔1〕 曹广顺、梁银峰、龙国富:《〈祖堂集〉语法研究》,河南大学出版社,2011年。
〔2〕 《中国语史通考》,白帝社1988年。

记的 7 个词类和 5 个句式)的分类和网罗式地记述,具有前所未有的、全面详细的研究特色,因此有值得探讨的价值。而且对于《祖堂集》语法结构的理解,该书的记述会有不少益处。但是内容上依然可见很多上述的类似错误。以下笔者就该书的问题,大概就两项——(一)由文献研究不足而引起的错误以及(二)未理解例文的上下文关系而引起的错误——分别进行阐述。

(一)由文献研究不足而引起的错误

中国出版的《祖堂集》研究专书,无一例外都指出现行的《祖堂集》是"高丽覆刻本"。而"高丽覆刻"是指"中国原刻、高丽覆刻"还是指在高丽进行的第二次刻版,不得而知。而且不管是指哪一种,原刻本已不复存在。二十卷《祖堂集》存于再雕本《高丽大藏经》的"藏外补版"15 部中。"藏外补版"是指,从有别于韩国海印寺的大藏版库的其他杂版库中,于 1865 年,由海冥壮雄选出了 15 部,作为《高丽大藏经》的"补遗"所附加印刷时的版木。《高丽大藏经》本来不包括禅宗典籍,所以,《祖堂集》卷一的末尾处虽然有"乙巳岁分司大藏都监雕造"的刊记,却与《高丽大藏经》本体的雕造事业不同,是另外出版的。而且是当时唯一的刻版,之后之前都没有刊刻,只有现行本。那么,"覆刻本"这样的误解是从何产生。恐怕是因为现行的《高丽大藏经》为再雕本,所以臆断初雕本有《祖堂集》的原刻本。在中国出版的禅宗史研究,有杨曾文先生的《唐五代禅宗史》[1],可是汉语史学者连这部书都没读,只是毫无批判地将先行书的错误记述照搬了事。

《祖堂集》的成立过程,从南唐保大十年(952)的一卷本成立后,在大约 50 年间增加到十卷本,十卷本传到高丽,又进行了若干的增补,在高宗三十二年(1245)作为二十卷本刊行,这就是现行本。这个成立过程是研究《祖堂集》语言重要的文献信息。关于"十卷本"的存在,曹广顺在书中写到"没有证据",可是在高丽匡儁序中有"而后一卷齐到"这

〔1〕 杨曾文:《唐五代禅宗史》,中国社会科学出版社,1999 年。

一记述,其中"一"字已经被证实为"十"字的竖画剥落而造成的,关于这点笔者已经在论文[1]中提到过,且论文中还附随了原版木照片,但是曹氏却无视这一事实,相信952年全书成立之说,让人惊愕。《祖堂集》的文本由三层组成。第一层:明显自《宝林传》(801年成书)抄出的部分。这是由静、筠二禅德编纂的原一卷本的内容(952年成书),相当于现行二十卷本的前两卷。第二层:从原一卷增广到十卷的部分,即现行二十卷本的主要部分(卷3—卷19)。这是于952年以后增广的中晚唐时期的资料。第三层:高丽开版时(高宗三十二年,1245)由匡儁增补的新罗、高丽入唐禅师诸章(除了没于杭州龙华寺的卷十一《齐云和尚章》)。因此根据这三层的成立过程,可将其语言以卷一—二、卷三—十九、卷十七—二十中的高丽禅师章分类,从而进行正确的语法分析。

第一层的前两卷主要以抄袭《宝林传》为主,偶尔也有独自的记录,还有后世的拈提、净修禅师赞,比较复杂。《宝林传》是801年成书,它是以魏晋南北朝、隋唐时代的译经、史传、碑铭(也包含伪撰)为基础写成的。研究前两卷的语法时,以所据资料的探讨为先决条件。即:

(1)卷一《迦叶章》引用的迦叶和阿难的"刹竿问答"、以及迦叶和阿阇世王的"不说法问答",应为唐代成立,证据为前者中有唐代才出现的疑问词"什摩"。[该书第一章"代词"里指出前两卷没有"什摩"、"怎摩"的用法(42、47页。以下均指该书页数),不可解。]

(2)唐代的新兴语法成分从卷二《僧璨章》开始出现,但值得注意的是,《僧璨章》中《宝林传》所没有记载的对话中(第2则。以下则号以中华书局版为准)出现了"什摩"一词;由于本应基于《道信章》的《宝林传》的部分失传,所据文献无法确定,在所据未详的《道信章》第3则里出现了新兴指示词"与摩"、"这个";《弘忍章》第3则的惠能传

---

〔1〕　衣川贤次:《〈祖堂集〉的校理》,《东洋文化》第83号,2003年。

记并没有依据《曹溪大师传》(建中二年[781]成书,贞元十九年[803]书写,为最澄带回的唐写本)和敦煌本《六祖坛经》,而可能根据新的资料而成,其中出现了"什摩"、"与摩",《惠能章》第4则"风幡问答"也没有依据《曹溪大师传》、《历代法宝记》,而从《禅门拈颂集》卷4的雪峰义存和保福从展的拈语推测来看,可能为9—10世纪在福建整理成形的,其中也出现了"什摩";《惠能章》第10则云大师(报慈光云,本书卷十三,长庆慧棱[854—932]的法嗣)和龙华(齐云灵照[870—947],本书卷十一)、第11则招庆(长庆慧棱)和学人的拈提中出现的新兴疑问代词"为什摩"、"作摩生"和新兴疑问句"还~也无"、"还~摩"等。

在该书第一章执笔者龙国富的论文《试论〈祖堂集〉前两卷与后十八卷语言的时代差异》中[1],不但没有论述到这个问题,而且也没有探讨像上述前两卷所据资料和语法成分之间的正确关联,因此结论缺乏严密性。

第三层新罗高丽禅师章(十位禅师中除了殁于唐土的齐云灵照和尚、福清玄讷和尚之外的八位禅师,即卷十七所收元寂道义禅师、桐里慧彻和尚、实相洪直和尚、慧目山玄昱和尚、通晓梵日大师、两朝国师无染、双峰道允和尚和卷二十所收五冠山顺之和尚)是在高丽增补的[2]。因此,在此章节中出现的语法成分为朝鲜人所写,应将其定位为域外汉文的问题。该书中作为"特例"而言及的"遂"(125页注)、"即是~是也"(146、362页)、"焉"(336页注)、"钦"(416页),其用法的特殊性,都是由此而来的。

在《祖堂集》开版之际,因为没有经过充分的校订工作,而且开版后也未广为流通,其原文可以说几乎和写本雷同,所以,在阅读时必须进行校订。特别是,做语法研究时必须依据正确的原文,该书在对用法的分类和举例上都有失妥当。以下就是这些例子:

(1)疑问代词"阿那"用例1."这个是像,阿那人是镜?"(42页、另

---

〔1〕《语言论集》第5辑,中国社会科学出版社,2008年。
〔2〕 请参照拙稿《关于〈祖堂集〉的校理》,《祖堂集》附录,中华书局,2007年。

疑问句 409 页)

原文：(雪峰)又因玄沙云："一切森罗镜中像"，便提起杖，问师："这个是像，阿那人是镜?"师对云："若不如是，争获圆通?"(卷 10《长生章》)

玄沙师备的答话，把万物和看到万物的人心比作镜和像。雪峰问"这(杖)是像，那什么是镜?"当然这里暗示的是"心"。长生皎然禅师在已经明了的基础上，回答道："如果不是心(万物即心，万物与我为一体)，圆通之理会成立吗?"用例中的"阿那人"与"这个"相对应，所以理应写为"阿那个"。而且再检讨原文字体可以发现"阿那人"中的"人"字与同页的其他的"人"字的第二画的写法不同，可以推断其原本为竖划脱落的坏字。此现象在太田辰夫的《〈祖堂集〉语法概说》157 页中已被指出。而该书第一章"代词"中存在着很严重的杜撰痕迹，其中所谓"阿那"有 7 例，实际上都只是这一例，而实际上可确认为"阿那个"的误用;还有所谓"那个"有 10 例，实际上只有 7 例(其他作为指示代词的用例有 14 例)。而且该书所举的 5 个用例中的 4 个都为"阿那个"，"阿那个"又另外举了 36 例，而实际上有 41 例(加上上述 5 例)，该书作者在对远指代词和疑问代词的解读上存在错误，缺乏信用度。

(2)量词"雙"用例 4."手携雙履分明个，后代如何密荐来?"(74 页)

原文不是"雙"而是"隻"(卷 13《福先招庆章》)。此颂说的是达摩隻履归西天的故事。卷二《达摩章》有"灭度后三年，魏使时有宋云，西岭为使却回，逢见达摩，手携隻(只)履。语宋云曰:'汝国天子已崩。'宋云到魏，果王已崩，遂闻奏。后魏第九主孝庄帝乃开塔，唯见一隻(只)履，却取归少林寺供养"。这段记述以《宝林传》卷八为基础，初见于石井本《神会语录》卷末《六代传记》(唐贞元八年[792])的传说。

(3)副词"讵"注① "胡为愚智? 讵是讵长"。(221 页)

此句见于卷一第十三祖《毗罗尊者章》的净修禅师《毗罗尊者赞》。这里应该按照敦煌写本 S.1635《泉州千佛新著诸祖师颂》的"胡为愚智？谁是短长？"进行订正。这是净修禅师取意于毗罗尊者的传法偈"非隐非显法，说是真实际。悟此隐显法，非愚亦非智"的末句，吟咏而成。因此，不能当作"讵"的用例来研究。

（4）助动词"敢"用例4."虽是后生，敢有雕啄分。"（297页）

此句见于卷六《洞山章》。"敢"是"堪"的音误，应该根据《景德传灯录》卷十五《洞山章》的"此子虽后生，甚堪雕琢"进行订正。

敢　古览切（见母[k]敢韵上声）

堪　口含切（溪母[k']覃韵平声）

这是声母牙音"见"（不送气）、"溪"（送气）混用的例子，在《祖堂集》多处可见，例如：

［敢/堪］卷六《洞山章》："阿那个山不敢（堪）住？"；卷14《茗溪章》："安置则不敢（堪）。"

［岂/既］卷五《大颠章》："前日岂（既）不是，除此之外，何者是心？"

［敢/堪］卷十八《赵州章》："敢（堪）破了也。"

［去/举］卷十《长庆章》："某甲到这里去（举）不得。未审师如何？"

［举/起］卷十三《报慈章》："繁兴大用，举（起）必全真。"

［颗/个］卷十五《西堂章》："某甲有山妻，兼有两颗（个）血族。"

［个/可］卷十六《黄檗章》："他古人个（可）中物似你与摩容易，何处更有今日事也？"

以上案例，具体请参考拙稿《〈祖堂集〉异文别字校正——〈祖堂集〉中的音韵资料》[1]。该书将"虽是后生，敢有雕啄分"的"敢"解释为"比较确信的推测语气"，是参照了《汉语大词典》第5册"敢"的字解"副词，大概；莫非；恐怕；或许"，并指出《汉语大词典》中所举苏轼《虔守霍大夫，监郡许朝奉见和，复次前韵》中的"敢因逃酒去，端为和诗

---

〔1〕《东洋文化研究所纪要》第157册，2010年。

留"二句〔1〕作为用例时代稍晚。但《祖堂集》中此例的"敢"其实应看作反诘的副词。

（5）助词"哉"用例 6."有一僧礼拜，起来立地。师云：'大才藏拙户'。其僧又向一边立，云：'丧却栋梁哉。'"（335 页）

此句见于卷九《韶山章》。"哉"是"材"的音误，应根据《景德传灯录》卷十六《韶山章》"丧却栋梁材"进行订正。

哉祖才切（精母［ts］咍韵平声）/材昨哉切（从母［dz］咍韵平声）

这是声母齿音"精"（全清）、"从"（全浊）混用的例子。在《祖堂集》中还可以见到同样用例：

［际/齐］卷六《石霜章》"他新到一际（齐）上来。"

［情/精］卷三《慧忠国师章》"师呵曰：'这野狐情（精）！'"

（6）助词"耶"用例 9."子曰：'我心鸣耶。非风铜铃'。"（339 页）

此句见于卷二《僧伽难提尊者章》。这里的"耶"为"耳"之误，显然受到了上文"彼风鸣耶？铜铃鸣耶？"的影响。《宝林传》卷三中写为"也"。

（7）述补结构"累"用例 1."若有毫发许乃不尽，则被沉累。岂况于多道？"（379 页）

此句见于卷八《云居章》。此处的"沉"是"尘"的音误。《禅林僧宝传》卷六《云居传》、《联灯会要》卷二十二《云居章》都记作"尘"，因此应为"尘"。

沉直深切（澄母侵韵［jem］平声）/尘直珍切（澄母真韵［jen］平声）

这是鼻音韵尾［-n］、［-m］的混用现象。其他用例也可见于《祖堂集》：

［颜-n/严-m］卷四《药山章》："师一日看经次，白颜（严）问：'和尚休得看经'"；卷六《洞山章》"师到百颜（严）。颜（严）问：'近离什么处？'"

─────────

〔1〕《苏轼诗集》第 7 册，卷 45，中华书局，1982 年，2429 页。

因此,这里的"被尘累"并不是述补结构的例子。

(8) 述补结构"折"用例 1. "与摩则悲花剖折,已领尊慈,未审从上宗乘如何举唱?"(383 页)

此句见于卷十三《招庆章》。这里的"折"应根据《景德传灯录》卷二十五《长庆章》订正为"坼"字。所以"剖坼"为同义复词,不能成为述补结构的例子。

(9) 述补结构"柱"用例 1. "自少来不曾把手指柱别人,岂况造次杖啧?"(383 页)

此句见于卷八《青林章》。此例是《祖堂集》仅有的记录,所以无法找到与其相对应的其他资料。此处的"指柱"为"教示他人、进行无谓的批评"之义。正如韩愈《荐士》诗(《昌黎先生诗集注》卷二)"俗流知者谁? 指注竞嘲慠"(俗人们批评蔑视[孟郊],真正理解他的人一个也没有)中的"指注"那样,宋代禅语录中有很多这样的例子。"柱"是"注"的形似字及近音字。

柱直主切(澄母[ɖ]虞韵上声)/注之戍切(章母[tɕ]偶韵去声)

可是,"指注"并不能称为述补结构。该书在此项举了述补结构的"把住",还列举了写为"把柱"、"把驻"的例子。

住持遇切(澄母[ɖ]遇韵去声)/驻中句切(知母[t]遇韵去声)

《祖堂集》中有"把住"5 例、"把柱"2 例、"把驻"3 例,显示了口语文字不稳定的特性;到了宋代,"柱"、"驻"作为补语成分而被规范为"住"。例如该书的用例 2 的"把柱"在《景德传灯录》卷十《子湖章》作"把住";用例 3 的"把驻"在《景德传灯录》卷十八《鼓山章》作"搊住"。如此说明是很有必要的。

(二)未理解例文的上下文关系而引起的错误

(1) 第二人称代词"尔"用例 2. "一向随他走,又成我不是。设尔不与摩,伤著他牵匵。"(16 页)

案:"设尔"是让步连词。在这种口语式的颂里,把"尔"看成是第二人称代词不妥。例如《景德传灯录》卷二十五《金陵报恩匡逸禅师章》:

"一日上堂，众集。师顾视大众曰：'依而行之，即无累矣。还信么？如太阳赫奕皎然地，更莫思量，思量不及。设尔思量得及，唤作分限智慧。'"

（2）疑问代词"如何"用例4."西来密旨，和尚如何指示于人？"（44页）

案："如何"解释为询问原因的疑问代词不妥。应为"和尚怎样向世人解说'祖师西来意'？"

（3）接于数词前成分"可"用例1."问：'汝年多少？'对曰：'七十八。'师曰：'可年七十八摩？'对曰：'是也。'"（60页）

案："可"表示数量的概数时一般用于整数。在此则是疑问副词（该书229页正确地解释了这个用例）。

（4）量词"座"用例1、2."师却问：'法师说何法？'对云：'讲《金刚经》二十余座。'师喝云：'讲经二十余座，浑不识如来！'"（71页）

案：作者认为"座"是计算经文的量词，而这儿是指讲经的次数，即在讲经仪式上讲了二十回《金刚经》。《宋高僧传》卷七《后唐东京相国寺贞诲传》："于寺讲贯三十余年，经讲计三十七座，览藏经二遍。"（T50,748a）经论的计数量词为"本"。《睦州和尚语录》："有一座主，讲得七经论，来参师。"（《古尊宿语要》卷1）

（5）量词"铺"用例1."石头云：'大庾岭头一铺功德，还成就也无？'"（77页）

案：作者以为"铺"作为抽象名词的量词使用，但此处的"功德"不是指一般的"功德"，而是指佛画、肖像画之类，"铺"为其量词。《唐大和上东征传》里在列举鉴真带到日本的各种物品时所说："所将如来肉舍利三千粒。功德，绣普集变一铺、阿弥陀如来像一铺、雕白栴檀千手像一躯、绣千手像一铺。救世观世音像一铺。"即为此用例。"绣普集变一铺、阿弥陀如来像一铺"是指刺绣的变相图、阿弥陀如来像。蒋礼鸿《义府续貂》"功德"项里举出了用于佛像的例句[1]。例文中的"大

---

[1] 蒋礼鸿：《义府续貂》（增订本），中华书局，1987年。

庾岭头一铺功德,还成就也无?"说的是,看到长髭和尚参拜曹溪慧能大师塔回来后,石头希迁问他:"你把六祖的画儿画好了吗?"也就是"你领会了六祖禅了吗?"的意思。大庾岭是从石头所在的南岳前往曹溪山的韶州时必经的险路。

(6)连接词"个"用例 27."又问:'从凡入圣则不问,从圣入凡时还如何?'曹山云:'成得个一头水牯牛'。"用例 28."却问大众:'还会摩?'对云:'不会。'师打柱云:'打你个两重败阙!'"(90 页)

案:"连接词"根据作者梁银峰的说法,例 27 为"连接动词与结果宾语的成分",例 28 为"连接动词与补语的结构助词"。这是没有充分理解上下文而得出的牵强的说法。"成得个~(事)"为一种惯用句。请看以下例句:

①又每示徒云:"一代时教只是收拾一代时人,直饶剥得彻底,也只成得个了。你不可便将当纳衣下事。"(《祖堂集》卷九《大光章》。"了"元延祐本《景德传灯录》作"了事人")[经常对弟子们说:"释尊一代的教诲只不过是整顿了当时人们的想法。在彻底研究经典之后,顶多成为'了'(了事汉、了事的人)。决不能认为那是修行者的任务。"]此例也可见于《景德传灯录》卷十六《大光章》(四部丛刊本)。吕叔湘先生在对"个"字用法进行详细考察的论文《"个"字的应用范围,附论单位词前"一"字的脱落》[1]中,将此作为"个"之后连接谓语性语句的用例列举出来,即"也只成得个'了'",他对此用法的理解是正确的。

②如体禅师《雄颂》曰:"古曲发声雄,今古唱还同。若论第一拍,祖佛尽迷踪。"长庆拈问僧:"只如祖佛尽迷踪,成得个什么边事?"对云:"成得个佛未出世时事、黑豆未生芽时事。"庆云:"只如成得个佛未出世时事、黑豆未生芽时事,成得个什么边事?"对云:"某甲到这里举不得。未审和尚如何?"(《祖堂集》卷十一《惟劲章》)[如体禅师《雄颂》中说"古曲发声雄,今古唱还同。若论第一拍,祖佛尽迷踪。"长庆

〔1〕 吕叔湘:《汉语语法论文集》(增订本),商务印书馆,1984 年。

就这个问题问了僧人："（佛祖尽迷踪）到底是怎么一回事？"僧人回答："那是指佛陀还没有出世，经典还没出现时的事。"长庆问："那么（佛陀还没有出世，经典还没被解说时的事）到底是怎么一回事？"僧人回答："这一点我已经没法说什么了。和尚你如何？"〕

③ 又僧问曹山："只如水牯牛，成得个什么边事？"曹山云："只是饮水吃草底汉"（卷十六《南泉章》）〔僧人又问曹山："（南泉和尚说：'我死后会重新投胎变成一头水牯牛'）南泉和尚说的水牯牛是怎么一回事？"曹山回答："只知道喝水吃草之辈。"〕

从上例我们可以了解到，"个"后面接说话者双方都知道的定型化语句。所以例 27 的"成得个一头水牯牛"是"前文南泉和尚所说的变成'一头牯水牛'"。投胎变水牛偿债是指"从圣进入凡"。例 28 的"打你个两重败阙"是"打你的两重错误"（两重错误是指以为"达摩从西方而来要教化众生"的错误，以及"弟子们却没有领会的错误"）。这些场合中的"个"毫无疑问就是量词。

（7）副词"在"用例 2."父早亡，母亲在孤，艰辛贫乏。能市买（卖）柴供给。"（116 页）

案：此处的"在"应解释为动词"存"（养育）之意。《礼记·月令》："仲春之月……是月也，安萌牙，养幼少，存诸孤。"

（8）副词"便"用例 9."客曰：'一切大地既是佛身，一切众生居佛身上，便利秽污佛身，穿凿践踏佛身，岂无罪乎？'"（161 页）

案：此处的"便利"是动词，排泄大小便之意。不是副词。

（9）伴随程度副词"极"使用的动词用例 2."明相出时，身体疲极。"（188 页）

案："疲极"是同义复词，"极"并不是"情状到达极点"之义。"行尽天涯自疲极，不如体取自家心"（《祖堂集》卷四《丹霞章·骊龙珠吟》）。众所周知，此词多见于南北朝汉译佛典[1]。

---

〔1〕 蔡镜浩：《魏晋南北朝词语例释》，江苏古籍出版社，1990 年，153 页。

（10）表示转折关系的连词"只是"用例 5. "专甲虽在彼中，只是吃粥吃饭。"（256 页）

案：此句"我虽然在那儿，只是吃了些粥饭"之义。因此此处的"只是"不是转折连词，而应为范围副词（限定）的例子。

（11）连词"就"用例 1. "问：'玄沙宝印，和尚亲传。未审今日一会，付嘱何人？'师云：'且就是你还解承置得摩？'"（260 页）

案：虽然"就"是表示让步的连词，但在此处为"只有你能接受玄沙的宝印吗？"之意的反问，所以可以认为"且就是"用来加强语气提示主语"你"，"就是"为表限定的范围副词（"且"也许是"只"的误写）。264 页"且"的项目里举出了这个"且"的用例，并解释成"表示假设，与'若'相近"。这也是犯了望文生义的错误。

（12）连词"便"用例 1. "问：'古人有言：'未有绝尘之行，徒为男子之身。'如何是绝尘之行？'师云：'我若将一法如微尘许与汝受持，则不得绝。'僧云：'便与摩去，还得也无？'师云：'汝也莫贪头。'"（261 页）

案：例句中的"便"，作者解释为"表示让步"，但这与该书 169 页"加强肯定语气的'便+指示代词'"的句子相同，皆为副词。问："古人言：'立志出三界却未断绝俗尘'的话，即有着男儿身却缺乏大丈夫的志向，怎样实践'绝尘'？"师答："如果我给你像微尘一样的一点儿教示，而你如果接受了的话，就无法'绝尘'。"僧问："那我就这么做即不接受老师的教示，可以吗？"师答："你也不能总是听取我的教诲。"（卷十三《招庆章》）

（13）连词"便是"用例 1. "便是隔生隔劫、千生万生事，只为一向。若向这里不得，万劫千生著钝。"（261 页）

案：此例作者以为和上述相同，表让步之义，但举例方式不恰当，所以对"便是"的理解有误。例句是"你一步纔失，便须却回一步。若不回，冥然累劫，便是隔世隔劫、千生万生事，只为一向。"（你要是弄错即使是一步，也必须马上返回。如果不返回，就会在冥冥中经过永劫一直轮回转生。那是因为你一边倒的缘故。）这是加强肯定语气的副词。

305

（14）连词"且"用例 1."多言亦多语,由来反相误。若欲度众生,无过且自度。"（263 页）

案：作者认为此处的"且"用在"无过"和"自度"之间"表示并列关系",但由于没有正确解释后两句的意思,所以,对该项语法的说明不正确。后两句为"如果想解救众生,首先得自救"之义。

（15）连词"且"用例 3. 第六问曰："诸经皆说度脱众生,且众生即非众生,何故更劳度脱?"（264 页）

案：作者认为此处的"且"也是"连接分句"的例子,但是此处表转折。但"说"的宾语只有"度脱众生"四字。是"许多经典中都说'解救众生',可是因为'众生即非众生',为什么要特意解救（他们）"之义。（"众生即非众生"是《金刚经》中的一句）。在之后师（宗密）的回答中有"众生若是实,度之即为劳;既自云即是众生,何不例度而无度?"（众生如果是真实的存在,就需要费很多功夫解救（他们）。可是既然说"众生即非众生",那么即使一个一个地解救,实际上没有能解救出来的众生。）也是取自《金刚经》中的"我皆令入无余涅槃而灭度之。如是灭度无量无数无边众生,实无众生得灭度者"、"我应灭度一切众生,灭度一切众生已,而无有一众生实灭度者"。像这样缺乏基本的佛学知识也是其犯错误的原因。

（16）介词"著"用例 3."进曰:'清净法身如何超得?'师曰:'不著佛求'。"（277 页）

案：此处的"著",作者解释为"引出与事对象,义犹'向'。这一用法在其他文献中也不多见"。其实"不著佛求"是鸠摩罗什译《维摩经·不思议品》中的一句:"夫求法者,不著佛求,不著法求,不著僧求"（T.14,546a）。意为"追求真理的人,不能求于佛,也不能求于教诲,也不能求于指导者"。玄奘译为"诸求法者,不求佛执及法僧执"。所以,"著"犹"执着"之义。自藏文翻译来的日语译文为"求法者,不能执着于求佛,也不能执着于求法、求僧"（长尾雅人译）。这句话,在神会《南阳和上顿教解脱门直了性坛语》中也有所引用:"夫求法者,不著佛求,不著法求,不著僧求。何以故？为众生心中各有佛性故。"此处的罗什译文沿用了支谦的译文。三国时代的"著"不可能有这种介词用法。张相《诗词曲语词汇释》中所举"著犹向也,趁也"的用例都是宋代的诗词。

（17）介词"即"用例 3．"汝可随时言说,即事即理,都无所碍。"（277 页）

案：此处的"即",作者解释为"引出动作行为所涉及的方面的介词,相当于'对于'",但这样解释不妥。"即事即理"是华严学的用语,事理相即(事象原本就是真实的显现)。该句之前的部分："三界唯心,森罗万像,一法之所印。凡所见色,皆是见心。心不自心,因色故有心。"(卷十四《马祖章》)这就是说,如此映入觉醒的眼中的情景。请看《古尊宿语录》卷四十六《滁州琅琊觉和尚语录》的上堂语："夫参学人须是不滞于性相始得。若谈于性,即滞于相;若谈于相,即滞于性。者里须是性相都泯,理事混融,方解即事即理、即性即相。"

（18）介词"为"用例 1．"师上堂,良久,便起来云:'为你得彻困也。'"（281 页）

案：此例见于卷七《雪峰章》。此处的"为",作者解释成"表原因,义犹'因为'、'由于'"。而"为"实为动词"为人"(接化、指导)之义。构成程度补语：接化得疲劳困惫。例如："沩山上堂,良久。有僧便问:'请和尚为大众说佛法。'山云:'我为汝得彻困也'。"(《雪峰语录》卷下)通过这种"良久"(沉默)来传达佛法第一义的手法,始于沩山,雪峰也继续沿用。

（19）助动词"可"用例 11．"可笑奇！可笑奇！无情解说不思议！"（299 页）

案：此处的"可",作者解释为"表示情理上应该如此,'该'、'应当'之义。"其实"可笑"是表示"非常"、"很"的程度副词。"可笑奇！"犹"非常出色"之义。江蓝生、曹广顺(《〈祖堂集〉语法研究》作者之一)的《唐五代语言词典》也有"可笑"的解释,并且引用了此句作为例句,但作者并未参考。

（20）语气助词"也"用例 21."师曰:'不可口吃东西风也。'"（330 页）

案:梁氏指出此句中的"也"是"表示祈使(禁止、命令)的语气助词"。其实此处的"不可~也"实际上是"吃风是不可能的"之意的判断句。引用此一节如下:"师问僧:'汝从什摩处来?'对曰:'南泉来。'师曰:'在彼中多少时?'对曰:'经冬过夏。'师曰:'与摩则作一头水牯牛去也。'对曰:'虽在彼中,不曾上他食堂。'师曰:'不可口吃东西风也。'对曰:'莫错,和尚! 自有人把匙箸在。'"(卷四《药山章》)意为药山问:"你是从哪儿来的?"僧:"我从南泉而来。"师:"你在那儿住了多久?"僧:"从冬到夏。"师:"那样的话,你变成了水牯牛了吧。"僧:"虽然住在那儿,我一次都没去过食堂。"师:"你该不会吃的风吧。"僧:"和尚,别搞错了,让我用匙箸吃饭的人确是有的。"作者解释为僧人有为自己劳役的仆人,表明自己尊贵。不赞同主张语言行动是佛性流露的马祖,药山主张佛性的尊贵,且将其比喻为奴隶和主人的关系。从南泉处(马祖弟子)来的僧人因为知道药山的思想,所以作此回答。

（21）语气助词"也"用例 28."问:古人道:'从苗弁地,从语识人'。只今语也请师弁!"（330 页）

案:"只今语也"的"也"被解释为"用于假设句,大致相当于'时'、'后'以及现代常说的'的话'的话题标记的语气助词。"首先断句出现了错误。应为"只今语也,请师辨。"此段意为"古人云:'通过观察作物来区分土地的好坏,通过话语来判断人'。现在我发出了语言,那么请判断我。"此处即不是假设句,也不是"话题标记的语气助词"。此例与该书次项(5)B 用例 60:"问:'父母未生时,鼻孔在什摩处?'云:'如今已生也,鼻孔在什么处?'";用例 61:"师却问:'专甲去时,和尚有言教:'速来床下收取大斧'。今已来也,便请大斧"相同,应移到"表事态实现的语气助词"类里。即"也"等同于"了"。

（22）表示疑问语气的助词的例句:用例 34."师云:'有个爷年非

八十,汝还知也无?'对曰:'莫是与摩来底是不?'"用例35."师与保福游山次,保福问:'古人道妙峰顶,莫只这个便是不?'"(345页)

案:该书作者关于用例34的"莫是与摩来底是不?"作了如下解释:"如果认为'莫'是否定副词,应读作'莫是与摩来底,是不?'如果认为'莫'是测度词(语气副词),那么'莫是与摩来底是不?'就仍是一个句子。但不管作何理解,'是不'肯定是反复问句,'不'是否定副词,只不过'不'后省略了'是'。"关于用例35,该书作者作了如下解释:"'莫'肯定是个测度词,但'不'前也有判断词'是','莫只这个便是不?'好像是测度问句和反复问句的杂糅,'不'的否定意义也很明显。按吴福祥的意见,'莫'为测度词,是句子的语义标记,测度词和句尾否定词是不允许共现的,但最后两例却是例外。我们认为例外不等于反例,由于这两例不是典型的测度问句,所以句末的'不'还带有明显的否定意义,这恰恰说明了'不'由否定词向语气词的过渡。"

以上的说法,由于该书作者没有正确理解例句,所以有不妥之处。用例34"与摩来底是"、用例35"只这个便是"是认可"现在的自己"的"作用即性"说的定型句。用例34面对"不是现实中的80岁父亲,而是真正的父亲,你知道吗?"这样的提问,而察觉到那是"真我"(自己的佛性)的意思,于是答道:"现在这样来的'真我'就是吧"。用例35是长庆和保福两人登上山顶时,保福问长庆:"古人所说的'登上妙峰山顶'就是此事吧。"这是取自《华严经》里善财童子南游之时登上妙峰山见到德云比丘的故事。两个例句的"莫是~不"以及"莫~不"是测度疑问句,不能将其做为"是不(是)"的例句。由于缺乏中国禅宗的基础知识而只根据字面进行模棱两可的说明,这是该书的缺陷。

(23)助词"著"用例2."德山呵云:'他向后老汉头上痾著!'"(348页)

案:将"著"作为表示祈使、命令语气的例句不妥,若是这样,则此句就变为"向我的头上泼粪!"这是不可能的。所以此处的"痾著"正确写法应该为"屙著"(《祖堂集》里把"屙"错写为"痾"的例句还有3

例），应当看作"动词'屙'（排泄大便）+作为结果表示附着的'著'"的结果补语形式。类似用法有"污著"（"好个一镬羹，不净物污著，作什摩？"这么好喝的汤羹，却沾满了粪便干嘛？《祖堂集》卷六《石霜章》）。此用例在《景德传灯录》卷十六《岩头章》中为"他后不得孤负老僧"（今后不能辜负了我的期待），这是杨亿等文臣因为"言筌之猥俗"而删除的结果。另外，此处的"他向后"是"他后"、"向后"合成的口语词汇，应列入时间副词中。而关于"著"的虚化过程，有时很难判断是否存在动词义，在该书 349 页说明中举出以下两例：

用例 12."翠岩持师语举似踈山，踈山云：'雪峰打二十棒，推向屎坑里著！'"

用例 13."师唤沙弥，沙弥应喏，师云：'添净瓶水著！'"

作者解释为"这两例'著'用于祈使句，也有动词性。由于这些句子带有表示位移终点的处所词，因此'著'仍有动词性，它用作独立的动词而不是附在整个句子之后，再进一步，如果句子中没有出现处所词，或者虽出现处所词但不是位移的终点论元，'著'字就会虚化为只表祈使语气的助词（个别表示事件或动作实现的事态助词）"。然而，笔者认为这两句的"著"没有动词"放"之义。"雪峰打二十棒，推向屎坑里著！"（把雪峰打二十大棒，推到屎坑里！），"添净水瓶著！"（给净水瓶里添点儿水！），都没有动词的意思，只有命令的语气；与场所词的有无无关。

（24）判断句（N1+是+N2）用例 22."岩提起箒云：'这个是第几月？'玄沙代云：'此由是第二月。'"（364 页）

案：在对（N1+是+N2）中 N1 与 N2 的关系分类的项目中，此例把 N2 作为"表示场所、时间"的例句举出，曹广顺解释为"第几月"、"第二月"为十二个月中的某个月。这是典型的不理解上下文，只根据形式所作出的谬论。其实此处的"第二月"是相对于真的月亮而言，指妄想、幻想。《圆觉经》卷一有"云何无明？善男子，一切众生，从无始来，种种颠倒，犹如迷人四方易处。妄认四大为自身相，六尘缘影为自心相，譬彼病目见空中花及第二月。"因此，应将此处的"第二月"当作比喻的例句。同页,作为"'是'字前后用相同词语来表达,2次"的例句列出了"教意是教意,祖意是祖意"(卷十九《陈和尚章》)。这是针对"问:'祖意与教意,还同别?'"所做的回答,作为"禅的教义和佛教的一般教义一样吗?"的回答,答出了"佛教是佛教,禅是禅",蕴含着虽然各不相同,但终究是一样的含义。

(25)判断句(不+是+N2(VP)式)用例1."岩不肯云:'不是和尚。'"(367页)

案:如果像句子中那样附加标点符号的话,就变成了"不是和尚"的例句,但是此处应写为"不是,和尚",义为"和尚,不对(不是那么一回事)"。卷七《雪峰章》的相关段落较长,所以在此先略述概要。有一位僧人在苏州西禅寺问了"祖师西来的的意",西禅和尚就竖起了拂尘回答,僧人不懂,来到福州雪峰山说了这件事。雪峰和尚教训了僧人没见识之后说:"尽乾坤是一个眼。你诸人向什么处放不净?"后来翠岩和尚把这件事告诉了疎山和尚,疎山和尚听了以后便骂雪峰和尚。因此,翠岩问"眼又作摩生?"(雪峰说:"世界就是一个眼,"难道不是表示"主体之眼"吗?)疎山答:"不见《心经》云:'无眼耳鼻舌身?'"(《般若心经》里不是说:"眼、耳、鼻、舌、身都不存在吗?")针对这个回答,翠岩生气地对疏山说:"不是,和尚!"关于"见色见心"的问题,虽然雪峰提出了"主体之眼"这一观点,可是疎山却轻易地引用《般若心经》的一句作答,于是翠岩才表达了自己的不满。疎山便沉默了下来(疎山无言)。因此,此处的"不是"应为不正确之义。关于这一则的详细读解,请参考禅文化研究所唐代语录研究班《〈祖堂集〉卷七〈雪峰和尚章〉译注(上)》[1]第28则。

(26)被动式(被V(O)结构)用例7."若被搭则不是沙门相。"(372页)

案:作者曹广顺把这个例子解释为被动之义,可是"被搭"的"被"

─────────

〔1〕《禅文化研究所纪要》第32号,2011年。

和"被褐"、"被纳(衲)"、"被袈裟"一样与"搭"同义,因此"被搭"是同义复词,而非被动式。此处是僧人和曹山和尚的问答。"又问:'如何是沙门相?'曹山云:'尽眼看不见。'僧云:'还被搭也无?'曹山云:'若被搭则不是沙门相。'"(卷十六《南泉章》)穿僧衣、披袈裟等穿特定的服装不是沙门的真相,本来应该是无相的。另外,作者在 374 页总结了被动式,指出"表示愿意的情况发生的用例共出现 4 次",用例 3."作摩生道即得免被唤作半个圣人?"(怎么说才能免被称作"半个圣人"呢?)用例 13."有人问:'他若来时,如何祗对他'? 师曰:'被他觅得也'!"(鬼使来捉,如何应对? ——看,你已经被他捉到了!)卷一《富那耶奢尊者章》的用例:"马鸣却问:'云何木义'? 师曰:'汝被我解'。"(木的意思是什么? ——你被我砍了)以上 3 例都是没有期盼时的用例。只看字面是很容易做出错误判断的。被动式一般被称作"麻烦被动",多用于被害、为难的场合。《祖堂集》的被动句中唯一用于期盼的情况下的例句,只有卷九《落浦章》"今日事,被阇梨道破,称得老僧意"。

(27) 述补结构"成"用例 5."师云:'六叶不相续,花开果不成。'"(376 页)

案:作为"V 成"的否定式的"V(O)不成"的例句被列举出来,但此 2 句是模仿达摩的传法偈"吾本来此土,传教救迷情。一花开五叶,结果自然成"(卷二《菩提达摩章》)所作而成,应读作"花开/果不成",并不是述补结构。这也是缺乏禅学的基本知识所造成的误解。

(28) 述补结构"断"用例 1."这汉,我向你道不相到,谁向汝道断?"(377 页)

案:此处的"道断",作者将其作为表示述补结构的动作行为结果的例句列举出来,但是此句的意思为"我对你说'不相到',但谁对你说'断'等?",并不是 VC 结构。以下列出上下文:"有时王咏问:'如何得解脱?'师曰:'诸法不相到,当处得解脱。'咏曰:'若然者即是断。岂是解脱!'师便喝曰:'这汉! 我向你道'不相到',谁向汝道'断'? 王咏更无言,和尚亦识此人是三教供奉。"(卷三《慧忠国师章》)面对"怎样才能解脱?"的提问,慧忠答道"所有的东西消失了后,马上就能解脱"。王咏当作断灭主义而接受:"如果是那样的话,那是断灭,不是解脱"。慧忠骂道:"你这个家伙! 我对你说的是'所有的一切消失时',我可没说'断灭'之类的。""诸法不相到"与庞居士问马祖及石头希迁的"不与万法为侣者,是什摩人?"同义。"与所有东西都无关、不属于任何范围的孤高超绝的人是什么人?"被问的石头堵住居士的嘴,马祖则用"待汝一口吸尽西江水,即向汝道"回避了居士所提的问题。王咏批判通过苦行断灭身心的外道的做法。慧忠章的后面,与王咏的门人的对话中,也以"佛与众生,一时放却"、"即心即佛"、"见烦恼不生"来明确说明"断灭者非解脱不是断灭的解脱之路"。

(29)述补结构"起"用例3."师曰:'如空中轮'。僧曰:'争奈今时妄起何'?"(391 页)

案:此例中的"妄起",作者将其解释为"V 起",即把"起"作为结果补语来解释。但"妄"是像"妄想"、"妄念"、"妄情"这样的名词,"起"是动词(产生妄想),因此此句不能当作 VC 结构的例句。请看下面的例句:"境缘无好丑,好丑起于心;心若不强名,妄情从何起? 妄心既不起,真心任遍知"(卷三《牛头章》);"无碍是道,觉妄是修。道虽本圆,妄起为累。妄念都尽,即是修成"。(卷六《草堂和尚章》)

(30)述补结构"过"用例6."其僧竖起五指。师云:'苦杀人! 泊错放过者个汉。'"(397 页)

案:作者认为此例中的"放过者个汉"是 VCO 结构,"过"表示趋向和结果,但"放过"为原谅错误、宽恕之义,在此处作为一个动词使用。"泊错放过者个汉"是"我差点儿要放过这家伙犯的错"之义。接下来作为 VOC 结构的"放 O 过"所举的用例8."我放你过"、用例9."放某甲过"也是一样。用例 8 的一则:"师有时云:'我若放你过,纵汝百般东道西道,口似悬河则得;我若不放你过,汝拟道个什摩?' 对云:'乞和尚放某甲过,亦有道处。'师云:'我放你过,作摩生道?' 对云:'来日供养主设斋。'师云:'我若放你过,汝与摩道;我若不放你过,汝与摩道。过在什摩处？'无对。"（卷十《长庆章》）"放过"的用例出现了这么多，最后又说"过在什么处？"所以可以明白，这既不是 VCO 结构也不是 VOC 结构。在没有充分理解内容的情况下，只是依照字面搜集用例，是语法研究者的弊端。

（31）疑问句问方式或性状（2）询问方式或原因的用例 17. "长庆和尚举此因缘，以手指面前云：'古人只与摩'。又竖起指云：'何似与摩'？顺德大师云：'虾跳不出斗。'"（412 页）

案：曹广顺把此处的"何似"作为"询问性状出现的原因"的例子进行说明，但"何似"是优劣比较的疑问词。如该书梁银峰"代词"项 45 页所述，此处的"此因缘"是指"问曰：'如何是学人自己？'师以杖当面指学人"（卷十七《白马章》）。长庆讲白马的动作（以杖当面指学人）后，竖起手指问道："和这个比，哪个好[1]？"顺德大师（镜清和尚）听了后批评道："哪个都不好"。面对"自我是什么"的问题，直示在场的人，或是竖起手指的动作，都是认可现实中自我的行为（洪州宗的思想）；镜清却指出"哪个都没有脱离那个框框"而不予认可。

（32）疑问句问方式或性状（4）表示反问：用例 27. "师云：'作摩生说不肯底道理？'"用例 28. "峰云：'放你过，作摩商量？'"（423 页）

案：上述两例的"作摩生"、"作摩"是"怎样说明不认可的理由？"、"原谅你的错误，那么做什么商量？"之义，无论哪个都不是反问的意思。对疑问或反问的判断只能根据上下文关系，但作者忽略了文脉的联系。

以上，笔者列举了散见于该书的错误，并附以详细的分析，惴惴不安的同时，亦不讳而言，因为这些问题出现的原因几乎都是因为对禅宗文献的基础知识不足。

之前，早有所闻，该书作者之一的曹广顺在中国社会科学院的硕士论文是《〈祖堂集〉语法研究》，它的出版非常令人期待，现在终于以这

---

〔1〕 在禅宗典籍中用竖起手指来展示法事的人里，天龙和尚很有名，他经常竖起手指来展示法事。（《景德传灯录》卷 11《俱胝章》）。

种形式出版。然而他所负责撰写的句法部分(后5章)都是机械性地分类,可能去掉了原有的对汉语史详细记叙的部分,这也许是为了符合该书的体例要求进行了大量删减,不免有些遗憾。该书所据的《祖堂集》是1994年禅文化研究所影印出版、通过"俗语言研究会"向大陆的大学以及研究机关无偿提供的大字本,但因为该影印大字本并没有广为流传,所以该书以此为底本不甚妥当。然而奇怪的是同为该书作者的龙国富(第1章)及曹广顺(第8章—12章)在书中所列的页码数也与原本不符。另外,在曹广顺的导言(5—7页)里虽然详细地引用了梅祖麟的论文《〈祖堂集〉的方言基础和它的形成过程》(1997),在书中却没有任何言及。如果能够对梅氏所举出的语法成分进行详细论证,会发现梅氏所论都为错误。(请参看拙文《〈祖堂集〉的基础方言》[1])

自20世纪初发现《祖堂集》于韩国海印寺并向学术界介绍以来,在1972年,日本终于出版了影印本(中文出版社),同时也在台湾发行(广文书局,1972年)。此影印本自20世纪90年代起在中国大陆被覆印了3种版本(江苏古籍出版社,1993年;北京全国图书简微缩复制中心,1993年;上海古籍出版社,1994年)。最早关注到其价值的是大陆的汉语史研究者,关于语汇的札记论文陆续发表,也出版了几种校订本和语法方面的专著,这是因为恰好出现了近代汉语研究的热潮以及对域外汉籍的兴趣,文运隆盛,真是可喜可贺。但存在的许多问题也是无法掩盖的事实。其中最突出的问题,就如在该书中存在的对原文内容理解的缺乏。汉语史研究的这种浅薄状态,让人不得不感到细致阅读文献的传统读书精神已经丧失。我们应该向致力于敦煌变文研究的项楚先生、《三国志》研究的吴金华先生学习,他们在研究一个文献词汇的同时,亦有着横跨所有相关领域的素养,并在此素养之上建构深厚的研究形态。从中,我们所能发现的秘诀到底是什么呢? 那应该是对研究的一种热情。项楚先生为了研究敦煌变文,据说通读了《大正新修

---

〔1〕《东洋文化研究所纪要》第164册,2013年。

大藏经》,吴金华先生也读了《三国志》所有的版本,甚至比历史学者更精通《三国志》。就大陆的《祖堂集》语法研究现状而言,在各种数据库趋向完善、研究的资料环境发生了重大变化的现在,并未带来研究的进一步深化,难道曾经传统的"专攻一经"之的学风已不复存在了吗? 若真如此,笔者甚感遗憾。

(张黎　译)

书　　评

评《一面遥远的镜子：在六、七世纪汉传佛教中阐发印度思想》

陈　帅

（海德堡大学）

如何处理汉传佛教与印度佛教之间的关系，这是所有汉传佛教研究者都必须要面对的问题，而对此问题的态度，则可以在很大程度上反映其所持方法论及对印、汉佛教的基本理解。一方面，佛教自印度传入汉地，不可避免地受到本地语言、文化传统、社会、政治等因素的影响而在传播过程中产生一定的偏差而"汉化"；另一方面，汉地佛教作为佛教，仍然保留着以三法印等为基础的众多特征。然而，在此二者之中，由于汉传佛教的独特"汉传"身份，研究者们很容易执着于前者而忽略后者，过分强调所谓的佛教"汉化（Sinification）"问题，这样就很容易在研究的过程中将汉传佛教与其印度来源隔离开，进而忽略其他藏传、南传等传统，甚至将对汉传佛教的研究完全纳入中国哲学研究的框架下。可是，无论如何，汉传佛教源自印度，即使或多或少与其原型有所距离，实质上仍然不可否认地归属于同一源流、系谱，汉传传统与印度传统之间的关联，远非一个简单的"汉化"可以概括或者割裂。基于此种态度的最新研究，集中展现于 2014 年出版的论文集——《一面遥远的镜子：在六、七世纪汉传佛教中阐发印度思想》(*A Distant Mirror: Articulating Indic Ideas in Sixth and Seventh Century Chinese Buddhism*, Hamburg:

Hamburg University Press, 2014）。

这部论文集由台湾政治大学林镇国教授及时任新西兰惠灵顿维多利亚大学高级讲师的迈克尔·拉迪旭博士（Michael Radich）一同负责编集并撰写导论,共收入包括两位编者及船山彻（Funayama Toru）、桂绍隆（Katsura Shoryu）、护山真也（Moriyama Shinya）、Jakub Zamorski、耿晴、A.Charles Muller、褚俊杰等在内的十四名国际知名学者的相关论文,内容涉及第六、第七世纪汉传佛教对印度佛教文本、概念、教义体系的理解、发挥,涵盖因明、瑜伽行、如来藏等诸多方面。

迈克尔·拉迪旭及林镇国教授共同撰写的导论部分为这部论文集的书名做了说明,并顺势阐述了贯穿整部论文集的方法论,以及概述各篇文章内容。本书的书名借用自巴巴拉·W·塔奇曼（Barbara W. Tuchman）1978 年所出版的著作《一面遥远的镜子：多灾多难的十四世纪》（A Distant Mirror: The Calamitous 14th Century, New York：Knopf, 1978）。塔奇曼以"遥远的镜子"喻指十四世纪可以作为二十世纪的映照,历史可以作为现今的映照,然而本书的编者并非完全采用这一内涵,而是要证明,汉传佛教这面"遥远的镜子",尽管确实与印度佛教有所差别,但同样可以映照出许多"正统"且"纯粹"的佛教要素。编者说明,于佛教研究中借用"遥远的镜子"这一比喻并非本书首创,那体慧（Jan Nattier）在其《诸善男子：〈郁伽长者会〉中的菩萨道》（A Few Good Men: The Bodhisattva Path According to the Inquiry of Ugra, Honolulu：University of Hawaii Press, 2003）中,借这一比喻来揭示依照汉语文献来研究印度佛教的问题。在该书讨论方法论问题的第三章的最后一节（"A Distant Mirror：Studying Indian Buddhism through Chinese and Tibetan Texts"）,那体慧指出,由于语言能力、文本理解等方面的影响,汉语译经极有可能包含严重的误解,因而必须在研究的过程中保持极大的谨慎。此处那体慧所强调的是汉传佛教作为"遥远的镜子"时,其"遥远"所带来的偏离,但本论文集则侧重于通过对此比喻的再次借用来强调其作为"镜子"可靠的一面。于此,编者简述贯穿整部论文集的基本态度，即认为汉传佛教传统中的许多内容是可以作为"遥远的镜子"来映照出印度等佛教传统中所共有的相应要素的。汉传佛教与印度佛教之间的关系是一种同中有异的关系：一方面，汉传佛教源自印度，自然在教义、经典等方面与其分享相同或相似的宗教关怀、问题意识；另一方面，由于分处不同的文化传统，使用不同的语言，面对不同的社会习俗、政治环境等，二者极有可能对相似的状况做出不同的反应，对相同的问题给出不同的回答。本书在承认汉传佛教之于印度佛教由于其"遥远"所带来的"异"的同时也强调，尽管如此，也绝不能因为这些失准和偏离而忽略其中的"同"。

编者提到，与本书态度相对，一些学者将汉传佛教简单理解为所谓"汉化"的产物，这种态度将印度佛教视为标准，而将汉传佛教中任何异于印度佛教之处视为失误。对于汉传佛教的整体研究来说，真正的挑战就在于这种"汉化"立场与以汉传佛教为"遥远的镜子"的立场之间的抵触，例如格利高里·叔本（Gregory Schopen）就将汉传材料当作一种失真的"汉式视镜（Chinese looking-glass）"。然而，汉传佛教与印度佛教有所差异，只能算是呈现了另一种佛教发展的可能性，并不应该成为否定汉传佛教的依据。本书的编者并不否认汉传材料中所存在的种种偏差，并且同样强调使用汉传材料时所必须保持的谨慎与严格，但本书的侧重点乃是在于纠正过分强调汉传佛教独特性、地方性，以"汉化"立场封锁汉传佛教，将其与印度佛教相割裂的态度。

下文笔者将以论文集中护山真也博士（Moriyama Shinya）的《印度及汉传中对相违决定的阐释比较》（"A Comparison between the Indian and Chinese Interpretations of the Antinomic Reason"）一文为例考察本书对汉传佛教的解读方法。这篇文章以相违决定过（viruddhāvyabhicārin）为焦点，分析窥基的相关解释对于《因明入正理论》（Nyāyapraveśa[ka]）及印度阐释的反映及其独创之处。护山真也博士曾先后于日本东京大学及奥地利维也纳大学取得硕士及博士学位，现为日本信州大学准教授，擅长于佛教量论等研究方向。本文在导论部分梳理了陈那

321

(Dignāga)、法称(Dharmakīrti)二者对相违决定的不同解释,第一部分概述商羯罗主(Śaṅkarasvāmin)《因明入正理论》中的相违决定因过及印度耆那教狮子贤(Haribhadra)等的注释,第二部分详细分析窥基法师《因明入正理论疏》对此过的解释,第三部分进一步延伸,考察窥基依此而为玄奘真唯识量所采取的辩护策略,第四部分为结论。在护山真也博士看来,窥基对相违决定在梵文语法层面的解释只是部分正确,其对相违决定论辩双方身份的界定反映了他将《因明入正理论》理解为论辩指南性质文本的态度,而在确定相违决定双方的具体胜负问题上,却暴露了窥基对此相违决定过实际作用的误解,其对此过误的分类则展现了自、他、共三种比量规则的建构,而这些相关的解释,实际上在玄奘的真唯识量面对元晓(Wǒnhyo)的挑战时提供了辩护依据。这篇文章层层深入,首先厘清相违决定的印度来源、脉络,再以印度相关注释为比较,详细解析窥基《因明入正理论疏》中的阐释,在此基础上检讨同一理论在印、汉语境中的多种发展可能性。

护山博士文章所选取的研究对象——因明学中的相违决定过看似流于细枝末节,但实际上却是一个非常精彩的切入点。相违决定过指论辩双方各立相违背之量,使双方之因皆成犹豫,在《因明入正理论》所列举的三十三种过误中被归类在因过的六种不定过误内,但与其他五种不定过不同的是,这种过误实际上满足了因三相。因此,如何对待相违决定过,历来是因明学中争议很大的问题,例如陈那将相违决定过保留在不定因过一类之中,而法称则基于自己的三种因理论而认为此过只可能存在于经验实在之外所架构出的形上世界中,因此而抹消其在论辩中的存在意义。对相违决定的具体态度,不仅能反映出阐释者对过误、因三相等问题的理解,更可以提纲挈领地显示出阐释者对因明学甚至佛学的整体把握,在印度、汉传传统中同被作为因明学讨论中的关键问题点。因此,在与印度材料的详细比对中分析窥基《入论疏》中的相关阐释,无疑可以凭借对这一关键议题的理解来反映注释者窥基对因明学整体性质的把握,并起到以小见大的作用。与此类似,本论文集中的其他文章同样关注于具体的关键议题以探讨汉印佛教传统间的实际同异及关联,例如林镇国教授的文章以净影慧远《大乘义章》中的"三量智义"篇为文本基础,聚焦于其对量论核心概念——现量（*pratyakṣa*）、比量（*anumāna*）、教量（*āptāgama*）以及事、理,即自相（*svalakṣaṇa*）、共相（*sāmānyalakṣaṇa*）的解释,在与陈那的比较下,讨论慧远所采取的量论阐发策略,以此来检查汉传佛教源于印度却又有所区别的发展进路;迈克尔·拉迪旭博士的文章以五、六世纪汉传佛教轮回理论中的"识（*vijñāna*）"等议题为切入点,来打破那种认为当时汉传佛教徒持有我论的传统印象,进而引入对相关佛教"汉化"问题的重新检讨。

护山博士讨论所依据的材料除《入论》本身外,主要为印度狮子贤的注释及唐窥基法师的疏文。虽然实际上这里的狮子贤是一位耆那教长老,略有不符论文集主题限定之嫌,但由于同类佛教梵文文献的缺乏以及耆那教对因明系统的严谨传承,在讨论佛教因明文献的过程中引用其注释并无大碍。一方面,狮子贤的解释可以体现印度传统对相关问题的理解,而窥基的《因明入正理论疏》更是集唐疏之大成,被后世尊称为《因明大疏》,而对整个东亚因明学影响深远,都非常有代表性;然而另一方面,问题在于,在笔者看来,即使从现存梵文文献状况来看,确实并无其他《入论》注释可供参考,但也并不能依此来抹杀其他注释存在的可能性而完全将狮子贤的疏文（及其续疏）作为印度一方的基准,同样,尽管窥基的《入论疏》地位崇高,也并不能完全代表所有的汉传注释,尤其是那些时常与其意见相左的所谓"古疏"。基于此,护山博士这篇文章的材料相当有代表性,确实可以展现、比对印度及汉传传统对于相关问题的处理,但是文章的题目似乎定得大了一点,谨慎来讲,或许以《以狮子贤及窥基对相违决定的阐释比较》为题,或者加上一个"以狮子贤及窥基注释为例"的副标题更为安全一些,而非急于直接整体上升到印度和汉传两大传统的高度。当然,尽管如此,文章所选取材料的代表性是毋庸置疑的。

同样就选材而言，船山彻教授的《Pratyakṣa 之汉译》（"Chinese Translations of *Pratyakṣa*"）一文广泛收集了汉传佛教传统中自鸠摩罗什至智旭对 pratyakṣa 这一梵文词汇的翻译与解释，以详密的材料为基础来梳理"现量"概念在汉传佛教中的"汉化"进程，借此在"同"的问题点上解读印、汉两种传统"异"的发展。然而过度局限于特定材料，则可能导致问题的讨论在广度及深度上受到限制，例如桂绍隆教授《窥基〈成唯识论述记〉中的 Apoha 理论》（"The Theory of *Apoha* in Kuiji's *Cheng weishi lun Shuji*"）一文详尽考察了窥基《成唯识论述记》文本中关于二量、二相、*apoha*（并不完全等同于汉传系统的"遮诠"）等理论的理解。桂绍隆教授是当今世界在 *apoha* 研究上首屈一指的专家，针对这一议题，这篇文章开创性地选取了学界很少关注的汉传相关材料，在对特定文本材料进行解读的基础上与印度思想做比对，依此而系统整理出窥基对这一问题的理解，推翻了汉传佛教不了解印度 *apoha* 理论的旧印象并指明窥基理解中的独特性。这是一篇功力深厚且富于开创性的文章，但由于主题的限制，考察材料被限定于《成唯识论述记》这一特定文本，如果可以去除这种限制而进一步考察窥基《因明入正理论疏》、《瑜伽师地论略纂》等等其他文本中的相关阐释，例如《入论疏》中关于体、义三组名称的讨论等，则必然可以极大地补充、丰富对文章议题的整理，并深化对窥基阐释模式的理解。因此，基于尽可能恰当、充实的材料来讨论具体、关键的问题，言之有据地细致检讨"汉化"议题及印、汉传统间的关系，而非采取大而无当的漫谈式讨论，才能避免包括将汉传佛教作为与印度相隔绝的独立传统在内的各种偏颇且简单的想象。

护山博士对具体材料的分析详尽且透彻。在分别概述了陈那、法称、狮子贤注疏的相关解释后，文章的第二部分依据窥基疏文的具体内容而依四个段落进行梳理，分别是窥基对相违决定这一复合词的语法分析，对《入论》相违决定实例双方的说明，对此情况中胜负的判定，以及对此过误情况的再分类。其中分析语法及说明论辩双方的部分都与印度相关材料形成直接的对比，在关于胜负判断一节，作者则点明窥基忽视了陈那所强调的相违决定中二宗"相违"的重要性，进而忽略了此种模式在论辩实际操作中的意义，第四节则解读了窥基一派所创新的三种比量理论。以第二部分对窥基三种比量理论等的考察为基础，在文章的第三部分，作者敏锐地从《入论疏》前文注释宗过处引入关于真唯识量的讨论，检讨窥基对玄奘真唯识量的辩护。然而，本文在具体解析上还有些需要商榷的地方，例如作者认为在共比量的模式下，窥基似乎没能真正理解相违决定在论辩中将对手逼至自相矛盾的作用，而只是在自比量、他比量的模式下强调了这种作用，对此笔者并不完全认同。《入论疏》既然明言"由此论主恐谓一切决定相违皆后为胜，故结之云'二俱不定'"，笔者认为，窥基大概并未否定相违决定在论辩中破斥他宗的作用，毕竟在两宗并举的当时，对论辩双方来说，相违决定这一过误已经造成，后宗已经达到了使前宗不定的效果了，而在"二俱不定"的情况下再依"现教"来做判定，就是下一个层面、下一个步骤的事情了。其他尚有一些细节上的问题，比如，文章第135页英译窥基关于声论师的说明处，对"此二师皆有一分一切内外异性，一体多体能诠别故"的翻译并不完全准确，护山博士在脚注中也承认对此句仍觉费解，但如果查阅智周《因明入正理论疏前记》卷上末、善珠《因明论疏明灯抄》卷二末以及作者已有引用的《大乘法苑义林章》等材料，就可以找到对此处的说明。当然，瑕不掩瑜，整体来讲，这篇文章内容的架构和对材料的解读都是细致且富于启发性的。

正如护山博士的这篇文章，关注于具体的问题点，从恰当的材料入手做谨慎分析，在与印度传统的联系中厘清汉传佛教的脉络，才能推进对佛教"汉化"甚至何谓佛教的理解。在与印度佛教的比对之中，既要看到汉传佛教的差异性，也要了解这些差异的实质和根源，以此去除将汉传佛教作为与印度佛教相割裂的独特存在的简单想象。之所以需要如此的原因在于，从某种程度上讲，所谓佛教"汉化"、"中国化"、"本土化"的问题很容易被处理成一个过于宏大的伪命题，甚至自汉明帝"夜梦见神人"这一极富神异色彩的记述算起的整个汉传佛教史,都可以被涵盖在这一无所不包的巨大话题之中。在"汉化"的思维模式下,佛教起源自印度而传入汉地后,汉地不同于印度,汉语不同于梵语等古印度语,汉文化不同于印度文化,汉传佛教自然也就不同于印度佛教。这种模式原则上并不错误,也难以推翻,但实际上却极易掩盖掉汉传佛教作为佛教的基本特征,将研究者的视野限制在"汉传"的一侧,甚至进而完全忽视印度、藏传、南传等佛教传统,将汉传佛教作为一种孤立的对象进行研究,以所谓的"本土"特色作为对梵文、藏文、巴利文系统文献材料视而不见的借口。在这种情况下,对"汉化"概念过分轻率的使用令其成为研究者缺乏方法论自信时所采取的遁词。事实上,真正的"汉化"、"本土化"研究恰恰是必须要以汉传之外的印度等佛教传统为参照的,汉传佛教作为外来宗教与本土文化环境相互混杂的产物,只有先厘清其源流,方能知其所以然。相对的,过度夸大"汉化"、"本土化"立场并忽视与印度传统之间联系的汉传佛教研究,只能是无本之木。况且,这种模式预设了汉文化与印度文化作为独立文化区块在时间和空间上的绝然区分,人为地将各文化之间划定出清晰绝对的边界,忽略了文化间的相互渗透、混杂,并且将印度佛教传统视作权威、标准,将汉传佛教僵化为一种粗暴的"改造"。相较之下,从众多的具体细节入手,避免过于轻率、宏大的视角,审慎地在印汉两种传统的关系中厘清对某一概念、现象的迁移、消化与调整,再依靠充实的细节来尽量重构"汉化"的图景,或许才更有切实的价值。本书的价值正在于,以汉传佛教作为"遥远的镜子",基于其对印度佛教若干具体映照的详细考察,来重新审视二者之间的关联,并检讨"汉化"研究所应采取的态度。

本书强调汉传佛教传统与印度传统"同"而有"异",承认汉、印二者作为佛教之"同"是谈及其"异"的基础,所以应当以详细具体的考查为基础,先明确作为根本的"同"才能言之有据地厘清进一步发展出的枝末的"异",不能因"异"废"同"。其难得之价值前文已多述及,但是对于这种方法论,笔者所担忧的是,一方面,即使我们抛弃了过于宏大失当的研究方式而从细节入手，一切讨论也都必须要立足于翔实的材料和谨慎且深入的解读，否则，这种汉、印佛教的比较研究很容易变成肤浅的找同异游戏；另一方面，这种方法论同样存在着矫枉过正的风险，当我们从众多细节入手构建佛教的"汉化"图景及印、汉传统间的关联时，即使坦然承认所谓完全且理想的整体结论并不现实，但是这种各自为战的研究应当如何抽象统合在一起而不至因失于琐碎杂乱而陷入只见树木不见森林甚至类似于盲人摸象的局面？正如这部论文集虽然由编者说明了统一的方法、态度，但是实际上却难以苛求全部十四篇文章完全采用同样的研究进路。另外，佛教作为一种宗教，义理之外的修行、仪轨、艺术、僧团组织、政教关系等等方面也同样需要加以关注，甚至可以更为直观地说明印、汉佛教之间的关联。当然，本论文集的主题在于"ideas"，所收论文自然集中于义理方面的探讨，因而此外的讨论就有待于其他的研究计划来补足了。

总之，即使暂且不谈本书十四篇论文在各自研究方向上的具体价值，作为一个整体，这部论文集在对方法论纠偏方面的重大意义已足够引起重视，汉传佛教的研究者都应当读一读，思考一下汉传佛教传统是否真的那么独树一帜、与"印"隔绝，以及究竟该如何处理佛教"汉化"这一议题。

图书在版编目（CIP）数据

汉语佛学评论.第五辑／中山大学哲学系佛学研究中心主办. —上海：上海古籍出版社，2017.10
ISBN 978-7-5325-8595-3

Ⅰ.①汉…　Ⅱ.①中…　Ⅲ.①佛教—研究—丛刊
Ⅳ.①B948-55

中国版本图书馆 CIP 数据核字（2017）第 217331 号

汉语佛学评论（第五辑）

中山大学哲学系佛学研究中心　主办
上海古籍出版社出版、发行
（上海瑞金二路 272 号　邮政编码 200020）
（1）网址：www.guji.com.cn
（2）E-mail: gujil@guji.com.cn
（3）易文网网址：www.ewen.co
常熟文化印刷有限公司印刷
开本 635×965　1/16　印张 21　插页 2　字数 282,000
2017 年 10 月第 1 版　2017 年 10 月第 1 次印刷
ISBN 978-7-5325-8595-3
B·1030　定价：76.00 元
如有质量问题,请与承印公司联系